普通高等教育汽车与交通类专业"十二五"规划教材

汽车运行材料

陈文刚　主　编

何效平　阎春利　樊月珍　副主编

中国林业出版社

内 容 简 介

本书系统全面地归纳了作为汽车运用工程师应具备的基础知识和基本技能。进述了汽车运行材料的主要使用性能、规格、牌号及其合理使用，以及汽车运行材料技术的新发展和国家与行业的新标准。全书分为12章，分别为石油的基本知识，车用汽油，车用轻柴油，车用代替能源，发动机润滑油，车辆齿轮油，车用润滑脂，汽车制动液，汽车液力传动油，车用液压油，车用其他工作液和汽车轮胎。全书内容简明扼要，博采众长，突出实用性和指导性。

本书可作为高等院校车辆工程、汽车服务、交通运输等本科专业及高职院校汽车类专业的教材，也可作为广大汽车工程技术人员和汽车维修人员的参考用书。

图书在版编目（CIP）数据

汽车运行材料 / 陈文刚主编. —北京：中国林业出版社，2013．8
（普通高等教育汽车与交通类专业"十二五"规划教材）
ISBN 978-7-5038-7127-6

Ⅰ．①汽… Ⅱ．①陈… Ⅲ．①汽车－运行材料－高等学校－教材
Ⅳ．①U473

中国版本图书馆 CIP 数据核字(2013)第 168682 号

中国林业出版社·教材出版中心

策划编辑：牛玉莲 杜　娟
责任编辑：田　苗 杜　娟
电　　话：83280473 83220109 传真：83220109

出版发行：中国林业出版社（100009 北京西城区德内大街刘海胡同 7 号）
　　　　　E-mail：jiaocaipublic@163.com　　电话：（010）83224477
　　　　　http：//lycb.forestry.gov.cn
经　　销：新华书店
印　　刷：北京华正印刷有限公司
版　　次：2013 年 8 月第 1 版
印　　次：2013 年 8 月第 1 次印刷
开　　本：787mm×1092mm　1/16
印　　张：19.5
字　　数：457 千字
定　　价：39.00 元

高等院校汽车与交通类专业教材

编写指导委员会

前　言

本书是根据汽车服务工程和交通运输专业教学指导委员会审定的汽车运行材料课程教材编写大纲编写的，主要对汽车运行材料的主要使用性能、评价指标或方法、特点、规格、质量标准、选用技术、最新质量和性能发展趋势，以及合理使用对车辆性能的影响等进行论述。

全书首先简单介绍了石油的组成、勘探、开采和炼制过程。之后针对汽车运行材料包括车用汽油、车用柴油、石油替代能源、发动机润滑油、车辆齿轮油、汽车润滑脂、汽车制动液、液压系统用油、汽车液力传动油、发动机冷却液、制冷剂和汽车轮胎等，阐述了汽车运行材料的主要使用性能、评价指标或方法、分类、规格和选用技术，同时对各种指标检测的设备及操作方法进行了准确的介绍。之后对各部分汽车运行材料相关研究的最新进展进行了系统的总结。本书每章都引用了相关方面的补充阅读材料，突出基础知识的应用和实践能力的培养，相关知识由浅入深地贯穿全书。本书在编写过程中，理论知识以必须、够用为度，为自学和拓宽专业之需留有适当空间。

本书具有很强的实用性，适合作为高等院校车辆工程、汽车服务工程、交通运输等本科专业及高职院校汽车类专业的教材，也可作为广大汽车工程技术人员和汽车维修人员的参考用书。

本书由西南林业大学陈文刚担任主编，华南农业大学何效平、东北林业大学阎春利、北京林业大学樊月珍担任副主编，西南林业大学郑丽丽、王海军、潭泽飞参编。陈文刚对全书进行了统稿和完善。具体编写分工如下：陈文刚编写第 1、2 章；陈文刚、潭泽飞编写第 3 章；何效平、陈文刚编写第 4 章；何效平编写第 5、6 章；樊月珍编写第 7、12 章；王海军、陈文刚编写第 8 章；阎春利、潭泽飞编写第 9 章；阎春利编写第 10 章；郑丽丽编写第 11 章。

在本书编写过程中，研究生张涌海、梁超等参与了部分编写工作，在此表示感谢。同时，本书还参考借鉴了国内外一些相关的论著、教材、报刊及部分互联网的相关知识（详见本书"参考文献"），在此一并表示诚挚的谢意。

由于时间仓促及编者水平所限，书中难免存在疏漏之处，恳请同行和读者提出宝贵意见，以便在今后的修订中不断完善。

陈文刚

2013 年 7 月

目　录

第1章
石油的基本知识

[本章提要]

　　本章主要介绍石油的
形成、组成与分类；石油
的勘探和开采、炼制等基
本知识。重点内容是石油
的组成、分类以及石油的
炼制过程。通过本章学习，
要求学生了解石油的成
因、石油的勘探和开采方
法，掌握石油的组成、分
类及石油的炼制方法。

1.1　石油概况

　　石油又称原油，是从地下深处开采的棕黑色可燃黏稠液体。主要是各种烷烃、环烷烃、芳香烃的混合物，是世界上最重要的动力燃料与化工原料。石油及其产品广泛用于生产和生活的各个方面。

1.1.1　石油的形貌与成因

1.1.1.1　石油的形貌

　　石油是由碳氢化合物为主混合而成的，具有特殊气味的、有色的可燃性油质液体。原油的颜色非常丰富，有红、金黄、墨绿、黑、褐红色，甚至透明。原油的颜色取决于它本身所含胶质、沥青质的含量，含量越高颜色越深。原油的颜色越浅其油质越好。透明的原油可直接加入汽车油箱代替汽油。原油的成分主要有：油质（主要成分）、胶质（一种黏性的半固体物质）、沥青质（暗褐色或黑色脆性固体物质）、碳质（一种非碳氢化合物）。

　　我国四川黄瓜山和华北大港油田产无色石油，克拉玛依石油呈褐至黑色，大庆、胜利、玉门石油均为黑色。无色石油在美国加利福尼亚、阿塞拜疆巴库和印度尼西亚苏门答腊均有产出。无色石油的形成，可能同运移过程中带色的胶质和沥青质被岩石吸附有关。但是不同程度的深色石油占绝对多数，几乎遍布于世界各大含油气盆地。

1.1.1.2　石油的成因

目前就石油的成因有以下两种说法：

（1）无机论：即石油是在基性岩浆中形成的，认为石油是由水和二氧化碳与金属氧化物发生地球化学反应而形成的。

此种理论是天文学家托马斯·戈尔德在俄罗斯石油地质学家尼古莱·库德里亚夫切夫（Nikolai Kudryavtsev）的理论基础上发展的。这个理论认为在地壳内已经有许多碳，这些碳自然地以碳氢化合物的形式存在。碳氢化合物比岩石空隙中的水轻，因此沿岩石缝隙向上渗透。石油中的生物标志物是由居住在岩石中的、喜热的微生物导致的，与石油本身无关。地质学家中只有少数人支持这个理论。一般它被用来解释一些油田中无法解释的石油流入，不过这种现象很少发生。

《地球热核演变说》中记载，地球上的所有元素都无一例外地经历了类似现在太阳上的核聚变的过程，当碳元素由一些较轻的元素核聚变形成后的一定时期里，它与原始大气里的氢元素反应生成甲烷，随着温度下降，氧气变得越来越活泼，它氧化、聚合了甲烷形成了石油分子，由于长时间的氧化、聚合，石油分子越来越大，形成了大量的类似沥青的物质，当早期地球频繁的火山熔岩喷发在沥青上时，由于熔岩密度大，沉入石油底部对其隔绝空气加强热，导致碳氢键断裂，释放氢气，形成煤炭（一部分石油分子不是甲烷经氧化、聚合而形成的，它们是在地球温度较高时，由碳、氢直接形成不饱和烃聚合而成的）。

（2）有机论：即各种有机物如动物、植物，特别是低等的动植物如藻类、细菌、蚌壳、鱼类等死后埋藏在不断下沉缺氧的海湾、泻湖、三角洲、湖泊等地，经过物理化学作用，最后逐渐形成石油。

大多数地质学家认为石油像煤和天然气一样，是古代有机物通过漫长的压缩和加热后逐渐形成的。按照这个理论石油是由史前的海洋动物和藻类尸体变化形成的（陆上的植物则一般形成煤）。经过漫长的地质年代这些有机物与淤泥混合，被埋在厚厚的沉积岩下。在地下的高温和高压下它们逐渐转化，首先形成腊状的油页岩，后来退化成液态和气态的碳氢化合物。由于这些碳氢化合物比附近的岩石轻，它们向上渗透到附近的岩层中，直到渗透到上面紧密无法渗透的、本身则多空的岩层中。这样聚集到一起的石油形成油田。通过钻井和泵取人们可以从油田中获得石油。地质学家将石油形成的温度范围称为"油窗"。温度太低石油无法形成，温度太高则会形成天然气。虽然石油形成的深度在世界各地不同，但是"典型"的深度为 4～6km。由于石油形成后还会渗透到其他岩层中去，所以实际的油田可能要浅得多。因此形成油田需要 3 个条件：丰富的源岩、渗透通道和一个可以聚集石油的岩层构造。

1.1.2　石油的勘探和开采

目前，从寻找石油到开采石油再到输送到炼油厂，大致要经过 5 个主要环节，即勘探、钻井、井下作业、采油和集输。

勘探：专门负责利用各种勘探设备并结合地质资料在可能含油气的区域内确定油气层的位置。

钻井：利用钻井的机械设备在含油气的区域钻探石油井并录取该地区的地质资料。

井下作业：利用井下作业设备从地面向井内下入各种井下工具或生产管柱以录取该井的各项生产资料，或使该井正常产出原油或天然气并负责日后石油井的维护作业。

采油：在石油井的正常生产过程中录取石油井的各项生产资料并对石油井的生产设备进行日常维护。

集输：负责原油的对外输送工作。

1.1.2.1 石油勘探

所谓石油勘探，就是为了寻找和查明油气资源，而利用各种勘探手段了解地下的地质状况，认识生油、储油、油气运移、聚集、保存等条件，综合评价含油气远景，确定油气聚集的有利地区，找到储油气的圈闭，并探明油气田面积，搞清油气层情况和产出能力的过程。

1.1.2.1.1 石油勘探的基本方法

（1）地质法：地质法是以岩石学、构造地质学、矿藏学等理论为基础，对出露在地面的地层和岩石进行观察、研究，综合、全面分析某区域的地质资料，以便了解一个地区有无生成石油和储存石油的条件，最后对该地区的含油气远景作出评价，指出油气有利地区。有时在岩石出露的地区，也可能直接发现油气藏。

（2）物探法：当地面条件较为复杂，地表为松散沉积或沙漠覆盖的地区，或被水覆盖的海洋、湖泊，地面和水面上看不到岩石，地质法就受到了很大的限制。如果用大量钻井取岩芯的办法来了解地下地质情况，不仅成本太高，效率也很低。这时就要应用物探法。

（3）钻探法：因为物探法只能帮助我们了解地下地质构造的特点，寻找适于储存油气的地质构造。但是，这些构造是不是储存着油气，物探法不能作出准确判断，而要根据物探法提出的钻井井位进行钻探，直接取得地下最可靠的地质资料，通过分析研究才能确定地下的构造特点及含油气情况。

1.1.2.1.2 石油勘探的步骤

根据对地下情况认识的程序和工作特点，石油勘探划分为区域勘探、圈闭预探、油气藏评价勘探 3 个阶段。

（1）区域勘探：区域勘探是在一个盆地或其一部分地区内进行石油勘探的第一阶段，是在一般地质调查和地质填图的基础上进行的。区域勘探的任务是搞清区域地质结构和油气生成、聚集条件，筛选出有利凹陷，评价油气聚集的有利构造带，提出参数井位，为进一步开展的油气勘探工作做好准备。

（2）圈闭预探：圈闭预探是在区域勘探的基础上，查明了区域地质和石油地质概况，特别是在查明生油和储集条件之后，在有油气远景的二级构造带或局部构造圈闭上进行的油气勘探工作。圈闭预探阶段的主要任务是经过区域勘探后，对构造成藏条件进行对比评价，在选定的有利构造或圈闭上，进行以发现油气田为目的的钻探工作，探明圈闭的含油气性，推算含油边界，提供评价钻探的对象。

（3）油气藏评价勘探：预探阶段发现油气藏后，对所发现的油气藏进行评价，即进入了油气藏评价勘探阶段。评价勘探的任务是在已发现存在工业油气藏的基础上，查明含油气边界，确定含油气面积、含油高度和油气储量，对油气层分层的岩性、分布及其连通情况进行分析，查清岩石物性及产能，对油气藏进行综合评价及经济效益预测分析，为编制油气田开发方案做好准备。

1.1.2.2　石油的开采

石油的开采过程大致可分为钻井、井下作业、采油和集输4个工序。其中钻井工序为：首先，用钻井机钻出井眼到储藏有石油的地层（又称目的层），之后下一层套管（直径较大的钢管），通过在管外与井壁之间注入水泥封固，防止不同深度的地层之间的液体互相流窜，也是防止油气从其他地方泄漏；井下作业工序为在目的层下用射孔枪将套管射穿，并射进地层内，形成通道，使地层中的原油流入套管内（也就是油井内）；而采油工序就是使石油从井底上升到井口的过程；集输工序是把石油从开采位置运输到炼油厂的工作。

在开采石油的过程中，石油从储层流入井底，又从井底上升到井口的驱动方式主要有：①水驱油藏，周围水体有地表水流补给而形成的静水压头；②弹性水驱，周围封闭性水体和储层岩石的弹性膨胀作用；③溶解气驱，压力降低使溶解在油中的气体逸出时产生的膨胀作用；④气顶驱，存在气顶时气顶气随压力降低而发生的膨胀作用；⑤重力驱，重力排油作用。

1.2　石油的组成及分类

石油的性质因产地而异，密度为0.8～1.0g/cm^3，黏度范围很宽，凝固点差别很大（-60～30℃），沸点范围为常温到500℃以上，可溶于多种有机溶剂，不溶于水，但可与水形成乳状液。原油之所以在外观和物理性质上存在差异，根本原因是化学组成成分不完全相同。原油既不是由单一元素组成的单质，也不是由两种以上元素组成的化合物，而是由各种元素组成的多种化合物的混合物。因此，其性质不像化合物和单质那样肯定，而是所含各种化合物的综合表现。正由于石油的化学组成十分复杂，所以不同产地，甚至同一产地而不同油井的原油，在组成成分上也有一定差异。组成石油的化学元素主要是碳、氢，其余为硫、氮、氧及微量金属元素（镍、钒、铁等）。由碳和氢化合形成的烃类构成石油的主要组成部分，占95%～99%，含硫、氧、氮的化合物对石油产品有害，在石油加工中应尽量除去。

为了选择原油加工方案，预先估算出产品的种类、产率和质量，世界各国都采用各种不同方法对不同产地的原油进行分类，主要有商品分类法和化学分类法。

1.2.1 石油的组成

尽管石油组成成分很复杂，但目前的科学技术已可把石油中所含的主要化学元素大致测定出来，其组成元素主要是碳、氢、硫、氧和氮等元素。其质量分数的范围大体如下：碳为 83.0%～87.0%，氢为 10.0%～14.0%，硫为 0.05%～8.00%，氧为 0.05%～2.00%，氮为 0.02%～2.00%。

组成石油的主要元素是碳，其次是氢，两者合计占 96%～99%，两者的比值（C/H）为 6～7.5。硫、氧和氮 3 种元素合计占 1%～4%，但也有少数产地的原油超过这个范围。在原油中，还含有多种微量的金属元素和非金属元素，如镍、钒、铁、钾、钠、钙、镁、铜、铝、氯、碘、磷、砷和硅等，但合计含量极微，占 0.003%以下。

上述各种元素在原油中都不是以单质的结构存在，而是以相互结合的各种碳氢或非碳氢化合物存在。石油的产地不同，其元素组成也存在较大差异，表 1-1 为不同产地石油元素组成对比。

表 1-1 不同产地石油元素组成对比

原油产地	元素组成（%）					
	C	H	S	O	N	C/H
大庆（混合油）	85.74	13.31	0.11	—	0.15	6.45
胜利（混合油）	86.26	12.20	0.80	—	0.41	7.07
大港（混合油）	85.67	13.40	0.12	—	0.23	6.39
玉门	83.85	12.87	0.18	—	0.45	6.46
克拉玛依	86.13	13.30	0.04	0.28	0.25	6.47
伊朗	85.4	12.8	1.06	0.74	—	6.67
墨西哥	84.2	11.4	3.6	0.80	—	7.39
美国宾夕法尼亚	84.9	13.7	0.5	0.90	—	6.20

1.2.1.1 石油中的烃类组分

由碳和氢两种元素组成的化合物，称为碳氢化合物，通常称为烃。在烃分子中，碳和氢两种原子的结合方式有一定的规律。烃分子中只有 1 个碳原子时，它只能以一种方式与 4 个氢原子结合，形成甲烷分子；如果烃分子中含两个碳原子，它就可能与 6 个、4 个或 2 个氢原子结合，而形成乙烷、乙烯或乙炔 3 种化合物。所以随着碳原子个数的增多，形成的化合物也越来越多，因而使烃的种类多到难以想象的程度。

研究证明，组成原油的烃大多只有烷烃、环烷烃和芳香烃 3 类，少数原油中还含有烯烃。图 1-1 为石油中不同烃类的分子结构示意。

（1）烷烃：烷烃是开链的饱和烃，分子式通式为 C_nH_{2n+2}，分子内碳与碳单键相连，

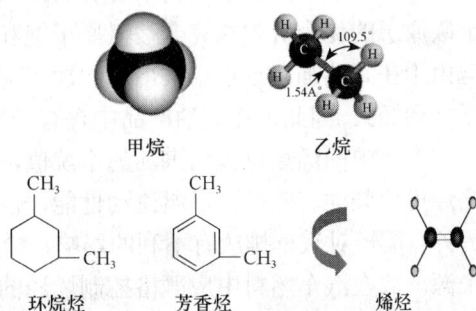

甲烷   乙烷

环烷烃   芳香烃   烯烃

图 1-1 石油中不同烃类的分子结构示意

碳的剩余键为氢所饱和。凡碳链为直链者称正构烷烃，带侧链或支链的为异构烷烃。

在常温下，$C_1 \sim C_4$ 的正构烷烃呈气体；$C_5 \sim C_{16}$ 的正构烷烃呈液体（是汽油和煤油的主要成分）；C_{17} 及以上的正构烷烃呈固体（是石蜡的主要成分）。固态烷烃在柴油中以溶解状态存在。相同碳原子数的正构烷烃与异构烷烃相比，正构烷烃碳链长，结构不稳定，易生成过氧化物及醇或醛等氧化物，发火性好，是压燃式发动机燃料的良好成分；异构烷烃结构紧密，不易被氧化生成过氧化物，发火性能差，不易发生爆燃，是点燃式发动机燃料的良好成分。

（2）环烷烃：环烷烃是闭链饱和烃，分子式通式为 C_nH_{2n}，分子内碳与碳相连且呈环状，碳的剩余键为氢所饱和。对大多数石油来说，环烷烃是主体成分。环烷烃的物理、化学性质与烷烃近似，一般条件下性质较稳定，不易氧化。在某些条件下，环烷烃表现出环状结构的特性。随环烷烃分子量的增大或多环环烷烃环数的增多，沸点升高，密度增大。

通常石油产品的中间馏分和高沸点馏分中含环烷烃可达 $60\% \sim 70\%$：贫蜡石油和无蜡石油中环烷烃含量还会更高。

环烷烃无论对燃料油还是润滑油都是理想组分，汽油中环烷烃的抗爆性比正构烷烃好，仅次于异构烷烃和芳香烃；在柴油中环烷烃的发火性较烷烃差。少环长侧链的环烷烃是润滑油的理想组分，因其黏温性好且凝点低。

（3）芳香烃：凡具有苯（苯分子具有平面的正六边形结构）环结构的烃称为芳香烃。芳香烃的化学性质稳定，在所述几类烃中最难氧化。因为苯环中碳原子都以 sp^2 杂化构成 6 个 C—Cσ键和 6 个 C—Hσ键，这样 6 个碳原子还各有 1 个未杂化的 p 电子形成一个封闭的大π键，由于苯环上参加大π键的电子在整个苯环上运动受到 6 个碳原子核的共同吸引，从而使这个大π键比较稳定，不易进行加成或氧化反应。没有侧链的芳香烃是最难氧化的，多环带侧链的芳香烃较易氧化，其产物为胶状物。

由于芳香烃化学结构稳定，化学安定性良好，在汽油机燃料中芳香烃抗爆性好，其辛烷值高（如苯的辛烷值可达 108）。

但研究表明，由于芳香烃燃烧温度过高，燃烧产物中的氮氧化物（NO_x）和未燃芳香烃的排放浓度随芳香烃含量的增加而增大，对环境保护十分不利。又因为芳香烃自燃点高，十六烷值低，在柴油机中燃烧性非常差，是柴油中的不良组分。柴油中如含有较多的芳香烃，由于其在柴油机中燃烧性不好，会导致柴油机炭烟微粒的排放浓度增大。所以，为了使汽车排放达到法规的要求，在汽车燃料中要控制芳香烃的含量。

（4）烯烃：凡分子结构中含有碳碳双键的烃，称为烯烃，分子式通式为 C_nH_{2n}。由于碳原子的化合价未能完全被氢原子饱和，所以称为不饱和烃。石油中一般不含烯烃。但由于在石油加工过程中采用二次加工，大分子的烷烃和环烷烃发生分解，产生烯烃（包括二烯烃）。因此，在石油产品中含有一定量的不饱和烃。

汽油中的烯烃可提高汽油的辛烷值，但烯烃会使汽油在储存时氧化生胶。柴油中的烯烃可使柴油有较好的低温流动性能，但烯烃的自燃点高，发火性差，化学安定性差。另外，烯烃对汽车排放有不利的影响，烯烃等有机挥发物是生成臭氧和毒性物质的重要来源。故在汽车燃料中应严格控制烯烃的含量。

石油中的不同烃类对石油产品性质有不同的影响，表1-2 为各种烃类对石油产品性质的影响。

表 1-2　各种烃类对石油产品性质的影响

烃类		密度	自燃点	辛烷值	十六烷值	化学安定性	黏度	黏温性	低温性
烷烃	正构	小	低	低	高	好	小	最好	差（分子高）
	异构		高	高	低	差			好
环烷烃	少环	中	中	中	中	好	大	好	好
	多环					差		差	
芳香烃	少环	大	高	高	低	好	大	好	中
	多环					差		差	
烯烃		稍大于烷烃	高	高	低	差	—	—	好

1.2.1.2　石油中的非烃化合物

石油中的非烃化合物是指除碳、氢两种主要元素外，还含有硫、氮、氧，抑或金属原子（主要是钒和镍）的一大类化合物。石油中这些元素的含量不高，但含这些元素的化合物却不少，有时可达石油质量的 30%。这些化合物有含硫化合物、含氧化合物、含氮化合物、胶质和沥青质等。非烃类化合物大多对原油加工和石油产品的质量带来不利影响，所以在炼制过程中要尽可能将它们除去。

1.2.1.2.1　含硫化合物

（1）硫在石油和石油馏分中的分布：硫在石油中的含量随产地不同而相差很大，从万分之几到百分之几。如我国的克拉玛依石油含硫只有 0.04%，而委内瑞拉石油含硫达 5.48%。硫在石油馏分中的分布一般是随着馏分沸点的升高而增加，并且大部分集中在残油中。

（2）硫在石油及其馏分中存在的形态：硫在石油中存在的形态已经确定的有：元素硫（S）、硫化氢（H_2S）、硫醇（RSH）、硫醚（RSR'）、环硫醚以及二硫化物（RSSR'）、噻吩及其同系物等。

石油馏分中元素硫和硫化氢多是其他含硫化合物的分解产物，同时元素硫和硫化氢又可以相互转变。硫化氢被空气氧化可以生成元素硫，硫与石油烃类作用又可生成硫化氢及其他硫化物。一般在 200℃ 或 250℃ 以上就能发生这种反应。

硫醇（RSH）在石油中的含量不高，由于它们的沸点较相应的醇类低得多，所以硫醇多存在于低沸点馏分中。目前已经从石油的汽油馏分中分馏出多种硫醇。硫醇不溶于水，低分子甲硫醇（CH_3SH）、乙硫醇（C_2H_5SH）具有极强的特殊臭味，空气中含硫醇浓度为 $2.2 \times 10^{-12} mg/m^3$ 时，人就可以闻到。

硫醚（RSR'）是石油中含量较多的硫化物之一。它是中性液体，热稳定性较高，与金属不发生作用。硫醚的含量随着馏分沸点的上升而增加，在煤油、柴油馏分中含量较多。硫醚中的 R 可以是烷基，也可以是环烷基。当 R 是环烷基时，也可称为环硫醚。环硫醚的热稳定性相当高，对金属也没有反应，但能与重金属盐反应生成络合物。

二硫化物（RSSR'）在石油馏分中含量较少，而多集中于高沸点馏分中。二硫化物也呈中性，不与金属作用，但它的热安定性差，受热后将分解成硫醚、硫醇或硫化氢。

噻吩及其同系物是芳香烃的杂环化合物，它们的热安定性较高，是石油中的一种主要含硫化合物。噻吩的物理化学性质与芳香烃较接近。噻吩没有刺激的气味，且热稳定性很高，故在热分解产物中噻吩含量相当高。

直馏汽油中的硫化物有硫醇、硫醚和少量的二硫化物和噻吩，有时在汽油馏分中还含有少量的硫化氢和元素硫。直馏汽油中的硫化物，其碳原子数和结构类型与汽油馏分中的烃类大体相当，环烷环和芳香环也是以一个环为主；煤油和柴油馏分中的硫化物主要是硫醚类和噻吩类，硫醇一般出现在二次加工产物中；石油高沸点馏分中的硫化物主要是稠环噻吩类。

硫化物对石油产品的应用和石油加工等都有危害，特别是对金属腐蚀和高温分解后对环境的污染。

硫化物受热分解产生 H_2S，当其与水共存时，就会对金属产生严重腐蚀，即

$$Fe + H_2S \longrightarrow FeS + H_2$$

当温度高达 300~400℃时，元素硫就很活泼，极易与普通的钢材起反应，即

$$Fe + S \xrightarrow{300~400°C} FeS$$

硫醇也能直接与金属反应，即

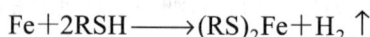

$$Fe + 2RSH \longrightarrow (RS)_2Fe + H_2 \uparrow$$

把上述能直接与金属起反应的硫化物称为活性硫化物；而其余硫化物如硫醚、二硫化物和噻吩等不直接与金属起反应的硫化物称为非活性硫化物，但它们受热分解后生成的硫化氢等同样会对金属设备产生腐蚀。按照活性和非活性硫化物进行分类，石油中的硫成分组成如图 1-2 所示。

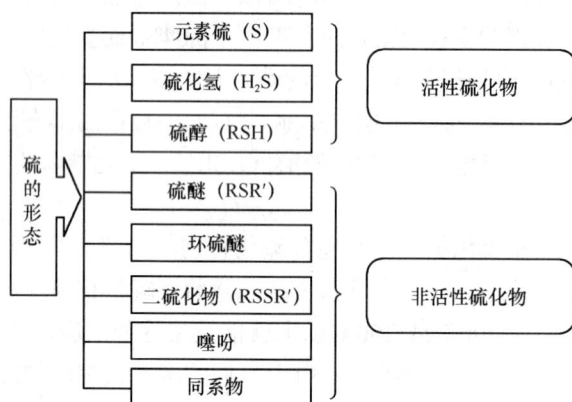

图 1-2   石油中的硫成分组成

近年来人们对环境污染越来越重视，石油产品中的硫化物中的硫不管是直接散发到空气中还是燃烧后的生成物都对环境产生危害，从而影响人的身体健康。所以，石油产品中的硫化物应尽可能清除。

1.2.1.2.2   含氮化合物

石油中含氮化合物较为少见，平均含量小于 0.1%，一般为万分之几到千分之几。我国大多数原油的含氮量均低于 0.5%。目前从石油中分离出来的含氮化合物有 30 余种，主要是以含氮杂环化合物形式存在。可将其分为两组：一组为碱性化合物，有吡啶、喹啉、异喹啉、吖啶及卟啉、吲哚、咔唑及其同系物；另一组为非碱性氮化物，包括吡咯、吲哚卡唑及二者的同系物等。

与多数非烃类化合物一样，随石油馏分沸点升高，其含氮量增加，含氮化合物的性

质不稳定，易氧化生成有色胶质，油品颜色变淡，质量下降，不能长期储存。氮化物还可以使酸性催化剂中毒。当其含量高时，燃烧有臭味。所以，在石油产品加工过程中精制时，应将氮化物清除干净。

1.2.1.2.3　含氧化合物

石油中的含氧量一般很少，且均以有机化合物的状态存在。这些含氧化合物，可分为酸性氧化物和中性氧化物两类。酸性氧化物有环烷酸、脂肪酸和酚类，统称石油酸。中性氧化物有醛、酮等，它们在石油中含量极少。

酸性氧化物以环烷酸为主要成分，它约占石油酸性氧化物的 90%。环烷酸的含量随石油产地不同而异。环烷酸在石油馏分中的分布是中间馏分（馏程为 250～350℃）中含量最高的，在低沸点馏分中和高沸点馏分中含量都较低。环烷酸的物理性质随分子大小的不同而不同。从低沸点馏分中分离出来的分子量较小的环烷酸呈液体状，黏度不太高，有特殊气味，颜色较浅。而从高沸点馏分中分离出来的分子量较大的环烷酸呈黏稠状，一般为暗褐色。环烷酸在水中的溶解度很小，高分子的环烷酸不溶于水，但均溶于石油烃类。对于环烷酸的结构，曾经进行过很多研究。现在看来，低分子的环烷酸主要是环戊烷的衍生物；而高分子的环烷酸，不仅有双环和多环，也有单环，还有混合的芳香环等。环烷酸的化学性质和脂肪酸相似，是典型的一元羧酸，它具有普通羧酸的性质。在中和时，环烷酸很容易生成各种盐类，其碱金属的盐类能溶于水。由于环烷酸能腐蚀金属设备，它存在于油品中是有害的。

1.2.1.2.4　胶状和沥青状物质

胶状和沥青状物质又称胶质和沥青质。胶质和沥青质是一些含有碳、氢、氧、氮、硫等元素的多环化合物的混合物，其结构非常复杂，大致上是一些分子量很高的杂环化合物。原油中 90% 以上的氧、80% 以上的氮和 50% 以上的硫都集中在胶质和沥青质中。从元素组成看，胶质和沥青质含碳 85% 以上，氢 10% 左右，硫、氧、氮的总含量 5% 左右。胶质和沥青质是石油中非烃类化合物的主体，它的含量是相当大的。一般轻质石油含 5%～10%，重质石油含 40%～50%。胶质和沥青质在成分和特性方面具有较大区别，其性质对比见表 1-3。

石油中胶质和沥青质不是某种单一的化合物，而是复杂的杂环化合物的混合物。理化性质在一定的范围内波动。

表 1-3　胶质和沥青质的性质对比

名　称	胶　质	沥青质
分子量	500～1000	3000～5000
密度	1.00～1.07	>1
C/H	8～9	10～11
外观	淡黄色至黑褐色黏稠物	暗褐色至黑色非晶态粉末
溶解情况	能溶于石油醚、苯、二硫化碳和氯仿等一切石油馏分中，不溶于酒精	能溶于苯、氯仿、二硫化碳、四氯化碳，不溶于石油醚及酒精
在石油中的状态	呈溶液状态存在	当芳香烃多时呈胶体，当烷烃多时呈悬浮体
在石油中的分布	可随石油烃类一起挥发，随沸点升高含量增加，其中 15% 含在馏分中，85% 含在渣油中	不随烃类挥发，通常馏分中不含沥青，全部集中在渣油中

胶质和沥青质的存在对石油产品有害，可使油品颜色变深，氧化安定性下降，黏温性变差，燃烧后形成积炭，增加磨损。其在使用中产生的危害如图1-3所示。所以，在石油产品加工过程中精制时，应尽可能把胶质和沥青质清除干净。

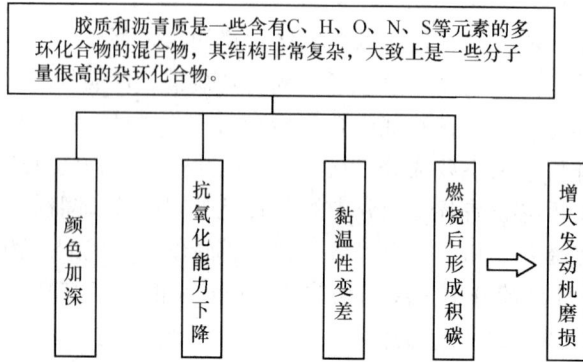

图1-3　胶质和沥青质在使用中的危害

1.2.1.2.5　矿物质

矿物质在石油中的含量一般是万分之几，甚至十万分之几。石油中矿物质燃烧后形成灰分，灰分由硅、钙、镁、铁、钠、铝、锰、钒、镍等元素组成。在未加添加剂的石油产品中，其灰分越大，质量越差。

1.2.1.3　烃类分布规律

随着石油馏分沸点的升高，3类烃（烷烃、环烷烃和芳香烃）的分子量均随之增大，碳原子个数增多，环烷烃和芳香烃的环数增多。碳原子个数少，分子量小和环数少的烃分布在低沸点馏分中。反之，则分布在高沸点馏分中。3类烃在石油馏分中分布规律如下：

（1）烷烃：烷烃的分布随着馏分沸点的升高而逐渐减少。在汽油馏分中的含量可高达50%左右，而在400～500℃的高沸点馏分中，含量只有5%左右。含C_5～C_{11}的正构烷烃大多分布在200℃以内的汽油馏分中，200～350℃的煤油馏分中所含的正构烷烃，大多是含C_{11}～C_{20}的正构烷烃。含有C_{20}～C_{36}的正构烷烃，均分布在350～500℃的润滑油中。

在不同沸点范围内的馏分中，异构烷烃均少于正构烷烃，结构复杂的异构烷烃又少于结构简单的异构烷烃。由于异构烷烃的沸点均比相同碳原子数的正构烷烃低，所以在各个不同沸点范围内的馏分中含碳原子的个数分布与正构烷烃有些差异。

（2）环烷烃：环烷烃在石油馏分中的分布比较均匀，但在中间馏分中稍多。

在汽油馏分中，大多是带短烷基侧链的环戊烷和环己烷，只有极少量的双环环烷烃。在煤油和柴油馏分中，大多是带长烷基侧链的单环环烷烃，其次是双环环烷烃，三环环烷烃的含量很少。在高沸点的润滑油馏分中，大多是带烷基侧链的双环环烷烃，三环以上环烷烃的含量也比较多，但也含有少量带长烷基侧链的单环环烷烃。

（3）芳烃：芳烃的分布随着馏分沸点的升高而逐渐增多。在 400～500℃的高沸点馏分中，其含量可达 30%；在低沸点的汽油馏分中，含量大多在 10%左右。带短烷基侧链的单环芳烃，大多分布在汽油馏分中；双环和三环芳香烃多分布在煤油和柴油馏分中；三环以上的芳香烃，均分布在润滑油中。

上述分布规律是仅对原油的直馏馏分来说的。各馏分组成见表 1-4。

表 1-4 石油的馏分组成

馏分	产生位置	性质	蒸发温度（℃）	碳原子个数		环烷烃和芳香烃环数	烷烃质量分数（%）
				正构烷烃	异构烷烃		
汽油馏分	分馏塔上部	轻质	35～200	5～11	稍多	单环	50
煤油馏分和柴油馏分	分馏塔中部	中质	200～350	11～20	稍多	单环、双环、三环	40
润滑油馏分	分馏塔下部	重质	350～500	20～36	稍多	三环以上	40

1.2.2 石油的分类

由于地质构造、成油条件和年代不同，世界各地区所产原油的性质和组成有的差别很大，有的却十分相似；同一地区的原油，由于采油层位不同，性质都可能出现差别。性质和组成相似的原油，其加工、储运等方案也相近。因此根据原油特性进行分类，对制定原油加工方案和储运、销售都是十分必要的。

石油按不同的方法分类，主要有商品分类法、化学分类法等。

1.2.2.1 商品分类法

（1）按含硫量分类：含硫量小于 0.5%的原油称为低硫原油；含硫量 0.5%～2.0%的原油称为含硫原油；含硫量大于 2.0%的原油称为高硫原油。

（2）按含蜡量分类：从石油中取出某一馏分，其黏度为 53mm^2/s（50℃），然后测其凝点。当凝点低于−16℃时，称为低蜡原油；当凝点在−15～20℃时，称为含蜡原油；当凝点大于 21℃时，称为多蜡原油。

（3）按含胶量分类：以重油（沸点高于 300℃的馏分）中胶质含量来进行分类。含胶质量小于 17%，称为低胶原油；含胶质量在 18%～35%，称为含胶原油；含胶质量在 35%以上，称为多胶原油。

（4）在工业上通常按原油的密度分为 4 类：$\rho_4^{15.6}$ 小于 0.830 的原油称为轻质原油；$\rho_4^{15.6}$ 在 0.830～0.904 的原油称为中质原油；$\rho_4^{15.6}$ 在 0.904～0.966 的原油称为重质原油；$\rho_4^{15.6}$ 大于 0.966 的原油称为特重质原油。

1.2.2.2 化学分类法

原油的化学分类以原油的化学组成为基础，通常用与原油化学组成直接有关的参数作为分类依据，如特性因数分类、关键馏分特性分类、相关指数分类、石油指数和结构族组成分类等。其中以前两种应用最广。通常认为，按这两种方法分类，可对原油特性有一个概括的认识，不同原油间可作粗略对比。

现简单介绍应用最广泛的特性因数分类和关键馏分特性分类法。

1.2.2.2.1   按特性因数分类

$$K = \frac{1.26\sqrt[3]{T}}{\rho_4^{15.6}} \tag{1-1}$$

式中：T 为该原油的平均沸点；K 为特性因数。

根据特性因数，可把石油分为石蜡基原油、中间基原油和环烷基原油 3 类。

（1）石蜡基原油：石油特性因数在 12.5 以上的称为石蜡基原油。这类石油的特点是含有较多的石蜡，因而凝点高。

（2）中间基原油：石油特性因数在 11.50～12.5 的称为中间基原油。这类石油含有一定数量的烷烃、环烷烃和芳香烃。

（3）环烷基原油：石油特性因数在 10.50～11.50 的称为环烷基原油。这类石油的特点是含有较多的环烷烃，凝点低。

特性因数分类法多年来为欧美各国普遍采用，它在一定程度上反映了原油的组成特性。例如，通过这一方法分类人们能知道这种原油是含烷烃多还是含环烷烃多。但此种分类方法存在下列缺点：

① 不能表明原油中低沸点馏分和高沸点馏分中烃类的分布规律，因此它不能反映原油中轻、重组分的化学特性。

② 由于原油的特性因数 K 难以准确求定，用其他参数计算或查特性因数 K 容易造成误差，因此这一方法并不完全符合原油组成的实际情况。

1.2.2.2.2   关键馏分特性分类

由于原油的化学组成复杂，烃类在轻质馏分和重质馏分中的分布有较大的差异，用特性因数分类比较笼统，不够确切，而其中平均沸点的数据也不易采集准确。所以，可以用关键馏分特性分类法对原油进行分类。

关键馏分特性分类法是将原油用 Hempel 简易精馏装置切取 250～275℃和 395～425℃两个轻重关键馏分。第一关键馏分指原油常压蒸馏 250～275℃的馏分；第二关键馏分相当于原油常压蒸馏 395～425℃的馏分，即在残压 40mmHg 下取得的 275～300℃的馏分。分别测定其相对密度，对照分类标准表确定两个关键馏分的基属，然后根据关键馏分特性分类表确定原油的类别。按照规定的标准，可将原油分为 7 类：石蜡基、石蜡–中间基、中间–石蜡基、中间基、中间–环烷基、环烷–中间基和环烷基石油。表 1-5 所列为关键馏分分类标准，表 1-6 为关键馏分特性分类表。

表 1-5   关键馏分分类标准

关键馏分基属	石蜡基	中间基	环烷基
第一 关键馏分	$d_4^{20}<0.8210$ API[0]>40 （K=11.9）	d_4^{20}=0.8210～0.8562 API[0]=33～40 （K=11.5～11.9）	$d_4^{20}>0.8562$ API[0]<33 （K<11.5）
第二 关键馏分	$d_4^{20}<0.8723$ API[0]>30 （K>12.2）	d_4^{20}=0.8723～0.9035 API[0]=20～30 （K=11.5～12.2）	$d_4^{20}>0.9305$ API[0]<20 （K<11.5）

表1-6 关键馏分特性分类表

编 号	第一关键馏分	第二关键馏分	原油类别
1	石蜡基	石蜡基	石蜡基
2	石蜡基	中间基	石蜡–中间基
3	中间基	石蜡基	中间–石蜡基
4	中间基	中间基	中间基
5	中间基	环烷基	中间–环烷基
6	环烷基	中间基	环烷–中间基
7	环烷基	环烷基	环烷基

我国现采用关键馏分特性分类法和硫含量分类法相结合的分类方法,把硫含量分类作为关键馏分特性分类法的补充。表1-7为我国不同产地石油分类方法对比表。

表1-7 我国不同产地石油分类方法对比表

原油名称	含硫量 m (%)	第一关键馏分 d_4^{20}	第二关键馏分 d_4^{20}	原油的关键馏分特性分类	建议原油分类命名
大庆混合	0.11	0.814 (K=12.0)	0.850 (K=12.5)	石蜡基	低硫石蜡基
克拉玛依	0.04	0.828 (K=11.9)	0.895 (K=11.5)	中间基	低硫中间基
胜利混合	0.88	0.832 (K=11.8)	0.881 (K=12.0)	中间基	含硫中间基
大港混合	0.14	0.860 (K=11.4)	0.887 (K=12.0)	环烷中间基	低硫环烷中间基
孤岛	2.06	0.891 (K=10.7)	0.936 (K=11.4)	环烷基	含硫环烷基

1.3 石油的炼制方法

石油炼制过程是指石油炼制工业中采用的各种加工过程。习惯上将石油炼制过程大致分为一次加工、二次加工、三次加工3类过程。

1.3.1 石油的一次加工炼制

石油的一次加工炼制是将原油用蒸馏的方法分离成轻重不同馏分的过程,常称为原油蒸馏,它包括原油预处理、常压蒸馏和减压蒸馏。一次加工产品可以粗略地分为:①轻质馏分油,指沸点在约370℃以下的馏出油,如粗汽油、粗煤油、粗柴油等。②重质馏分油(见重质油),指沸点在 370～540℃的重质馏出油,如重柴油、各种润滑油馏分、裂化原料等。③渣油(又称残油)。习惯上将原油经常压蒸馏所得的塔底油称为重油(又称常压渣油、半残油、拔头油等)。

1.3.1.1 原油预处理

(1)预处理的目的:从地底油层中开采出来的石油都伴有水,这些水中都溶解有无机盐,如 NaCl、$MgCl_2$、$CaCl_2$ 等,在油田原油要经过脱水和稳定,可以把大部分水及水中的盐脱除,但仍有部分水不能脱除,因为这些水是以乳化状态存在于原油中,原油含水含盐会给原油运输、储存、加工和产品质量带来危害。原油含水过多会造成蒸馏塔操作不稳定，严重时甚至造成冲塔事故，含水多增加了热能消耗，增大了冷却器的负荷和冷却水的消耗量。

原油中的盐类一般溶解在水中，这些盐类的存在对加工过程危害很大。主要表现在：①在换热器、加热炉中，随着水分的蒸发，盐类沉积在管壁上形成盐垢，降低传热效率，增大流动压降，严重时甚至会堵塞管路导致停工。②造成设备腐蚀。$CaCl_2$、$MgCl_2$水解生成具有强腐蚀性的HCl：$MgCl_2+2H_2O=Mg(OH)_2+2HCl$。如果系统同时有硫化物存在，则腐蚀会更严重：$Fe+H_2S=FeS+H_2$、$FeS+2HCl=FeCl_2+H_2S$；③原油中的盐类在蒸馏时，大多残留在渣油和重馏分中，这会影响石油产品的质量。根据上述原因，目前国内外炼油厂要求在加工前，原油含水量达0.1%～0.2%，含盐量小于5～10mg/L。

（2）基本原理：原油中的盐大部分溶于所含水中，故脱盐脱水是同时进行的。为了达到重复概念脱除悬浮在原油中的盐粒，在原油中注入一定量的新鲜水（注入量一般为5%），充分混合，然后在破乳剂和高压电场的作用下，使微小水滴逐步聚集成较大水滴，借重力从油中沉降分离，达到脱盐脱水的目的，这通常称为电化学脱盐脱水过程。

原油乳化液通过高压电场时，在分散相水滴上形成感应电荷，带有正、负电荷的水滴在作定向位移时，相互碰撞而合成大水滴，加速沉降。水滴直径越大，原油和水的相对密度差越大，温度越高，原油黏度越小，沉降速度越快。在这些因素中，水滴直径和油水相对密度差是关键，当水滴直径小到使其下降速度小于原油上升速度时，水滴就不能下沉，而随油上浮，达不到沉降分离的目的。

（3）工艺过程：我国各炼油厂大多采用两级脱盐脱水流程。原油自油罐抽出后，先与淡水、破乳剂按比例混合，加热到规定温度，送入一级脱盐罐，一级电脱盐的脱盐率在90%～95%，在进入二级脱盐之前，仍需注入淡水，一级注水是为了溶解悬浮的盐粒，二级注水是为了增大原油中的水量，以增大水滴的偶极聚结力。

1.3.1.2 常压蒸馏

常压蒸馏可直接从原油中得到汽油、煤油和柴油等。原油经沉降脱水、脱盐，加热后进入初馏塔，从初馏塔顶拔去轻汽油（或重整原料）和水分等。然后把剩余物经加热后泵入常压蒸馏塔。在塔的分馏作用下，从塔顶分离出汽油馏分，经冷凝、冷却，一部分作塔顶回流，大部分进入贮罐作汽油组分。常压蒸馏塔大多设3条侧线，各侧线的馏分油分别进入汽提塔进行汽提蒸馏，以提高分离效果，然后经换热、冷却分别作为煤油、轻柴油和重柴油进入贮罐。设有4条侧线的常压蒸馏塔，从侧四线引出来的馏分是裂化原料或变压器油原料。塔底未汽化的称为常压重油，经热油泵送入减压炉加热。图1-4为常压蒸馏流程。

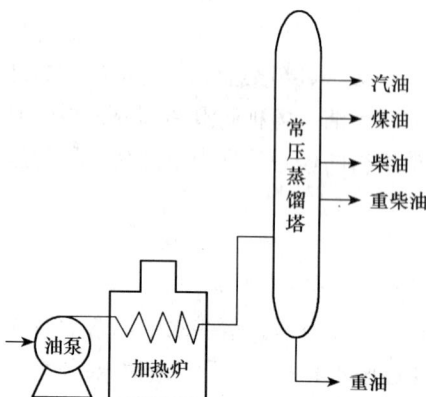

图1-4 常压蒸馏流程

1.3.1.3 减压蒸馏

常压塔底重油用热油泵送到减压炉加热后，转入减压分馏塔。减压分馏塔除塔顶循环回流外，有时还打 1～2 个中段回流。为了维持塔内高度真空，减压分馏塔顶只出少量凝缩油。减压分馏塔塔底也吹入过热蒸汽，以便降低塔内油气分压，增加拔出率。图1-5 为减压蒸馏流程。

大多数炼油厂采用常压和减压蒸馏连续性的常减压蒸馏工艺，如图 1-6 所示。有的炼油厂由于原油中含轻质成分的汽油少，或者为了简化工艺流程而不设初馏塔。这种装置称为二级蒸馏。

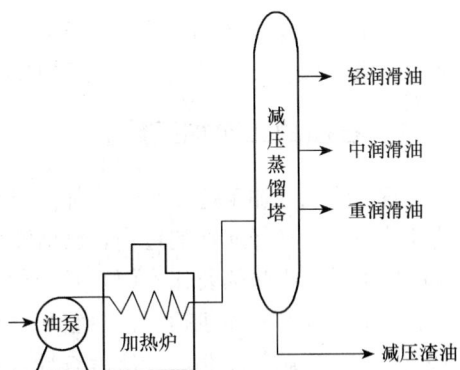

图 1-5　减压蒸馏流程

常、减压蒸馏产物见表 1-8。汽油、轻柴油产率一般很低，同时它们的质量受原油化学组成的限制，因此这种工艺远远不能满足用量日益增长的需要。

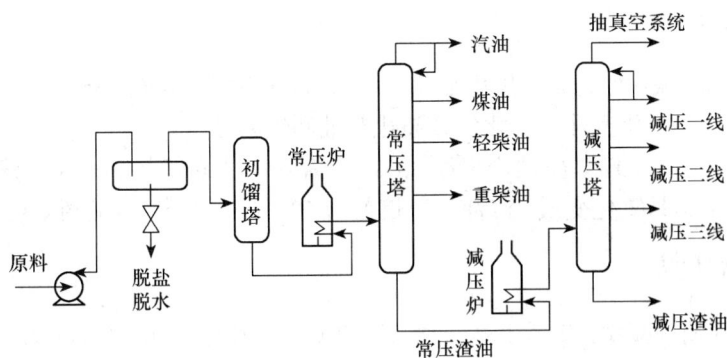

图 1-6　三段汽化的常、减压蒸馏工艺流程

表 1-8　常、减压蒸馏产物

项　目	产　品	一般沸点范围（℃）	一般产率（体积分数）（%）
初馏塔顶	汽油馏分（或铂重整原料）	初馏点-95 或更高	2～3
常压塔顶	汽油组分（或铂重整原料）	95～200（或 95～130）	3～8（或 2～3）
常压一线	灯用煤油（或航空煤油）	200～250（或 130～250）	5～8（或 8～10）
常压二线	轻柴油	250～300	7～10
常压三线	重柴油	300～350	7～10
减压侧线	催化裂化原料或润滑油原料	350～520	≈30
减压渣油	焦化原料、润滑油原料、氧化沥青原料或燃料油	>520	35～50

常减压蒸馏只能从原油中得到 10%～40% 的汽油、煤油和柴油等轻质油品，其余是只能作为润滑油原料的重馏分和残渣油。

社会对轻质油品的需求量占石油产品的 90% 左右；同时直馏汽油的辛烷值很低，为 40～60，而一般汽车要求汽油辛烷值在 90 以上，可见只靠常减压蒸馏无法满足国民经济对轻质油品在数量和质量上的要求。

为了解决这一矛盾，产生了多种二次加工炼制方法，即通过化学方法，改变馏分的化学组成，以获得更多更好的轻质油品。

1.3.2   石油的二次加工炼制

石油的二次加工炼制是一次加工过程产物的再加工，主要是指将重质馏分油和渣油经过各种裂化生产轻质油的过程，包括催化裂化、热裂化、延迟焦化、加氢裂化等。其中延迟焦化本质上也是热裂化，但它是一种完全转化的热裂化，产品除轻质油外还有石油焦。二次加工过程有时还包括催化重整和石油产品精制。前者是使汽油分子结构发生改变，用于提高汽油辛烷值或制取轻质芳香烃（苯、甲苯、二甲苯）；后者是对各种汽油、柴油等轻质油品进行精制，或从重质馏分油制取馏分润滑油，或从渣油制取残渣润滑油等。

把一次加工所得的各种馏分，按照生产的需要和产品质量的要求，分别进行二次加工，如需要生产高辛烷值的汽油，则可把直馏汽油进行催化重整；如需要生产较多的汽油，可进行催化裂化或加氢裂化。一次加工的残渣，还可以通过二次加工制成润滑油。

1.3.2.1   热裂化法

以常压重油、减压馏分油、焦化蜡油等为原料，在高温（450～550℃）和高压（20～50atm*）下裂化成裂化汽油、裂化气、裂化柴油和燃料油。

汽油产率 30%～50%，柴油产率约 30%。产品中含大量烯烃和少量二烯烃，在储存和使用过程中很容易氧化变质，汽油的辛烷值为 50～60，质量（安定性、抗爆性）不高。

1.3.2.2   减黏裂化法

减黏裂化（简称减黏）实质上是一种以渣油（常压重油或减压渣油）为原料的浅度热裂化（转化率小于 10%）。减黏的目的是将重质高黏度石油原料通过浅度热裂化转化为较低黏度和较低倾点的燃料油。减黏主要适用于原油浅度加工和需要大量燃料油的情况。

减黏的原料包括减渣、常压重油、全馏分重质原油或拔头重质原油等；反应温度为400～450℃；反应压力为 4～5atm。图 1-7 为减黏裂化工艺原理流程。

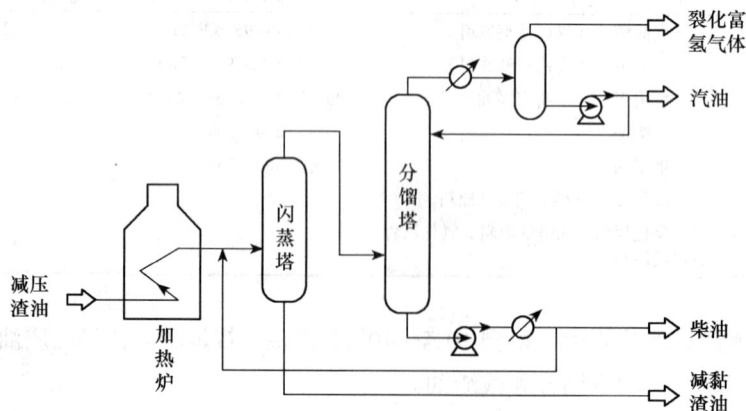

图 1-7   减黏裂化工艺原理流程

---

* 1 atm＝101.325 kPa。

1.3.2.3 催化裂化法

催化裂化是目前石油炼制工业中最重要的二次加工过程，也是重油轻质化的核心工艺，是提高原油加工深度、增加轻质油收率的重要手段。催化裂化是在催化剂硅酸铝或分子筛的作用和 460～530℃ 的高温条件下，通过对原料油进行裂化、异构化、芳构化、氢转移等反应，使沸点较高的大分子烃裂化为小分子烃的加工工艺。

（1）催化裂化原料：重质馏分油（减压馏分油、焦化馏分油）、常压重油、减渣（掺一部分馏分油）、脱沥青油。

（2）反应条件：460～530℃，2～4atm，催化剂（分子筛）。

（3）产品分布及特点：气体为 10%～20%，气体中主要是 C_3、C_4，烯烃含量很高，裂化气中丙烯和丁烯的含量高达 50%，是制取工业异辛烷、合成纤维、合成橡胶的重要原料，也可做民用燃料——液化气。汽油，产率在 40%～60%，ON（Octane Number）高，RON（Research Octane Number）可达 90 左右；柴油，产率在 10%～40%，CN（Cetane Number）较低，需调和或精制；油浆，产率在 0%～10%；焦炭，产率在 5%～10%，原子比大约是 C：H＝1：（0.3～1）。

催化裂化过程中主要发生裂化、异构化、芳构化、氢转移等反应，反应结果使产品中含有较多的异构烷、芳香烃和烯烃，因此汽油的辛烷值较高，RON 达 90 左右，油品安定性比热裂化汽油好，但不及直馏汽油。催化裂化柴油中芳香烃较多，因而燃烧性能较差，一般需同直馏柴油调和后才能合格。

1.3.2.4 加氢裂化法

加氢裂化是在 370～430℃ 的高温和 10～15MPa 的高压，并有钨、钼、镍等催化剂的作用下，加入氢气，对原料油进行加氢裂化和异构化等反应，从而使重质油转变成饱和的轻质油的一种炼制方法。其主要产物为抗爆性好、腐蚀性低的汽油，发火性能好、凝点低的柴油和黏温性能好的润滑油。加氢裂化实质上是催化加氢和催化裂化这两种反应的有机结合。按加工原料可分为馏分油加氢裂化和渣油加氢裂化两种。加氢裂化在化学原理上与催化裂化有许多共同之处，但又有自己的特点：

（1）原料范围更宽，可以是柴油馏分、减压馏分，甚至是渣油。特别适合加工催化裂化不能加工（如 S、N、芳香烃、金属含量高）的原料，使原油加工深度大大提高；

（2）产品灵活性更大，可依市场需求改变操作条件从而调整生产方案；

（3）产品收率高、质量好（辛烷值相当，安定性更好）。

最突出的优点是能生产低冰点的优质喷气燃料。产品方案根据需要制定，可以生产收率达 40%～60%、结晶点低于-60℃ 的喷气燃料，也可以生产收率很高的高辛烷值汽油或低凝点（<-45℃＝柴油。液体产品收率高达 97%。

原料中的烃类分子转化为较小分子的异构烷烃、环烷烃和芳香烃，而非烃类化合物转化为饱和烃和 H_2S、NH_3 和 H_2O，从而除掉油品中的含硫、含氮和含氧化合物。

1.3.2.5 催化重整法

"重整"是指烃类分子重新排列成新的分子结构。催化重整是指直馏汽油馏分中的正构烷烃和环烷烃,在催化剂作用下,通过进行异构化、芳构化、脱氢等反应,使其烃分子结构进行重新排列而转化为异构烷烃和芳香烃,从而获得高辛烷值汽油及轻芳烃(苯、甲苯、二甲苯)的重要加工过程,同时也生产相当数量的副产氢气。

催化重整法包括铂重整、铂铼重整、铂锡重整和多金属重整。

催化重整原料是直馏汽油馏分(石脑油),目前为了扩大原料来源,也用焦化汽油、加氢汽油。

根据生产任务的不同,所用原料的馏程也不同:在生产高辛烷值汽油时,一般用 80~180℃的馏分(宽馏分)作原料;当以生产芳烃为主时,则宜用 60~145℃的馏分作原料(窄馏分)。生产实际中常用 60~130℃馏分作原料。

1.3.2.6 延迟焦化法

延迟焦化是为了充分利用能源,以获得更多的轻质油,对减渣、裂化渣油等为原料,在高温(500~550℃)下进行深度的热裂化和缩合反应的热加工过程。其装置工艺原理流程如图 1-8 所示。

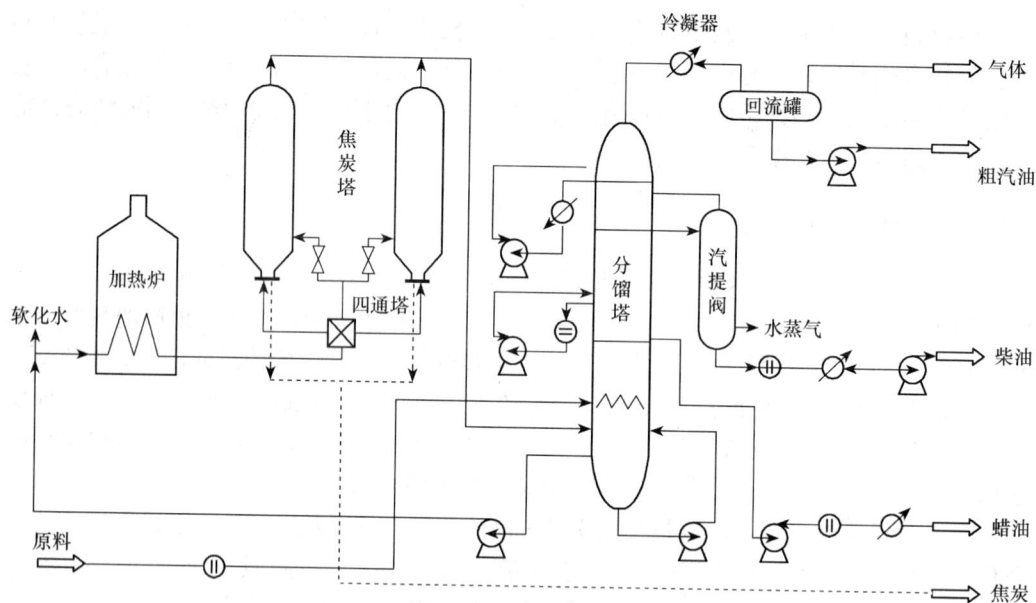

图 1-8 延迟焦化装置工艺原理流程

延迟焦化的主要产物为可作为催化裂化和加氢裂化等二次加工原料的裂化原料油,含有大量的不饱和烃,安定性差,易变质,需精制的汽油和柴油、焦化装置的独有产品,可用作炼钢用的电极及冶金工业燃料等的石油焦。减渣经此过程可得到 70%~80%的馏分油。

延迟焦化产物中焦化气体含有较多的甲烷、乙烷以及少量的丙烯、丁烯,可用作燃料、叠合或制氢原料;焦化汽油和柴油因含有大量不饱和烃,特别是含二烯烃及非烃化合物,其安定性差,极易变质,必须进一步加工才能使用;焦化蜡油主要是作为催化裂化或加氢裂化装置的原料;焦炭(石油焦)是焦化装置的独有产品,除可用作燃料外,还可用于制造炼铝、炼钢的电极等。冶金工业需要大量的优质石油焦(针状焦)。

1.3.2.7　轻质油品的精制

原油经过常减压蒸馏及各种二次加工过程得到的汽油、煤油、喷气燃料和柴油等，都是半成品，其性能一般都不能完全满足产品的质量标准，必须通过油品精制、调和和加入添加剂等方法进行进一步加工，方能成为合格产品。轻质石油产品的精制包括酸碱精制、加氢精制、电化学精制、轻质燃料脱硫醇等过程。

1.3.2.7.1　酸碱精制

酸碱精制适用于直馏或二次加工生成的各种汽、煤、柴油等馏分油，特别是含硫原油生产的各种馏分油。根据馏分油所含非烃化合物和二烯烃等情况不同，可以分别采用酸洗或碱洗方案。

所谓酸洗，是使油品中的烯烃和二烯烃与浓硫酸进行酯化和缩合反应，其反应产物大部分溶于酸中，随酸渣排出，浓硫酸对非烃化合物有一定溶解作用，并能起磺化反应，从而除去大部分非烃化合物。

所谓碱洗，就是用 NaOH（10%～30%Wt）水溶液洗涤各种油品，除去油品中的 H_2S 和部分硫醇、酚以及环烷酸等非烃化合物，生成的物质溶于碱液，形成碱渣而被分离除去。

酸碱洗涤后的油品必须再用水洗以除去残留的酸、碱渣，直至油品中没有水溶性酸或碱。酸碱精制过程技术简单，设备投资少，见效快，但因精制产品收率低，产生大量的酸渣、碱渣不易处理而严重污染环境，因此已逐渐被加氢精制等方法所取代。

1.3.2.7.2　加氢精制

加氢精制的目的是除去油品中的含硫、氮、氧化合物、多环芳香烃等有害组分，并使烯烃、二烯烃饱和，改善油品质量。

加氢精制效果良好，产品收率高，适用范围广，可用于液体燃料和润滑油馏分的精制。催化重整的发展提供了大量的氢，使加氢精制得到了迅速发展。

加氢精制过程是在钼酸钴、钼酸镍、硫化钨-硫化镍或钨镍等催化剂作用下进行加氢，将油品中的烯烃、二烯烃加氢转化成烷烃，非烃化合物加氢生成饱和烃，其中的硫、氧、氮原子与氢反应分别生成 H_2S、H_2O 和 NH_3 而被除去（氮原子较难脱除）。

加氢精制大大改善了油品质量，通常用于制取含杂质少的催化重整原料、性质安定的汽油和柴油、优质的喷气燃料和润滑油组分。

直馏产品、加氢精制和加氢裂化产品，特别是低硫原油制取的上述产品，安定性好，适于长期储存。

1.3.2.7.3　电化学精制

电化学精制是在电场作用下，对油品进行酸洗和碱洗，以除去油中不良成分。近年来酸碱洗涤过程中普遍采用高压电场（15～25 kV），强化酸或碱与油品中不饱和烃和非烃化合物的反应，加速沉淀分离，即电化学精制或电精制方法。此方法不仅缩小了设备，还减少了精制过程中的副反应，提高了产品质量。

1.3.2.7.4　脱硫醇精制

脱硫醇精制是将焦化汽油、催化裂化汽油、轻柴油等轻质燃料中带有恶臭味的硫醇除掉的精制方法。

1.3.2.8   润滑油的生产

从减压蒸馏得到的各种润滑油馏分，由于含有很多石蜡、多环芳香烃、非烃化合物和胶质等组分，不能直接作为润滑油，必须经过精制、脱蜡等加工过程除去上述组分，才能成为润滑油的基础组分，即基础油。

润滑油的加工过程主要有脱沥青、脱蜡、精制和调和四大类。分述如下：

（1）丙烷脱沥青：减压蒸馏所得到的润滑油馏分，只能制取低、中黏度的润滑油。为了生产高黏度润滑油（如航空润滑油等），必须从沸点更高的减压渣油中提取高黏度润滑油组分。

丙烷脱沥青过程是以丙烷为溶剂，除去减压渣油中的胶质、沥青质，以生产高黏度润滑油组分或裂化原料油，同时可以得到沥青。丙烷脱沥青后得到的高黏度润滑油馏分，还需经过脱蜡、精制等加工过程，才可使用。

（2）润滑油的脱蜡：润滑油馏分中含有不同数量的石蜡和地蜡。石蜡和地蜡使润滑油凝点增高，严重影响其使用性能，必须脱除。有时为了生产低冰点喷气燃料和低凝柴油也需要进行脱蜡。脱蜡的方法很多，如溶剂脱蜡、尿素脱蜡、冷榨脱蜡、分子筛脱蜡和细菌脱蜡等。

（3）润滑油的精制：润滑油精制的目的是除去润滑油馏分中的多环短侧链芳香烃、胶质、沥青质、含硫、含氮化合物等非理想组分，从而改善润滑油的抗氧化安定性和黏温性能。精制方法主要有溶剂精制、酸−白土精制等。

（4）调和：各种加工方法生产的润滑油，除特殊要求以外（如喷气燃料），一般都不能直接得到符合质量标准的成品油。通常需采用调和方法，把不同加工过程得到的油品，取长补短，按一定比例混合，并加入一些改善某些性质的添加剂，才能得到合乎质量标准要求的成品油。

1.3.3   石油的三次加工炼制

石油的三次加工炼制主要指将二次加工产生的各种气体进一步加工（炼厂气加工），以生产高辛烷值汽油组分和各种化学品的过程，包括石油烃烷基化、烯烃叠合、石油烃异构化等。

1.3.3.1   石油烃烷基化

烯烃在异构烷烃或芳香烃上的热反应或催化反应过程称为烷基化。它是指在催化剂作用下，烷烃与烯烃之间发生的化学加成反应。常用的催化剂是浓硫酸或氢氟酸。

烷基化的原料是异丁烷—丁烯气体馏分，产物是异辛烷和其他烃类组成的混合物，称为烷基化油。将烷基化油进行分馏，切割 50～180℃的主要成分可得到工业异辛烷，它是航空汽油和高级车用汽油的高辛烷值组分。

（1）氢氟酸法烷基化：氢氟酸法烷基化流程通常由原料预处理、反应、产品分馏及处理、酸再生和三废治理等部分组成。预处理的主要目的是控制原料的含水量（低于 $20×10^{-6}$ mg/kg）以免造成设备严重腐蚀，同时要严格控制硫、丁二烯 C_2、C_6 和含氧化合物等杂质含量。由于烃类在氢氟酸中的溶解度较大，烷基化反应速度非常快，仅几十秒即可基本完成，故可使用一管式反应器。反应温度 20～40℃，压力 0.7～1.2MPa。为抑制副反应，需将大量异丁烷循环回反应进料，使异丁烷与烯烃进料保持（8～12）:1 的体积比。反应热通过酸冷却器带走。酸再生的主要目的是去除反应中生成的叠合物及原料中带入的水，以酸溶性油自再生器底排出，使氢氟酸浓度维持在 90%左右。烷基化油从主分馏塔底排出，循环异丁烷从塔的侧线抽出。如要生产航空燃料，则所得烷基化油还需进行再蒸馏，自塔顶分出轻烷基化油作为航空汽油组分。自系统排出的含氢氟酸的废气或废液均需经过处理，最后以氯化钙进行反应，使之变成惰性的氟化钙。生产 1t 烷基化汽油约消耗氢氟酸 0.4～0.6kg。

（2）硫酸法烷基化：硫酸法烷基化的基本过程与氢氟酸法相似。主要问题是酸耗高，生产 1t 烷基化油需消耗 70～80kg 硫酸，同时副产大量稀酸。如附近没有硫酸厂或酸提浓设施，将对环境造成严重的污染。

1.3.3.2　烯烃叠合

叠合又称齐聚，是两个或两个以上的低分子烯烃催化合成一个较大的烯烃分子的过程。在石油炼厂中，它常用于炼厂气的加工利用，使丙烯、丁烯叠合，生成二聚物、三聚物和四聚物的混合物。叠合工艺随原料组成的不同而分为选择性叠合和非选择性叠合。前者以丙烯为原料，目的产品为丙烯四聚体（洗涤剂原料）；后者以丙烯、丁烯混合物为原料，目的是生产高辛烷值汽油组分（马达法辛烷值一般为 82～84），称为叠合汽油。工业生产中，当用磷酸作催化剂时，温度为 175～245℃，压力约为 6MPa；原料通常是催化裂化、热裂化等过程副产的轻烃馏分（丙烷-丙烯馏分和丁烷-丁烯馏分），原料的烯烃含量为 20%～40%，反应的转化率约为 90%。

叠合工艺是在 20 世纪 30 年代随着热裂化工艺的工业化而发展起来的，第一套工业装置建于 1935 年。其后，随着石油烃烷基化和其他烯烃利用新工艺的出现，逐渐失去竞争力。但近年来发展了利用镍铬催化剂将丙烯转化成以异己烯为主的二聚工艺，选择性达 85%以上；二聚汽油的研究法辛烷值为 96.5，为这一工艺开辟了新的领域。

1.3.3.3　石油烃异构化

石油烃异构化是以铂-氧化铝或铂-分子筛为催化剂使正构烷烃异构化的过程。在石油炼厂中，它常用于将炼厂气中的正丁烷异构为异丁烷，作为石油烃烷基化原料；也用于正戊烷、正己烷的异构化以提高辛烷值（马达法辛烷值分别从 61、26 提高到 89、73）。石油烃异构化是炼厂提高汽油辛烷值较经济的方法。第二次世界大战期间为增产航空汽油，开发了正丁烷异构为异丁烷的过程，用于扩大烷基化原料来源。20 世纪 50 年代，又开发了正戊烷和正己烷的异构化过程。早期的催化剂为弗瑞德-克来福特型催化剂并以三氯化铝加氯化氢或有机氯化物作助催化剂，后来出现了加氢异构化型催化剂（铂-氧化铝或铂-分子筛），目前工业上广泛使用后者。

异构化装置类似普通的加氢精制装置。以丁烷异构化为例，丁烷进料经脱异丁烷塔分离出异丁烷，塔底主要是正丁烷，与氢混合后经加热进入反应器。反应压力约 2.1～2.8MPa，温度 145～205℃，氢、烃摩尔比为（0.1～0.5）:1，空速 3～5m³/h。反应产物经分离器分出氢（循环使用），再经稳定塔分出少量裂解气（用作燃料气）后去脱异丁烷塔。塔底正丁烷循环进行反应，异丁烷产率可达 90%以上。异丁烷作为烷基化补充进料时，该装置可与烷基化装置合并为一套装置，这样可节省设备和投资。

1.4 石油产品和润滑剂的分类

随着科学技术水平的提高，石油产品的新品种不断增加以及国际交往的增多，石油产品和润滑剂的分类标准不断修订。

关于石油产品分类命名标准化工作国内早在 20 世纪 60 年代就开始了。在 1965 年就制定了石油产品分类命名标准 GB 498、石油燃料的分组命名和代号标准 GB 499、润滑油的分组命名和代号标准 GB 500、润滑脂的分组命名和代号标准 GB 501 等一系列石油产品分类命名标准，对统一石油产品名称起到一定的作用。

20 世纪 70 年代以后，随着国际交往的不断扩大。石油产品的分类命名采用国际标准已成为必然的发展趋势。1982 年参照 ISO 3448 标准，制定了"工业用润滑油黏度分类"国家标准 GB 3141，此后石油产品分类命名的规范化工作取得了较快进展。至 2011 年已颁布实施的石油产品分类标准有 18 项，

1.4.1 石油产品的分类

石油产品的种类繁多，用途各异，为了与国际标准化组织的标准一致，我国参照国际标准 ISO/DLS 8681：1985，制定了 GB 498—1987《石油产品及润滑剂的总分类》、GB 7631—2008《润滑剂和有关产品（L 类）的分类》等国家标准，为规范石油产品的生产打下了良好的基础。

国家标准 GB 498《石油产品及润滑剂的总分类》，将石油产品分为 6 类，比 ISO/DIS 8681 多了一类 C（焦）。石油产品的总分类及比例见表 1-9。

表 1-9 石油产品的分类及比例

类 别	比 例
F 类（燃料）门类产品标准	占石油产品总量的80%
S 类（溶剂及化工原料）门类产品标准	占石油产品总量的10%
L 类（润滑剂和有关产品）门类产品标准	产量不多，占 2%左右，品种多
W 类（蜡）门类产品标准	占石油产品总量的1%
B 类（沥青）门类产品标准	占石油产品总量的3%
C 类（焦）门类产品标准	占石油产品总量的2%

1.4.2 石油燃料的分类及使用范围

（1）石油燃料的分类：GB 12692.1—2010《石油产品燃料（F 类）分类》将燃料分为 4 组，表 1-10 为石油燃料的分类及类型对比。

馏分燃料（D 组）的分类及使用范围详见表 1-11。

表 1-10 石油燃料的分类及类型对比

组别字母	燃料类型
G 气体燃料	主要由甲烷或乙烷或它们的混合物组成
L 液化气燃料	主要由丙烷-丙烯，或丁烷-丁烯，或丙烷-丙烯和丁烷-丁烯混合物组成
D 馏分燃料	除液化石油气以外的石油燃料，包括汽油、煤油和柴油等以及重质馏分油
R 残渣燃料	主要由蒸馏残油组成

表 1-11 馏分燃料（D 组）的分类及使用范围

类　别	种　类	名　称	使用范围
汽油机燃料	航空燃料	航空汽油	活塞式航空发动机、快速舰艇发动机
	汽车燃料	车用汽油	汽油机汽车、舰艇汽油发动机
柴油机燃料	高速柴油机燃料	轻柴油 军用柴油	各种柴油机汽车及牵引机、坦克柴油发动机、舰艇柴油发动机
	中速柴油机燃料	重柴油	中速柴油机
	低速柴油机燃料	船用燃料	大功率低速柴油机
喷气发动机燃料	喷气燃料	煤油型 宽馏分型 高闪点型 大比重型	涡轮喷气发动机、涡轮风扇发动机、涡轮轴发动机、涡轮螺桨发动机、桨扇发动机
锅炉燃料	锅炉燃料	舰用燃料油	舰、船锅炉

1.4.3　润滑剂的分类

润滑剂及有关产品的分类标准为 GB/T 7631.1—2008，表 1-12 为润滑剂的分类、应用场合及标准。

表 1-12 润滑剂的分类、应用场合及标准

组　别	应用场合	标　准
A	全损耗系统 Total loss systems	GB/T 7631.13
B	脱模 Mould release	
C	齿轮 Gears	GB/T 7631.7
D	压缩机（包括冷冻机和真空泵）Compressors (including refrigeration and vacuum pumps)	GB/T 7631.9
E	内燃机油 Internal combustion engine oil	GB/T 7631.17
F	主轴、轴承和离合器 Spindle, bearings and associated clutches	GB/T 7631.4
G	导轨 Slideways	GB/T 7631.11
H	液压系统 Hydraulic systems	GB/T 7631.2
M	金属加工 Metalworking	GB/T 7631.5
N	电气绝缘 Electrical insulation	GB/T 7631.15
P	气动工具 Pneumatic tools	GB/T 7631.16
Q	热传导液 Heat transfer fluid	GB/T 7631.12
R	暂时保护防腐蚀 Temporary protection against corrosion	GB/T 7631.6
T	汽轮机 Turbines	GB/T 7631.10
U	热处理 Heat treatment	GB/T 7631.14
X	用润滑脂的场合 Grease	GB/T 7631.8
Y	其他应用场合 Miscellaneous	—
Z	蒸汽汽缸 Cylinders of steam machines	—

1.5 石油添加剂概述

提高石油产品的质量和性能水平，除了对基础油必须采取合理的加工、精制工艺外，一个很重要的方法就是加入能改善油品各种性能的添加剂。

石油添加剂按其应用可分为润滑剂添加剂、燃料添加剂、复合添加剂和其他添加剂（表1-13）。

表 1-13   润滑剂添加剂、燃料添加剂、复合添加剂组成

石油添加剂	成 分
润滑剂添加剂	清净剂和分散剂
	抗氧抗腐剂
	极压抗磨剂
	油性剂和摩擦改进剂
	抗氧剂和金属减活剂
	黏度指数改进剂
	防锈剂
	降凝剂
	抗泡沫剂
燃料添加剂	抗爆剂
	金属钝化剂
	防冰剂
	抗氧防胶剂
	抗静电剂
	抗磨剂
	抗烧蚀剂
	流动改进剂
	防腐蚀剂
	消烟剂
	助燃剂
	十六烷值改进剂
	清净分散剂
	热安定剂
	染色剂
复合添加剂	汽油机油复合剂
	柴油机油复合剂
	通用汽车发动机油复合剂
	二冲程汽油机油复合剂
	铁路机车油复合剂
	船用发动机油复合剂
	工业齿轮油复合剂
	车辆齿轮油复合剂
	通用齿轮油复合剂
	液压油复合剂
	工业润滑油复合剂
	防锈油复合剂

复习思考题

一、单项选择题

1. 石油含有的几种烃类化合物中，性质不安定、易氧化生成胶质、不是燃料理想成分的是（　）。

　　A. 烷烃　　　　　B. 环烷烃　　　　C. 烯烃　　　　　D. 芳香烃

2. 石油中的非烃类组成会给原油加工和产品质量带来不利影响，其中使石油颜色变差、黏温性变差，燃烧后形成积碳、增加磨损的是（　）。

　　A. 含硫化合物　　B. 含氮化合物　　C. 含氧化合物　　D. 胶质和沥青质

3. 石油成分非常复杂，但其含量最多的化学元素成分为（　）。

　　A. 氢　　　　　　B. 碳　　　　　　C. 硫　　　　　　D. 氧

4. 石油的烃类构成中，是压燃式发动机燃料的理想组成为（　）。

　　A. 苯　　　　　　B. 异构烷烃　　　C. 正构烷烃　　　D. 环己烷

5. 石油的烃类构成中，是点燃式发动机燃料的理想组成为（　）。

　　A. 苯　　　　　　B. 异构烷烃　　　C. 正构烷烃　　　D. 环己烷

6. 使汽油辛烷值提高，使柴油低温流动性好的烃是（　）。

　　A. 烷烃　　　　　B. 环烷烃　　　　C. 烯烃　　　　　D. 芳烃

7. 在燃料油生产的精制工艺中，能够使不饱和烃转变为饱和烃，并能除去油中氮、氧及金属杂质等有害成分的是（　）。

　　A. 酸碱精制　　　B. 催化重整　　　C. 催化裂化　　　D. 加氢精制

8. 石油含有的几种烃类化合物中，性质比较稳定，不易氧化变质，是汽油和润滑油的良好成分的是（　）。

　　A. 烷烃　　　　　B. 环烷烃　　　　C. 烯烃　　　　　D. 芳烃

9. 组成石油的馏分中，分布规律是随着馏分温度的升高而减少的是（　）。

　　A. 烷烃　　　　　B. 环烷烃　　　　C. 烯烃　　　　　D. 芳烃

10. 石油颜色黑，燃烧后与燃烧室、活塞等处形成的积炭多，这说明石油中含有（　）。

　　A. 含硫化合物　　B. 含氮化合物　　C. 含氧化合物　　D. 胶质和沥青质

11. 在以下的石油炼制工艺中，属于物理变化的是（　）。

　　A. 热裂化　　　　B. 加氢裂化　　　C. 催化重整　　　D. 常压蒸馏

12. 炼油厂中一次加工主要包括（　）。

　　A. 转化　　　　　B. 脱蜡　　　　　C. 催化重整　　　D. 蒸馏

二、名词解释

一次加工和二次加工；蒸馏法；常压蒸馏和减压蒸馏；热裂化；加氢裂化；烷基化。

三、简答题

1. 简述石油的烃类组成及其特点。

2. 简述石油基本添加剂的种类和名称。

3. 简述石油常用的炼制和精制方法。

补充阅读材料

中国石油资源分布概况

我国的石油天然气主要分布在塔里木、鄂尔多斯、松辽、渤海湾、四川、准噶尔、柴达木、东海陆架八大层积盆地。

1. 东北油气区

(1) 大庆油田：位于黑龙江省西部、松辽平原中部，地处哈尔滨、齐齐哈尔之间。大庆油田我国目前最大的油田，于1960年投入开发建设，由萨尔图、杏树岗、喇嘛甸、朝阳沟等48个规模不等的油气田组成，面积约6000km^2。2012年产量为$4000×10^4$t。

(2) 吉林油田：2009年原油产量$591×10^4$t，2010年原油产量$610×10^4$t。

(3) 辽河油田：主要分布在辽河中上游平原以及内蒙古东部和辽东湾滩海地区。建成9个主要生产基地，2009年原油产量$1019×10^4$t，2010年原油产量$950×10^4$t。

2. 渤海湾油气区

(1) 冀东油田：位于渤海湾北部沿海，油田开发范围覆盖唐山、秦皇岛、唐海等两市七县。2009年原油产量$171×10^4$t，2010年原油产量$175×10^4$t。

(2) 大港油田：位于天津市大港区，勘探区域包括大港区和新疆尤尔都斯盆地，2009年、2010年原油产量$485×10^4$t左右。

(3) 华北油田：位于河北省中部冀中平原的任丘市，包括京、冀、晋、蒙区域内的油气生产区，2009年、2010年原油产量为$426×10^4$t左右。

(4) 胜利油田：1961年发现，2009年原油产量为$2783×10^4$t，2010年原油产量为$2734×10^4$t。

(5) 中原油田：主要包括河南省濮阳地区的14个油气田，四川普光气田和内蒙古18个勘探区块，2009年原油产量为$289×10^4$t，2010年原油产量为$272×10^4$t。

3. 长江中下游油气区

(1) 河南油田：地处豫西南的南阳盆地，矿区横跨南阳、驻马店、平顶山三地市，分布在新野、唐河等八县境内。2009年原油产量为$187×10^4$t，2010年原油产量为$227×10^4$t。

(2) 四川油气田：地处四川盆地，已有60年的历史。包括中石油西南石油局、中石化西南油气田、普光气田（属中原油田），中石油西南油气田2010年产原油$14×10^4$t、天然气$153×10^8$m^3，是我国第三大产气区。

(3) 江汉油田：油田主要分布在湖北省境内的潜江、荆州等7个市县和山东省寿光市。2009年和2010年原油产量均为$96×10^4$t。

(4) 江苏油田：主要分布在江苏的扬州、盐城、淮阴、镇江4个地区。2009年和2010年原油产量均为$171×10^4$t。

4. 鄂尔多斯油气区

(1) 长庆油田：地处陕甘宁盆地，油气勘探开发建设始于1970年，2009年、2010年原油产量第三，天然气产量第二，按照规划，到2015年，长庆油田将实现油气当量$5000×10^4$t，打造成中国的"西部大庆"。目前已成为北京天然气的主要输送基地。目前年产量达到$3500×10^4$t油气当量。

（2）延长油田：地处鄂尔多斯盆地东部，属于特低渗透油田，1905 年成立，1907 年打成中国陆上第一口油井——"延一井"。2009 年原油产量为 1121×10^4t，2010 年原油产量 1200×10^4t。

5. 青海–甘肃油气区

（1）玉门油田：位于甘肃玉门境内。油田于 1939 年投入开发。2010 年原油产量为 48×10^4t。

（2）青海油田：位于青海省西北部柴达木盆地。2009 年和 2010 年原油产量均为 186×10^4t。

6. 新疆油气区

（1）克拉玛依（新疆）油田：地处新疆维吾尔自治区克拉玛依市。40 年来在准噶尔盆地和塔里木盆地找到了 19 个油气田，2010 年原油产量为 1089×10^4t，年产天然气 38×10^8m³。

（2）吐哈油田：位于新疆吐鲁番、哈密盆地境内。于 1991 年全面展开吐哈石油勘探开发会战。2010 年原油产量为 163×10^4t，年产天然气为 12×10^8m³。

（3）塔里木油田：位于新疆南部的塔里木盆地，是我国最大的内陆盆地。1989 年建成投产，2009 年和 2010 年原油产量均为 554×10^4t，天然气产量为 180×10^8m³。

（4）塔河油田：位于塔里木盆地北部的塔克拉玛干沙漠，是中国第一个古生界海相碳酸盐亿吨级大油田，是塔里木盆地迄今发现的最大整装油气田。塔河油田是中石化的第二大油田。2009 年原油产量为 660×10^4t，2010 年原油产量为 700×10^4t。

7. 中国海洋石油

2008 年第三次全国石油资源评价：中国海洋石油资源量为 246×10^8t，占全国石油资源总量的 23%；海洋天然气资源量为 16×10^{12}m³，占总量的 30%。

渤海湾的主要优势为原油，南海海域的优势则为天然气。

（1）渤海湾油气区：目前为止，渤海湾地区已发现 7 个亿吨级油田，其中渤海中部的蓬莱 19-3 油田是迄今为止中国最大的海上油田，2010 年年底，油气当量突破 3000×10^4t。目前拥有各类采油平台近 100 座，FPSO7 条，陆地终端 4 个。规划 2020 年力争实现油气产量超过 4000×10^4t，建成"海上大庆"。

（2）东海大陆架油气区：目前只有春晓油气田和平湖油气田。

（3）南海油气区：整个南海的地质储量在 $230\times10^8\sim300\times10^8$t，其中有一半以上的储量分布在应划归中国管辖的海域，有"第二个波斯湾"之称。

我国原油供应形势：我国属石油资源比较丰富的国家，石油总产量居世界前列，2008 年原油产量 1.9×10^8t，居世界第五位，2009 年为 1.89×10^8t，居世界第四位。但由于人口众多，工业发展需求量大，自 1993 年开始成为原油及产品的进口国。

第2章
车 用 汽 油

[本章提要]

本章主要介绍车用汽油的组成及使用性能、使用性能的评定指标、规格标准、选择使用,并介绍了车用汽油相关研究最新进展。重点内容是车用汽油的使用性能评价指标和测定方法。要求学生了解车用汽油的组成、车用汽油相关研究最新进展,熟悉车用汽油的规格标准,掌握车用汽油的使用性能评价指标及测定方法,掌握车用汽油的正确、合理使用方法。

应用于点燃式发动机即汽油发动机的专用燃料为汽油。由石油分馏或重质馏分裂化制得。原油蒸馏、催化裂化、热裂化、加氢裂化、催化重整等过程都产生汽油组分。但从原油蒸馏装置直接生产的直馏汽油,不单独作为发动机燃料,而是将其精制、调配,有时还加入添加剂(如抗爆剂)以制得商品汽油。当前,汽油仍是汽车的主要燃料,在我国民用汽车保有量中,汽油车约占 75%。

2.1 车用汽油的组成及使用性能

车用汽油的主要成分为 $C_4 \sim C_{12}$ 脂肪烃和环烷烃。其外观与形状是无色或淡黄色易挥发液体,具有特殊臭味。

2.1.1 车用汽油的组成

车用汽油主要由石油炼制的轻质馏分和一些提高其使用性能的添加剂组成。

2.1.1.1 车用汽油的基本成分

车用汽油的成分比较复杂,主要成分是 $C_4 \sim C_{12}$ 烃类,其中以 $C_5 \sim C_9$ 为主,为混合烃类物品之一。汽油是一种无色或淡黄色、易挥发和易燃液体,具有特殊臭味,不溶于水,易溶于苯、二硫化碳和醇,极易溶于脂肪。汽油的外观一般为透明液体密度一般在 $0.70 \sim 0.78 \text{g/cm}^3$,有特殊的汽油芳香味,馏程一般为 $30 \sim 220 \text{℃}$。汽油有一个重要的物理特性,即它非常容易气化，挥发性强。有时用肉眼也能看到汽油液面有一层蒸腾着的雾气。1L 汽油能挥发成 100～400L 蒸汽，扩散到很大的范围。有时火源离汽油似乎很远，但与汽油蒸汽接触仍会燃烧。

汽油按照不同来源可分为直馏汽油、催化裂化汽油、热裂化汽油、催化重整汽油、焦化汽油、烷基化汽油、异构化汽油、芳构化汽油、醚化汽油和叠合汽油等。直馏汽油特别是石蜡基原油的直馏汽油的辛烷值最低，一般为 40～60；催化裂化汽油含有较多的芳香烃和烯烃，辛烷值一般较高，目前是车用汽油的主要原料；催化重整汽油也有较高的辛烷值，与催化裂化汽油一起用来调制车用汽油；烷基化汽油的主要组分是高度分支的异构烷烃，其辛烷值非常高；醚化汽油的辛烷值非常高，一般用作汽油的调和组分。

2.1.1.2　车用汽油中的添加剂

随着汽车保有量的日益增加和石油资源的减少，以及环保法规的日益严格，降低燃油消耗和改善尾气排放成为汽油机研究的重中之重。除改进发动机本身外，采用添加剂改善燃油品质也是切实可行的措施，它不需要改造内燃机结构，具有使用灵活、简便及成本低等优点。燃油添加剂能有效提高燃油性能、改善发动机的燃烧和排放特性。

从添加剂的生产工艺来区分，燃油添加剂可分为化学添加剂、生物添加剂及物理添加剂。化学添加剂是最早出现并应用最广泛的添加剂，即把化学药品添加到燃油中，通过化学反应来达到某种作用的添加剂，如抗爆剂、清洁剂、抗氧化剂、防冻剂、抗静电剂、助燃剂及染色剂等。提高汽油的品质主要从提高辛烷值入手，应用比较普遍的汽油添加剂组分主要有有机金属化合物、醚类、酸酯类及醇类等。生物添加剂是通过生物合成的一种添加剂，其具有以下优点：①以植物为原料，满足可持续发展的要求；②植物生长过程中吸收的 CO_2 和生物基添加剂使用过程中释放的 CO_2 量相当，可以缓解温室效应；③天然物质便于微生物降解，可以减少环境污染；④植物中的脂基是带极性的，植物制剂对烃类、醇类的缓和作用，对燃料有助燃效果。物理添加剂以煤油为基质，不需要添加其他任何化学成分，通过物理作用来改善燃油特性，如"油公"核磁共振添加剂对汽油、柴油、重油、轻烃等都起到良好作用，而且没有负面影响，能提高辛烷值、降低油耗、增大动力、提高热值，在高温下辛烷值提高更明显。

2.1.2　车用汽油的使用性能

汽油机在汽缸外部形成混合气，点燃着火，爆燃是汽油机的一种不正常燃烧。新型轿车等采用电控多点喷射燃料供给系统。采用三效催化转化器等汽车排放污染物净化装置，并采用闭环控制。因此，当代汽车汽油机要求的汽油使用性能越来越多，越来越严格。

为满足汽油机的工作特点，保证汽油机的顺利起动、平稳运转，充分发挥汽油机的动力性能，对车用汽油使用性能的主要要求有：①适宜的蒸发性；②良好的抗爆性；③良好的氧化安定性；④对机件等无腐蚀性；⑤对环境等的无害性；⑥油本身的清洁性。

2.1.2.1　蒸发性

汽油由液态转化为气态的性质，称为汽油的蒸发性。汽油在平时呈液态，而在发动机燃烧室内燃烧时，是在气态下进行的。也就是说，汽油在燃烧前必须有蒸发过程。汽油的蒸发性好，容易汽化，与空气混合就均匀，可燃混合气的燃烧速度就快，且燃烧得也完全，所以发动机容易起动，加速及时，各工况间转换灵敏柔和，机械磨损减少，汽油消耗降低。汽油蒸发性不好，则混合气形成不良，低温时发动机起动困难，燃烧不完全，使发动机预热时间加长，油耗增加，碳氢化合物排放浓度增加，未蒸发的汽油冲刷发动机汽缸油膜，流入曲轴箱后稀释发动机油，加剧发动机油变质，影响正常润滑。因此，要求汽油应具有良好的蒸发性。

但是，汽油的蒸发性过好也会出现许多问题：一是使汽油机供给系易产生气阻，即汽油蒸汽滞留于汽油机供给系中，阻碍汽油流动的现象，气阻会导致发动机不能正常工作或停机后不能起动；二是使汽油在保管和使用中的蒸发损失增加，增加汽油蒸汽的排放浓度；三是使电子控制汽油喷射发动机中的碳罐容易过载，且由于油路中气泡增多，影响喷油器流量的稳定，直接影响发动机的闭环控制，进而影响发动机排放污染物的治理。

从不同角度对汽油蒸发性的要求是矛盾的，综合考虑的结果是要求汽油具有适当的蒸发性。为了保证在不同气温条件下对汽油蒸发性的不同要求，《世界燃料规范》把汽油的蒸发性分为A、B、C、D、E 5级，用户可根据不同季节和地区采用不同蒸发性的汽油。汽油蒸发性的评定指标是馏程和饱和蒸汽压。

2.1.2.1.1　基本概念

（1）馏程：用石油产品馏程测定仪对 100mL 油品蒸馏时，从初馏点到终馏点的温度范围和残留量，称为该油品的馏程。对于汽油，是以一定馏出量（百分比）的蒸发温度等表示馏程的，即用 10%蒸发温度、50%蒸发温度、90%蒸发温度、终馏点和残留量来表示。

初馏点是对 100mL 汽油在规定条件下蒸馏时，流出第一滴汽油的气相温度。它是油的最低馏出温度，表示汽油中最轻组分的沸点；馏出 10mL、50mL、90mL 的温度分别称为 10%蒸发温度、50%蒸发温度、90%蒸发温度；蒸馏结束时的温度称为终馏点。

对 100mL 汽油在规定条件下蒸馏时，在蒸馏烧瓶内所测得残留物质占试油的体积百分比，称为残留量。

（2）饱和蒸汽压：在规定的条件下，油品在要求的试验仪器中气液两相达到平衡时，液面蒸汽所产生的最大压力，称为饱和蒸汽压。对于汽油，国内外均采用雷德饱和蒸汽压，缩写为 RVP〔Roid Vapo（u）r Pressure〕。汽油与其蒸汽的体积比为 1∶4 以及在 38℃时所测得的汽油最大压力，称为雷德饱和蒸汽压。

汽油的饱和蒸汽压和馏程都是汽油蒸发性的评定指标。馏程是限制温度不高于某值，保证汽油具有良好的蒸发性，保证发动机正常工作；而饱和蒸汽压是限制压力不大于某值，防止汽油供给系产生气阻和汽油蒸汽排放。

2.1.2.1.2　检测设备及检测方法

1）石油产品馏程测定法

汽油馏程的测定按照 GB/T 6536—1997《石油产品蒸馏测定法》的规定进行。石油产品馏程测定仪的结构及实物外形如图 2-1 所示。

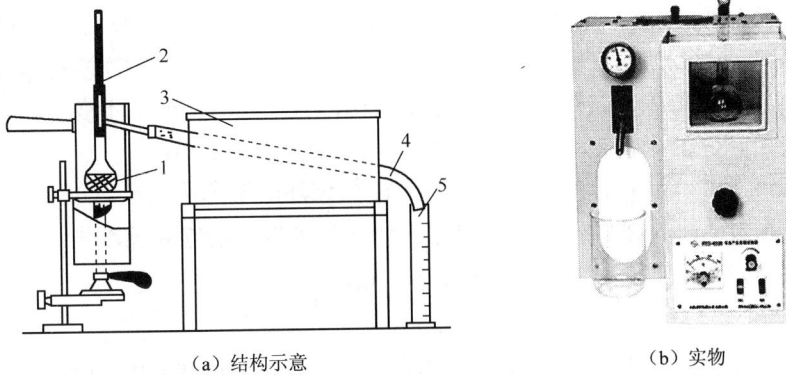

（a）结构示意　　　　　　　　（b）实物

图 2-1　石油产品馏程测定仪的结构及实物外形

1. 蒸馏烧瓶　2. 温度计　3. 冷凝器　4. 冷凝管　5. 量筒

用量筒 5 量取 100mL 被试汽油，倒入带有支管的烧瓶 1 中，把温度计 2 插入烧瓶口中，然后按照要求用喷灯对烧瓶中的油品加热，油品受热蒸发成气体，通过蒸馏烧瓶的支管 4 进入冷凝器 3，冷却后又变成液态，流入量筒 5 中，按照要求记录一定馏出量的蒸发温度和终馏点，称量求出残留物的体积，并计算残留量的体积百分数。

2）饱和蒸汽压测定法

汽油的饱和蒸汽压测定按照 GB/T 8017—1987《石油产品蒸汽压测定法（雷德法）》的规定进行，汽油的饱和蒸汽压测定仪如图 2-2 所示。

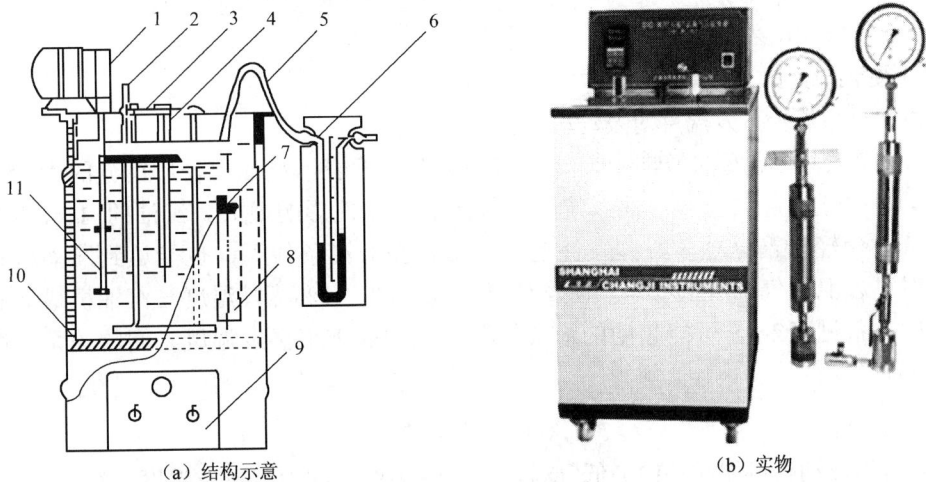

（a）结构示意　　　　　　　　（b）实物

图 2-2　汽油的饱和蒸汽压测定仪

1. 电动机　2、4. 温度计　3. 电热器　5. 橡胶管　6. 汞压力计
7. 金属弹上室　8. 金属弹下室　9. 继电器　10. 水浴　11. 搅拌器

金属弹是由上室 7 和下室 8 用卡口连接在一起的，上、下室容积比为 4：1。测定时，首先向已在 0～4℃的冰槽内冷却了一定时间的下室中，用已冷却了的专用注油瓶注满试油，然后迅速把上室与下室紧密连接在一起，随即将橡胶管 5 一端连接在汞压力计 6 上，另一端连接在上室的排气嘴上。装好后，颠倒金属弹，并猛烈摇动，摇动后置金属弹于

水浴中，水浴温度保持在38℃±0.3℃。金属弹置于水浴后，打开排气阀5min，并记录压力计读数。然后关闭排气阀，自水浴中取出金属弹，按照上述方法猛烈摇动，摇动后再置于水中，以后每隔2min重复一次此项操作，直至压力计读数不变为止。此时压力计读数作为所试汽油未校正的饱和蒸汽压。

校正的饱和蒸汽压，按照式 $p = p' + \Delta p$ 即得试油的饱和蒸汽压。

式中：p 为试油的饱和蒸汽压，kPa；p' 为汽油未校正的饱和蒸汽压，kPa。

$$\Delta p = \frac{(p_a - p_t)(t - 38)}{273 + t} - (p_{38} - p_t) \tag{2-1}$$

式中：p_a 为测定时实际大气压，kPa；P_t 为水温在 t 时的饱和蒸汽压，kPa；p_{38} 为水温在38℃时的饱和蒸汽压，kPa；t 为金属弹上室的开始温度，即上下室连接前上室的温度。

饱和蒸汽压表示汽油的平均蒸发性能，对燃油供给系产生气阻的倾向有直接影响。同时，饱和蒸汽压还与汽油在储存、运输和使用过程中的蒸发损耗的倾向有密切关系。饱和蒸汽压表示的是汽油的蒸发性，其蒸发量与饱和蒸汽压的关系为：

$$Q = KS \frac{p_1 - \varphi p_1}{p} \tag{2-2}$$

式中：Q 为汽油的蒸发量；p 为空气压力；p_1 为汽油饱和蒸汽压；φ 为已知蒸汽压力与饱和蒸汽压之比；K 为扩散系数；S 为蒸发面积。

由此可知，饱和蒸汽压越高，汽油蒸发量越大，蒸发性越好。需要说明的是，用上述公式求得的汽油蒸发量只是近似值，因为汽油是各种烃类的混合物。

2.1.2.1.3　影响因素及相关措施

1）使用指标对汽车正常运转的影响及改进措施

（1）典型馏分蒸发温度对发动机工作的影响：

① 10%蒸发温度的影响：汽油的10%蒸发温度表示汽油中轻质馏分的含量，它对发动机的低温起动性和供油系统产生气阻的可能性影响很大。汽油的10%蒸发温度越低，含轻质馏分越多，蒸发性越强，即使在低温条件下，也能达到发动机起动工况对可燃混合气浓度的要求，使发动机顺利起动。10%蒸发温度与汽油机最低起动气温的关系见表2-1。可能起动的最低气温与汽油的10%蒸发温度之间的关系一般用式(2-3)表示：

$$t_B = t_{10}/2 - 50.5 \tag{2-3}$$

式中：t_B 为发动机可能起动的最低气温，℃；t_{10} 为汽油的10%蒸发温度，℃。

表2-1　10%蒸发温度与汽油机最低起动气温的关系

汽油10%蒸发温度（℃）	36	53	71	88	98	107	115	122
汽油机最低起动气温（℃）	−29	−18	−7	−5	0	5	10	15

但是，10%蒸发温度也不可过低，太低说明汽油中的轻质馏分过多，蒸发性过强，随着油温的升高，汽油会很容易在汽油泵或输油管等曲折处或较热部位先行汽化形成蒸汽泡。由于蒸汽泡具有可压缩性，这就阻碍燃油供给系的正常供油，出现所谓的"气阻"

现象。"气阻"现象在炎热的夏季或大气压力较低的高原或高山地区更易出现，其结果是发动机功率降低甚至熄火。而汽油规格的国家标准中对汽油的10%蒸发温度的下限没有规定，这是因为在汽油规格的国家标准中对汽油的蒸汽压最高值规定了限值。需要指出的是，"气阻"现象主要发生在采用化油器供油系统且汽油泵的安装位置靠近发动机的汽车上。采用电控燃油喷射供油系统的汽车由于技术先进、结构合理（汽油泵一般布置在油箱内部，冷却可靠），已经很少发生"气阻"现象了。

　　② 50%蒸发温度的影响：汽油的50%蒸发温度表示汽油中中间馏分（轻质和重质之间的汽油馏分）的含量，它表示汽油的平均蒸发性，影响汽油机的预热时间、加速性和运转稳定性。

　　发动机起动后要进行预热，温度上升到50℃左右时汽车才宜起步。如果汽油的50%蒸发温度低，说明汽油的平均蒸发能力较强，在常温下就会有较大的蒸发量，形成的混合气浓度大，燃烧产生的热量多，因而可缩短发动机预热时间，加速灵敏，运转柔和平稳。汽油50%蒸发温度与发动机预热时间的关系见表2-2。若50%蒸发温度高，说明汽油的平均蒸发能力较弱，形成的混合气浓度较稀，要完成暖机过程，就需要较长时间。并且当快速增大供油量以提高发动机转速时，汽油就会来不及完全蒸

表2-2　汽油50%蒸发温度与发动机预热时间的关系

汽油50%蒸发温度（℃）	104	127	148
汽油机预热时间（min）	10	15	>25

发，使形成的混合气浓度较低，甚至燃烧不起来，因而发动机也不能及时加速，运转工况也不平稳。有关汽油50 %蒸发温度对汽油机加速性的影响如图2-3所示。

　　③ 90%蒸发温度和终馏点的影响：它表示汽油中重质馏分的含量。90%蒸发温度高，说明汽油中重质馏分含量较多，形成的混合气中汽油不能完全蒸发，也不能完全燃烧，使发动机出现排气冒黑烟、耗油量增大。

　　同时，未完全燃烧的汽油还会冲刷掉汽缸壁上的润滑油膜，增大磨损。若未燃汽油进入油底壳，还会稀释发动机润滑油，影响正常润滑，发动机主要零件磨损增加。汽油90%蒸发温度对发动机润滑油稀释程度的影响如图2-4所示。

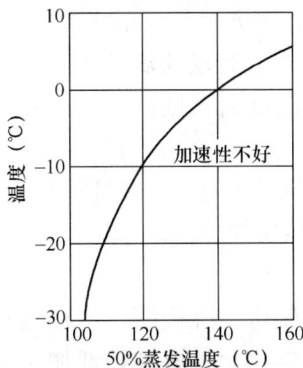

图2-3　汽油50%蒸发温度对汽油机加速性的影响

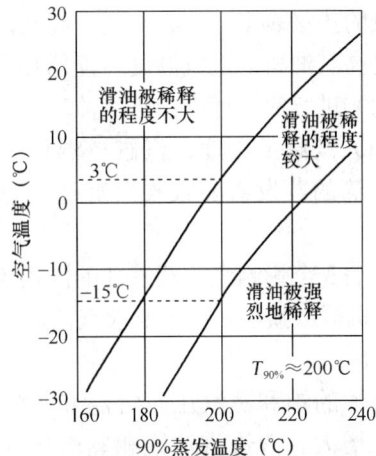

图2-4　汽油90%蒸发温度对发动机润滑油稀释程度的影响

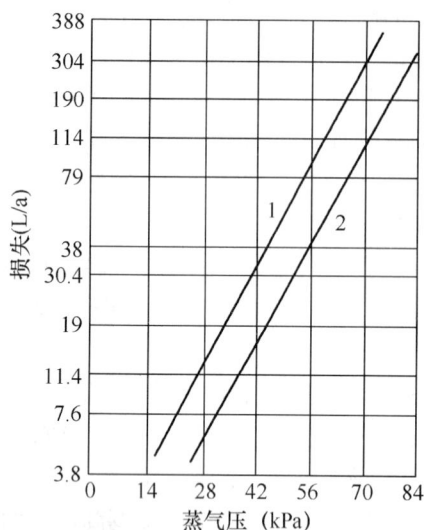

图 2-5 汽油饱和蒸汽压与油箱汽油损失的关系
1. 油箱盛油 1/4 2. 油箱盛油 1/2

终馏点高的汽油，重质馏分多，蒸发性差，燃烧不完全，导致汽油消耗增多。如果未燃汽油附在汽缸壁上，还会冲刷润滑油膜，使活塞磨损增加。

④ 残留量的影响：汽油的残留量表示汽油中最不易蒸发的重质成分。汽油残留量过多，使发动机燃烧室积炭增加，进气门、化油器量孔和喷嘴、汽油喷射系统的喷油器结胶严重，从而影响发动机的正常工作。

（2）饱和蒸汽压对汽油正常使用的影响：汽油标准中既规定汽油馏程的各馏出温度不能大于规定限值，同时又规定汽油的饱和蒸汽压不得高于规定限值，以使汽油有适宜的蒸发能力。饱和蒸汽压除了影响发生"气阻"外，对汽油在储存、运输和使用过程中的损失也有影响。饱和蒸汽压越高，蒸发损失越大。图 2-5 所示为汽油饱和蒸汽压与汽车油箱汽油损失的关系。由图可见，汽油饱和蒸汽压与损失呈线性关系；特别是油箱的容积与存油体积之比越大，损失越严重。

2）影响使用指标的因素与改进措施

影响汽油蒸发性的因素主要有两个方面：一是燃料本身的性质，如饱和蒸汽压、沸点范围（馏程）、气体扩散系数、蒸发潜热、黏度和表面张力等；二是使用条件，如周围空气的温度和压力、空气流动速度、燃料雾化颗粒的大小等。

其中，使用条件对车用汽油蒸发性的影响主要包括下面几个方面：

（1）进气温度：汽油在汽缸中的燃烧是在气态下进行的，所以，汽油必须先由液态转变为气态。在汽油的这个相变过程中，需要吸收空气中的热量。汽油蒸发量越大，需要吸收的热量越多。而其温度的高低，决定了可以提供给汽油汽化所需热量的多少。因此，提高汽油机的进气温度，能增加汽油的蒸发量。

（2）进气流动速度：进气流动速度影响汽油被气流带入汽缸后形成颗粒的大小。

（3）汽缸壁温度：汽缸壁温度影响可燃混合气中未蒸发油滴的进一步蒸发。未蒸发油滴的蒸发需要吸收汽缸壁的热量。汽缸壁的温度高，则汽油在汽缸内的蒸发量增大。

以上 3 个影响汽油蒸发性的因素说明，要使汽油机易于起动、暖机时间短、燃油消耗低、机械磨损小，除了要求汽油本身应具有良好的蒸发性外，还与发动机使用人员密切相关。

汽油的饱和蒸汽压与气温和大气压强有关，气温高，海拔高，汽油饱和蒸汽压也随之增大。改进汽油饱和蒸汽压的措施包括两方面，一是通过石油加工工艺的不同调节汽油本身的组成，从而改变其蒸发性；二是通过控制使用条件来达到调节其蒸发性的目的。

2.1.2.2 抗爆性

汽油的抗爆性是指汽油在汽油发动机汽缸内燃烧时不产生爆燃的性能。汽油在汽油机的燃烧分正常燃烧和不正常燃烧。正常燃烧的特征为可燃混合气被电火花点燃后，在火花塞附近形成火焰中心，火焰逐渐向未燃混合气扩散（传播速度为 20～50m/s），汽缸内压力和温度上升均匀。不正常燃烧的特征为形成多个火焰中心，火焰传播速度快，汽缸内压力和温度急剧上升。其中爆燃是常见的不正常燃烧之一，影响爆燃的因素很多，汽油本身的抗爆性能是最根本的。

爆燃是由可燃混合气在汽缸内被电火花点燃后，一部分未燃混合气体受到正常火焰焰面的压缩和热辐射作用，温度和压力急剧升高，化学反应加剧，生成许多不稳定的过氧化物。过氧化物的特点是当其浓度较大时容易发生自燃，抗爆性好的汽油在燃烧过程中其氧化分解产生的过氧化物不会达到自燃的浓度。如汽油的抗爆性不好，就容易使过氧化物聚集，尤其是在已燃混合气的热辐射和压力作用下，过氧化物会迅速达到自燃的浓度而自燃，进而在未燃的混合气中形成多个火焰中心，向四面八方传播。由于这种燃烧速度极为迅速，汽缸容积来不及膨胀，使汽缸内的压力和温度急剧上升，在局部区域的瞬间压力和温度甚至高达 9800kPa 和 2500℃左右。这种压力和温度的不平衡产生强烈的冲击波，以超音速向前推进，猛烈撞击汽缸盖、活塞顶和汽缸壁，使发动机产生震动，并发出清脆的敲缸声。

爆燃对发动机的危害很大：①由于强烈冲击波的作用增加，产生变形甚至损坏。会使汽缸盖、活塞顶、汽缸壁、连杆、曲轴等机件的负荷增加，产生变形甚至损坏。②爆燃的高压和高温，会破坏汽缸壁的润滑油膜的润滑性，使发动机磨损加快，汽缸的密封性下降，发动机功率降低。③爆燃产生的高温，会增加冷却系统的负担，易使发动机出现过热。④爆燃的局部高温，引起热分解现象严重，使燃烧产物分解为 HC、CO 和游离碳的现象增多，排气冒黑烟严重；产生的碳易形成积炭，破坏活塞环、火花塞、气门等零件的正常动作，使发动机的可靠性下降。对既定的发动机，当压缩比一定时，爆燃产生的主要影响因素就是汽油本身的抗爆性。所以，为避免爆燃现象的出现，应尽量使用抗爆性好的汽油。

汽油抗爆性的评定指标是辛烷值和抗爆指数。辛烷值是衡量汽油抗爆性大小的质量指标。分子量相近的不同烃类，其辛烷值以正构烷烃最低，高度分支的异构烷烃、异构烯烃和芳香烃的辛烷值最高，环烷烃和分支少的异构烷烃、正构烯烃介于中间。对于同一族烃类，分子量越小，沸点越低，其抗爆性越好。

2.1.2.2.1 基本概念

（1）辛烷值：辛烷值是表示点燃式发动机燃料抗爆性的一个约定数。在规定条件下的标准发动机试验中，通过和标准燃料进行比较来测定，采用和被测定燃料具有相同抗爆性的标准燃料的辛烷值表示。辛烷值通常用英文缩写 ON（Octane Number）表示。在标准发动机试验中，由于规定条件不同，测得的辛烷值也不同。

按照试验条件，辛烷值分为马达法辛烷值和研究法辛烷值两种。马达法辛烷值英文缩写为 MON（Motor Octane Number）；研究法辛烷值英文缩写为 RON（Research Octane Number）。马达法辛烷值是在苛刻试验条件下所测得的辛烷值。例如，发动机转速较高，混合气温度较高，点火提前角较大等。研究法辛烷值是在缓和条件下所测得的辛烷值。

例如，发动机转速较低，对混合气温度不限值，点火提前角较小等。

（2）抗爆指数：抗爆指数是汽油研究法辛烷值与马达法辛烷值之和的 1/2。抗爆指数能全面反映在车辆运行中汽油的抗爆性。如果已知汽油的研究法辛烷值和抗爆指数，便可求出其马达法辛烷值。例如，90 号汽油的研究法辛烷值为 90，抗爆指数为 85，则马达法辛烷值为 80。

2.1.2.2.2 检测设备及检测方法

辛烷值的测定按照 GB/T 503—1995《汽油辛烷值测定法（马达法）》和 GB/T 5487—1995《汽油辛烷值测定法（研究法）》的规定进行。试验装置为美国制造的 ASTM—CFR 试验机，包括一台连续压缩比可在 4～10 范围内变化的单缸发动机，附带相应的负载设备、辅助设备和仪表，它们都装在一个固定的底座上。

一种燃料的辛烷值是在标准操作条件下，将被测汽油在试验机上按规定试验条件运转，逐渐调大压缩比，使试验机发生爆燃，直至达到规定的爆燃强度。爆燃强度可用电子爆燃表测量。然后，在相同条件下选择已知辛烷值的标准燃料进行对比试验。标准燃料为纯异辛烷和正庚烷的混合物，人为规定纯异辛烷（2,2,4–三甲基戊烷）和正庚烷的辛烷值分别为 100 和 0，二者不同比例混合组成不同辛烷值的标准燃料。某个标准燃料的爆燃强度恰好与试验汽油的爆燃强度相同时，测定过程结束。该号标准燃料的辛烷值即为所测汽油的辛烷值。表 2-3 为汽油辛烷值的主要试验规范。

表 2-3 汽油辛烷值的主要试验规范

主要指标	马达法	研究法
压缩比	4～10	4～10
发动机转速（r/min）	900±10	600±6
冷却温度（℃）	100±2	100±1.5
进气温度（℃）	40～50	—
混合器温度（℃）	149±1	—
曲轴箱发动机油温度（℃）	50～75	57±8.5
点火提前角（°）	14～26	13

2.1.2.2.3 影响因素及相关措施

1）汽油机的压缩比与汽油辛烷值的关系

汽油发动机的压缩比与其热效率的关系为：

$$\eta_t = 1 - \frac{1}{\varepsilon^{k-1}} \qquad (2-4)$$

从上式可以看出，压缩比越大，发动机的热效率越高，进而可提高发动机的功率，所以人们总是希望将压缩比提高。但是，随着发动机压缩比的提高，汽缸内压缩终了的温度和压力也被提高。汽缸内的这种高温、高压，将加剧汽油燃烧前化学准备过程中的化学反应，生成更多的过氧化物。随着过氧化物的增多，很容易积聚到自燃的浓度。所以，随着发动机压缩比的增大，发动机发生爆燃的倾向变大。在这种情况下，为防止爆燃，就要使用抗爆性好的汽油，即辛烷值高的汽油。

2）各种烃类组成对其辛烷值的影响

车用汽油的辛烷值与其化学组成有密切关系，正构烷烃的辛烷值最低，高度分支的异构烷烃和芳香烃辛烷值最高，环烷烃介于二者之间。

烷值较低的汽油馏分，在高温下经过贵金属催化剂（如铂、铼、铱）将其中所含的环烷烃及烷烃经过六元环烷脱氢反应、五元环烷或直链烷烃的异构化反应、烷烃的脱氢环化反应，以及芳烃脱烷基等反应，转化为苯、甲苯、二甲苯类、乙苯类等芳烃，以提供芳烃等化工原料或生产高辛烷值汽油。这种在重整反应过程中生成的汽油就称为重整汽油，由于其中芳烃含量高，可以作为高辛烷值汽油的调和组分。

以辛烷值来衡量,直链烷烃最差,带支链烷烃和烯烃以及芳香烃是比较理想的成分。所以,在炼油厂里还需要设有专门生产芳香烃和带支链烷烃的装置,将它们具有高辛烷值的产物掺入汽油,以达到 93 号、97 号等车用汽油的要求。在生产芳香烃方面,用的是以铂为催化剂的催化重整工艺,通过它可以把环烷烃脱氢为芳香烃。在生产带支链烷烃方面,主要用的是烷基化工艺,就是以催化裂化气体中的丙烯、丁烯及异丁烷为原料,以硫酸或氢氟酸为催化剂合成烷基化油(工业异辛烷);还可采用异构化工艺将直链烷烃转化为带支链烷烃。所以,辛烷值为 93、97 的汽油产品往往是由催化裂化汽油、催化重整汽油和烷基化油等。按照质量标准的要求调配起来的混合物。

人们又发现虽然汽油里的烯烃和芳香烃具有较高的辛烷值,燃烧性能较好,但是它们对于环境有不利的影响,因而需要限制它们在汽油中的含量。这样,人们就得设法寻找其他既有较高的辛烷值而又不污染环境的物质。经过研究发现像醚类那样的含氧有机化合物基本符合这样的要求,所以近年来甲基叔丁基醚(MTBE)得到了广泛的应用,它是以炼厂气中的异丁烯和甲醇为原料而制得的。此外,同类的还有乙基叔丁基醚(ETBE)及叔戊基甲基醚(TAME)。可是,最近又有人提出,虽然 MTBE 不污染大气,但渗入地下会污染地下水,这就引起了是否要禁用 MTBE 的争议。目前,人们正在研制一些新的含氧化合物,如二甲醚、二异丙醚和碳酸二甲酯等,它们都有希望成为优质汽油的组分。

3)提高汽油辛烷值的措施

目前,提高汽油辛烷值的方法主要有以下 3 种:

(1)改进加工工艺:采用先进的炼制工艺,以生产出含有高辛烷值成分多的汽油。组成汽油的化合物一般为烷烃、环烷烃、芳香烃与烯烃,烷烃、环烷烃的体积含量一般在 50%以上,芳香烃不高于 35%,烯烃一般低于 15%。芳香烃与异构烷烃的热氧化安定性好,相对应的辛烷值可达 100 左右;环烷烃的辛烷值次之;烯烃又次之;正构烷烃辛烷值最低。不同的炼制工艺,所获汽油组分的辛烷值也不同。一般而言,用常压蒸馏法获得的直馏汽油组分,含正构烷与环烷烃较多,异构烷、芳香烃和烯烃含量较少,所以辛烷值只有 40~55;用热裂化和焦化法制取的汽油部分,因含有较多烯烃,辛烷值达 50~60;催化裂化、催化重整和加氢裂化是较先进的二次加工方法,炼出的汽油组分含异构烷烃和芳香烃较多,其辛烷值高达 70~85 以上。由此可见,采用先进的生产工艺是提高既有辛烷值的有效途径之一。

(2)加入高辛烷值成分:向产品中调入抗爆性优良的高辛烷值成分,如异辛烷、异丙苯、烷基苯、醇类、烷基化油、异构化油、苯、甲苯及工业异辛烷等都能提高汽油的辛烷值。

(3)加入抗爆剂:1921 年,美国的米奇利、凯特林和彼得发明在汽油中加四乙基铅 $[Pb(C_2H_5)_4]$ 可明显提高汽油的抗爆性,从而出现了含铅汽油。但使用含铅汽油,随发动机排气排放的铅微料是对人体非常有害的污染物。另外,当代轿车安装有三效催化转化器,并采用闭环控制保持严格的混合气空燃比。但铅会使三效催化转化器和氧传感器中毒,要求必须使用无铅汽油。无铅汽油不以四乙基铅为抗爆剂,而是添加抗爆性好的含氧化合物[甲基叔丁基醚(MTBE)、羰基锰(MMT)、CN-KBJ218 铁锰基抗爆剂等],铅含量低到不可察觉或严格限制(我国无铅汽油目前铅含量不大于 0.005g/L)。

2.1.2.3　车用汽油的安定性

汽油的安定性包括物理安定性和化学安定性。

汽油的物理安定性是指汽油在使用过程中，保持不被蒸发损失的性能。车用汽油要求具有良好的物理安定性。汽油的物理安定性主要取决于汽油中所含低沸点的烃类的多少。为了改善汽油机的起动性，希望汽油中含低沸点的烃类多些，但这些烃类容易蒸发逸散，导致损耗增加，使汽油的物理安定性变差。汽油在储存和使用过程中会出现颜色变深，生成黏稠状沉淀物的现象，这是汽油物理安定性不好的表现。

汽油的化学安定性是指汽油在储存、运输、加注和其他作业时，抵抗氧化生胶的能力。汽油在常温和液相条件下抵抗氧化的能力称为汽油的氧化安定性，化学安定性不好的汽油，在储存和输送过程中容易发生氧化反应，生成胶质，使汽油的颜色变深，甚至会产生沉淀。从喷油器（或化油器）、进气门到燃烧室，汽油所处的温度越来越高，汽油烃类的氧化深度也随温度升高而增加，生成燃烧室沉积物和进气门沉积物等，使化油器变脏，使电喷发动机喷油器结胶堵塞，使进气门黏着关闭不严等，因此使化油器或电喷系统不能正常工作，排气污染物浓度增加。在油箱、滤网、汽化器中形成黏稠的胶状物，严重时会影响供油；沉积在火花塞上的胶质在高温下会形成积炭而引起短路；沉积在进、排气阀门上会结焦，导致阀门关闭不严；沉积在汽缸盖和活塞上将形成积炭，造成汽缸散热不良、温度升高，以致增大爆燃的倾向。

影响汽油氧化安定性的因素，就汽油本身而言，主要是汽油的烃组成和性质，沉积物一般随烯烃含量、芳烃含量、胶质和 90% 蒸发温度的升高而增加。汽油氧化安定性的评定指标一般是实际胶质和诱导期。

20 世纪 50 年代汽油引用清净剂以来，发展迅速，相继解决了化油器、电喷发动机喷油器、进气门和燃烧室的沉积物问题。我国从 2000 年 7 月 1 日起，在北京、上海和广州销售的无铅汽油中应加入有效的汽油清净剂（美国自 1997 年 7 月 1 日起新配方汽油必须加有清净剂）。

2.1.2.3.1　基本概念

（1）实际胶质：是在规定的条件下，对汽油进行快速蒸发后所测得的汽油蒸发残渣中的正庚烷不溶物，以 mg/100mL 表示，即 100mL 试油中所得残余物的质量（mg）。

（2）诱导期：诱导期是在规定的加速氧化条件下，油品处于稳定状态所经历的时间周期，以 min 表示。

实际胶质是用于评定汽油安定性，判断汽油在发动机中生成胶质的倾向，判断汽油能否使用和能否继续储存的重要指标。对于形成胶质过程是以吸氧的氧化反应为主的汽油来说，诱导期可以代表其贮存安定性的相对数值。

2.1.2.3.2　检测设备及检测方法

（1）实际胶质：汽油实际胶质的测定按照 GB/T 8019—2008《燃料胶质含量的测定喷射蒸发法》的规定进行。测定仪器为实际胶质测定仪，如图 2-6 所示。

方法概要为对已知量的汽油在控制温度和控制空气或蒸汽流的条件下蒸发，再在蒸发残留物中加入一定量的正庚烷，并在轻轻地转动后静置，小心地倒掉正庚烷溶液，余下棕色或黄色的残余物。然后重复按上述步骤进行抽取提馏，最后按规定的方法称重和计算，便可测得汽油的实际胶质。

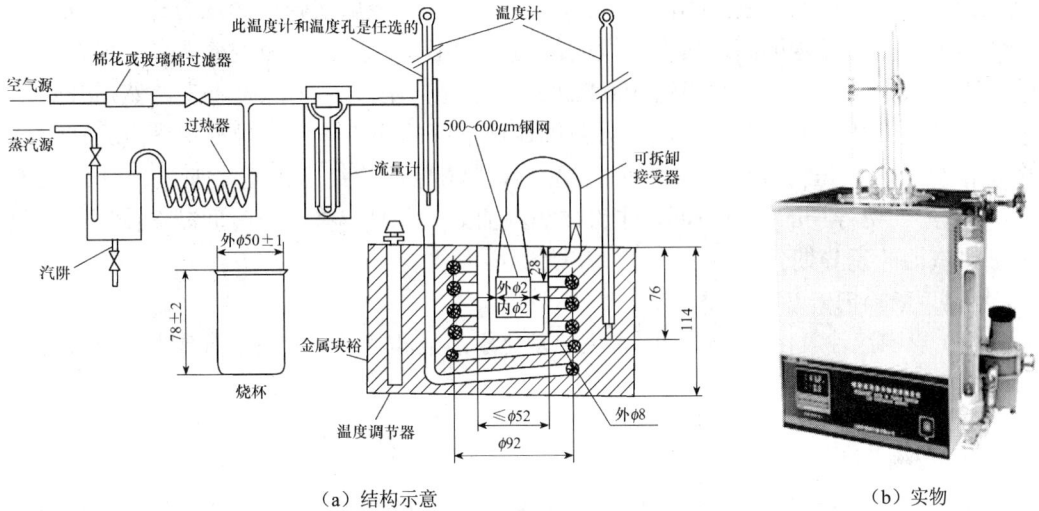

（a）结构示意　　　　　　　　　　　（b）实物

图 2-6　喷射蒸发法实际胶质测定仪

　　另外，实际胶质允许用 GB/T 509—1988 进行测定，但仲裁试验应以 GB/T 8019—1987 为准。实际胶质一般是用来表明汽油在进气管道及进气阀上可能生成沉积物的倾向。我国 GB/T 484—1993 中规定汽油的实际胶质不大于 5mg/100mL，但经过运输与储存，使用时往往要大于此值，一般允许不大于 25mg/100mL。

　　（2）诱导期：汽油诱导期的测定按照 GB 8018—1987《汽油氧化安定性测定法（诱导期法）》的规定进行。测定仪器为汽油诱导期测定器，如图 2-7 所示。

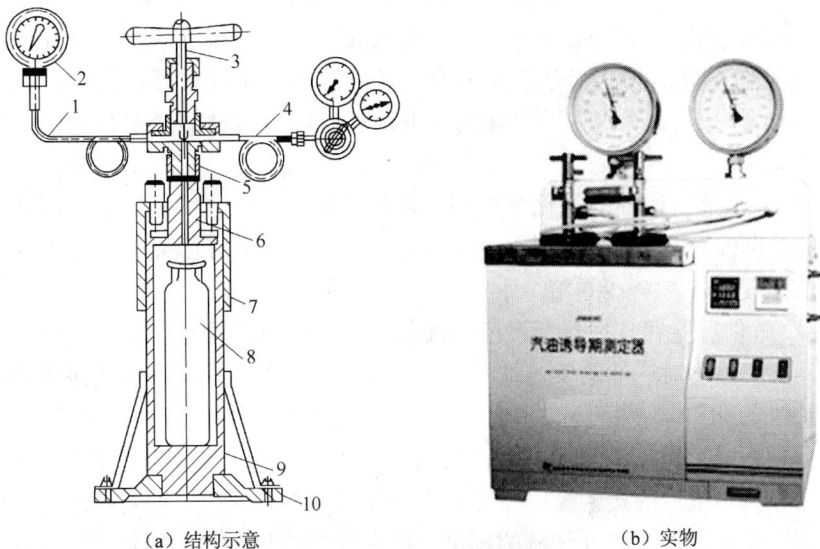

（a）结构示意　　　　　　　　　　　（b）实物

图 2-7　汽油诱导期测定器

1、4. 氧气表管　2. 压力表　3. 针阀　5. 十字接头　6. 菌形瓶　7. 弹盖　8. 玻璃油瓶　9. 金属氧弹　10. 底座

测定方法是：把滤过的 100mL 被测汽油注入仔细洗净并干燥过的特种玻璃杯 8 内，然后将玻璃杯置于金属氧弹中并盖上表面皿。把金属氧弹用弹盖严密盖紧并充入氧气至压力为 0.7MPa，然后把金属氧弹置入水浴中。此时金属氧弹内的压力开始升高，在一般情况下，压力达最高之后在一段时间内保持不变，然后开始连续下降。但在个别情况下，压力稍微下降（约降低 0.02MPa）后，在一段时间内保持不变，然后开始连续下降。在上述一般情况下，以压力曲线连续下降的拐点作为诱导期的终点。在上述个别情况下，以压力连续下降的第二拐点作为诱导期的终点。把金属氧弹开始放入 100℃ 水浴到诱导期的终点时间，作为被测汽油的氧化期。将这一时间减去修正数，即为被测汽油的诱导期。

2.1.2.3.3 影响因素及相关措施

（1）影响汽油氧化安定性的因素主要是化学组成和物理安定性，汽油中的不安定组分是汽油变质的根本原因。

① 化学组成：一般来说，汽油中的非烃类化合物都会使汽油的安定性变差。汽油中的不安定组分主要有：

烯烃，特别是共轭二烯烃和带芳环的烯烃，不同加工工艺生产的汽油组分中直馏汽油、加氢精制汽油、重整汽油几乎不含烯烃，非烃类化合物也很少，故安定性较好。而催化裂化汽油、热裂化汽油和焦化汽油中含有较多烯烃和少量二烯烃，也含较多非烃类化合物，故安定性较差。

烯烃和芳烃是汽油中辛烷值的主要贡献者，由于烯烃的化学活性高，会通过蒸发排放造成光化学污染；同时，烯烃易在发动机进气系统和燃烧室形成沉积物。芳烃也可增加发动机进气系统和燃烧室沉积物的形成，并促使 CO、HC 排放增加，尤其是增加苯的排放。因此，在汽油标准中对芳烃和烯烃都有严格限值。

除不饱和烃外，汽油中的含硫化合物，特别是硫酚和硫醇，也能促进胶质的生成，含氮化合物的存在也会导致胶质的生成，使汽油在与空气接触中颜色变红变深，甚至产生胶状沉淀物。直馏汽油馏分不含不饱和烃，它的安定性很好；而二次加工生成的汽油馏分（如裂化汽油等）由于含有大量不饱和烃以及其他非烃化合物，其安定性就较差。

② 温度：温度对汽油的氧化变质有显著的影响。在较高的温度下，汽油的氧化速度加快，诱导期缩短，生成胶质的倾向增大。实验表明，储存温度每增高 10℃，汽油中胶质生成的速度加快 2.4～2.6 倍。

③ 储存条件：储存条件包括温度、油与空气的接触、油与金属的接触、油与水分的接触等。环境温度对汽油的安定性有很大影响。因为汽油氧化生胶的进程是随着温度的升高而加快的。表 2-4 所列为某种汽油在不同环境温度下储存 4 个月的质量变化情况。从表中数据可以看出，环境温度升高，汽油氧化速度加快，实际胶质增多，诱导期汽油在储存过程中，与空气的接触量以及油面上空空气变换的强度，都对汽油的氧化安定性有一定影响。储油容器中汽油装满的程度，决定着汽油与空气的接触量。储油容器装油越少，容器上部空间填充的空气就越多，汽油氧化生胶的进程就越快。表 2-5 所列为储油容器装满程度对汽油氧化安定性的影响。而储油容器是否密封，决定着汽油油面空气

的变换强度。储油容器中空气变换的强度越大，汽油氧化生胶的进程也越快，表 2-6 所列为储油容器密封程度对汽油氧化安定性的影响。

汽油与金属的接触对汽油的安定性也有一定的影响，因为金属对汽油的氧化进程能起催化作用。不同的金属所起的催化作用大小不同。催化作用最强的是铜，其次是铅。汽油中混入水分，对汽油的安定性也有一定影响。因为水不仅对汽油的氧化起催化作用，而且能溶解汽油中的抗氧防胶剂，加快了汽油的氧化生胶进程，使汽油的安定性显著降低。表 2-7 所列为水对汽油氧化生胶进程的影响。

表 2-4　储存环境温度对汽油氧化安定性的影响

贮存期	15~30℃		35~38℃	
	实际胶质（mg/100mL）	诱导期 min	实际胶质（mg/100mL）	诱导期（min）
新油	4	340	4	340
2 个月	7	305	27	135
4 个月	9	305	45	90

表 2-5　储油容器装满程度对汽油氧化安定性的影响

装满程度（%）	汽油实际胶质（mg/100mL）				
	新油	1 个月	4 个月	5 个月	6 个月
95	5	12	24	34	63
50	5	19	98	139	164

表 2-6　储油容器密封程度对汽油氧化安定性的影响

密封状态	汽油实际胶质（mg/100mL）		
	新油	16 周	32 周
密封	5	9	9
不密封	5	17	106

表 2-7　水对汽油氧化生胶进程的影响

储存条件	汽油实际胶质（mg/100mL）			
	试验开始	储存 1 个月	储存 3 个月	储存 6 个月
有水	4	6	11	22
无水	4	4	6	8

（2）常用的提高汽油氧化安定性的措施。提高汽油安定性的措施。一是通过采用新的炼制工艺，使易氧化的活泼的烃类及非烃类尽量减少；再则是可在汽油中添加抗氧防胶剂和金属钝化剂。

① 采用先进炼制工艺：采用先进炼制工艺，如催化重整和加氢精制等。其主要作用是减少汽油中不饱和烃的含量和去除汽油中的非烃类组分。

② 加入抗氧防胶剂：向汽油产品中加入抗氧防胶剂，如 2,6-二叔丁基对甲酚、N-二仲丁基对苯二胺等。这些抗氧防胶剂能释放氢原子与过氧化基结合，使过氧化基变成过氧化物而失去活性，从而中断烃类氧化生胶的反应链，达到提高汽油氧化安定性的目的。

③ 加入金属钝化剂：向汽油产品中加入金属钝化剂，如 N,N'-二亚水杨基丙二胺等。这些金属钝化剂能与具有氧化催化效应的可溶性金属化合物反应，生成加合物，从而使可溶性金属化合物失去氧化催化效应，达到提高汽油氧化安定性的目的。

2.1.2.4　腐蚀性

腐蚀性是指油品在储存、运输和使用过程中，不可避免要接触到各种金属。如果油品具有腐蚀性，就会腐蚀运输设备、存储容器和发动机零件。纯净油品本身是没有腐蚀性，如果油品具有腐蚀性，是由于油品中含有其他杂质，如硫及硫化合物、水溶性酸或碱、有机酸和水等。

硫元素对金属腐蚀作用很强，在常温下，元素硫就能与铜和铜合金发生化学反应，生成硫化铜。积累在铜或铜合金表面，逐渐形成黑色的硫化铜层。由于硫化铜层不坚固，经过一段时间便会破裂脱落，使零件损坏。在较高温度下，元素硫能与铁发生反应生成硫化铁，其结果也会使容器或零件过早报废。如果超过 150℃，硫还能与烷烃和环烷烃发生反应，生成具有强烈腐蚀性的硫化氢。

活性硫化物的种类较多，如硫化氢、硫醇、二氧化硫、三氧化硫等。硫化氢能严重腐蚀铜、铜合金、铁和铝等金属；硫醇（RSH）除了腐蚀金属外，还会促进胶质生成；二氧化硫和三氧化硫对金属有强烈的腐蚀作用，如果有水存在，就会生成亚硫酸和硫酸，腐蚀作用就更加强烈。非活性硫化物包括硫醚、二硫化物等。由于它们化学性质不活泼，所以不能直接腐蚀金属。但非活性硫化物在汽油机中燃烧后，都会生成二氧化硫和三氧化硫，不仅污染大气、腐蚀汽缸和活塞，并增加磨损，而且窜入曲轴箱遇冷凝水后会生成亚硫酸和硫酸，既腐蚀零件，又会加剧发动机油的变质。

水溶性酸或碱对金属都有腐蚀作用。

汽油腐蚀性的评定指标是硫含量、博士试验、硫醇硫含量、铜片腐蚀试验和水溶性酸或碱。

2.1.2.4.1　基本概念

硫含量是指存在于油品中的硫及其衍生物（硫化氢、硫醇、二硫化物）的含量，以质量百分比表示。硫含量是油品中与腐蚀和环保有关的重要项目。所有硫化物在燃烧后生成的二氧化硫和三氧化硫排放至大气中污染环境，并且在与生成水相遇后会产生具有腐蚀性的酸性物质，腐蚀发动机及曲轴箱部件。

腐蚀试验是直接用铜片检查汽油有无腐蚀作用的试验。如铜片发生颜色变化则说明汽油中有腐蚀性物质。

博士试验是指向汽油中加入一定量的亚铅酸钠溶液后，看有无黑色沉淀生成，以判定汽油中是否含有硫化氢或硫醇的试验；或在升华硫存在下，用亚铅酸钠与轻质石油产品作用，以检查油中的硫化氢或硫醇的试验。

水溶性酸或碱试验主要用来判定汽油中是否存在可溶于水的酸、碱性物质。

2.1.2.4.2　检测设备及检测方法

（1）硫含量实验：汽油中硫含量的测定按照 GB/T 380—1977《石油产品硫含量测定法（燃灯法）》的规定进行。测定仪器为硫含量测定仪，其实物外形和结构示意图如图2-8所示。

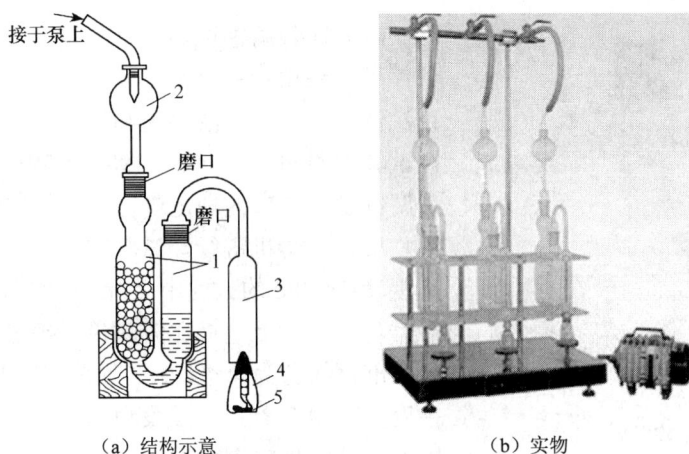

图 2-8 硫含量测定仪

1. 吸收器 2. 液滴收集器 3. 烟道 4. 带有灯芯的燃烧灯 5. 灯芯

测定方法为：测定时，首先在预先洗净并干燥过的焰灯内注入规定量的被测汽油做灯油，当汽油完全浸透了灯芯后，把灯芯露出灯管外的部分剪掉。然后调整燃烧灯的火焰，使高度为 5～6mm，随即熄灭灯火，盖上灯罩，并称量燃烧灯的质量。在装有玻璃珠的吸收器内注入 10mL 的 0.3%碳酸钠溶液和 10mL 蒸馏水，随即装好液滴收集器和烟道。

实际测定中，为了取平行测定两个结果的算术平均值，应与上述同法装好另一套仪器。同样准备好第三套仪器，但其灯油改用正庚烷或乙醇（或无硫汽油），做空白滴定用，燃烧灯不必称量。然后把前两套仪器均连接在抽气泵上，开动泵使空气均匀而缓和地通过吸收器。这时把两灯同时点燃（不允许用火柴点燃），置入各自烟道下，并调整火焰高度。汽油中的硫及硫化物燃烧后生成二氧化硫。通过烟道，将二氧化硫导入吸收器，二氧化硫被吸收器内过量的碳酸钠水溶液吸收后，发生化学反应生成亚硫酸钠。当被测汽油烧尽后，即用灯罩盖住灯芯管，3～5min 后，关闭抽气机。这时拆开仪器，一方面称量点燃过被测汽油的灯，另一方面用洗瓶喷射蒸馏水洗涤收集器、烟道和吸收器上部，并使洗液集中到吸收器中。

随后向每个吸收器中滴入 1～2 滴溴甲酚绿和甲基橙的混合指示剂。用 0.05mol/L 盐酸溶液滴定，此时辅以吹气办法搅拌溶液。把用正庚烷或乙醇（或无硫汽油）做灯油的吸收液（空白溶液）滴定至呈红色。再把被测汽油做灯油的吸收液滴定至同样红色，最后按照下式计算被测汽油的硫含量：

$$X = \frac{(V - V_1)K \times 0.0008}{m} \times 100\% \qquad (2\text{-}5)$$

式中：X 为被测汽油的硫含量，%；V 为滴定空白液所消耗的盐酸溶液，mL；V_1 为滴定被测汽油吸收器中的吸收液所消耗的盐酸溶液，mL；K 为换算修正系数（盐酸的实际当量浓度与 0.05mol/L 的比值）；0.0008 为单位体积 0.05N 盐酸溶液所相当的硫含量，g/mL。

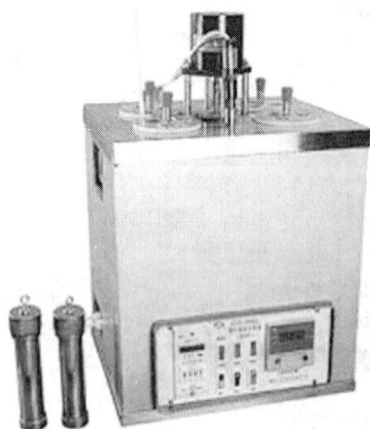

图 2-9 铜片腐蚀试验机

（2）铜片腐蚀试验：铜片腐蚀试验是在规定的条件下，测试油品对铜的腐蚀趋向的试验。它是检查汽油中是否含有游离硫和活性硫化物的。铜片腐蚀试验按照 GB/T 5096—1985（1991）《石油产品铜片腐蚀试验法》的规定进行。采用如图 2-9 所示的铜片腐蚀试验机进行。试验方法为：将一磨光的铜片浸没在 50℃的试油中保持 3h 取出，经充分洗涤后，与腐蚀标准色板比较颜色，确定腐蚀级别。腐蚀标准色板分为 4 级：如铜片只有轻度变色为 1 级；中度变色为 2 级；深度变色为 3 级；4 级为腐蚀。国家标准中规定不大于 1 级。有关腐蚀标准色板分级见表 2-8。

表 2-8 腐蚀标准色板分级

分　级	说　明
1 级 轻度变色	淡橙色，几乎与新磨光的铜片一样 深橙色
2 级 中度变色	紫红色 淡黄色 带有淡紫蓝色，或银色，或两种都有，并分别覆盖在紫红色上的多彩色 银色 黄铜色或金黄色
3 级 深度变色	洋红色覆盖黄铜色的多彩色 有红或绿显示的多彩色（孔雀绿），但不带灰色
4 级 腐蚀	透明的黑色、深灰色或仅带有孔雀绿的棕色 石墨黑色或无光泽的黑色 有光泽的黑色和乌黑发亮的黑色

（3）硫醇硫含量：硫醇硫含量的测定按照 GB/T 1792—1988《馏分燃料中硫醇硫测定法（电位滴定法）》的规定进行，采用图 2-10 所示的硫醇硫含量测定仪进行。其测定原理是应用电位滴定的银量法测定燃料中所含硫醇硫的原理，基于硫醇官能团巯基与硝酸银反应，生成难溶的硫醇银沉淀的溶量测定法（溶量沉淀法）。反应式为：

$$RSH + AgNO_3 \longrightarrow RSAg\downarrow + HNO_3$$

测定方法是：让硫醇官能团巯基与硝酸银发生反应，生成难溶的硫醇银沉淀，用甘汞参比电极和银–硫化银指示电极之间的电位突跃（电位法）来确定滴定终点。最后，根据硫醇银的沉淀量，通过计算得出硫醇硫含量。

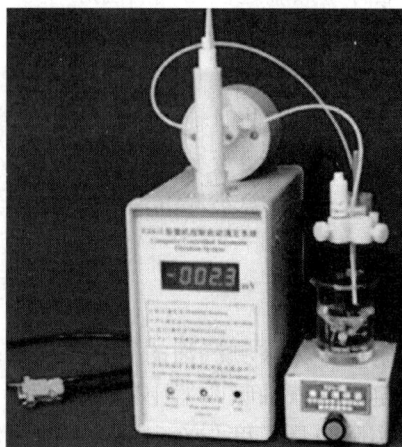

图 2-10 硫醇硫含量的测定仪

（4）博士（BOSCH）试验：博士试验按照 SH/T 0174—1992《芳烃和轻质石油产品硫醇定性试验法（博士试验法）》的规定进行。把 10mL 试油与 5mL 亚铅酸纳溶液放入带磨口塞的 25mL 量筒内用力摇动。如果试油中含硫化氢，则生成黑色的硫化铅，反应式为：

$$Na_2PbO_2 + H_2S \longrightarrow PbS\downarrow + 2NaOH$$

如无上述反应，再加入少许纯净、干燥的粉状升华硫，并再次摇动。若试油中含有硫醇，经一系列反应，会引起油层和硫黄膜颜色的变化，反应如下：

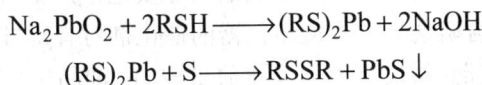

$$Na_2PbO_2 + 2RSH \longrightarrow (RS)_2Pb + 2NaOH$$

$$(RS)_2Pb + S \longrightarrow RSSR + PbS\downarrow$$

加升华硫的目的是加速生成硫化铅，有利于对结果进行正确判断。

博士试验和硫醇硫含量试验虽然都是测量汽油中的硫醇成分，但硫醇硫含量试验是定量测量汽油中的硫醇，而博士试验是定性分析汽油中硫醇的有无，二者有所不同。在有关车用汽油的国家标准中，允许硫醇指标通过这两个试验中的一个即可。

（5）水溶性酸或碱：水溶性酸或碱对金属有强烈的腐蚀作用，汽油中不允许其存在。水溶性酸或碱的测定按照 GB/T 259—1988《石油产品水溶性酸及碱测定法》的规定，采用图 2-11 所示的石油产品水溶性酸及碱试验器进行。

测定方法为：先将 50mL 汽油和 50mL 蒸馏水按 1:1 的比例倒入分液漏斗中，充分摇荡 5min，使汽油与蒸馏水充分混合。待油和水分层后，再将

图 2-11　石油产品水溶性酸及碱试验器

分液漏斗下部的蒸馏水放入两支试管中，每支试管各放 10mL。然后用两种不同的指示剂分别检查水的反应。如果滴入甲基橙指示剂后，水的颜色稍变红或呈玫瑰红，表明汽油中有水溶性酸存在。如果另一支试管中滴入酚酞指示剂后，水的颜色稍变红或呈玫瑰红，表明汽油中有水溶性碱存在。如果滴入指示剂后两支试管内均无变色反应，则表明汽油中既不含有水溶性酸，也不含有水溶性碱。

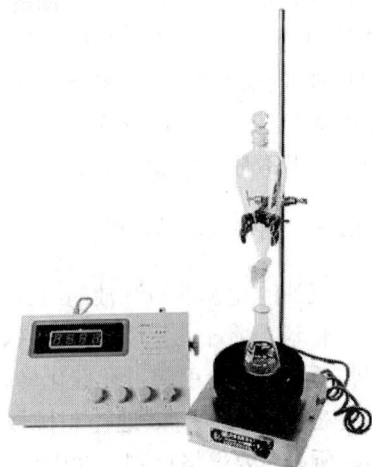

2.1.2.4.3　影响因素及相关措施

1）汽油中的主要腐蚀成分

（1）硫及硫的化合物：汽油中含有的硫及其衍生物，遇到水或水蒸气时，会生成亚硫酸或硫酸等，对发动机零件有强烈的腐蚀磨损作用。

（2）有机酸：汽油中的有机酸主要是指汽油在储存和使用过程中，由于汽油中的不安定组分氧化变质而生成的一些酸性物质。汽油中有机酸的含量随汽油储存时间的延长而增加。有机酸中有一部分能溶于水，对金属可产生强烈的腐蚀。

（3）水溶性酸或碱：水溶性酸是指存在于汽油中能够溶于水的无机酸和低分子有机酸，如硫酸、盐酸、磺酸、酸性硫酸酯以及甲酸、乙酸和丙酸等。水溶性碱是指存

在于汽油中能够溶于水的矿物碱等，如氢氧化钠、氢氧化钾和碳酸钠等。水溶性酸或水溶性碱除了对金属有腐蚀作用外，还能促使汽油中的各种烃氧化、分解和胶化。因此，汽油中绝对不允许存在水溶性酸或碱。原油及其馏分中是不含水溶性酸或碱的。由于酸的精制化和用化学方法清洗盛油容器后，未把酸碱清除干净，就可能使成品油中残留水溶性酸或碱；也可能由于成品油储存时间较长或保管不善，烃类被氧化后生成低分子有机酸。

2）脱除油品中含硫化物的措施

油品中含硫化物的存在，严重影响油品的储存安定性，加速油品的氧化变质，生成黏稠的沉淀物；油品中含硫会导致催化转化器的催化剂对有毒排放物转化效率降低，并可导致高温尾气氧传感器灵敏度下降而使排放量增加；油品中含硫还影响现代汽油发动机汽车现场排放量诊断的准确性，导致车辆行驶后期因诊断错误而引起排放量增加。总之，硫含量是现代汽车对汽油的重要指标，世界各国汽油标准中硫含量均呈下降趋势。油品中的硫化物主要是硫醇、硫醚、噻吩及噻吩的衍生物。硫醇、硫醚采用相对较简单的物理或化学法就可以脱除（如添加油品脱硫醇复合剂）；而噻吩类的脱除，需要较苛刻的条件，工业上广泛应用的加氢脱硫和新的脱硫技术，如氧化脱硫、生物脱硫、吸附脱硫、萃取脱硫、络合脱硫等。目前新技术尚未成熟，有待于深入研究。

2.1.2.5　无害性和清洁性

汽油的无害性与汽油的组分有关。引起燃烧产物对机动车排放产生不利影响的汽油组分有苯、烯烃、芳烃、锰、铁、铜、铅、磷、硫等。它们除了会增大排放废气中的有害物质外，还会引起三元催化转化器中的催化剂中毒，使三元催化转化器这一排放控制装置丧失了长期有效地控制排放污染物的能力，进而使排入自然环境的排放污染物增多。所以，要严格控制汽油中这些组分的含量。引起燃烧产物对人体健康和生态环境产生不利影响的汽油组分有苯、烯烃、芳香烃等有机物。所以，对以上3类有机物要控制它们在汽油中的含量。但是，芳香烃和烯烃作为汽油中的高辛烷值组分，它们在汽油中的含量也不能限制得太低，以防削弱汽油的抗爆能力。影响汽油有害性的成分包括下列几种：

（1）苯含量：苯是原油中的天然组分并且是催化重整的产品。它是已知的人类致癌物质。控制汽油的苯含量是控制排气中苯含量的最直接的途径。

（2）烯烃含量：烯烃是不饱和碳氢化合物，受热后会形成胶质沉积在进气系和供油系中，使精密零件堵塞，使排放恶化，功率下降，油耗增加。烯烃蒸发后会促使近地大气中形成臭氧，危害健康。烯烃燃烧后还会形成有毒的二烯烃类物质。

（3）芳烃含量：汽油中芳烃含量增加时，氮氧化物（NO_x）排放量增加，排气中的芳烃（包括多环芳烃）、酚类和芳醛呈直线增加。

（4）锰含量：锰会使三效催化转化器和氧传感器中毒，其燃烧产物会沉积在火花塞等发动机零件上，影响正常点火，导致汽车排放污染物增加、发动机性能下降、零件磨损加剧。燃烧产物沉积在三效催化转化器表面，能产生足够的存储氧的能力，会造成随车诊断装置 OBD II 系统无法诊断三效催化转化器的工作是否正常。另外，排放到大气中的锰也是有害颗粒物。

（5）铁、铜含量：铁、铜所起的副作用与铅、硫类似，同样会造成三效催化转化器中毒，促进发动机积炭的生成，使颗粒物排放增加。

（6）铅含量：汽油中含铅，燃烧后生成的铅化物具有强烈的毒性。另外，控制无铅汽油中的铅含量是采用三效催化转化器和氧传感器等汽车排放污染物净化装置的基本保证。

（7）磷含量：汽油中的磷，也会造成三效催化转化器中毒，促进发动机积炭的生成，使颗粒排放物增加。

（8）硫含量：硫除了会腐蚀金属零件外，还会增加点火迟滞、提高点火温度、降低发动机功率、使三效催化转化器失效。硫还会使有害排放物（如苯、1,3 – 丁二烯、甲醛、乙醛等）增加。

汽油中不应含有机械杂质和水分。机械杂质会使化油器的量孔、喷嘴和汽油喷射系统的喷油器堵塞，机械杂质进入燃烧室会使燃烧室沉积物增加，加速汽缸、活塞环的磨损；水分混入汽油中，会加速汽油的氧化，能与汽油中的低分子有机酸生成酸性水溶液，腐蚀零件；同时，水分本身对金属零件就有锈蚀作用；汽油中含有水分，低温时易结冰成为冰粒而堵塞油路。

2.1.2.5.1　基本概念

汽油的无害性是指汽油在发动机内燃烧后的燃烧产物不对机动车排放、人体健康和生态环境产生不利影响的性能。

汽油的清洁性是指汽油中不应含有机械杂质和水分。

2.1.2.5.2　检测设备及检测方法

汽油中机械杂质的测定按 GB/T 511—2010《石油产品及添加剂机械杂质测定法》的规定，采用如图 2-12 所示的石油产品机械杂质测定仪进行；汽油中水分的测定按 GB/T 260—1977《石油产品水分测定法》的规定，采用如图 2-13 所示的石油产品水分测定仪进行。

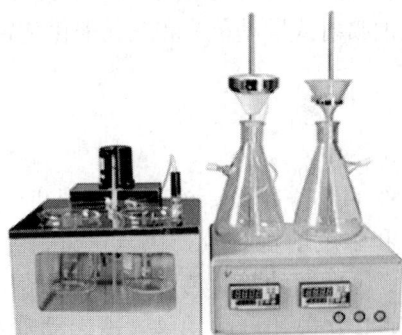

图2-12　石油产品机械杂质测定仪

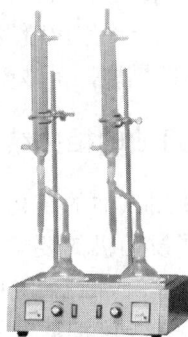

图2-13　石油产品水分测定仪

为了不对机动车排放、人体健康和生态环境产生大的影响，1991 年 6 月 1 日，国家环境保护总局发布了 GWKB 1.1—2011《车用汽油有害物质控制标准》，对汽油中的以上各种有害组分进行了明确限制，并且规定了各种有害组分含量的测定方法，具体规定见表 2-9。

表 2-9   车用汽油有害物质含量控制限值

项 目	控制指标	试验方法
苯（体积分数）（%）	↑1.0	SH/T 0713 SH/T 0693
烯烃（体积分数）（%）	↑25	GB/T 11132 SH/T 0741
芳烃（体积分数）（%）	↑35	GB/T 11132 SH/T 0741
锰（g/L）	↑0.002	SH/T 0711
铁（g/L）	↑0.01	SH/T 0712
铜（g/L）	↑0.001	SH/T 0102
铅（g/L）	↑0.005	GB/T 8020
磷（g/L）	↑0.0002	SH/T 0020
硫（mg/kg）	↑10	SH/T 0689 GB/T 11140 SH/T 0253

如不需要对汽油中的机械杂质和水分作精确测定，可采用下面的方法做简单判断：将汽油注入清洁干燥的量筒中，静止一定时间后观察，如果油色透明并且没有悬浮物和沉淀物以及水分，则认为汽油中不含机械杂质和水分，质量合格。

2.1.2.5.3 影响因素及相关措施

当前世界各国非常重视提高燃料的质量，推荐使用清洁汽油。中国国家环保总局已于 1999 年颁布了《车用汽油有害物质控制标准》，该标准要求汽油中氧含量不大于 2.7%，硫含量不大于 0.08%，苯含量不大于 2.5%（体积分数），芳香烃含量不大于 40%（体积分数），烯烃含量不大于 35%（体积分数）。新标准的实行将使我国汽车尾气污染的程度大幅度下降。配合采用电喷发动机（电子控制汽油喷射式发动机）和三元催化装置，将使燃油更充分的燃烧，可减少尾气污染。

2.1.3   车用汽油的相关结构

汽车中使用汽油的结构主要是燃油供给系统和燃烧系统，汽油机燃料供给系统的功用是根据发动机的要求，配制出一定数量和浓度的混合气，供入汽缸，并将燃烧后的废气从汽缸排到大气中去。燃油供给系统包括燃油箱、燃油泵、燃油缓冲器、燃油压力调节器、燃油滤清器、喷油器，节温定时开关和冷起动阀（冷起动喷油器）等部件。

2.1.3.1   燃油供给系统

燃油供给系统主要包括：

（1）燃油箱（汽油箱）：储存燃油用。

（2）燃油泵（电动汽油泵）：其作用是将燃油从燃油箱中泵入燃油管路，并使燃油保持一定的压力，经过滤清器输送到燃油喷油器和冷起动阀。燃油泵则按其安装位置分为外装泵和内装泵两种：外装泵是将泵装在油箱之外的输油管路中；内装泵则是将泵安装在燃油箱内。内装泵与外装泵比较，不易产生气阻和燃油泄漏，且噪声小。目前大多数 EFI 采用内装泵。

（3）燃油缓冲器：又称脉动阻尼器。其作用是使燃油泵泵出的油压变得平稳，减少油压波动和降低噪声。

（4）燃油压力调节器：油路中装有压力调节器，它使燃油压力相对于大气压力或进气管负压保持一定，即保持喷油压力与喷油环境压力的差值一定。此压力差一般维持在250kPa，当供油压力超过规定值时，压力调节器内的减压阀打开，汽油便经过回油管流回油箱，使输油管油压保持恒定。

（5）燃油滤清器：装于燃油缓冲器与喷油器之间的油路中，其作用是滤除燃油中的水分和杂质等污物，以防堵塞喷油器针阀。

（6）喷油器：喷油器安装在节气门的空气入口处（对 SPI 系统）或进气歧管靠近各汽缸进气门附近（对 MPI 系统），受电子控制器喷油信号的控制，其喷油量由喷油器通电时间的长短决定，从而将适量的燃油成雾状喷入进气歧管。

喷油器的喷油原理是：由电子控制器送来喷油电流信号，电流流经电磁线圈产生电磁吸力，该吸力吸引铁心，由于针阀与铁心制成一体，故此时针阀打开，燃油由喷油器喷出。

（7）节温定时开关和冷起动阀（冷起动喷油器）：节温定时开关的作用是监测冷却水的温度。当发动机起动，冷却水温度低于 114℃时，开关的触点闭合，使冷起动阀喷油。冷起动阀的作用是在冷起动发动机时向进气歧管喷射额外的燃油，以改善低温起动性能。有不少车已取消了节温定时开关，冷起动阀的工作完全由 ECU控制，控制精度更高。

汽油机燃料供给系统如图 2-14 所示。

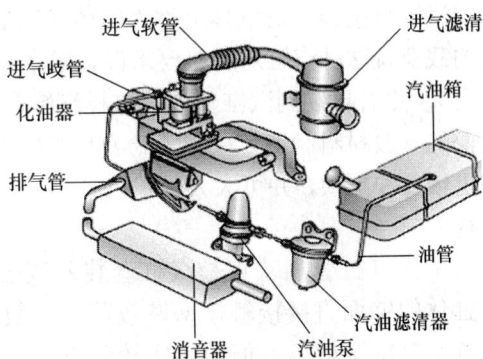

图 2-14　汽油机燃料供给系统

2.1.3.2　燃烧系统

发动机机体是构成发动机的骨架，是发动机各机构和各系统的安装基础，其内、外安装着发动机的所有主要零件和附件，承受各种载荷。因此，机体必须要有足够的强度和刚度。机体组主要由汽缸体、曲轴箱、汽缸盖和汽缸垫等零件组成。

（1）汽缸体：水冷发动机的汽缸体和上曲轴箱常铸成一体，称为汽缸体-曲轴箱，简称汽缸体。汽缸体一般用灰铸铁铸成，汽缸体上部的圆柱形空腔称为汽缸，下半部为支承曲轴的曲轴箱，其内腔为曲轴运动的空间。在汽缸体内部铸有许多加强筋，冷却水套和润滑油道等。

为了能够使汽缸内表面在高温下正常工作，必须对汽缸和汽缸盖进行适当地冷却。冷却方法有两种，一种是水冷，另一种是风冷。水冷发动机的汽缸周围和汽缸盖中都加工有冷却水套，并且汽缸体和汽缸盖冷却水套相通，冷却水在水套内不断循环，带走部分热量，对汽缸和汽缸盖起冷却作用。

现代汽车上基本都采用水冷多缸发动机，对于多缸发动机，汽缸的排列形式决定了发动机外形尺寸和结构特点，对发动机机体的刚度和强度也有影响，并关系到汽车的总体布置。按照汽缸的排列方式不同，汽缸体还可以分成单列式，V 形和对置式 3 种。

① 单列式：发动机的各个汽缸排成一列，一般是垂直布置的。单列式汽缸体结构简单，加工容易，但发动机长度和高度较大。一般六缸以下发动机多采用单列式。如捷达轿车、富康轿车、红旗轿车所使用的发动机均采用这种直列式汽缸体。有的汽车为了降低发动机的高度，把发动机倾斜一个角度。

② V 形：汽缸排成两列，左右两列汽缸中心线的夹角 $\gamma < 180°$，称为 V 形发动机，V 形发动机与直列发动机相比，缩短了机体长度和高度，增加了汽缸体的刚度，减轻了发动机的重量，但加大了发动机的宽度，且形状较复杂，加工困难，一般用于八缸以上的发动机，六缸发动机也有采用这种形式的汽缸体。

③ 对置式：汽缸排成两列，左右两列汽缸在同一水平面上，即左右两列汽缸中心线的夹角 $\gamma = 180°$，称为对置式。它的特点是高度小，总体布置方便，有利于风冷。这种汽缸应用较少。

汽缸直接镗在汽缸体上称为整体式汽缸，整体式汽缸强度和刚度都较好，能承受较大的载荷，这种汽缸对材料要求高，成本高。如果将汽缸制造成单独的圆筒形零件（汽缸套），然后再装到汽缸体内，这样汽缸套采用耐磨的优质材料制成，汽缸体可用价格较低的一般材料制造，从而降低了制造成本。同时，汽缸套可以从汽缸体中取出，因而便于修理和更换，并可大大延长汽缸体的使用寿命。汽缸套有干式汽缸套和湿式汽缸套两种。

干式汽缸套的特点是汽缸套装入汽缸体后，其外壁不直接与冷却水接触，而和汽缸体的壁面直接接触，壁厚较薄，一般为 1～3mm。它具有整体式汽缸体的优点，强度和刚度都较好，但加工比较复杂，内、外表面都需要进行精加工，拆装不方便，散热不良。

湿式汽缸套的特点是汽缸套装入汽缸体后，其外壁直接与冷却水接触，汽缸套仅在上、下各有一圆环地带和汽缸体接触，壁厚一般为 5～9mm。它散热良好，冷却均匀，加工容易，通常只需要精加工内表面，而与水接触的外表面不需要加工，拆装方便；缺点是强度、刚度都不如干式汽缸套，而且容易产生漏水现象，应该采取一些防漏措施。

（2）曲轴箱：汽缸体下部用来安装曲轴的部位称为曲轴箱，曲轴箱分上曲轴箱和下曲轴箱。其中上曲轴箱与汽缸体铸成一体，下曲轴箱用来储存润滑油，并封闭上曲轴箱，故又称油底壳。油底壳受力很小，一般采用薄钢板冲压而成，其形状取决于发动机的总体布置和机油的容量。油底壳内装有稳油挡板，以防止汽车颠动时油面波动过大。油底壳底部还装有放油螺塞，通常放油螺塞上装有永久磁铁，以吸附润滑油中的金属屑，减少发动机的磨损。在上下曲轴箱接合面之间装有衬垫，防止润滑油泄漏。

（3）汽缸盖：汽缸盖安装在汽缸体的上面，从上部密封汽缸并构成燃烧室。它经常与高温高压燃气接触，因此承受很大的热负荷和机械负荷。水冷发动机的汽缸盖内部制有冷却水套，汽缸盖下端面的冷却水孔与缸体的冷却水孔相通。利用循环水来冷却燃烧室等高温部分。

缸盖上还装有进、排气门座，气门导管孔，用于安装进、排气门，还有进气通道和排气通道等。汽油机的汽缸盖上加工有安装火花塞的孔，而柴油机的汽缸盖上加工有安装喷油器的孔。顶置凸轮轴式发动机的汽缸盖上还加工有凸轮轴轴承孔，用以安装凸轮轴。

汽缸盖一般采用灰铸铁或合金铸铁铸成，但由于铝合金的导热性好，有利于提高压缩比，所以近年来铝合金汽缸盖被采用得越来越多。

汽缸盖是燃烧室的组成部分，燃烧室的形状对发动机的工作影响很大，由于汽油机和柴油机的燃烧方式不同，其汽缸盖上组成燃烧室的部分差别较大。汽油机的燃烧室主要在汽缸盖上，而柴油机的燃烧室主要在活塞顶部的凹坑。

（4）汽缸垫：汽缸垫装在汽缸盖和汽缸体之间，其功用是保证汽缸盖与汽缸体接触面的密封性，防止漏气、漏水和漏油。

汽缸垫的材料要有一定的弹性，能补偿结合面的不平度，以确保密封性，同时要有较好的耐热性和耐压性，在高温高压下不烧损、不变形。目前应用较多的是铜皮-棉结构的汽缸垫，由于铜皮-棉汽缸垫翻边处有 3 层铜皮，压紧时较之石棉更不易变形。有的发动机还采用在石棉中心用编织的钢丝网或有孔钢板为骨架，两面用石棉及橡胶黏结剂压成的汽缸垫。

发动机的总体结构如图 2-15 所示。

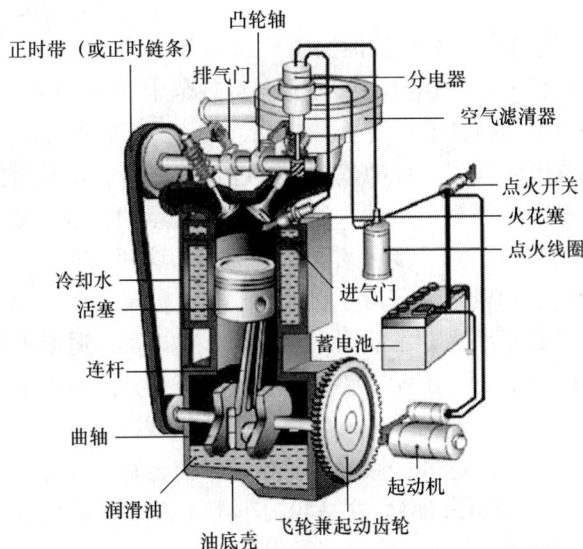

图 2-15　发动机的总体结构

2.2 车用汽油的分类、标准及技术要求

（1）为进一步治理大气污染和减少污染物排放，国家出台了一系列政策、措施和标准：其中国家强制性标准 GB 17930—2011《车用汽油》于 2011 年 5 月 12 日由国家质量监督检验检疫总局与国家标准化管理委员批准发布，自发布之日起实施，GB 17930—2006《车用汽油》同时废止。

GB 17930—2011《车用汽油》除附录为推荐性外，正文全部为强制性的。与旧标准 GB 17930—2006 比对，二者主要差异在于：

① 删除了范围中关于符合本标准的车用汽油符合 GB 18352.2 或 GB 18352.3《轻型汽车污染物排放限值及测量方法》不同阶段要求的说明；

② 删除了车用汽油（Ⅱ）的技术要求和试验方法；

③ 保留了车用汽油（Ⅲ）的技术要求和试验方法，其中硫含量规定为不大于 0.015%，仍规定：在有异议时，以紫外荧光法检验结果为准；

④ 增加了车用汽油（Ⅳ）的技术要求和试验方法，并将车用汽油（Ⅳ）的技术要求实施的过渡期规定至 2013 年 12 月 31 日；

⑤ 规定了向用户销售符合本标准技术要求的车用汽油所使用的加油机和容器都应标明下列标志："90 号汽油（Ⅲ）"、"93 号汽油（Ⅲ）"、"97 号汽油（Ⅲ）"或"90 号汽油（Ⅳ）"、"93 号汽油（Ⅳ）"、"97 号汽油（Ⅳ）"，并应标志在汽车驾驶员可以看见的地方；

⑥ 增加了第 8 章"安全"，对车用汽油涉及的安全问题做出了规定；

⑦ 增加了资料性附录，介绍了建议性车用汽油技术要求和试验方法，车用汽油中硫含量规定为不大于 10mg/kg，以满足第 Ⅴ 阶段排放要求。

（2）车用乙醇汽油：根据 GB 18351—2010，按研究法辛烷值等指标不同，车用乙醇汽油的牌号划分为 90 号、93 号、97 号。此外，根据地方和企业标准，如北京地市标准等，按研究法辛烷值等指标不同，车用汽油的牌号划分为 90 号、93 号、97 号、98 号。

（3）世界燃料规范——无铅汽油：世界燃料规范于 1998 年首次制定，是由世界燃油规范委员会组织世界范围的有关专家，在欧、美、日实施的汽车—燃料研究计划的基础上，听取了世界范围内汽车厂商的建议，经过长期调研和反复讨论后提出来的。其主要目的是进一步促进人们理解汽车技术进步对燃油质量的要求，充分反映了汽车排放污染物的减少取决于汽车技术的进步和燃油质量的提高这两个条件。

该规范把车用汽油和轻柴油分为 3 类：第一类：主要考虑汽车发动机基本性能，适用于对汽车排放没有或无严格要求的国家和地区；第二类：适用于有严格排放要求的国家和地区，如实施欧洲Ⅰ号或Ⅱ号等水平的法规；第三类：适用于对汽车排放要求更严格的国家和地区，如实施欧洲Ⅲ号或Ⅳ号等水平的法规。

（4）我国车用无铅汽油标准：原国家质量技术监督局于 1999 年 12 月 28 日发布了 GB 17930—1999《车用无铅汽油》，这是我国车用无铅汽油第一个强制性国家标准。自 2000 年 1 月 1 日起 SH 0041—1993《无铅车用汽油》、SH 0112—1992《汽油》废止。自 2000 年 1 月 1 日起，全国所有汽油生产企业一律停止执行 GB 484—1993《车用汽油》，

自 2000 年 7 月 1 日起 GB 484—1993《车用汽油》废止。表 2-10 所列为车用无铅汽油技术要求。

表 2-10 车用无铅汽油技术要求

项　目		质　量　指　标			试验方法
		90 号	93 号	95 号	
抗爆性： 研究法辛烷值（RON） 抗爆指数（RON＋MON）/2	不小不 小于于	90 85	93 88	95 90	GB/T 503 GB/T 5487
铅含量（g/L）	不大于	0.005			GB/T 8020
馏程： 10%蒸发温度（℃） 50%蒸发温度（℃） 90%蒸发温度（℃） 终馏点（℃） 残留量（体积分数）（%）	不高于 不高于 不高于 不高于 不大于	70 120 190 205 2			GB/T 6536
蒸汽压（kPa） 从 9 月 16 日—3 月 15 日 从 3 月 16 日—9 月 15 日	不大于 不大于	88 74			GB/T 8017

　　目前，常见的无铅汽油为 90 号、93 号、97 号，而 2012 年汽油牌号 "90 号、93 号、97 号" 已修改为 "89 号、92 号、95 号"。

2.2.1　车用汽油的分类

2.2.1.1　国外车用汽油的分类

　　汽油主要分为含铅汽油和无铅汽油两大类，还有一种乙醇汽油。

　　汽油品质中有一个重要使用性能指标称为汽油抗爆性，它的参数指标称为辛烷值，根据发动机试验的方法不同，分为两种：一种称为研究法辛烷值，也就是国内采用的牌号；另一种称为马达法辛烷值，美国采用此作为牌号。不同的测量方法，导致两者之间牌号差异。同时，业内人士表示，在美国的大多数加油站油品是从 87～93 号，一般来说，87 号为普通级，89 号为银级，而 93 号为金级。其中多数人使用的还是普通级，也就是 87 号油。

2.2.1.2　我国车用汽油的分类

　　（1）汽油按其用途分为航空汽油、车用汽油、工业汽油、溶剂汽油等。

　　（2）汽油按其组成特性分为含铅汽油和无铅汽油。因为环保的要求，目前我国基本已经不生产含铅汽油，而且指标向欧洲靠拢。

　　（3）车用乙醇汽油是指在汽油组分油中按体积混合比加入 10% 的变性燃料乙醇后作为汽油车燃料用的汽油。专业定义是：在不添加含氧化合物的液体烃中加入一定量变性燃料乙醇后用作点燃式内燃机的燃料，变性燃料乙醇加入量为 10%，简称为 E10。

（4）按辛烷值不同一般将我国汽油分为 90 号、93 号、97 号。其牌号代表了汽油中辛烷值不同的含量。辛烷值是汽油燃烧性指标，辛烷值越高，其抗爆性越好，汽油发动机发生爆燃的可能性就越小。

2.2.2　车用汽油的标准

2.2.2.1　国外车用汽油的标准

世界燃料规范于 2006 年制定，世界燃料规范——I 类无铅汽油部分见表 2-11。另外本规范还包括 II、III、IV 类无铅汽油，书中没有列出。

表 2-11　I 类无铅汽油规范

项　目		限　值	
		最　小	最　大
91 号	研究法辛烷值（RON）[(1)]	91	
	马达法辛烷值（MON）	82	
95 号	研究法辛烷值（RON）[(1)]	95	
	马达法辛烷值（MON）	85	
98 号	研究法辛烷值（RON）[(1)]	98	
	马达法辛烷值（MON）	88	
氧化安定性（min）		360	
硫含量（mg/kg）[(2)]			1000
金属含量（Fe，Mn，Pb[(3)]）（mg/L）			检测不出[(4)]
化油器清洁度（佳度）		8.0[(6)]	
氧含量（质量分数）（%）			2.7[(5)]
芳烃含量（体积分数）（%）			50.0
苯含量（体积分数）（%）			5.0
挥发性		本规范附表	
未清洗胶质（mg/100mL）			70
清洗胶质（mg/100mL）			5
密度（kg/m³）		715	780
铜片腐蚀（佳度）		1 级	
外观		清澈透明，无水和颗粒	
喷嘴清洁度，方法 1（流动损失）（%）			10[(6)]
喷嘴清洁度，方法 2（流动损失）（%）			10[(6)]
进气阀清洁度（佳度）		9.0[(6)]	

注：（1）必须定义和使用适当的燃油泵标识；燃油应通过喷嘴进行分配，喷嘴应满足 SAE J285 "推荐的实用汽油分配喷嘴"要求。定义 3 种辛烷值是为了更好地适应市场需要，并不要求 3 种同时得到。

（2）单位 mg/kg 通常表示 ppm。装有催化器的汽车应优先采用低硫油。

（3）不故意添加铅。过渡期铅的可接受最大量为 10mg/kg。

（4）只有不装催化器的汽车才可使用含有金属的添加剂以保护气阀座，此时推荐用钾基添加剂。

（5）若要添加含氧化合物，最好选醚类物质。按现有法规，允许添加乙醇体积比达到 10%（符合 ASTM D 4806），混合燃料必须满足第一类燃油的所有其他要求，推荐使用燃油泵标识。高碳醇（C>2）体积比不超过 0.1%，禁止添加甲醇。

（6）可通过在基准汽油中加入适当的清洁剂来证明是否满足这种要求。

CEC 基准优质无铅汽油标准，表 2-12 为 CEC（欧洲润滑油和发动机燃料试验性能研究协调理事会）基准燃料 RF-08-A-85 标准。

表 2-12 CEC 基准优质无铅汽油

项　目	限　值	
	最　小	最　大
研究法辛烷值（RON）	95.0	
马达法辛烷值（MON）	85.0	
密度（15℃）(kg/L)	0.748	0.762
蒸汽压（kPa）	56	64
馏程：		
初馏点（℃）	24	40
10%蒸发温度（℃）	42	58
50%蒸发温度（℃）	90	110
90%蒸发温度（℃）	155	189
终馏点（℃）	190	215
残留量（体积分数）(%)		2
烃组成（体积分数）(%)		
烯烃	（包括最大 5%容积的苯）	20
芳烃		45
诱导期（min）	480	
实际胶质（mg/100mL）		4
硫含量（质量分数）(%)		0.04
铜片腐蚀（50℃）（级）		1
铅含量（g/L）		0.005
磷含量（g/L）		0.0013

2.2.2.2 我国车用汽油的标准

目前我国执行的标准为 GB/T 17930—2011《车用汽油》。其主要技术要求和试验方法见表 2-13 和表 2-14。

表 2-13 车用汽油（III）的技术要求和试验方法

项　目		质量指标			试验方法
		90 号	93 号	97 号	
抗爆性					
研究法辛烷值 RON	不小于	90	93	97	GB/T 5487
抗爆指数 RON+MON/2	不小于	85	88	报告	GB/T 5487、GB/T 503
铅含量 [a]（g/L）	不大于		0.005		GB/T 8020
馏程					
10%蒸发温度（℃）	不高于		70		
50%蒸发温度（℃）	不高于		120		
90%蒸发温度（℃）	不高于		190		GB/T 6536
终馏点（℃）	不高于		205		
残留量（体积分数）(%)	不大于		2		

（续）

项　目		质量指标			试验方法
		90 号	93 号	97 号	
蒸汽压（kPa） 从 11 月 1 日—4 月 30 日 从 5 月 1 日—10 月 31 日	不大于 不大于		88 72		GB/T 8017
溶剂洗胶质含量（mg/100mL）	不大于		5		GB/T 8019
诱导期（min）	不小于		480		GB/T 8018
硫含量 b（质量分数）(%)	不大于		0.015		SH/T 0689
硫醇（满足下列指标之一，即判断为合格） 博士试验 硫醇硫含量（质量分数）(%)	不大于		通过 0.001		SH/T 0174 GB/T 1792
铜片腐蚀（50℃，3h）级	不大于		1		GB/T 5096
水溶性酸或碱			无		GB/T 259
机械杂质及水分			无		目测 c
苯含量 d（体积分数）(%)	不大于		1.0		SH/T 0713
芳烃含量 e（体积分数）(%)	不大于		40		GB/T 11132
烯烃含量 e（体积分数）(%)	不大于		30		GB/T 11132
氧含量（质量分数）(%)	不大于		2.7		SH/T 0663
甲醇含量 e（质量分数）(%)	不大于		0.3		SH/T 0663
锰含量 f（g/L）	不大于		0.016		SH/T 0711
氧含量 a（g/L）	不大于		0.01		SH/T 0712

　　a 车用汽油中，不得人为加入甲醇以及含铅或含铁的添加剂。

　　b 允许采用 GB/T 380、GB/T11140、SH/T 0253、SH/T 0742。有异议时，以 SH/T 0689 测定结果为准。

　　c 将试样注入 100mL 玻璃量筒中观察，应当透明，没有悬浮和沉降的机械杂质和水分。有异议时，以 GB/T 511 和 GB/T 260 方法测定结果为准。

　　d 允许采用 SH/T 0693，有异议时，以 SH/T 0713 测定结果为准。

　　e 对于 97 号车用汽油，在烯烃、芳烃含量控制不变的前提下，可允许芳烃的最大值为 42%（体积分数）。允许采用 SH/T 0741，有异议时，以 GB/T 11132 测定结果为准。

　　f 锰含量是指汽油中以甲基环戊二烯三羰基锰形式存在的总锰含量，不得加入其他类型的含锰添加剂。

表 2-14　车用汽油（Ⅳ类）的技术要求和试验方法

项　目		质量指标			试验方法
		90 号	93 号	97 号	
抗爆性 研究法辛烷值 RON 抗爆指数 RON+MON/2	不小于 不小于	90 85	93 88	97 报告	GB/T 5487 GB/T5487、GB/T 503
铅含量 a（g/L）	不大于		0.005		GB/T 8020
馏程 10%蒸发温度（℃） 50%蒸发温度（℃） 90%蒸发温度（℃） 终馏点（℃） 残留量（体积分数）(%)	不高于 不高于 不高于 不高于 不大于		70 120 190 205 2		GB/T 6536
蒸汽压 b（kPa） 从 11 月 1 日—4 月 30 日 从 5 月 1 日—10 月 31 日	不大于 不大于		42～85 40～68		GB/T 8017

（续）

项 目		质量指标			试验方法
		90 号	93 号	97 号	
溶剂洗胶质含量（mg/100mL）	不大于		5		GB/T 8019
诱导期（min）	不小于		480		GB/T 8018
硫含量 c（mg/kg）	不大于		50		SH/T 0689
硫醇（满足下列指标之一，即判断为合格） 博士试验 硫醇硫含量（质量分数）（%）	不大于		通过 0.001		SH/T 0174 GB/T 1792
铜片腐蚀（50℃，3h）级	不大于		1		GB/T 5096
水溶性酸或碱			无		GB/T 259
机械杂质及水分			无		目测 d
苯含量 e（体积分数）（%）	不大于		1.0		SH/T 0713
芳烃含量 f（体积分数）（%）	不大于		40		GB/T 11132
烯烃含量 f（体积分数）（%）	不大于		28		GB/T 11132
氧含量（质量分数）（%）	不大于		2.7		SH/T 0663
甲醇含量 a（质量分数）（%）	不大于		0.3		SH/T 0663
锰含量 g（g/L）	不大于		0.008		SH/T 0711
氧含量 a（g/L）	不大于		0.01		SH/T 0712

a 车用汽油中，不得认为加入甲醇以及含铅或含铁的添加剂。

b 允许采用 SH/T 0794。有异议时，以 GB/T 8017 测定结果为准。

c 允许采用 GB/T11140、SH/T 0253。有异议时，以 SH/T 0689 测定结果为准。

d 将试样注入 100mL 玻璃量筒中观察，应当透明，没有悬浮和沉降的机械杂质和水分。有异议时，以 GB/T 511 和 GB/T 260 方法测定结果为准。

e 允许采用 SH/T 0693，有异议时，以 SH/T 0713 测定结果为准。

f 对于 97 号车用汽油，在烯烃、芳烃含量控制不变的前提下，可允许芳烃的最大值为 42%（体积分数）。允许采用 SH/T 0741。有异议时，以 GB/T 11132 测定结果为准。

g 锰含量是指汽油中以甲基环戊二烯三羰基锰形式存在的总锰含量，不得加入其他类型的含锰添加剂。

2.2.3 车用汽油的技术要求

我国仅用数年的时间完成了欧美国家 20～30 年才完成的汽油无铅化进程。但是，也应该看到，我国和欧美国家在这方面还有相当大的差距，目前还落后 8～10 年。其主要原因是我国汽油成分组成不合理，FCC（Fluid Catalytic Cracking，流化—催化—裂化）汽油比例过大，导致硫和烯烃含量高。

从欧美国家的燃料规格也可以看到，欧盟和美国的清洁燃料规格以及超清洁燃料规格是有所不同的：欧盟的柴油规格比美国严格，而美国的汽油规格比欧盟严格。这与主要汽车污染源不同、炼油厂的装置构成不同以及加工轻重原油、低硫高硫原油的比例不同等因素有关。因此，我国燃料规格的制定应综合考虑到我国炼油工业的实际情况，而不应完全照搬美国或欧盟的标准。

汽车工业的发展以及汽车排放标准的日趋严格，对我国车用汽油的质量提出了更高的要求。我国车用汽油在实现高牌号化和无铅化后，今后主要面临的是组分优化中不包括苯、芳烃、烯烃、硫和含氧化合物含量以及蒸汽压和馏程所涉及的问题。我国的汽油标准逐步向世界先进水平靠拢需要进行下列工作：

（1）蒸汽压和馏程的分类将趋于细化：美国和欧盟等国家车用汽油的蒸汽压和馏程按照不同地区和季节详细划分，其中美国还采用气/液比表征。在我国现行的汽油标准中，蒸馏特性在全年中不论气温变化和地理位置只有一种规定，而蒸汽压也只按冬季和夏季分成两段，与国外标准相比显得粗糙一些。应根据我国对环境排放的要求、汽车发动机设计的要求及我国每年的气温变化情况进行专门研究，制定出汽油蒸汽压和馏程特性的更详细的分类。

（2）硫含量继续降低：硫含量是汽油中与腐蚀和环保均密切相关的重要项目。世界各国汽油标准中硫含量均呈下降趋势。欧盟各国于 1996 年开始执行欧洲Ⅱ号排放标准，EN 228—1998 无铅车用汽油标准规定从 1995 年开始，硫含量降至 0.05%以下。我国已在 GB 17930—1999 第三次修改稿中规定自 2005 年 7 月 1 日开始硫含量控制在 0.05%以下。

（3）苯含量控制在 1%以内：苯是催化重整汽油中具有较高辛烷值的组分，但它也是公认的致癌物。它在汽油中由于蒸发和燃烧后排放到大气中对人类健康带来直接影响。因此，世界各国均将降低苯含量作为对环境有利的措施。如果要达到欧洲Ⅲ号排放限值，必须把苯含量控制在 1%（体积分数）以下。我国 GB 17930—2011 车用汽油国家标准已与国际标准一致。

（4）综合控制芳烃和烯烃含量：芳烃是一种具有较高辛烷值和热值的汽油调和组分，但它燃烧后会导致致癌物苯的形成，并增加 CO_2 的排放。2004 年我国执行欧洲Ⅱ号排放限值后，汽油标准中总芳烃含量控制在 40%以下。烯烃是一种具有较高辛烷值的汽油调和组分，但它是比较活泼的烃类，挥发到大气后因发生光化学反应而加速臭氧的形成，使环境受到严重污染。另一方面，由于烯烃对热的不稳定性，易使发动机和发动机进气系统形成胶质和积炭。由于我国 FCC 汽油是主要调和组分，因此我国车用汽油中烯烃含量较高。随着今后催化重整、烷基化和异构化等高辛烷值调和组分的增加及降低 FCC 汽油烯烃含量的催化剂和助剂的工业应用，我国汽油中的烯烃含量会进一步下降。在 2004 年之后，我国汽油标准中烯烃含量控制在 30%～35%，并考虑芳烃与烯烃对排放的综合影响，将芳烃加烯烃的总量控制在 60%以下，这在 GB 17930—2011《车用汽油标准》中也有了体现。

（5）适当控制氧含量：汽油中加入含氧化合物可减少尾气中 CO_2 的排放，但含氧化合物体积热值比汽油低，大量加入将影响汽车发动机的性能。因此，一般均规定汽油中氧含量不大于 2.7%。

（6）规范清净剂市场：汽油清净剂可减少喷嘴、进气阀、燃烧室和汽化器中沉积物的生成，并使上述部件得到清洁，尤其对烯烃含量较高的汽油其功效更加明显。因此，应在所有车用汽油中加入清净剂。国家已在 2004 年发布了 GB 19592—2004《车用汽油清净剂国家标准》，现应尽快建立清净剂评价系统特别是简捷有效的评价方法及质量指标，规范清净剂市场，使在车用汽油中加入有效的清净剂。

2.3　车用汽油的选择及使用

2.3.1　车用汽油的选择

在汽车的日常使用过程中,应严格按照汽车说明书要求的牌号选用汽油。一般情况下,在汽车加油口盖的反面就有本车使用的汽油牌号说明（表2-15）。如果其抗爆性仍不能满足该车型时,应选用更高一级牌号的汽油。

表 2-15　国内外汽油轿车用油牌号推荐表（部分）

车　型	推荐用油牌号	车　型	推荐用油牌号
一汽红旗 明仕 1.8	93	长安福特嘉年华 1.3/1.6	93～97
一汽红旗 世纪 2.0/2.4	≥93	菲亚特西耶那 1.3 16V/1.5	≥93
一汽马自达 2.3	93～97	菲亚特派力奥 1.3 16V/1.5	≥93
一汽夏利 7101/7131/200	≥93	菲亚特周末风 1.3 16V/1.5	≥93
一汽威姿 1.0/1.3	≥93	广州本田 98 款雅阁 2.0/2.3/3.0	93
一汽一大众捷达普通/CI/CT/AT	93	广州本田 03 款雅阁 2.0/2.4/3.0	≥93
一汽一大众 宝来 1.6/1.8/1.8T	93～97	广州本田奥德赛 2.3	≥93
一汽一大众 高尔夫 1.6/2.0	93～97	吉利美日 1.3/优利欧 1.3	93
一汽一大众 奥迪 A4/A6	93～97	长安铃木奥拓 0.8/羚羊 1.0/1.3	93
上海大众 桑塔纳 普通/2000	≥93	昌河铃木北斗星 CH6350B	93
上海大众 帕萨特 1.8/1.8T	93～97	华晨中华 2.0/2.4	≥93
上海大众 帕萨特 2	93～97	哈飞赛马 1.3	≥93
上海大众 POLO 1.4/1.6	93～97	海南马自达普利马/323/福美来	≥93
大众高尔 1.6	≥93	宝马 3、5、7 系列	97
上海别克赛欧 1.6	≥93		

选择汽油时千万不要为了降低成本,随意使用低牌号汽油。实践证明,高压缩比的发动机如选用低牌号汽油,发动机极容易产生爆燃,发动机爆燃过久,容易造成活塞烧顶、环岸烧损、活塞环断裂等故障,加速机件的损坏。所以,通过降低汽油牌号来节省开支得不偿失。

选用汽油时必须严格参照厂家的要求来进行。选用汽油的参数在车主手册上有明确规定,同时在油箱加油口的门上一般都有相应的油品要求。此外,还可根据车主手册技术参数中提供的发动机压缩比来选用正确牌号的汽油。一般来说,压缩比为 7～8 的发动机选用 90 号汽油;压缩比为 8～8.5 的发动机选用 93 号汽油;压缩比为 8.5 以上时,应选用 97 号汽油。对一些特高压缩比的发动机,如奔驰、宝马及一些超级跑车等最好选用 98 号汽油,以保证满足发动机超高压缩比的要求,充分发挥其澎湃动力。

2.3.2　车用汽油的使用

在汽油的实际使用中会发现,有一些厂家要求使用的牌号汽油,在目前国内许多加油站找不到时,大部分的车主都会采用"宁大勿小"的用油原则。一般来说,选用油在使用上与标准用油可以有上下两个牌号的可选范围。只不过加不同牌号的油以后,必须进行相应的调整。一般是将发动机的点火时间进行调整：若选用油比规定用油牌号高，必须把发动机的点火时间调早；相反，若选用油的牌号比规定用油低，就必须把点火时间推迟。调整的基本原则是以调整到发动机加油时不产生爆燃，油门响应灵敏，不发闷为准。方法是松开发动机分电盘的固定螺钉，正反方向推动分电盘到合适的点火时间，这些操作需要一定的专业知识与技能，若无法自行调整，可由维修中心的技师帮助完成。但现在的许多发动机采用的是直接点火，没有分电盘结构，也就无法调整。只要选用的汽油牌号与规定相差不太大，产生爆燃的概率一般比较低，即使有产生爆燃的可能，也可由发动机的爆燃传感器通过电脑的控制推迟点火时间，抑制爆燃的产生，无须人工的调整。

车用汽油的选择和使用中应做到以下几点：

（1）按汽车的使用说明书规定选用汽油牌号。

（2）在汽油的供应上，若一时不能满足需求，可以用牌号相近的汽油或乙醇汽油暂时代用，但必须对汽油机进行适当的调整。用辛烷值较低的汽油代替辛烷值较高的汽油或乙醇汽油时，应适当的推迟点火提前时间；相反，用辛烷值较高的汽油代替辛烷值较低的汽油或乙醇汽油时，则应适当提前点火。

（3）装有三元催化转换器和氧传感器的汽车应尽量选择铅含量低的汽油。

（4）推广使用加入有效的汽油清洁剂的无铅汽油。

（5）注意无铅汽油低硫含量、低烯烃含量的发展趋势。

（6）注意汽油质量是影响汽车技术状况和汽车排放的重要因素。

（7）按不同季节选择汽油的蒸发性，冬季应选择蒸汽压较大的汽油，夏季应选择蒸汽压较小的汽油。

2.3.3 车用汽油选择和使用失误对车辆造成的危害及处理

2.3.3.1 汽油选用常见误区

在汽油选用中，应该避免陷入"汽油牌号越高，对汽车越有利；汽油牌号越高，汽车排放越能达标"的误区。

这种误解往往产生在汽车使用者身上，尤其是那些车辆档次稍高的新车用户，认为自己多花点钱用高牌号油放心，且排放也能满足规定标准，提前达到如汽车销售商宣传的欧Ⅲ、欧Ⅳ排放水平。其实，这是一种不正确的想法。存在这些想法的使用者，主要是由于不了解汽油质量好坏的评价标准，不了解汽油牌号与发动机压缩比不匹配带来的一些不利影响，不了解汽车排放的影响因素。

实际上，汽油质量是多种性能的综合评价，除蒸发性、抗爆性、清洁性、无害性外，还有氧化安定性、腐蚀性等。而汽油牌号的高低只反映了抗爆性的好坏，并不能全面反映油品质量的高低。同时，如果低压缩比发动机的汽车使用高牌号燃油，会出现油的燃烧速度慢，造成燃烧不完全、加速无力、排污增多等现象，使其高抗爆性的优势无法发挥出来，并造成金钱的浪费，既不经济也不实用；反之，高压缩比汽车长期使用低牌号汽油更不可取，发动机的高压缩比设计是从节能角度考虑的，用低牌号油不但容易产生爆燃，还容易造成发动机气门及汽缸积炭过早、过快地形成，使工况下降，油耗增加，排放逐步恶化。虽然一些现代汽车发动机上安装有爆燃传感器，会将信息传递给控制电脑，自动延迟点火时间，但这种调整的范围和程度十分有限。汽车技术状况变差后认为只要不惜使用高牌号汽油即可使车辆排放满足规定的使用者尤其要注意，车辆尾气排放不仅与汽油质量有关，还与车况有关。如果不及时维护或使用不当使汽车技术状况不符合排放设计要求，即使加牌号再高的汽油，也不会达标。

2.3.3.2　汽油在存放、使用过程中的质量变化

汽油在存放、使用过程中，质量可能会发生变化，主要表现为蒸发损失、氧化变质和外界污染等。这些质量上的改变会较大程度上影响汽油的正常使用。

2.3.3.2.1　汽油的蒸发损失

汽油发生蒸发损失会减少油中低沸点馏分的含量，使汽油的蒸发性变差，不利于汽油机的低温起动。如轻质成分蒸发量较多，还会明显影响可燃混合气的形成质量，进而增大发动机的磨损，增加汽车排放中有害成分的含量。

影响蒸发损失的因素很多，主要由汽油本身的物理安定性决定，另外还与储存温度、储油容器的充满程度等使用因素有关。

汽油物理安定性的好坏直接决定着汽油在存放、使用过程中的蒸发损失。但为了改善汽油的低温起动性，汽油中含有一定量的低沸点馏分也是非常必要的。因此，汽油物理安定性要适宜。

另外，储存温度、油面面积、油面上空的空气流速和储油容器的充满程度等因素也影响蒸发损失。储存温度越高，汽油蒸发损失越大；油面面积越大，汽油蒸发损失越大；油面上空的空气流速越快，汽油蒸发损失越大；储油容器充不满，气体空间与液体容积比例越大，汽油蒸发损失也越大。

2.3.3.2.2　汽油的氧化变质

氧化安定性不好的汽油，在存放、使用过程中容易氧化，使汽油颜色变深、酸性物质增多、诱导期缩短、实际胶质增加等。影响汽油安定性的因素主要是化学组成和储存条件。汽油的化学组成中，饱和烃的安定性较好，不饱和烃的安定性较差，非烃类化合物都是有害成分，一般都使汽油的氧化安定性变差。储存条件中主要是避免高温储存，减少与空气、金属以及水分的接触。

2.3.3.2.3　汽油的外界污染

汽油的外界污染是指汽油中混入机械杂质或其他油品。机械杂质对发动机零部件的磨损以及正常运转都有严重影响。其他油品混入汽油中会增加汽油的重质馏分，改变汽油的使用性能。发生混油情况，多半是由于汽油储运不当或使用者没按规定使用造成的。

2.3.3.2.4　预防质量变化的措施

针对影响汽油质量变化的因素，主要预防措施有以下两种：

（1）采用合理的储存方式，考虑环境温度、湿度以及空气的流动等因素。

（2）正确选择储油容器，包括容器材质、密封程度、装满程度（要预留一定膨胀空间）以及清洁程度等因素。

2.3.3.3　汽油蒸发性变差后的使用

汽油的蒸发性在运输、储存和使用过程中由于自身因素或外界条件等因素的影响会逐渐变差。作为影响混合气形成质量、燃烧完全的重要因素，对其变化后的使用要格外注意。汽油蒸发性的变差主要表现在 10%蒸发温度、50%蒸发温度、90%蒸发温度、终馏点等温度点的升高。10%蒸发温度比标准高 5℃以下时，一般可在夏秋季节使用。如果在冬春季节使用，应预热汽缸。10%蒸发温度比标准高 5℃以上时，则只能用于盛夏季节。

50%蒸发温度比标准温度高时，一般不会严重影响使用效果，但要求驾驶人员必须细心操作，如暖机时间适当延长、加速时不能太急等。

90%蒸发温度和终馏点比标准高 5℃以上时，只要发动机汽缸的密封性好，就不会显著增加磨损，油耗也不会明显上升。但如果终馏点高于 225℃，则不宜再使用。

复习思考题

一、名词解释

实际胶质；诱导期；酸度；博士试验；饱和蒸汽压；雷德饱和蒸汽压；辛烷值；RON；MON。

二、简答题

（1）汽油的使用性能都有哪些？评定项目各有哪些？

（2）汽油发动机燃烧产物中主要污染物有哪些？

（3）什么是初馏点、10%馏出温度、50%馏出温度、90%馏出温度和终馏点？各自主要用来测定汽油哪些性能？

（4）影响汽油安定性的因素有哪些？什么是实际胶质？什么是诱导期？

（5）汽油腐蚀性的评定指标有哪些？并说出其定义。

（6）如何选择汽油的牌号？

补充阅读材料

汽油相关研究最新进展

1. 汽油改良的途径

汽油的改良可分为 3 个阶段：高牌号化、无铅化和清洁化。分述如下：

（1）高牌号化：汽油的牌号是以辛烷值为基础的，高牌号化即提高汽油的辛烷值。

（2）无铅化：向汽油中添加抗爆剂是提高汽油辛烷值最有效和最经济的办法。使用最广泛的抗爆剂是四乙基铅。所谓的含铅汽油，也就是指添加了四乙基铅的汽油。含铅汽油燃烧后生成的铅化合物随尾气排入大气，可导致人类神经中毒，特别对儿童影响更大。此外，铅会使尾气转化催化剂中毒。

我国的车用无铅汽油是在 SH 0041—1993 标准中被提出的，在全国范围内推广使用则是在 GB 17930—2011 中强制规定的。

（3）清洁化：汽油的清洁化是指调整汽油组分，减少引起大气污染的组分（如烯烃、芳香烃、苯、硫化物等）的含量。

国家环保总局于 1999 年发布《车用汽油有害物质控制标准》（GWKB 1—1999），对汽油中的上述有害组分含量加以严格控制（现行标准为 GWKB 1—2011）。

2．汽油添加剂的研究进展

现代汽车的发展和环境保护要求降低车用汽油的烯烃含量，而汽油的辛烷值随烯烃含量的降低而减小，向汽油中添加有效添加剂可生产出烯烃含量较低且辛烷值较高的汽油，添加剂的效果、成本及对环境的污染程度与添加剂的种类和化学组成有关。近几年来，汽油添加剂一直朝着有机无灰类方向发展，很多添加组分已经得到了广泛的应用和证实。新型复合添加剂有了很大的发展，品种繁多，抗爆、节能、排放效果良好，但由于我国燃油性能指标方面的空白，组分指标也没有严格执行，添加剂的选择使用比较混乱。生物添加剂和物理添加剂的研究和成功应用为添加剂的发展提供了更多的方向。生物添加剂由于其对燃油经济性的影响和可再生性，物理添加剂由于作用明显且没有负面影响等特点，将会有广泛的应用前景，但一些技术上的问题有待解决。我国目前没有禁止使用 MTBE、MMT 等高效抗爆剂，它们对环保和人体的影响仍在研究中，使用前景不确定，但更加高效、环保、节能的添加剂肯定能得到广泛的应用。甲醇和乙醇由于其来源容易和对环境危害较小，有望成为未来主要的汽油添加剂。由于我国没有严格的添加剂组分指标标准，大量使用化学添加剂也引起了诸多不良后果，因此建立燃油添加剂评定体系十分必要。

3．我国汽油发展的方向

（1）不断升级我国车用汽油质量标准。目前，我国车用汽油执行 GB 17930—2011，与世界燃油规范相比，其控制指标还有一定差距，详见表 2-16。

表 2-16 车用汽油质量标准对比

项　　目	GB 17930—2011	世界燃油规范 II 类无铅汽油	质量分数 III 类无铅汽油
烯烃（体积分数）（%）	≤30	≤20	≤10
芳香烃（体积分数）（%）	≤40	≤40	≤35
苯（体积分数）（%）	≤1.0	≤2.5	≤1.0
氧含量（体积分数）（%）	≤2.7	≤2.7	≤2.7
燃油喷嘴清洁度（流量损失）（%）	—	5	5
进气门（CEC F–05–A–93）（mg）	—	≤50	≤30
燃烧室沉积（CEC F 20–A–98）（mg）	—	≤3500	≤2500

（2）进一步提高车用汽油的质量。尽管我国汽油质量已有较大提高，汽油高牌号化和无铅化工作进展顺利，但与世界燃油规范相比，我国汽油质量还存在明显差距。提高车用汽油质量的方向是进一步降低汽油中的硫、烯烃和芳香烃含量，特别是硫含量，以求把汽车尾气排放到大气中的有害物质总量降到最低程度，实现真正的清洁化。

第3章
车用轻柴油

[本章提要]

本章主要介绍车用轻柴油的组成及使用性能、使用性能的评定指标、规格标准、技术要求及选择使用，并补充介绍了柴油相关研究最新进展。重点内容是柴油的使用性能评价指标和测定方法。要求学生了解柴油的组成、柴油相关研究最新进展，熟悉柴油的规格标准，掌握柴油的使用性能评价指标及测定方法，掌握其正确、合理使用方法。

柴油是轻质石油产品，是复杂烃类（碳原子数为 10～22）混合物，为柴油机燃料。主要由原油蒸馏、催化裂化、热裂化、加氢裂化、石油焦化等过程生产的柴油馏分调配而成；也可由页岩油加工和煤液化制取。分为轻柴油（沸点范围 180～370℃）和重柴油（沸点范围 350～410℃）两大类。轻柴油用于高速柴油机，重柴油用于中低速柴油机。汽车用柴油机属于高速柴油机，所用柴油为轻柴油。广义的车用柴油泛指轻柴油，狭义的车用柴油指的是符合 GB 19147—2009《车用柴油》，可以满足国家第Ⅲ阶段机动车污染物排放标准的柴油。本书所指柴油为轻柴油。

与汽油相比，轻柴油具有馏分重、自燃点低（200～300℃）、黏度大、相对密度大、蒸发性差、储存和运输过程中损耗少、使用安全等优点。柴油发动机与汽油发动机相比较，具有耗油量低、能量利用率高、废气排放量小、工作可靠性好、功率使用范围宽等优点。柴油为压燃式发动机（柴油机）燃料。由于高速柴油机燃料耗量（50～75g/MJ）低于汽油机（75～100g/MJ），使用柴油机的大型运载工具日益增多。随着柴油发动机技术的不断提高，柴油车的应用将会越来越广泛。在中、重型汽车动力领域，柴油机保持了其领先地位；在轻型动力领域，柴油机的应用范围也在不断扩大。

在我国民用汽车保有量中，柴油车约占 25%以上，而且有继续增加的趋势。增加十六烷值和减小密度，对减少排气中碳氢化合物（HC）、一氧化碳（CO）和颗粒物含量的效果，降低硫含量对减少所有污染物含量的效果都十分明显。

3.1 轻柴油的组成及使用性能

3.1.1 轻柴油的组成

轻柴油的组成包括两大部分：一是基本成分，即石油中炼制出来的烃类物质；二是为了改进柴油使用性能的一些添加剂。

3.1.1.1 轻柴油的基本成分

轻柴油跟汽油一样，是从石油中提炼出来的，也是由碳、氢元素组成的烃类化合物。轻柴油主要是由烷烃、烯烃、环烷烃、芳香烃、多环芳烃与少量硫（2～60g/kg）、氮（<1g/kg）及添加剂组成的混合物。

3.1.1.2 轻柴油中的添加剂

轻柴油添加剂由有机纳米分子及清净活化因子、抗氧化剂、防腐剂等 10 余种材料组成。针对油品中硫、胶质物以及发动机积炭等有害成分研制，并改善十六烷值。柴油添加剂具有提升动力、促进燃烧做功、抗氧抗磨、清洗、分散、破乳、防腐、润滑等功效。凭借纳米分子材料，直接攻击油分子中的长链碳键，在燃油室产生"微爆"，使燃油二次雾化，引发完全燃烧，提升引擎动力，提高热效率、降低油耗、减少排放。

可以将柴油添加剂分为四代：第一代主要对油路沉积物起作用；第二代主要对十六烷值的改进起作用；第三代主要对十六烷值的改进、进气阀结胶、胶质物起作用；第四代除对十六烷值的改进起作用外，同时具有清洁油路的胶质物，分解柴油中的硫化物、胶质、蜡质等作用。

柴油添加剂功能：

（1）清除胶质物，清洁柴油供给系统：柴油添加剂中清净活化因子能清洁燃油中的胶质物以及供油系统的积炭胶质等有害物质，连续 5 次添加清净剂后，排气管上的积炭明显减少，滤清器、排气阀、燃油系统等部分均非常清洁。

（2）增强动力性能，改进十六烷值：柴油添加剂中的纳米成分，能吸附、包裹胶质物，在高温作用下在燃烧室产生气体性"微爆"，引发完全燃烧，提升引擎动力。

（3）节省燃油：柴油添加剂凭借纳米分子材料，直接攻击油分子中的长链碳键，引发完全燃烧，提高热效率，降低油耗。

（4）防腐、防锈、润滑、保护引擎：柴油添加剂由有机纳米分子及清净活化因子、抗氧、防腐、破乳等 10 余种材料组成。针对油品中硫、胶质物以及发动机积炭等有害成分研制，具有抗氧、清洗、分散、破乳、防腐、润滑等功效。

（5）降低噪声，减少磨损，延长发动机寿命：发动机噪声过大，除了由于柴油车密封性不佳，还因为发动机内部积炭、油泥、胶质之类的杂质加速了发动机的磨损。柴油添加剂的清洗、抗氧、润滑等功效能大大改善这一现象，积炭、胶质的清除能明显减少发动机磨损，从而降低发动机的噪声，延长发动机使用寿命。

（6）消除黑烟，降低排放：柴油因雾化不良、燃烧不完全，形成大量黑烟，柴油添加剂可有效降低燃烧活化性能，使油品中不可燃的胶质也能充分燃烧，从而达到消除黑烟、降低排放的功效。

3.1.2 轻柴油的使用性能

由于柴油机的可燃混合气的形成方式、着火方式、燃烧过程等与汽油机不同，柴油的馏分较重，柴油机混合气在汽缸内形成，压燃着火，燃烧过程包括着火延迟期、速燃期、缓燃期、后燃期 4 个阶段；不正常燃烧主要是粗暴。这些特点，使柴油机要求的柴油使用性能与汽油有许多不同。目前对轻柴油的主要性能要求有：①良好的低温流动性；②良好的雾化和蒸发性；③良好的燃烧性；④良好的安定性；⑤对机件等无腐蚀性；⑥柴油本身的清洁性。

3.1.2.1 低温流动性

柴油在低温条件下具有一定流动状态的性能，叫做柴油的低温流动性。柴油要具有良好的低温流动性。

柴油中的烃分子一般含有 16～23 个碳原子，其中一部分为石蜡，通常在柴油中成溶解状态存在。当温度降低时，石蜡开始结晶析出，形成石蜡结晶网络，这种网络延展到全部柴油中，使其流动阻力增加，甚至失去流动性。柴油的低温流动性，不仅关系到柴油机燃料供给系统在低温下能否正常供油，而且与柴油在低温下的储存、运输、倒装等作业能否正常进行都有密切的关系。特别在我国东北、西北、华北地区，由于冬季气候寒冷，柴油的流动性差，当柴油的供应和选用不当时，柴油机油泵往往不能可靠地将柴油供往汽缸，严重时将造成车辆无法行驶。因此，柴油应有较好的低温流动性。低温流动性的评定指标是凝点、浊点和冷滤点等。我国只采用凝点和冷滤点，日本采用凝点，美国采用浊点，欧洲国家采用冷滤点。

3.1.2.1.1 基本概念

（1）凝点：柴油的凝点是指在一定的试验条件下，冷却到液面不能移动时的最高温度，也可表述为油料在低温下失去流动性的最高温度。馏分越重或含蜡越多，其凝点越高。我国柴油的牌号是按凝点划分的。

（2）浊点：在规定条件下降温，柴油开始产生蜡晶或冰晶。使柴油失去透明而变混浊的最高温度，称为柴油的浊点。

柴油达到浊点后虽未失去流动性，但在燃料供给系统中容易造成油路堵塞，使供油量减少，以致逐步中断供油。但柴油虽已达到浊点，仍能有效地通过柴油滤清器的滤网，保证正常供油，只有冷却到浊点下某一温度时，才影响柴油机的正常工作。换言之，浊点不是柴油的最低使用温度。

（3）冷滤点：柴油的冷滤点是指在测定条件下，试油不能以 20mL/min 的流速通过一定规格过滤器的最高温度。具体地说，把试油在规定的条件下冷却，在 2kPa 的压力下进行抽吸，使试油通过 363 目的滤网，当试油冷却到通过过滤器流速小于 20mL/min 时的最高温度，就是冷滤点。

浊点、凝点两个指标测定方便，但结果与柴油的低温使用性能要求差异较大，没有直接的对应关系，尤其对添加降凝剂的柴油，更难确定最低使用温度。所以我国根据轻柴油国家标准引入了冷滤点新指标。冷滤点是选择柴油低温流动性的依据，因为冷滤点的测定条件是模拟发动机工况确定的，近似于实际使用条件；另外，因柴油温度降至浊点时，由于蜡晶很小，不一定引起过滤器的堵塞，而在温度尚未降至凝点之前，滤清器就已经堵塞了，故冷滤点能较好地判断柴油可能使用的最低温度。一般柴油的冷滤点相当于最低使用温度。例如−50（凝点）号柴油的冷滤点为−44℃，则可在最低气温为−44℃以上地区使用。冷滤点可作为根据气温选用柴油牌号的依据。

3.1.2.1.2 检测设备及检测方法

（1）凝点：石油产品的凝点测定按照 GB/T 510—1983（1991）《石油产品凝点测定法》的规定进行，凝点测定仪如图 3-1 所示。测定方法为把试样装在规定的试管中，冷却到预期的温度时，把试管倾斜 45°，经过 1min，观察试样液面是否能移动，从而找出其液面停止移动的最高温度，即为所测油品的凝点。

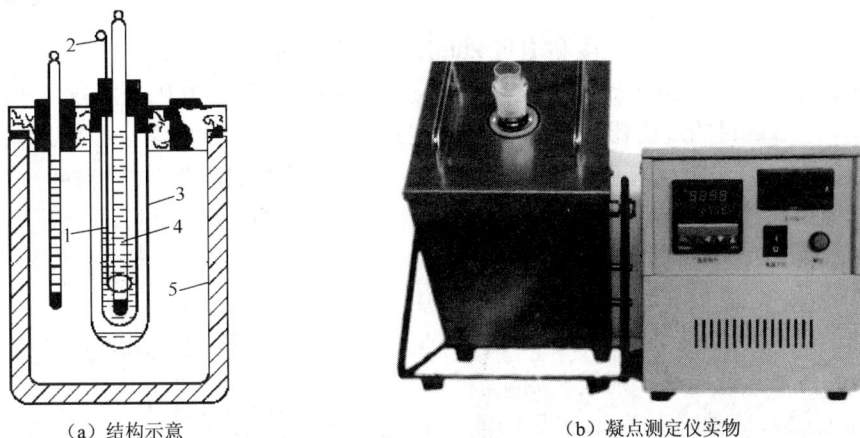

（a）结构示意　　　　　　　　　　（b）凝点测定仪实物

图 3-1　凝点测定仪

1. 试管　2. 搅拌器　3. 套管　4. 温度计　5. 冷却器

（2）浊点：石油产品的浊点测定按照 GB/T 6986—1986《石油浊点测定法》的规定进行，浊点测定仪如图 3-2 所示。

测定方法概要：在两支清洁、干燥的双壁试管中注入被测柴油至环形标线。每支试管用带有温度计和搅拌器的橡胶塞封上。温度计位于试管中心，温度计底部与内管底距离为 15mm。一支试管置于试管架上做标准物，另一支试管插入盛有冷却剂的容器中。冷却剂液面应高出试管中的柴油面 30～40mm。冷却试样时，需要用搅拌器 2 以 60～200 次/min 的速率上下搅拌，其连续搅拌时间至少为 20s，搅拌中断的时间不超过 15s。在达到预期浊点前 3℃时，从冷却剂容器中取出试管，并迅速放在一杯工业乙醇中浸一浸。然后在透光良好的条件下，把这支试管置于试管架上，与并排的标准物进行比较，观察被测柴油状态。每次观察需时间，即从冷却剂中取出一瞬间起，到把试

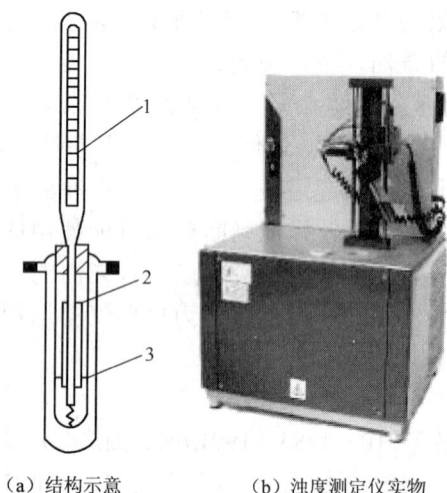

（a）结构示意　　　（b）浊度测定仪实物

图3-2　浊度测定仪

1. 温度计　2. 搅拌器　3. 环形标线

管放回冷却剂中一瞬间止，不得超过12s。如果试样与标准物相比没有异样，应再把试管放入冷却剂中。以后每经1℃观察一次（仍与标准物比较），直至试样开始呈现浑浊状态，此时温度计所指示的温度即为被测柴油的浊点。

（3）冷滤点：柴油的冷滤点测定按照 SH/T 0248—2006《柴油和民用取暖油冷滤点测定法》的规定进行，测定冷滤点的设备如图3-3所示。测定方法为：在玻璃管中装入 45mL 试油，在 2kPa 的抽力和规定的冷却条件下，测定在 1min 内对 363 目的滤网不能通过 20mL 试油的温度。

测定的基本过程是：先把三通阀通向真空系统，同时记录试油温度和通过 20mL 试油的时间。将 45mL 试样装入试杯中，在规定的条件下冷却，当冷却到比预期冷滤点高 5～6℃时，在 2kPa 的压力下抽吸，使试样通过一个 363 目的过滤器，1min 内流量达到 20mL 时停止；测量后，将三通阀通向大气，让试油回到试验玻璃管中冷却，然后继续以 1～2℃间隔降温，再抽吸，如此反复操作，记录在 1min 内通过过滤器的试样不足 20mL 时的最高温度，此温度即为柴油的冷滤点。

3.1.2.1.3　影响因素及相关措施

柴油的低温流动性与其化学组成成分有关，柴油中正构烷烃的含量越多，其浊点、凝点和冷滤点就越高，则低温流动性越差；如石蜡基原油及其直馏产品的浊点、凝点和冷滤点要比环烷基原油及其直馏产品高得多。

柴油在精制过程中会与水接触，若脱水后的柴油含水量超标，则柴油的浊点、凝点和冷滤点会明显提高。

轻柴油的密度和黏度都比汽油大，随着温度的降低，轻柴油的黏度会变得更大。这样，在低温条件下，柴油能否在发动机燃油供给系流中顺利地泵送和通过燃油滤清器，以保证柴油机的正常供油便成为问题。

如果柴油的低温流动性不好，在低温下失去流动性，就会妨碍柴油在油管

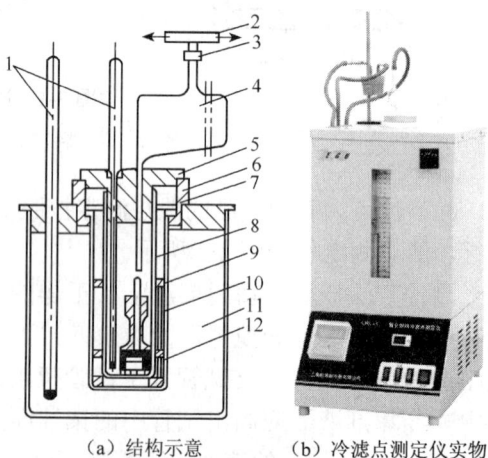

（a）结构示意　　　（b）冷滤点测定仪实物

图3-3　冷滤点测定仪

1. 温度计　2. 三通阀　3. 橡胶管　4. 吸量管
5. 橡胶塞　6. 支持环　7. 弹簧环　8. 试杯　9. 固定架
10. 铜套管　11. 冷浴　12. 过滤器

和滤清器中顺利通过，使供油量减少，甚至中断，导致发动机不能正常工作，甚至熄火。轻柴油的低温流动性除了对柴油机燃料供给系在低温下能否正常供油有影响外，还影响其在低温下的储存、运输、倒装等作业的正常进行。

在柴油中添加流动改进剂是改进柴油低温流动性的主要途径。其作用机理是，在低温下通过与柴油中析出的石蜡发生共晶、吸附作用，抑制石蜡结晶的生长，从而改善了柴油的低温流动性。表面活性剂能吸附在石蜡结晶中心的表面，阻止石蜡结晶的生长，致使油品的凝点、浊点下降，所以柴油中加入某些表面活性物质（降凝添加剂），可以降低油品的凝点。国产柴油流动改进剂代号为 T1804，化学名称是聚乙烯-醋酸乙烯酯。

3.1.2.2 雾化和蒸发性

为了保证柴油机的动力性和经济性，燃烧过程必须在活塞位于压缩行程上止点附近迅速完成，要求喷油持续时间极为短促，只有15°～30°曲轴转角，混合气形成时间只有汽油机的1/20～1/30，在既定的燃烧室和喷油设备条件下，柴油的雾化和蒸发性决定了混合气形成的速度和质量。

柴油的雾化和蒸发性是指轻柴油在柴油机汽缸内经喷油器喷出时分散成液体雾粒及液体雾粒汽化蒸发的能力。它决定了可燃混合气形成的品质和速度。

如果柴油的雾化和蒸发性差，可能产生如下不良后果：①未蒸发的柴油在高温、高压条件下分解析出炭粒，产生黑烟，与废气一同排出汽缸，使油耗和排放污染物增加；②未分解和燃烧的柴油经汽缸壁渗入油底壳，稀释发动机油，影响正常润滑。加剧发动机零件磨损；③柴油馏分重，黏度必然大，使喷雾质量低，混合气不均匀产生后燃现象，使发动机过热，功率下降；④发动机难以起动。

但是，柴油的雾化和蒸发性过强，不仅储存和运输中蒸发损失大，而且安全性差，所以，要求柴油具有较好的雾化和蒸发性。

评定柴油雾化和蒸发性的主要指标是运动黏度、馏程、闪点和密度。

3.1.2.2.1 基本概念

（1）运动黏度：当液体受外力作用时液体分子间所呈现的内部摩擦力，称为黏度。运动黏度表示液体在重力作用下流动时内摩擦力的量度，其值为相同温度下液体的动力黏度与其密度之比，在国际单位制中以 m^2/s 为单位。对汽车油品来说，通常采用 mm^2/s，$1mm^2/s=10^{-6}m^2/s$。柴油规格中要求测定20℃的运动黏度。

（2）50%蒸发温度、90%蒸发温度、95%蒸发温度：是对100mL柴油在规定条件下蒸馏时，分别馏出50mL、90mL、95mL柴油的气相温度。

柴油的50%蒸发温度越低，说明柴油中的轻质馏分越多，使发动机容易起动。但要说明的是，不能单从起动难易程度来要求柴油有过轻的馏分。因为含有过轻馏分的柴油往往使发动机发生工作粗暴。柴油的90%和95%蒸发温度表示柴油中重质馏分的多少，对发动机的功率、油耗、排放污染和零件磨损都有较大的影响。因为这两个蒸发温度越高，越容易产生不完全燃烧和积炭。90%蒸发温度和95%蒸发温度低，说明柴油中重质馏分少，混合气燃烧完全，不仅提高了柴油机的动力性，减少了机械磨损，还避免了柴油机过热，降低了油耗。

我国柴油的馏程一般控制在180～380℃。柴油的馏程是按照GB/T 6536—2010《石油产品常压蒸馏特性测定法》规定的方法测定的，主要项目是50%和90%馏出温度。我国柴油标准中规定轻柴油的50%、90%、95%的馏出温度分别不高于300℃、355℃、365℃。柴油中低于350℃馏分的含量越高，耗油量就越小。

（3）闪点：闪点是石油产品在规定条件下加热，其蒸汽与周围空气形成的混合气接触火焰发生瞬间闪火时的最低温度。

闪点根据测定仪器的不同有开口闪点和闭口闪点两种。用规定的闭口杯闪点测定器所测得的闪点，称为闭口闪点。闭口闪点用于低闪点的油品，如柴油。用规定的开口杯闪点测定器所测得的闪点，称为开口闪点。开口闪点用于高闪点的油品，如发动机油、车辆齿轮油。

闪点不仅是表示柴油蒸发性的指标，也是表示柴油使用安全性的指标。闪点低说明柴油中轻质馏分多，蒸发性好，但不能过低，以防止轻馏分过多，蒸发过快，造成汽缸压力突然上升，引起柴油机工作粗暴，而且在使用中不安全。

从储存和运输来看，馏分太轻的柴油不仅蒸发损失大，而且也不安全。为了控制柴油的挥发性不致过强，国家标准中规定了各号柴油的闭口杯闪点，要求–35号和–50号轻柴油的闪点不低于45℃，–20号轻柴油的闪点不低于60℃，其余牌号柴油的闪点均要求不低于65℃。国外柴油标准闪点指标一般控制在50～55℃。

（4）密度：柴油的密度即单位体积柴油的质量，以kg/m³为单位。柴油的密度过大将使雾化质量变差，不能形成良好的混合气，使燃烧条件变差，排气冒黑烟。柴油密度增大意味着芳香烃含量增多，将导致柴油机在工作中产生粗暴现象。

3.1.2.2.2　检测设备及检测方法

馏程的测定方法与汽油基本相同，下面阐述柴油的其他使用性能指标。

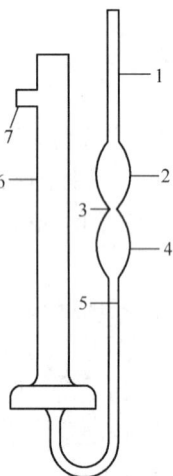

（a）毛细管黏度计　（b）运动黏度测定仪实物

图3-4　运动黏度测定仪

1、6. 管身　2、4. 扩张部分　3、5. 标线　7. 支管

（1）运动黏度：运动黏度的测定标准是GB/T 265—1988《石油产品运动黏度测定法》。运动黏度测定仪器如图3-4所示，包括毛细管黏度计、恒温器、温度计和秒表等。毛细管黏度计一组13支，每支黏度计都有自己的黏度计常数，13支黏度计内径依次为0.4mm、0.6mm、0.8mm、1.0mm、1.2mm、1.5mm、2.0mm、2.5mm、3.0mm、3.5mm、4.0mm、5.0mm、6.0mm，根据测定油品运动黏度的范围选择黏度计的内径。

测定方法是：将橡胶管套在支管7上，用手堵住管身6的管口，倒置黏度计，将管身1插入试样，用橡胶球吸油至标线5，提起黏度计，恢复到正常状态，并将管身1外围的多余试样擦去，从支管7上取下橡胶管套在管身1

上后，把黏度计浸在规定温度的恒温浴内一定时间，用黏度计管身 1 处所套着的橡胶管把试油吸入扩张部分 2，并使油面稍高于标线 3。松开橡胶管，观察试样在管身的流动情况，油面正好达到标线 3 时开始计时，油面正好达到标线 5 时停止计时。试样从标线 3 到标线 5 的流动时间乘以黏度计常数，即得试油规定温度下的运动黏度。其计算公式如下：

$$v = C \times r \tag{3-1}$$

式中：v 为 t℃时的运动黏度，mm^2/s；C 为黏度计常数，mm^2/s^2；r 为试油从标线 3 到标线 5 的流动时间，s。

（2）馏程：柴油馏程的测定方法与汽油馏程的测定方法基本相同。评定柴油的蒸发性采用的是 50%回收温度、90%回收温度和 95%回收温度 3 个温度点。

50%回收温度表示柴油中轻质馏分的含量。50%回收温度低说明油中轻质馏分多，蒸发性好，易形成均匀的混合气，柴油机易起动。但该温度也不宜过低，否则因轻质馏分太多而使发动机产生工作粗暴现象。柴油 50%回收温度与发动机起动性能的关系见表 3-1。

表 3-1　柴油 50%回收温度与发动机起动性能的关系

柴油 50%回收温度（℃）	200	225	250	275	285
发动机的起动时间（s）	8	10	27	60	90

90%回收温度和 95%回收温度表示柴油中重质馏分的含量。90%回收温度和 95%回收温度高，说明柴油中重质馏分多，蒸发性差，形成的混合气质量差，燃烧不完全，易造成发动机排气冒黑烟、功率下降、油耗增多、零件磨损增大等。所以，应严格控制这两个温度避免过高。

（3）闪点：柴油的闭口杯闪点测定按照 GB/T 261—2008《闪点的测定　宾斯基—马丁闭口杯法》的规定进行，闭口杯闪点测定器如图 3-5 所示。

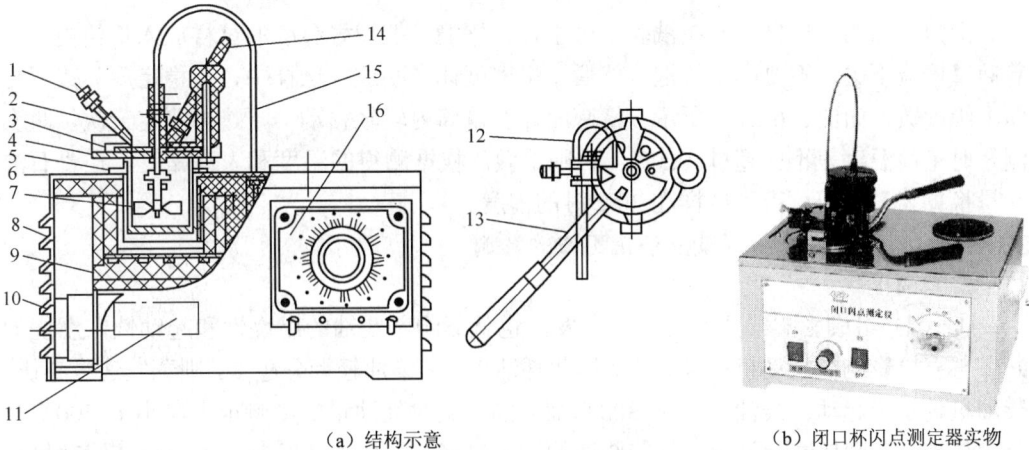

（a）结构示意　　　　　　　　　　（b）闭口杯闪点测定器实物

图 3-5　闭口杯闪点测定器

1. 点火器调节螺钉　2. 点火器　3. 滑板　4. 油杯盖　5. 油杯　6. 浴套　7. 搅拌器　8. 壳体　9. 电炉盘
10. 电动机　11. 铭牌　12. 点火管　13. 油杯手柄　14. 温度计　15. 传动软轴　16. 开关箱

测定方法是：将脱水处理的试油注入油杯的环形标志，盖上杯盖，插入温度计，并把油杯放在空气浴中。用电炉盘加热，加热速率要很慢，转动搅拌器对试样连续搅拌。当试样温度达到预期闪点前 10℃时停止搅拌，打开杯盖，并将一小火焰引入杯内，看有无闪火现象。如无闪火现象，继续试验，之后每升高 1℃进行一次点火，直到在试油液面上方闪火为止，这时立即从温度计上读出温度作为闪点的测定结果。记录大气压力，可计算标准大气压力（101.3kPa）下试样的闭口闪点，计算公式如下：

$$t_0 = t + 0.25（101.3 - P） \tag{3-2}$$

式中：t_0 为标准大气压力下试样的闭口闪点，℃；t 为实际大气压力下试样的闭口闪点，℃；P 为实际大气压力，kPa。

（4）密度：柴油密度的测定标准是 GB/T 1184—2000《石油和液体石油产品密度测定法（密度计法）》。其测定设备如图 3-6 所示。

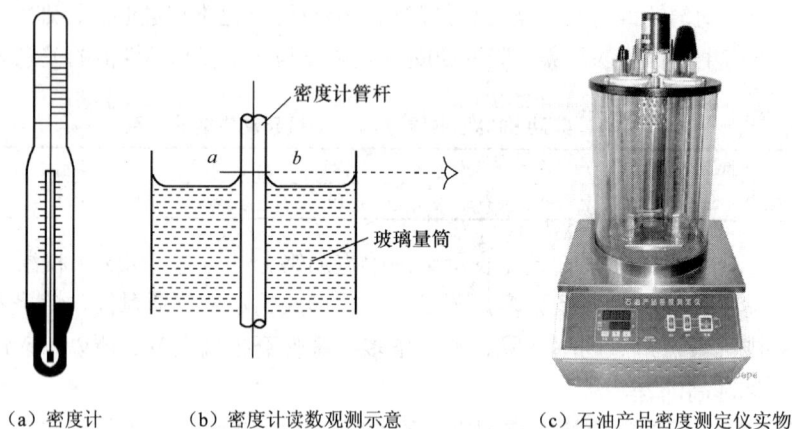

（a）密度计　　　　（b）密度计读数观测示意　　　　（c）石油产品密度测定仪实物

图 3-6　石油密度计、密度测定仪及其观测示意

测定方法为：将量筒放在试验平台上保持平稳，把调好温度的试样放入量筒内，沿着筒壁慢流下去，不要产生气泡。然后，将密度计小心放入试样中，待稳定后，按弯月面上缘读数，如图 3-6（b）所示。将密度计在量筒内轻轻移动一下，再测定一次，两次测量时量筒温度差不应超过 0.5℃，否则重做。根据测得的温度和表观黏度，在"石油计量换算表"中即可查到试样在 20℃时的密度。

3.1.2.2.3　使用性能指标对柴油正常工作的影响

（1）馏程：

① 馏分组成影响柴油的雾化和蒸发，也就影响着柴油的燃烧性和起动性，燃烧的好坏也直接影响着发动机积炭、冒黑烟和耗油率。②柴油轻馏分越多，则蒸发速度越快，柴油机越易于起动；柴油中小于 300℃馏分的含量对耗油量的影响很大，小于 300℃馏分含量越高，则耗油量越小；但若柴油的馏分过轻，则由于蒸发速度太快而使发动机汽缸压力急剧上升，从而导致柴油机工作不稳定。

（2）运动黏度：

① 影响供油量：柴油的黏度对在柴油机中供油量的大小以及雾化的好坏有密切的关

系。如果柴油运动黏度过小，在供油系中，柴油漏失量增加，使供油量减小（图3-7）；如果柴油运动黏度过大，油耗增加，排气冒黑烟。同时柴油的黏度过小，就容易从高压油泵的柱塞和泵筒之间的间隙中漏出，因而会使喷入汽缸的燃料减少，造成发动机功率下降。

②影响喷油器喷出油束特性：柴油机喷油器喷出油束特性（图3-8）用喷雾锥角β、射程L和雾化质量表示。如果柴油运动黏度大，则射程远、喷雾锥角小、油滴直径大、油滴蒸发面积减小、蒸发速度减慢，这样也会使混合气组成不均匀、燃烧不完全、燃料的消耗量增大；如果柴油运动黏度小，则射程近、喷雾锥角大、油滴直径小、喷出的油流射程也短，但其油束形状与燃烧室形状不适应，因而不能与汽缸中全部空气均匀混合，造成燃烧不完全。

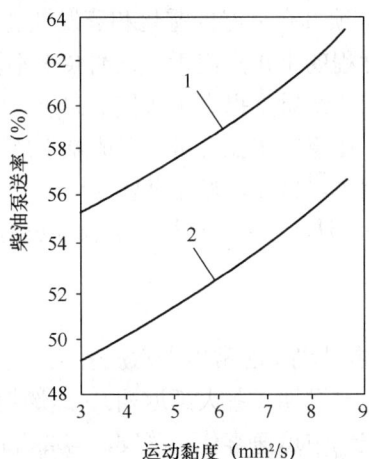

图 3-7　柴油运动黏度对泵送率的影响

1. 发动机转速为1000r/min　2. 发动机转速为400r/min

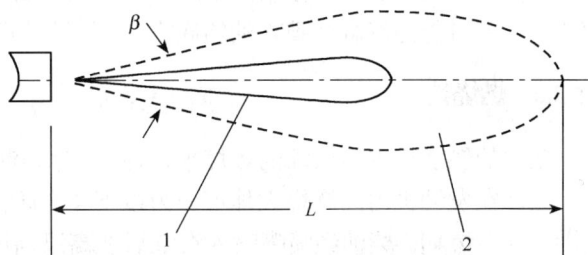

图 3-8　油束特性

1. 油粒区　2. 油雾区　β. 喷雾锥角　L. 射程

③影响供油系统精密偶件的润滑：在柴油发动机的供油系中，喷油泵和喷油器有一些精密偶件，如柱塞和柱塞套筒、针阀和针阀体等。这些偶件在工作时，经常处于摩擦状态，而摩擦面的润滑是靠柴油实现的，从这一角度要求柴油应具有较大的运动黏度。

综上所述，柴油的运动黏度要适宜。

（3）密度：柴油密度增大会影响柴油机喷油器喷出油束的射程。试验表明，使用密度为878kg/m³的柴油比使用密度为848kg/m³的柴油，油束射程增加20%。

随着柴油密度的增大，其黏度也增大，会影响柴油的雾化和蒸发性。

柴油密度大，还会提高柴油机在一个工作循环内的供油量；表面上看，可提高柴油机的功率，但由于雾化和蒸发性差，不能形成良好的混合气，使燃烧条件变坏，排气冒黑烟，反而使发动机的经济性下降。

柴油密度大也是柴油中芳烃多的标志，将导致柴油机工作粗暴的发生。

（4）闪点：如果柴油的雾化和蒸发性过强，将使柴油机工作粗暴，而且在储存、运输和使用中不安全。油品的危险等级就是根据闪点划分的。

闪点在45℃以下的为易燃品，45℃以上为可燃品。在储存、运输中禁止使油品达到它的闪点温度，加热的最高温度一般应低于闪点20～30℃。

综合来说，在既定燃烧室和喷油设备的前提下，柴油的雾化和蒸发性就决定了可燃混合气形成的品质和速度。

和汽油机相比，柴油汽化的时间更加短促，并且柴油馏分比汽油重，蒸发性比汽油差。因此，为使可燃混合气均匀，柴油机在接近压缩行程结束时，借助喷油泵、喷油器的高压，将柴油先分散成数以百万计的细小雾粒喷散在汽缸内，再使这些细小的雾粒与汽缸中高温高压的空气混合，完成快速蒸发，接着在相应条件下自燃着火。在可燃混合气燃烧的同时，喷油器继续向汽缸内喷油，并迅速完成与空气的混合；也就是说，混合和燃烧是重叠进行的，即一边喷油一边燃烧。而为了保证柴油机良好的动力性能和经济性能，可燃混合气的燃烧还必须在上止点附近完成，不得拖长。在如此短的时间内，要完成喷油、蒸发、混合、燃烧等过程，要求柴油本身必须具有良好的雾化和蒸发性能。

使用雾化和蒸发性能差的柴油，在活塞位于压缩行程的上止点附近，柴油会来不及完全蒸发和混合，燃烧将拖延到膨胀行程后继续进行，其结果是提高了排气的温度，增加了柴油机的热损失；而且未及时蒸发的柴油在高温下还将发生热分解，形成难于燃烧的炭粒，使排气带黑烟，导致排放污染物增加，油耗增多。另外，未完全燃烧或未燃烧的柴油还有可能经汽缸壁蹿入油箱底壳，污染发动机润滑油，造成发动机的磨损加剧等。

3.1.2.3　燃烧性

柴油的燃烧性表示柴油的燃烧平稳性，又称柴油的抗爆性，通常用十六烷值来衡量。

柴油在发动机内的燃烧大体可分为以下 4 个阶段：滞燃期（着火延迟期）、速燃期、缓燃期和后燃期。柴油经喷嘴喷入汽缸后在高温高压空气中迅速雾化、蒸发，与高温高压空气形成混合气体，烃类分子与氧分子反应产生过氧化物，当过氧化物积累到一定浓度后便自燃着火，开始燃烧。从柴油喷入汽缸到着火燃烧要经历一段时间，这段时间称为滞燃期。自燃点低的柴油，滞燃期短，发动机工作平稳，柴油的燃烧性好。柴油的自燃点高，滞燃期长，在自燃前喷火的柴油就多，开始自燃时大量柴油在汽缸内同时燃烧，汽缸内压力温度同时增大，温度急剧增高，导致出现敲击汽缸的声音、发动机过热等问题，这种不正常燃烧的现象，称为粗暴（爆燃）。柴油机工作粗暴的后果与汽油发动机爆燃一样，会使曲柄连杆机构承受过大的冲击力作用，产生强烈的金属敲击声，加速零件的磨损和损坏，发动机功率下降，油耗增加。

柴油机和汽油机的爆燃现象似乎相同，但产生的原因却完全不同，汽油机是由于燃料自燃点低，太容易氧化。过氧化物积累过多，导致电火花点火后，火焰前锋尚未到达的区域中的混合气体便已自燃，形成爆燃。柴油机的爆燃原因恰恰相反，由于燃料自燃点过高，不易氧化，过氧化物积累不足，迟迟不能自燃，以致在开始燃烧时汽缸内的燃料积累过多而产生爆燃，因此，柴油机要求使用自燃点低的燃料，而汽油机则要求使用自燃点高的燃料。

柴油机的燃烧状况与喷油装置的喷油特性、燃烧室结构形式、运行条件和柴油的燃烧性有关，要求柴油具有良好的燃烧性。

燃烧性良好的柴油，自燃点低，在着火延迟期，燃烧室的局部易于形成高密集度的过氧化物，成为着火中心，故着火延迟期短，整个燃烧过程发热均匀，气体压力升高平缓，最高压力较低。

十六烷值是衡量燃料在压燃式发动机中发火性能的指标。十六烷值高，表明该燃料在柴油发动机中的发火性能良好，滞燃期短，燃烧均匀且完全，发动机工作平稳。不同转速的柴油机对柴油的十六烷值具有不同的要求：高速柴油机的燃料其十六烷值应介于40～60，一般使用40～45的燃料；中速柴油机可使用十六烷值为30～35的燃料；对于低速柴油机，即使使用十六烷值低于25的燃料，其燃烧也不会有特殊的困难。我国石油产品标准中规定轻柴油的十六烷值一般不低于45，对于由中间基原油生产的或混有催化裂化组分的轻柴油，其十六烷值允许不低于40。

评定柴油燃烧性的指标是十六烷值和十六烷指数。

3.1.2.3.1　基本概念

（1）十六烷值：柴油的十六烷值是表示压燃式发动机燃料燃烧性的一个约定数值。在规定条件下的标准发动机试验中，通过与标准燃料进行比较测定，采用与被测定燃料具有相同着火延迟期的标准燃料中正十六烷的体积百分数表示。

（2）十六烷指数：十六烷指数是表示柴油燃烧性能的一个计算值。用十六烷指数表示柴油燃烧性能计算值是一种不做发动机试验情况下估计柴油十六烷值的简单方法。

3.1.2.3.2　检测设备及检测方法

（1）十六烷值：十六烷值的测定按照 GB/T 386—2010《柴油十六烷值测定法》的规定进行。

图 3-9 所示为柴油十六烷值测定机，该试验设备为一台压缩比可在7～23范围内变化的单缸柴油机，柴油机飞轮轮缘内圈上装有两个氖灯，一个指示喷油器喷油时刻，一个指示混合气着火时刻。飞轮上方有观察窗孔，观察窗孔内装有窥视镜。

测定某一油品的十六烷值时，将试油用于单缸柴油机后，调节柴油机压缩比，确定被试验燃料的闪火时间。如果被试燃料和某一标准燃料在同样条件下同期闪火，所选用的压缩比又相同，则它们的十六烷值相同，标准燃料的十六烷值即为被测柴油的十六烷值。

图 3-9　柴油十六烷值测定机

测定十六烷值的标准燃料是用两种燃烧性相差悬殊的烃掺配而成的。一种是燃烧性良好的正十六烷（$C_{16}H_{34}$），规定其十六烷值为100；另一种是燃烧性很差的 α-甲基萘（$C_{11}H_{10}$），规定其十六烷值为0，它们按不同比例掺和，便得到0～100之间各号标准燃料。十六烷值缩写为 CN。

（2）十六烷指数：计算十六烷指数的经验公式如下：

$$十六烷指数 = 431.29 - 1586.88\rho_{20} + 730.97(\rho_{20})^2 + 12.392(\rho_{20})^3$$

$$+ 0.0515(\rho_{20})^4 - 0.554B + 97.803(\lg B)^2 \tag{3-3}$$

式中：ρ_{20} 为柴油在20℃时的密度，g/cm^2；B 为柴油的沸点，℃。

3.1.2.3.3 影响因素及相关措施

1）性能指标对柴油正常使用的影响

柴油十六烷值影响柴油发动机的燃烧过程和污染物的排放浓度。

十六烷值高的柴油，抗爆性能好，燃烧均匀，不易发生爆燃现象，使发动机热功效率提高，使用寿命延长；十六烷值高的柴油，自燃点低，在着火延迟期，柴油发动机燃烧室的局部易于形成高密集的过氧化物，成为着火中心，故着火延迟期短，整个燃烧过程发热均匀，压力升高平稳，最高燃烧压力较低。

过高的十六烷值（如大于65）的柴油燃烧会形成黑烟，燃料消耗反而增加。从使用性和经济性方面考虑，使用十六烷值（CN）适当的柴油才合理。

十六烷值对柴油机碳氢化合物（HC）、一氧化碳（CO）和氮氧化物（NO_x）排放浓度的影响一般取决于芳烃含量。芳香烃含量越高，十六烷值越低，柴油机碳氢化合物（HC）、一氧化碳（CO）和氮氧化物（NO_x）的排放浓度也就越高。

世界主要国家都在提高柴油的十六烷值，世界汽车燃油规范对柴油十六烷值的规定，第一类柴油最小48，第二类柴油最小53，第三类柴油最小55。

2）影响十六烷值大小的因素

柴油的十六烷值取决于它的化学组成。正构烷烃的十六烷值最高，且分子量越大，其十六烷值越高。异构烷烃的十六烷值低于正构烷烃，且支链数越多，其十六烷值越低。正构烯烃的十六烷值稍微低于相应的正构烷烃。环烷烃的十六烷值低于相应碳数的正构烷烃和正构烯烃，若带有支链，则十六烷值更低。无侧链和短侧链的芳香烃的十六烷值最低，且环数越多，其十六烷值越低；若芳香环带有烷基侧链，则其十六烷值会有所增加。即相同碳原子数的不同烃类，以烷烃的十六烷值最高，烯烃、异构烷烃和环烷烃居中，芳烃的十六烷值最小。烃类的异构化程度越高，环数越多，其十六烷值越低。环烷烃和芳香烃随侧链长度的增加，其十六烷值增加，而随侧链分支的增多，十六烷值显著减小。对于同类烃，相对分子质量越大，热稳定性越差，自燃点越低，十六烷值越高。柴油化学成分对十六烷值的影响见表3-2。因我国原油中石蜡基原油多，烷烃含量大，所以国产柴油的十六烷值一般较高。

表3-2　柴油的质量组成与其燃烧性能的关系

柴油编号	柴油化学成分（质量分数）(%)			十六烷值
	烷烃	环烷烃	芳香烃	
1	85	9	6	68
2	80	10	10	63
3	75	12	13	55
4	67	15	18	45
5	45	22	33	32

3）改进柴油十六烷值的措施

提高柴油十六烷值的方法，一种是用硫酸或选择溶剂除去柴油中的芳香烃。这种方法柴油产率低、凝点提高且消耗大量硫酸或溶剂；另一种简便的方法是用石蜡基原油直接蒸馏制取柴油，这种直馏柴油的十六烷值可达50~60，甚至更高一些。但直馏柴油产量受限，故可在直馏柴油中调入热裂化和催化裂化柴油馏分以增加产量。裂化柴油的十六烷值虽然只有30~40，但与直馏柴油调和后，可保证成品柴油的十六烷值达50左右。还有一种方法是通过向柴油中添加能提高十六烷值的添加剂，添加剂应无毒。能很好地溶解于柴油中。没有爆炸的危险、性能稳定、无腐蚀性且成本低。能满足上述要求的添加剂主要有丙酮过氧化物、烷基硝酸酯、四氢萘过氧化物等。加入量一般根据添加剂的不同控制在0.25%～3%之间，可提高十六烷值16～24个单位，加注过量对提高十六烷值作用并不明显。这种方法的优点是无成品损失，也不改变柴油的凝点。采用加入添加剂的办法提高柴油的十六烷值必须考虑柴油本身的化学安定性。柴油本身的化学安定性好，添加剂加入后能在较长时间内发挥效用，否则，在柴油储存期间，其十六烷值就将降低。

3.1.2.4　腐蚀性

油品在储存、运输和使用过程中，不可避免要接触到各种金属。如果油品具有腐蚀性，就会腐蚀运输设备、存储容器和发动机零件。纯净油品本身是没有腐蚀性的，如果柴油具有腐蚀性，是由于油品中含有其他杂质，如硫及硫化合物、水溶性酸或碱、有机酸和水等。由于柴油属于中等馏分，存在于柴油中的硫、硫醇硫的含量较多，对零件的腐蚀作用强，而且会促进发动机沉积物的生成，所以要求柴油应具有无腐蚀性。

油品腐蚀性评定指标主要有硫含量、水溶性酸碱、酸度、铜片腐蚀实验、博士实验等。柴油腐蚀性评定指标的项目、概念和测定方法都与汽油基本相同。值得强调的有硫含量、硫醇硫含量、酸度和铜片腐蚀实验。

3.1.2.4.1　基本概念

（1）硫含量：柴油中的硫含量较汽油中的硫含量高，我国柴油的品级主要是根据硫含量划分的。硫含量不仅会增加柴油机机件的磨损，还会使柴油机的沉积物增加，加速发动机油的劣化变质。当使用硫含量高的柴油时，发动机油的性能级别要相应提高一级。

（2）硫醇硫含量：柴油中的硫醇硫用其在柴油中所占的质量分数表示。

硫醇硫是燃料中具有腐蚀性的活性物质之一。在燃料中溶解空气的影响下，它能与其他组分共同氧化，降低燃料的稳定性，造成发动机燃料系统零件的腐蚀、磨损。

（3）酸度：酸度是指中和100mL试油中的酸性物质所需要的氢氧化钾毫克数，本行业中常用mg KOH/100mL表示；但规范的表示方法是"KOH的质量浓度为××mg/100mL"。

酸度是油品腐蚀性能和使用性能的主要控制指标之一。通过对酸度的测定可以判断油品中酸性物质的含量，以及对金属的腐蚀性。含有少量有机酸的油品，对金属不会有腐蚀作用，但其含量增多及存在水分时，就会腐蚀金属；油品中酸度过高，不仅影响色度，而且油品燃烧后会生成有毒气体，腐蚀零部件和污染环境；同时，酸度大的柴油会使发动机内积炭增加，造成活塞磨损，使喷嘴结焦，影响雾化性能和燃烧性。

3.1.2.4.2　检测设备及检测方法

柴油腐蚀性评定指标的项目、概念和测定方法都与汽油基本相同，值得强调的是酸度。柴油的酸度测定按照GB/T 258—1988《汽油、煤油、柴油酸度测定法》的规定进行。其测定设备如图3-10所示。

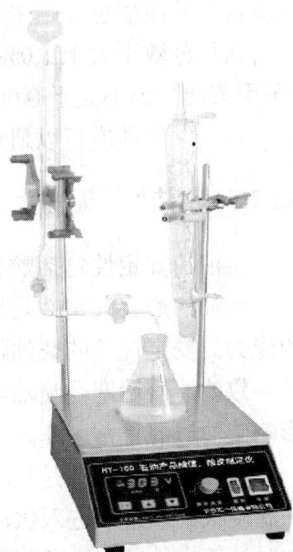

图3-10　石油产品酸度测定仪

测定方法为：把 50mL 95%的乙醇注入洗净的锥形烧瓶内，然后装上回流冷凝管沸煮 5min，以驱除乙醇中的二氧化碳，在沸煮过的 95%乙醇中加入 0.5mL 的碱性蓝溶液，并在不断摇荡下趁热用 0.05N 氢氧化钾乙醇溶液进行中和，待锥形烧瓶内呈现浅红色为止。再把 50mL 被测柴油注入锥形烧瓶内与中和过的乙醇混合，同上法沸煮 5min，然后加入 0.5mL 碱性蓝溶液，并在不断摇荡下趁热用 0.05N 氢氧化钾乙醇溶液滴定，直至乙醇层的碱性蓝溶液变为浅红色。柴油的酸度可按照下式计算：

$$X = 100VTN/V_1 \qquad (3-4)$$

式中：X 为被测柴油的酸度，mg KOH/100mL；V_1 为被测柴油的容积，mL；V 为滴定柴油乙醇混合液时所消耗的氢氧化钾乙醇溶液的容积，mL；N 为氢氧化钾乙醇溶液的当量浓度；T 为氢氧化钾乙醇溶液的滴定度。

3.1.2.4.3　影响因素及相关措施

柴油中的硫含量不仅影响柴油发动机的排放污染，而且对发动机的工作有影响。试验证明，柴油发动机磨损随柴油中硫含量增加而增加，呈线性关系。柴油中的硫化物不论是活性的还是非活性的，燃烧后都生成 SO_2 和 SO_3。这些酸性氧化物在汽缸温度不高时，与水蒸气作用生成 H_2SO_3 和 H_2SO_4。不仅强烈腐蚀发动机零件，而且还会使发动机油的某些成分变成磺酸或胶质等，加速发动机油老化。酸性氧化物还会对汽缸壁上的发动机油与尚未燃烧的柴油反应，加速烃类聚合反应，使燃烧室、活塞顶和排气门的沉积物增多。有机酸大部分含在石油中等馏分中，因此，柴油中有机酸含量比汽油高。有机酸的含量在柴油规格中用酸度表示。柴油的酸度大，会使发动机沉积物增加，还使喷油泵柱塞副磨损加剧，喷油器头部和燃烧室积炭增多，从而导致喷雾恶化并使柴油发动机功率降低和汽缸活塞组件磨损增加。

含硫燃料燃烧产物中的 SO_2 和 SO_3 气体排入大气还会造成空气污染，危害人类健康。随着汽车工业的发展和人们对环境保护的重视，汽车排放法规也将越来越严格，对燃油中硫含量的限值也会越来越低。如 GB/T 252—1994《轻柴油》对合格品柴油的硫含量限值为质量分数不大于 1.0%，GB 252—2000《轻柴油》为不大于 0.2%，GB/T 19147—2009《车用柴油》为不大于 0.0035%。

油品中的酸度可以通过添加油品脱酸剂（又称油品酸度通过剂）来加以脱除。

3.1.2.5　清洁性、无害性及安定性

柴油的安定性包括贮存安定性和热安定性。

柴油的贮存安定性是指柴油在贮存、运输过程中保持其外观颜色、组成和性能不变的能力。安定性差的柴油最明显的表现是颜色变深和生成胶质。使用颜色变深的柴油，易导致滤清器堵塞，喷油器喷孔被黏结堵死，活塞组零件表面形成积炭和漆状沉积物，影响柴油机的正常工作。

柴油的热安定性是指在高温及溶解氧的作用下，柴油发生变质的倾向。夏季油箱中的温度很高，柴油进入供油系统受柴油机温度影响，温度会进一步提高。另外，汽车行驶时油箱中的柴油不断振荡，加剧了柴油与空气的混合，使柴油溶解的氧气达到饱和。在这种条件下，柴油中的不安定组分就会在金属的催化作用下急剧地氧化，生成氧化缩

合物。在喷油器针阀上生成漆状沉积物，将造成针阀黏滞，形成积炭，使喷雾恶化，甚至中断供油。这些生成物在喷油嘴上、燃烧室壁、气阀和活塞环处生成积炭，使柴油机磨损加剧。

影响柴油安定性的主要因素是柴油中所含的不安定组分，主要是二烯烃、烯烃等不饱和烃。柴油的馏分过重，环烷烃、芳烃和胶质含量增加，安定性也差。

柴油的无害性是指其在发动机内燃烧后的燃烧产物不对机动车排放、人体健康和生态环境产生不利影响的性能。柴油的清洁性指柴油中不应含有机械杂质和水分。机械杂质会使喷嘴和柴油喷射系统的喷油器堵塞，机械杂质进入燃烧室会使燃烧室沉积物增加，加速汽缸、活塞环的磨损。水分混入柴油中，会加速柴油的氧化，能与柴油中的低分子有机酸生成酸性水溶液，腐蚀零件，水分本身对金属零件就有锈蚀作用。柴油中含有水分，低温时易结冰成为冰粒而堵塞油路。

柴油机的燃料供给系有许多精密偶件，如喷油泵的柱塞副间隙仅为 0.0015～0.0055mm。若柴油中混入坚硬的杂质，就会堵塞油路并使发动机机件产生磨粒磨损。同样，水分的存在能增加硫化物对金属零件的腐蚀作用。

柴油中的芳烃含量、硫含量，对柴油发动机的排放污染影响很大。其中的芳烃（特别是多环芳烃）含量对柴油发动机颗粒物的排放影响最大。试验表明，柴油发动机的颗粒物排放随芳烃增加而急剧上升。因为芳烃是以苯环为基础的牢固结合体，它不仅含碳量高，而且化学结构牢固，不易燃烧，故容易形成碳烟微粒。世界汽车燃油规范（第二类柴油规范、第三类柴油规范）对总芳烃含量和多芳烃含量均提出了严格的限值。

柴油中的硫含量对柴油发动机颗粒物排放影响也很大。研究表明，硫含量从 0.2%降低到 0.05%，柴油发动机颗粒物排放量降低 8%。世界汽车燃油规范要求第二类柴油的硫含量不大于 0.03%。

评定柴油安定性的指标是碘值、色度、氧化安定性、实际胶质和 10%蒸余物残炭。评定柴油清洁性的指标是水分、机械杂质和灰分。

3.1.2.5.1　基本概念

（1）碘值：在规定条件下和 100g 油起反应所吸收碘的质量（g），称为碘值，行业中常用 gI/100g 表示，但规范的表示方法是"碘的质量分数（%）"。测得的碘值大小可以反映油品中不饱和烃含量的多少，石油产品不饱和烃越多，碘值就越大，油品的安定性就越差。

（2）色度：油品颜色用色度（号）表示其深浅，可反映馏分的轻重。控制柴油的色度（号）主要是控制其重质馏分，即控制其残炭和沉渣。

（3）氧化安定性：氧化安定性是指 100mL 柴油在规定条件下氧化后所测得的总不溶物的毫克数（即质量浓度），用 mg/100mL 表示。

总不溶物是黏附性不溶物和可过滤的不溶物之和。黏附性不溶物是在规定的试验条件下，试油在氧化过程中产生并在试油放出后黏附在氧化管壁上的不溶于异辛烷的物质。可过滤不溶物是在规定的试验条件下，试油在氧化过程中产生并能通过过滤从试油中分离出来的物质。它包括两部分：一部分是氧化后在试油中悬浮的物质；另一部分是在管壁上易于用异辛烷洗下来的物质。总不溶物是表示柴油热氧化安定性的指标，它反映了柴油在受热和有溶解氧的作用下发生氧化变质的倾向。我国车用柴油的热氧化安定性指标要求总不溶物的质量浓度不大于 2.5mg/100mL。

（4）实际胶质：柴油的实际胶质是指柴油在规定的条件下烃类经热空气流蒸发、氧化、聚合和缩合所生成的深棕黄色或黑色的残留物质。

（5）10%蒸余物残炭：10%蒸余物残炭是指把柴油馏程试验中馏出 90%后的蒸余物作为试样，经强烈加热一定时间使其裂解后所形成的残留物。残炭值为残留物质量与原试样质量之比。

（6）水分、机械杂质：轻柴油中的机械杂质和水分一般是在运输、储存和使用过程中受外界污染而混入的。机械杂质会增大柴油机燃油供给系统中精密零件的磨损，水分会加大有机酸对金属的腐蚀作用。所以，应严格限制它们在轻柴油中的含量。国家标准中规定轻柴油不允许有机械杂质，只允许含有痕迹量的水分（<0.025%）。

（7）灰分：灰分是指轻柴油中不能燃烧的机械杂质和溶于其内的无机盐类和有机盐类经煅烧后的剩余物质。这些物质能侵蚀金属，在摩擦中起磨粒作用，是造成汽缸壁与活塞环以及喷油泵柱塞副偶件磨损的重要原因之一。灰分沉积在燃烧室中会加快汽缸壁与活塞环的磨损。所以，也应严格限制它在轻柴油中的含量。国家标准中规定灰分含量不大于 0.01%。

3.1.2.5.2　检测设备及检测方法

（1）碘值：柴油的碘值按照 SH/T 0234—1992《轻质石油产品碘值和不饱和烃测定法（碘乙醇法）》的规定进行测定。方法为：以含碘的乙醇溶液与试样产生作用后，用硫代硫酸钠溶液滴定剩余的碘，以 100g 试样所能吸收碘的克数表示碘值。

（2）色度：色度测定按照 GB/T 6540—1986《石油产品颜色测定法》的规定，采用如图 3-11 所示的石油产品赛波特颜色测定器进行。测定方法为：将试油注入容器，用单光源照射，比较试油颜色与色板颜色，找出与试油颜色相当的色板，则该色板的色号即为试油的色号。标准色板共 16 个色号，从 0.5～8.0，每 0.5 一级，颜色由浅到深。

（3）氧化安定性：氧化安定性的测定按照 SH/T 0175—2004《馏分燃料油氧化安定性测定法（加速法）》的规定，采用如图 3-12 所示的馏分燃料油氧化安定性测定仪（加速法）进行。测定方法为：将 350mL 试油注入氧化管，保持油温 95℃，再以 50mL/min 的流量向试油中通氧气 16h，然后把试油冷却至室温，过滤后得到一些不溶物；再用溶剂把黏附在氧化管上的不溶物清洗下来，把溶剂蒸发后又得到一些不溶物；把两个不溶物质量相加得出总量，并换算为 100mL 试油的总不溶物的量，即为试油的氧化安定性。

图 3-11　石油产品赛波特颜色测定器　　　　图 3-12　馏分燃料油氧化安定性测定仪

（4）实际胶质：实际胶质的测试标准与汽油相同。

（5）10%蒸余物残炭：柴油的 10%蒸余物测定按照 GB 268—1987《石油产品残炭测定法（康氏法）》的规定，采用图 3-13 所示的石油产品残炭测定仪进行。

测定方法为：先将试样放在坩埚内蒸馏，当试样剩余 10%时，再强烈加热蒸余物一定时间使其裂解。规定的加热时间结束后，将坩埚冷却，称量坩埚中残留物的质量。残留物质量与原试样质量之比为残炭值（以百分数表示）。

残炭测定按照加热方法不同分为康氏残炭和兰氏残炭。康氏残炭用喷灯加热，兰氏残炭用高温电炉加热。

图 3-13　石油产品残炭测定仪（康氏法）

（6）机械杂质：按 GB/T 511—2010《石油和石油产品及添加剂机械杂质测定法（重量法）》进行测定。

（7）水分：柴油水分测定可以目测，如果需要精确测定，按照 GB/T 260—1977《石油产品水分测定法》的规定进行。

（8）灰分：柴油的灰分按照 GB 508—1985《石油产品灰分测定法》进行测定。

3.1.2.5.3　使用指标对柴油机正常工作的影响

10%蒸余物残炭反映柴油馏分的轻重和精制的程度。残炭值小说明柴油馏分轻，精制程度深；反之，则说明柴油馏分重，精制程度浅。使用残炭值大的柴油，燃烧室中易生成积炭，使喷油器孔易堵塞。导致散热不良，机件磨损加剧，缩短发动机使用寿命。所以国家轻柴油标准和车用柴油标准中都规定 10 %蒸余物残炭不大于 0.3%。

柴油中如有较多水分，会提高其浊点和凝点，在燃烧时将降低柴油的发热值，在低温下会结冰，出现冰晶，从而使柴油机的燃料供给系统堵塞。即过滤器堵塞；影响正常供油，也会产生零件磨损。

机械杂质的存在除了会引起油路堵塞外，还可能加剧喷油泵和喷油器中精密零件的磨损。

3.1.3　汽车中使用柴油的相关结构

柴油发动机通常由曲柄连杆机构、配气机构、燃料系统、润滑、冷却系统组成。其与汽油机的不同在于无汽化器和电点火系统，但有一套专门的高压喷射装置。

柴油机供给系统的作用是将燃油和空气按一定的要求分别送入汽缸，使之形成良好的可燃混合气，并将燃烧后的废气排出。

柴油机供给系统的部件可以分为供给燃油的燃油箱、燃油滤清器、输油泵、带调速器的喷油泵（高压油泵）和喷油器；供给空气的空气滤清器和进气管；排出废气的排气管和消声器。

图 3-14 为 6135 型柴油机供给系统简图。空气经空气滤清器和进气管被吸入汽缸，燃油箱中的燃油经油管被吸入输油泵，并以 0.049MPa 的压力被压出，经柴油滤清器滤

清后进入喷油泵，喷油泵以高压（16.17MPa）将燃油经高压油管送往喷油器，最后经喷油器喷入燃烧室。

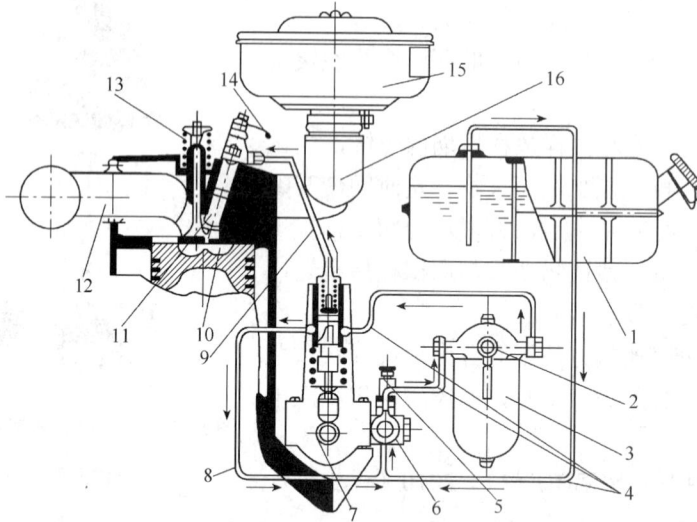

图 3-14   柴油机供给系统简图

1. 柴油箱   2. 溢油阀   3. 柴油滤清器   4. 油管   5. 手压输油泵   6. 输油泵   7. 喷油泵   8. 回油管
9. 高压油管   10. 燃烧室   11. 喷油器   12. 排气管   13. 排气门   14. 回油管   15. 空气滤清器   16. 进气管

柴油供给系统的工作程序：

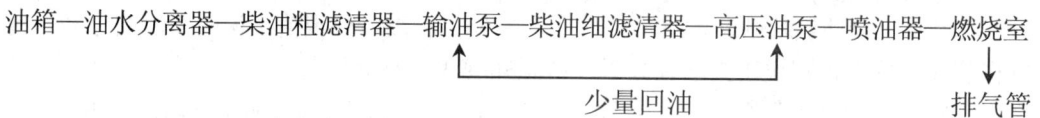

油箱—油水分离器—柴油粗滤清器—输油泵—柴油细滤清器—高压油泵—喷油器—燃烧室

少量回油   排气管

3.2   柴油的规格分类及标准

3.2.1   车用柴油的分类

根据原油性质的不同，有石蜡基柴油、环烷基柴油、环烷—芳烃基柴油等。石蜡基柴油也用作裂解制乙烯、丙烯的原料，还可作吸收油等。

根据密度的不同，对于石油及其加工产品，习惯上将沸点或沸点范围低的（沸点范围为180～370℃）称为轻，反之（沸点范围为350～410℃）称为重。一般分为轻柴油和重柴油。

商品柴油按凝固点分级，如 10、-20 等，表示低使用温度。柴油广泛用于大型车辆、船舰、发电机等，主要用作柴油机的液体燃料。由于高速柴油机（汽车用）比汽油机省油，柴油需求量增长速度大于汽油。我国的轻柴油按凝点划分为 10 号、5 号、0 号、-10号、-20 号、-35 号和-50 号 7 个牌号。重柴油则按其 50℃运动黏度划分为 10 号、20号、30 号 3 个牌号。

按环保指标将柴油分为国 II 柴油和国 III 柴油。国 II 柴油与国 III 柴油的划分标准是：
十六烷值：国 II 为不小于 45；国 III 为不小于 51。

十六烷值指数：国Ⅱ无要求；国Ⅲ为不小于 50.8。

硫含量：国Ⅱ不大于 0.2；国Ⅲ为不大于 0.035。

润滑性，磨斑直径：国Ⅱ无要求；国Ⅲ为不大于 460μm。

密度：国Ⅱ无要求；国Ⅲ为 0.820～0.845g/cm³。

3.2.2　柴油的标准

目前国际上通用的柴油标准为《世界燃油规范》2002 版柴油标准，共包括 4 类规范。

3.2.2.1　国外柴油的标准

世界柴油规范分为四类，表 3-3 和表 3-4 列出了其中两类。

表 3-3　一类柴油规范

项　目	限　值	
	最　小	最　大
十六烷值	48	
十六烷指数[①]	48（45）[①]	
密度（15℃）（kg/m³）	820[②]	860
黏度（40℃）（mm²/s）	2[③]	4.5
硫含量（mg/kg[④]）		2000[⑤]
T95（℃）		370
闪点（℃）	55[⑥]	
残炭（% m/m）		0.3
CFPP[⑦]或 LTFT 或 CP（℃）	最大值必须等于或低于最低预计环境温度	
含水量（mg/kg）		500
氧化安定性，方法一（g/m³）		25
氧化安定性，方法二（感应时间）	[⑧]	
FAME 含量（体积分数）（%）		5%[⑨]
铜片腐蚀（级）（佳度）		1 等
乙醇/甲醇含量（体积分数）（%）	检测不出[⑩]	
灰分含量（质量分数）（%）		0.01
微粒污染，总量（mg/kg）		10[⑪]
外　观	清澈且明亮，无水或微粒	
润滑性（HFRR 斑痕直径@60℃）（um）	—	400

注：① 如果难以获得测量十六烷值的标准发动机且柴油未使用十六烷值改进剂，则可以用十六烷指数取代十六烷值。当使用十六烷值改进剂时，估算的十六烷必须高于或等于指定值，且十六烷指数必须高于或等于括号中的限值。

② 当气温低于-30℃时，最小限值可放宽到 800kg/m³。

③ 当气温低于-30℃时，最小限值可放宽到 1.5mm²/s；当环境温度低于-40℃时，最低限值可以放宽到 1.3 mm²/s。

④ 单位 mg/kg 常表示为 ppm。

⑤ 可使用 3000mg/kg 作为过渡限值。

⑥ 当环境温度低于-30℃时，最低限值可放宽到 38℃。

⑦ 若能满足 CFPP 要求，则其值不得高于 10℃、低于浊点。

⑧ 限值与测试方法目前在审查中。

⑨ 对于脂肪酸甲酯（FAME），应该考虑 EN14214 和 ASTM D6751 标准或相当标准。使用 FAME 时，建议对燃油泵进行标识。

⑩ 等于或低于所用测试方法的检测限值。

⑪ 限值与测试方法目前在审查中。

表 3-4   二类柴油规范

项　目	限　值	
	最　小	最　大
十六烷值	51.0	
十六烷指数[①]	51.0（48.0）[①]	
密度（15℃）（kg/m³）	820[②]	850
黏度（40℃）（mm²/s）	2[③]	4
硫含量（mg/kg[④]）		300
金属含量（锌、铜、锰、钙、钠等）（g/l）	检测不出[⑤]	
总芳烃含量（质量分数）（%）		25
多环芳香烃含量（双环、三环）（质量分数）（%）		5
T90[⑥]（℃）		340
T95[⑥]（℃）		355
终馏点（℃）		365
闪点（℃）	55	
残炭（% m/m）		0.3
CFPP[⑦]或 LTFT 或 CP（℃）	最大值必须等于或低于最低预计环境温度	
含水量（mg/kg）		200
氧化安定性（g/m³）		25
生物增长量	零含量	
FAME 含量（体积分数）（%）		5[⑧]
乙醇/甲醇含量（质量分数）（%）	检测不出[⑨]	
总酸度（mg KOH/g）		0.08
铁腐蚀		轻微生锈
铜片腐蚀（佳度）	1 级	
灰分（质量分数）（%）		0.01
微粒污染，总量（mg/kg）		10[⑩]
微粒污染，尺度分布 （代码级别）	ISO 4406 18/16/13	
外观	清澈且明亮，无水或微粒	
喷嘴清洁性（气流损失）（%）		85
润滑性（HFRR 斑痕直径@60℃）（μm）		400

注：① 如果难以获得测量十六烷值的标准发动机且柴油未使用十六烷值改进剂，则可以用十六烷指数取代十六烷值。当使用十六烷值改进剂时，估算的十六烷必须高于或等于指定值，且十六烷指数必须高于或等于括号中的限值。

② 当环境温度低于–30℃时，最小限值可放宽到 800kg/m³。考虑到环保的要求，最低限值可以放宽到 815kg/m³。

③ 当气温低于–30℃时，最小限值可放宽到 1.5mm²/s；当环境温度低于–40℃时，最低限值可以放宽到 1.3 mm²/s。

④ 单位 mg/kg 常表示为 ppm。

⑤ 等于或低于所用测试方法的限制。不得有意添加金属基添加剂。

⑥ T90 或 T95 需符合要求。

⑦ 若能满足 CFPP 要求，则其值不得高于 10℃、低于浊点。

⑧ 对于脂肪酸甲酯（FAME），应该考虑 EN14214 和 ASTM D6751 标准或相当标准。使用 FAME 时，建议对燃油泵进行标识。

⑨ 等于或低于所用测试方法的检测限值。

⑩ 限值与测试方法目前在审查中。

3.2.2.2　我国柴油的标准

国家标准 GB 19147—2009《车用柴油》于 2010 年 1 月 1 日实施，过渡期到 2011

年 6 月 30 日止。该标准所属车用产品"适用于压燃式柴油发动机汽车，但可不包括 GB 19756 中所规定的三轮汽车和低速货车"，三轮汽车是指"最高设计车速小于或等于 50km/h，具有 3 个车轮的货车"；低速货车是指"最高设计车速小于 70km/h，具有 4 个车轮的货车"。此标准最主要的技术要求是硫含量不大于 $350×10^{-6}$，十六烷值不小于 49。

同时，国标委下达的 2008 年第三批国家标准制/修订项目计划，由中国石化股份有限公司石油化工科学研究院负责对 GB 252—2000《轻柴油》国家标准进行修订，《普通柴油》送审稿于 2010 年 6 月提交国标委，国家标准化管理委员会《中华人民共和国国家标准公告 2011 年第 9 号》公布了国家质检总局和国标委批准的关于强制性国家标准 GB 252—2011《普通柴油》的消息。《普通柴油》是一项具有全新名称的国家标准，它是代替现行的国家标准 GB 252－2000《轻柴油》而产生的，于 2011 年 7 月 1 日起实施。

GB 252—2011《普通柴油》标准与 GB 252—2000《轻柴油》标准相比主要有以下几条变化：

① 标准名称更改：用《普通柴油》名称取代《轻柴油》名称。

② 标准适用范围更改：《普通柴油》适用于拖拉机、内燃机车、工程机械、船舶和发电机组等压燃式发动机和 GB 19756 中规定的三轮汽车和低速货车所使用的由石油制取的，或加有添加剂的普通柴油。

③ 引用标准修改：将第 2 章中的"引用标准"修改为"规范性引用文件"，并增加了部分引用标准。

④ 硫含量降低：《普通柴油》硫含量由原来的"不大于 0.2%"修改为：在 2013 年 6 月 30 日前，普通柴油的硫含量应低于 0.2%，而到 2013 年 7 月 1 日后，普通柴油的硫含量必须降低到 0.035%。

⑤ 仲裁试验方法更改：由 GB/T 380 更改为 SH/T 0689。

⑥ 增加了新内容：在正文的首页增加了"警告"的内容；在第 3 章中增加了"术语和定义"；增加了第 6 章"检测规则"和第 8 章"安全"。

普通柴油应用解释为标准所属产品"主要用做拖拉机、内燃机车、工程机械、船舶和发电机组等压燃式发动机的燃料，也可用做 GB19756—2005 中所规定的三轮汽车和低速货车的燃料。除此之外的用途可由供求双方协商确定"。此标准主要技术要求是硫含量不大于 $2000×10^{-6}$，过渡期 2013 年 6 月 30 日后为 $350×10^{-6}$，十六烷值不小于 45，即 2013 年 7 月 1 日后车用柴油与普通柴油的差异主要在十六烷值上。

目前 GB 19147—2009《车用柴油》达到国Ⅲ柴油排放标准。

受上述要求和变化影响，2011 年 7 月 1 日之后柴油将分为两类：一类是车用柴油；另一类为普通柴油。

车用柴油和轻柴油的区别主要体现在环保性方面。根据地区的不同，发达的地区一般销售车用柴油，相对欠发达的地区销售轻柴油。我国车用柴油的量只占轻柴油总量的 1/3，但和其他用途的轻柴油执行一个标准，难以单独提高车用柴油质量。2003 版《车用柴油》标准比一般轻柴油的质量要求更高，完全符合欧洲Ⅱ号排放标准对柴油质量的要求。车用柴油标准的公布和实施，一方面将有效降低柴油引起的空气污染；另一方面也促进柴油机生产企业产品的更新换代。2009 版《车用柴油标准》符合欧洲Ⅲ号标准，是城市环境对车辆排放的新要求，也是我国柴油技术的新提高。

GB/T 19147—2009《车用柴油》按凝点将我国车用柴油分为 5 号、0 号、−10 号、−20 号、−35 号和−50 号 6 种牌号，质量指标见表 3-5。车用柴油（GB 19147—2009）、普通柴油（GB 252—2011）与轻柴油（GB 252—2000）的比较见表 3-6。

表 3-5　GB/T 19147—2009 车用柴油

项　目		5 号	0 号	−10 号	−20 号	−35 号	−50 号	试验方法
氧化安定性（总不溶物）（mg/100mL）	不大于				2.5			SH/T 0175
硫含量 a（质量分数）（%）	不大于				0.035			SH/T 0689
10%蒸余物残炭 b（质量分数）（%）	不大于				0.3			GB/T 268
灰分（质量分数）（%）	不大于				0.01			GB/T 508
铜片腐蚀（50℃，3h）（级）	不大于				1			GB/T 5096
水分 c（体积分数）（%）	不大于				痕迹			GB/T 260
机械杂质 c					无			GB/T 511
润滑性　磨痕直径（60℃）（μm）	不大于				460			SH/T 0765
多环芳烃含量 d（质量分数）（%）	不大于				11			SH/T 0606
运动黏度（20℃）（mm²/s）		3.0～8.0		2.5～8.0		1.8～7.0		GB/T 265
凝点（℃）	不高于	5	0	−10	−20	−35	−50	GB/T 510
冷滤点（℃）	不高于	8	4	−5	−14	−29	−44	SH/T 0248
闪点（闭口）（℃）	不低于		55		50	45		GB/T 261
着火性 e（需满足下列要求之一） 十六烷值 十六烷指数	不小于 不小于		49 46		46 46	45 43		GB/T 386 SH/T 0694
馏程 50%回收温度（℃） 90%回收温度（℃） 95%回收温度（℃）	不高于 不高于 不高于				300 355 365			GB/T 6536
密度 f（20/℃）（mg/m³）		810～850			790～840			GB/T 1884 GB/T 1885
脂肪酸甲酯 g（体积分数）（%）	不大于				0.5			GB/T 23801

注：a 也可采用 GB/T 380、GB/T 11140 和 GB/T 17040 进行测定，结果有争议时，以 SH/T 0689 为准。

b 也可采用 GB/T 17144 进行测定，结果有争议时，以 GB/T 268 方法为准；若柴油中含有硝酸酯型十六烷值改进剂，10%蒸余物残炭的测定，应用不加硝酸酯的基础燃料进行。柴油中是否含有硝酸酯型十六烷值改进剂的检测方法见附录 B。

c 可采用目测法，即将试样注入 100mL 玻璃量筒中，在室温（20℃±5℃）下观察，应当透明，没有悬浮和沉降的水分及机械杂质。结果有争议时，按 GB/T 260 或 GB/T 511 测定。

d 也可采用 SH/T 0806，结果有争议时，以 SH/T 0606 方法为准。

e 十六烷指数的测定也可采用 GB/T 11139。结果有异议时，仲裁方法以 GB/T 386 为准。

f 也可采用 S/T 0604，结果有争议时，以 GB/T 1884 为准。

g 不得人为加入。

表 3-6　车用柴油（GB 19147—2009）、普通柴油（GB 252—2011）与轻柴油（GB 252—2000）的比较

项　目	车用柴油（GB 19147—2009）						普通柴油（GB 252—2011）							轻柴油（GB 252—2000）						
	5号	0号	−10号	−20号	−35号	−50号	10号	5号	0号	−10号	−20号	−35号	−50号	10号	5号	0号	−10号	−20号	−35号	−50号
标准名称	××号车用柴油						××号普通柴油							××号轻柴油						
牌号	分为 6 个牌号（比轻柴油少 10 号）						分为 7 个牌号							分为 7 个牌号						
色度，号	≤没要求						≤3.5							≤3.5						
硫含量（质量分数）（%）	≤0.035						≤0.2（2013 年 6 月 30 日之前） ≤0.035（2013 年 7 月 1 日之后）							≤0.2						
酸度（mgKOH/100mL）	没要求						≤7							≤7						
十六烷值	≥49		≥46		≥45		≥45							≥45						
十六烷指数	≥46		≥46		≥43		≥43							没要求						
多环烷烃（质量分数）（%）	≤11						没要求							没要求						
润滑性，磨斑直径（μm）	≤460						没要求							没要求						
脂肪酸甲酯（体积分数）（%）	≤0.5						没要求							没要求						
密度（20℃）（kg/m³）	810～850		790～840				实测							实测						
适用范围	适用于压燃式柴油发动机汽车，但不包括 GB 19756 中规定的三轮汽车和低速货车						适用于拖拉机、内燃机车、工程机械、船舶和发动机组等压燃式发动机和 GB 19756 中规定的三轮汽车和低速货车所使用的由石油制取的或加油添加剂的普通柴油							适用于汽车、拖拉机、内燃机车、工程机械、船舶和发电机组等压燃式发动机						

3.3　车用柴油的选择及使用

车用柴油在选择和使用中需要遵循相关的原则和注意事项，才能保证柴油高效、高质发挥作用。

3.3.1　车用柴油的选择

车用轻柴油的选用主要考虑环境温度，并应遵循以下原则：

3.3.1.1　根据柴油使用地区风险率 10% 的最低气温选用柴油牌号

风险率 10% 的最低气温应高于柴油的冷滤点。由于柴油的冷滤点一般高于凝点 3～6℃，所以，风险率 10% 的最低气温在数值上要高于其他牌号 3～6 个数即可满足选用要求。车用柴油牌号的选择一般应使最低使用温度等于或略高于轻柴油的冷滤点。具体说明如下：

5 号车用柴油：适用于风险率为 10% 的最低气温在 8℃ 以上的地区使用；

0 号车用柴油：适用于风险率为 10% 的最低气温在 4℃ 以上的地区使用；

−10 号车用柴油：适用于风险率为 10% 的最低气温在 −5℃ 以上的地区使用；

−20 号车用柴油：适用于风险率为 10% 的最低气温在 −14℃ 以上的地区使用；

−35 号车用柴油：适用于风险率为 10% 的最低气温在 −29℃ 以上的地区使用；

−50 号车用柴油：适用于风险率为 10% 的最低气温在 −44℃ 以上的地区使用。

轻柴油选用与相同牌号车用柴油相同，10 号轻柴油适用于有预热设备的柴油机。

3.3.1.2 在气温允许的情况下尽量选用高牌号柴油

有些汽车使用者认为选用的牌号越低越安全，对车越有利。其实不然，首先，由于低牌号柴油凝点低，其炼制工艺复杂、生产成本高，所以价格也比高牌号柴油贵；其次，由于柴油中的成分凝点越低燃烧性越差，使用时燃烧滞后期长，越容易发生工作粗暴；所以，在气温允许的情况下应尽量选用高牌号柴油，真正做到既经济又实用。

3.3.1.3 充分考虑季节、气温变化对用油的影响

对于季节气温变化较大的地区，如黑龙江、内蒙古、新疆等省（自治区），应特别注意季节、气温变化对用油的影响，及时改变用油牌号。表 3-7 为 GB 19147—2009 推荐各地区风险率为 10%的最低温度对比。

表 3-7　GB 19147—2009 推荐各地区风险率为 10%的最低温度　　　　℃

月份	1	2	3	4	5	6	7	8	9	10	11	12
河北省	−14	−13	−5	1	8	14	19	17	9	1	−6	−12
山西省	−17	−16	−8	−1	5	11	15	13	6	−2	−5	−16
内蒙古自治区	−43	−42	−35	−21	−7	−1	4	1	−8	−19	−32	−41
黑龙江省	−44	−42	−35	−20	−6	1	7	4	−6	−20	−35	−43
吉林省	−29	−27	−17	−6	1	8	14	12	2	−6	−17	−26
辽宁省	−23	−21	−12	−1	6	12	18	15	6	−2	−12	−20
山东省	−12	−12	−5	2	8	14	19	18	11	4	−4	−10
江苏省	−10	−9	−3	3	11	15	20	20	12	5	−2	−8
安徽省	−7	−7	−1	5	12	18	20	20	14	7	0	−6
浙江省	−4	−3	1	6	13	17	22	21	15	8	2	−3
江西省	−2	−2	3	9	15	20	23	23	18	12	4	0
福建省	−4	−2	3	8	14	18	21	20	15	8	1	−3
台湾省	3	0	2	6	10	16	19	19	13	10	1	2
广东省	1	2	7	12	18	21	23	23	20	13	7	2
海南省	9	10	15	19	22	24	24	23	23	19	15	12
广西壮族自治区	3	3	8	12	18	21	23	24	19	15	9	4
湖南省	−2	−2	3	9	14	18	22	21	16	10	4	−1
湖北省	−6	−4	0	6	12	17	21	20	14	8	1	−4
河南省	−10	−9	−2	4	10	15	20	18	11	4	−3	−8
四川省	−21	−17	−11	−7	−2	1	2	1	0	−7	−14	−19
贵州省	−6	−6	−1	3	7	9	12	11	8	4	−1	−4
云南省	−9	−8	−6	−3	1	5	7	7	5	−1	−5	−8
西藏自治区	−29	−25	−21	−15	−9	−3	−1	0	−6	−14	−22	−29

（续）

月份	1	2	3	4	5	6	7	8	9	10	11	12
新疆维吾尔自治区	−40	−38	−28	−12	−5	−2	0	−2	−6	−16	−28	−33
青海省	−33	−30	−25	−18	−10	−6	−3	−4	−6	−16	−28	−33
甘肃省	−23	−23	−16	−9	−1	3	5	5	0	−8	−16	−22
陕西省	−17	−15	−6	−1	5	10	15	12	6	−1	−9	−15
宁夏回族自治区	−21	−20	−10	−4	2	6	9	8	3	−4	−12	−19

注：1. 各地区风险率为 10%的最低温度是从中央气象局资料室编写的《石油产品标准的气温资料》中摘录编制的。它是由我国 152 个气象台、站，从 1961 年至 1980 年逐日自最高（低）气温记录分析出的。某月风险为 10%的最低气温值，表示该月中最低气温低于该值的概率为 0.1，或者说该月中最低气温高于该值的概率为 0.9。

2. 推荐风险率为 10%的最低气温用来估计使用地区的最低操作温度，这为柴油机在低温操作时的正常设备防寒、燃油系统的设计以及柴油的生产、供销及使用提供可靠的气温数据。

3.3.2 柴油的使用

柴油的燃烧性能主要以十六烷值来表示。十六烷值越高，柴油的燃烧性能越好，但是其凝点也较高。凝点表示柴油的低温流动性，是指油料遇冷开始凝固而失去流动性的最高温度，是柴油的重要指标之一。我们使用的柴油的牌号所表示的就是它的凝点。凝点与柴油的低温使用性能没有直接的对应关系。因为在柴油凝固前，先析出石蜡晶体，不同原油和不同炼制方法获得的柴油，晶体的形状和大小也不同，它们往往会堵塞柴油机的滤网，造成供油中断。因此，使用柴油发动机的汽车要注意根据使用地的环境温度来选择适当牌号的油品。柴油在使用前应充分沉淀、过滤，以排除杂质。这是因为高速柴油机的高压泵和喷油嘴都是十分精密的部件，稍有机械杂质进入，就会遭到严重磨损。另外，柴油在低温条件下使用时，应进行预热。不同牌号的柴油，由于它的质量指标除凝点外基本相同，所以可以在适合季节用油的情况下混用。

3.3.2.1 使用柴油的注意事项：

（1）柴油加入油箱前，一定要充分沉淀（不少于 48h）、过滤，除去杂质，切实做好柴油的净化工作，以保证柴油机燃料供给系统的精密零件不出故障和延长使用寿命。

案例分析：在一次柴油机试车时大部分柴油机的尾气都为浓浓的白烟，第一辆冒白烟的发动机就让整个车间里充满烟雾。为此请来了特约维修站的人员，初步诊断为喷油器柱塞卡滞。更换掉有问题的喷油器后，大部分发动机恢复正常，但仍有部分发动机尾气仍然为浓烈的白烟。新发动机就换喷油器本来就不正常，而部分发动机换完喷油器后发动机尾气仍为浓烈的白烟，就更不正常了。于是请来发动机制造厂的工程师，看了看柴油，又将手伸入发动机尾管处，发现尾气中有水珠。于是判定，冒白烟的原因是柴油里有水。加注了不带水的柴油之后重新试车，所有的发动机均不再冒白烟了。后来知道每年秋冬换季时，有的加油站的柴油里会有水。冷车起动时，水弄湿了柴油滤清器滤网，使柴油中的杂质通过滤清器进入喷油器。由于喷油器柱塞为偶件，工作间隙非常小，杂质造成喷油器柱塞卡滞，破坏柴油的雾化，就出现了发动机排气管冒浓烈的白烟。经过加装油水分离器，此类故障没有再发生。

（2）同一质量级别、不同牌号的柴油可以掺兑使用，以降低高凝点柴油的凝点，从而充分利用资源。例如，某地区的最低气温为–10℃，不能用–10 号的轻柴油，但是用–20 号的又浪费，此时可以把–10 号的和–20 号的轻柴油掺兑使用。寒冷地区低凝点柴油缺少时，可以向高凝点柴油中掺入 10%～40%的喷气燃料，以降低其凝点。掺兑后应注意搅拌均匀。但是柴油中不能掺入汽油，掺入汽油后，发火性能明显变差，导致起动困难，甚至不能起动。

（3）低温条件下起动时可以采取预热措施，如对进气管、机油及蓄电池预热，也可采用馏分轻、蒸发性好又具有一定十六烷值的低温起动液，以保证发动机的顺利起动。低温起动液不能加入油箱与柴油混用，否则易形成气阻。

（4）冬季使用桶装高凝点柴油时，不能用明火加热，以免引起爆炸。

3.3.2.2   油品质量的鉴别

（1）颜色：一般柴油的颜色是暗红色或深茶色，稍透明，无混浊现象，颜色发黑或暗绿色的是低牌号掺配油，有混浊现象的是混入水杂质。

（2）气味：柴油油味正常，手拭有油感，有异味或腥辣难闻的是再生油，油感太浓的是混入其他润滑油。

（3）根据温度使用：0 号柴油在春、秋季或夏季使用，–10 号柴油一般在冬季使用，0 号柴油在 4℃以上的条件下使用，–10 号柴油在–5℃以上的条件下使用，如在使用中发生析蜡（结冰）现象，便是牌号不够。

3.3.3   柴油选择和使用失误对车辆造成的危害及处理

由废机油、轮胎油等废油提炼出的柴油称为非标柴油。

非标柴油的危害：非标油以劣充优，污染环境，扰乱市场，严重扰乱了正常的成品油市场经营秩序，同时，也给安全留下极大隐患。目前市场上柴油与汽油均存在非标油。非标柴油一般是用进口的 180 号燃料油进行简单的蒸馏产出柴油，加入一些添加剂后将某些质量指标提高。此类非标柴油初期各项质量指标均达到现行的国家标准，包括难度要求较高的十六烷值都可以达到国家标准。这种油品的严重缺陷，一是储存周期只有 20d 左右，之后会迅速氧化，颜色变黑；一是硫含量超标。由于 180 号燃料油容易进口、价格低、易提炼，一些小炼油厂一般都利用直馏方法来生产非标柴油和油渣，这是市场非标柴油的主要来源之一。第二种方法是用白油料掺兑走私红油。一些炼油厂会销售一种白油料，这种油品和走私红油的价格比较便宜。白油料和走私红油按一定比例勾兑成非标柴油，这种油质量稍差，成本也比较高。几乎所有的社会个体加油站都喜欢这种轻质油。第三种方法是用石脑油（轻油）或无臭灯油、溶剂油等掺兑燃料油（重柴油），掺兑出的油品作为轻柴油销售，销售对象主要为工厂、船只等。

这些非标柴油对汽车的危害性有：

① 使柴油车辆产生爆燃，造成机械强烈磨损，同时冷起动困难、耗油多、排气冒黑烟。

② 生成沉淀物和胶质，使汽车过滤器堵塞，在燃烧室形成大量积炭，使活塞黏结和加大磨损。

③ 硫含量过高，不仅会导致发动机系统腐蚀和磨损，而且在大气中会生成酸雨。明显地增加颗粒物（PM）排放，使柴油发动机排放处理系统效率降低、中毒，甚至失效。

复习思考题

一、单项选择题

1. 油品混合气与火焰接触时，能发生瞬间闪火时的最低温度，称为（　　）。

    A. 燃点　　　　　　　B. 自燃点　　　　　　C. 闪点　　　　　　D. 炸点

2. 石油产品的危险等级是根据（　　）划分的。

    A. 闪点　　　　　　　B. 自燃点　　　　　　C. 燃点　　　　　　D. 爆炸极限

3. 油品加热到能被所接触的火焰点燃，并连续燃烧 5s 以上的最低温度，称为（　　）。

    A. 燃点　　　　　　　B. 自燃点　　　　　　C. 闪点　　　　　　D. 炸点

4. 低含硫原油的含硫量为（　　）。

    A. <0.5%　　　　　　B. <1.0%　　　　　　C. <1.5%　　　　　D. <2.0%

5. 特性因数 K 为（　　）时，原油属于中间基原油。

    A. <10.5　　　　　　B. 11.5～12.1　　　　C. >12.1　　　　　D. 10.5～11.5

6. 关键馏分特性分类法是分别取得（　　）和 395～425℃ 两个关键馏分，依据二者特性进行分类。

    A. 50～75℃　　　　　B. 150～175℃　　　　C. 250～275℃　　　D. 350～375℃

7. 含蜡原油的含蜡量为（　　）。

    A. 2.5%～10.0%　　　B. <2.0%　　　　　　C. 0.5%～2.5%　　　D. 2.5%～5.0%

8. 汽油的抗爆性用（　　）表示。

    A. 十六烷值　　　　　B. 马达法　　　　　　C. 研究法　　　　　D. 辛烷值

9. （　　）是表示汽油中不饱和烃的含量的物理量。

    A. 硫含量　　　　　　B. 酸度　　　　　　　C. 碘值　　　　　　D. 实际胶质

10. 柴油的抗爆性用（　　）表示 。

    A. 品度　　　　　　　B. 辛烷值　　　　　　C. 十六烷值　　　　D. 抗爆剂

二、填空题

1. 油品含水分会使油品易变质，降低油品的质量，也会引起（　　）。

2. 酸值用中和 100mL 油品中的酸性物质所消耗的 KOH 的 mg 数表示，单位是（　　）。

3. （　　）是油品燃烧后的固体残余物。

4. 特性因数 K 位于 11.5～12.1 之间的原油属于（　　）原油。

5. （　　）原油第一关键馏分油属于石蜡基，而第二关键馏分属于中间基。

6. 油品燃点、自燃点与油品的化学组成与（　　）有关。

三、名词解释

凝点；冷滤点；十六烷值；安定性。

四、简答题

1. 为保证柴油发动机正常工作，满足排放要求，对柴油的主要性能有哪些要求？
2. 车用柴油低温流动性的评定指标有哪些？
3. 车用柴油清洁性的评定指标有哪些？
4. 我国现行的车用柴油标准对其牌号划分的依据是什么？分为哪些牌号？
5. 车用轻柴油的选用主要遵循哪些原则？
6. 轻柴油雾化和蒸发性的评价指标有哪些？
7. 柴油燃烧性的评价指标有哪些？
8. 柴油安定性的评价指标有哪些？

补充阅读材料

材料 1　柴油相关研究最新进展

1. 柴油改良的途径

目前普遍采用的主要柴油改良方法是向柴油中加入柴油性能改良剂，这些改良剂通过延缓柴油中杂原子化合物的氧化、聚合，抑制和消除生成酸以及金属离子的氧化催化作用，分散不溶物颗粒等作用，有效提高柴油的安定性，降低总不溶物量和色度，减少胶质的生成。

2. 柴油添加剂的研究进展

为改善柴油品质，促进燃烧，柴油中添加极少量的一些化学物质，即柴油添加剂。按其功能大致分为改善油质型、促进燃烧型和消烟减污型 3 类。

1）改善油质型添加剂

降凝剂：柴油降凝剂，又称低温流动性改进剂，是柴油中一种重要的燃料添加剂。乙烯—醋酸乙烯酯共聚物是目前使用最广、效果最好的柴油低温流动改进剂。

柴油稳定剂：通常用于提高柴油氧化安定性的添加剂有抗氧剂、分散剂、防腐剂、金属钝化剂、酸中和剂和杀菌剂 6 种，稳定剂一般指以上一种或几种添加剂的复合剂。

清净剂：柴油清净剂可有效清除喷嘴积炭，确保良好的雾化性能，并保持发动机性能以及排放水平。目前柴油清净剂主要有胺、咪唑、酰胺、脂肪酸丁二酰亚胺、聚烯烃丁二酰亚胺、聚烷基胺、聚醚胺等。柴油清净剂正在向多功能化发展，它不仅要具有清净作用，还应具有防腐、消烟及提高柴油热稳定性等功能。近年来，柴油清净剂在欧美国家已被许多发动机生产商认可，并推荐在柴油中加入清净剂。柴油清净剂已列入世界燃料规范中。我国柴油清净剂的相关评定方法还没有建立，因此应加快柴油清净剂的研究并引进国外的评定方法，以满足未来清洁柴油规范的需求及环保要求。

2）促进燃烧型添加剂

十六烷值改进剂：十六烷值是表示柴油在柴油机中燃烧时自燃性的重要指标，其大小对发动机冷起动、排放和燃烧噪声等都有重要影响。近年来随着原油比重日益变大，各炼油厂普遍采用催化裂化二次加工工艺以提高轻质油品的产量，但这种工艺生产的柴油十六烷值低、安定性差。在众多的解决方法中，十六烷值改进剂法具有成本低、工艺简单等优点，越来越受到人们的重视。我国主要研究开发的是硝酸戊酯和硝酸异辛酯。由于现在应用的一些十六烷值改进剂燃烧后会产生 SO_x、NO_x 等有害气体，因此随着柴油机工业的发展和对环保工作的重视，清洁高效型柴油十六烷值改进剂将是今后研制开发的主要方向。

柴油乳化剂：柴油不完全燃烧造成的环境污染问题越来越受关注，柴油乳化技术是将水通过乳化剂和乳化设备，按一定比例掺配到柴油中形成油包水微粒，使用时可以提高燃烧性能、降低燃料消耗、减少尾气及改善烟气污染状况。F2-21 柴油微乳化添加剂可以提高发动机燃烧效率、增强发动机动力、节省燃料，同时降低污染物的排放。目前，该添加剂在日本、美国、泰国、意大利、新加坡、马来西亚等国家和地区得到了广泛应用。我国柴油乳化技术研究起步较晚，最近几年发展比较迅速，已经开发出许多较好的乳化剂配方，并申请了多项专利。最近北京大学研发出一种微乳化燃油添加剂，经检测可降低油耗 20%，尾气中污染物排放降低 80%。

3）消烟减污型添加剂

柴油车在重载、爬坡时冒出的黑烟是柴油在高温、缺氧条件下裂解的产物，是柴油机在高压燃烧中不可避免的结果；它限制了柴油机的最大功率，严重影响了燃油的经济性，并加剧了大气污染，现在逐渐引起了人们的重视。消烟剂在燃油还在燃烧室内燃烧时就控制了炭烟的形成，或者使其在燃烧室内充分燃烧，减少了随废气排出的碳烟排放量。常见的消烟剂有钡基、镁基和钙基等类型。钡基添加剂具有明显的消烟功能，但钡化物具有较高的毒性，使用后无益于沉积物的消除，因此受到一定的限制，目前正在发掘稀土元素作为代用品。

柴油添加剂正由功能单一型向多功能复合型方向发展。因此在多功能复合型添加剂的研制过程中，既要求添加剂具有经济性、高效性、多效性、安全性，也要考虑到其燃烧产物不会产生新的问题，以适应不同组分、不同类型燃油的需求。

3. 我国柴油发展的方向

顺应市场节能减排的发展趋势，清洁柴油动力不仅潜力巨大，并且实力明显。数据显示，与同排量的汽油机相比，清洁柴油机可将油耗降低 30%，碳氧化物排放降低 25%，同时转矩提升 50%，符合市场经济性、动力性、环保性的价值消费取向。因此，清洁柴油是我国柴油发展的主要方向。

随着石化工业和汽车工业的不断发展，我国轻柴油质量升级经历了 7 个阶段，清洁化水平不断提高。但是目前国内清洁柴油质量与世界燃料规范相比有较大差距，主要表现在国产柴油当中直馏柴油组分占 60%，催化裂化柴油组分占 29%，焦化柴油等其他组分占 11%。由于催化裂化柴油组分和未加氢柴油比例偏高，致使柴油的十六烷值低、硫平均含量高、芳烃含量高、密度大、氧化安定性差。

材料 2 生物柴油

生物柴油（biodiesel）是指以油料作物、野生油料植物和工程微藻等水生植物油脂以及动物油脂、餐饮垃圾油等为原料油，通过酯交换工艺制成的可代替石化柴油的再生性柴油燃料。生物柴油是生物质能的一种，它是生物质利用热裂解等技术得到的一种长链脂肪酸的单烷基酯。生物柴油是含氧量极高的复杂有机成分的混合物，这些混合物主要是一些分子量大的有机物，几乎包括所有种类的含氧有机物，如醚、酯、醛、酮、酚、有机酸、醇等。

1. 生物柴油的生产方法

生物柴油的生产方法包括：利用油脂原料合成生物柴油的方法；用动物油制取的生物柴油及制取方法；生物柴油和生物燃料油的添加剂；废动植物油脂生产的轻柴油乳化剂及其应用；低成本无污染的生物质液化工艺及装置；低能耗生物质热裂解的工艺及装置；利用微藻快速热解制备生物柴油的方法；用废塑料、废油、废植物油脚提取汽、柴油用的解聚釜，生物质气化制备燃料气的方法及气化反应装置；以植物油脚中提取石油制品的方法；用等离子体热解气化生物质制取合成气的方法；用淀粉酶解培养异养藻制备生物柴油的方法；用生物质生产液体燃料的方法；用植物油下脚料生产燃油的方法；由生物质水解残渣制备生物油的方法，植物油脚提取汽油柴油的方法；废油再生燃料油的装置和方法；脱除催化裂化柴油中胶质的方法；废橡胶（废塑料、废机油）提炼燃料油的环保型新工艺，脱除柴油中氧化总不溶物及胶质的化学精制方法；阻止柴油、汽油变色和胶凝的助剂；废润滑油的絮凝分离处理方法。

2. 简单工艺流程

生物柴油是由从植物油或动物脂中提取的脂肪酸烷基单酯组成的一种可替代柴油燃料。目前，大多数生物柴油是由大豆油、甲醇和一种碱性催化剂生产而成的。然而，还有大多数不易被人体消化的廉价油脂能够转化为生物柴油。

（1）物理精炼：首先将油脂水化或磷酸处理，除去其中的磷脂、胶质等物质；再将油脂预热、脱水、脱气进入脱酸塔，维持残压，通入过量蒸汽，在蒸汽温度下，游离酸与蒸汽共同蒸出，经冷凝析出。除去游离脂肪酸以外的净损失，油脂中的游离酸可降到极低量，色素也能被分解，使颜色变浅。各种废动植物油在自主研发的 DYD 催化剂作用下，采用酯化、醇解同时反应工艺生成粗脂肪酸甲酯。

（2）甲醇预酯化：首先将油脂水化脱胶，用离心机除去磷脂和胶等水化时形成的絮状物，然后将油脂脱水。原料油脂加入过量甲醇，在酸性催化剂存在下，进行预酯化，使游离酸转变成甲酯。蒸出甲醇水，经分馏后，无游离酸的分出 C12~16 棕榈酸甲酯和 C18 油酸甲酯。

（3）酯交换反应：经预处理的油脂与甲醇一起，加入少量 NaOH 做催化剂，在一定温度与常压下进行酯交换反应，即能生成甲酯。采用二步反应，通过一个特殊设计的分离器连续地除去初反应中生成的甘油，使酯交换反应继续进行。

（4）重力沉淀、水洗与分层。

（5）甘油的分离与粗制甲酯的获得。

（6）水分的脱出、甲醇的释出、催化剂的脱出与精制生物柴油的获得。

整个工艺流程实现闭路循环，原料全部综合利用，实现清洁生产。大致过程如下：原料预处理（脱水、脱臭、净化）──→反应釜（加醇+催化剂+70℃）──→搅拌反应 1h ──→沉淀分离排杂──→回收醇──→过滤──→成品。

3. 世界各国对生物柴油的应用

目前，世界各国，尤其是发达国家，都在致力于开发高效、无污染的生物质能利用技术。欧洲已成为全球生化柴油的主要生产地。美国、意大利、法国已相继建成生物柴油生产装置数十座。美国是最早研究生物柴油的国家。总生产能力 $130×10^4$t。美国在黄石公园进行的 $60×10^4$ km 的行车实验，没有任何结焦现象，空气污染物排放降低了 80%以上。而且使用生物柴油还吸引了附近 300km 外的棕熊来到公园。美国 B20 是采用 20%生物柴油的柴油，尾气污染物排放可降低 50%以上。1992 年美国能源署及环保署都提出生物柴油作为清洁燃料，美国总统克林顿 1999 年专门签署了开发生物质能的法令，其中生物柴油被列为重点发展的清洁能源之一，国家对生物柴油免税。

日本 1995 年开始研究用饭店剩余的煎炸油生产生物柴油，在 1999 年建立了 259L/d 用煎炸油为原料生产生物柴油的工业化实验装置，可降低原料成本。目前日本生物柴油年产量可达 $40×10^4$t。

4. 生物柴油的优特点

1）生产和推广应用生物柴油的优越性

（1）原料易得且廉价：用油菜籽和甲醇为生产原料，可以从根本上摆脱对石油制取燃油的依赖。

（2）有利于土壤优化：种植油菜可与其他作物轮种，改善土壤状况，调整平衡土壤养分，挖掘土壤增产潜力。

（3）副产品具有经济价值：生产过程中产生的甘油、油酸、卵磷脂等一些副产品市场前景较好。

（4）环保效益显著：生物柴油燃烧时不排放二氧化硫，排出的有害气体比石油柴油减少70%左右，且可获得充分降解，有利于生态环境保护。

此外，生物柴油由于竞争力不断提高、政府的扶持和世界范围内汽车车型柴油化的趋势加快而前景更加广阔。

2）生物柴油的竞争力不断提高

从世界范围来看，目前世界上含硫原油（含硫量0.5%～2.0%）和高硫原油（含硫量在2.0%以上）的产量已占世界原油总产量的75%以上，其中含硫量在1%以上的原油占世界原油总产量的55%以上，含硫量在2%以上的原油也占30%以上。目前全球炼油厂加工的原油平均相对密度是0.8514，平均含硫量是0.9%；在2000年以后，平均相对密度将上升到0.8633，含硫量将上升到1.6%。炼油厂要在现有基础上，使柴油含硫量低，有良好的安定性及润滑性、较高的十六烷值和清净性，必须在装置调整上投入大量资金，并因此带来油品生产成本的提高。在这方面，各发达国家的炼油厂均投入了重金：

从美国的情况看，美国从20世纪90年代初启动"油品清洁化"计划，已累计投入了300多亿美元。由此造成的油品成本提高使目前美国炼油厂吨毛利仅在每桶1美元左右，维持微利状态，有的企业甚至亏损；从欧洲的情况来说，欧洲炼油厂要达到2000年欧盟燃油规格，估计需要投资200亿～300亿美元。欧洲石油工业协会估计的投资更高，该组织认为要达到2000年和2005年的柴油规格，需要投资440亿～500亿美元。

5．我国生物柴油的发展前景

发展生物柴油，中国有十分丰富的原料资源。中国幅员辽阔，地域跨度大，水热资源分布各异，能源植物资源种类丰富多样，主要的植物有大戟科、樟科、桃金娘科、夹竹桃科、菊科、豆科、山茱萸科、大风子科和萝摩科等。目前中国生物柴油的开发利用还处于发展初期，要从总体上降低生物柴油成本，使其在中国能源结构转变中发挥更大的作用，只有向基地化和规模化方向发展，实行集约经营，形成产业化。

随着改革开放的不断深入，在全球经济一体化的进程中，在中国加入WTO的大好形势下，中国的经济水平将进一步提高，对能源的需求会有增无减，只要把关于生物柴油的研究成果转化为生产力，形成产业化，则其在柴油引擎、柴油发电厂、空调设备和农村燃料等方面的应用空间是非常广阔的。

第4章
车用替代能源

[本章提要]

本章主要介绍醇类燃料、乳化燃料、天然气、液化石油气、氢气、电能等车用替代能源的特点和应用，并介绍了替代能源汽车最新研究进展。重点内容是车用替代能源的特点和应用情况。要求学生了解车用替代能源的类别及组成，熟悉车用替代能源的性能特点，掌握替代能源在汽车中的应用、作用原理及发展现状。

4.1 车用替代能源概述

目前，汽油机和柴油机依然是车用发动机的主要机种。而汽油和柴油都是不可再生资源。随着汽车工业的迅猛发展，对石油的需求量越来越大。统计资料显示，2003 年我国石油消费量达 $2.5 \times 10^8 t$，净进口量达 $0.9 \times 10^8 t$，进口原油占国内原油消费量的比重达 36%，2004 年我国原油消费量 $2.9 \times 10^8 t$，石油净进口达 $1.4 \times 10^8 t$，石油对外依存度接近 45%，已成为仅次于美国的世界第二大石油消费国。到 2010 年我国的石油总需求量已突破 $3.5 \times 10^8 t$，石油进口规模已达到 $2 \times 10^8 t$，进口依存度也随之突破 50%。预计到 2020 年石油的对外依存度接近 60%。有关专家认为，一旦石油对外依存度超过 60%，整个国家的石油安全、经济安全、国家安全都面临很大的挑战。

据美国能源部和世界能源理事会预测，全球的石油产量在 2010—2025 年将达到最大值。全球矿物燃料资源的预测生命期，石油为 40 年，天然气为 60 年，煤为 220 年。日趋严重的能源危机对发动机的常规燃料提出了新的挑战。同时，由于世界汽车保有量的增加和各国对环境保护的重视，车用发动机面临着既要保持和继续提高现有性能又要降低排放的双重压力。而发动机的排放成分除与发动机的燃烧过程组织有关，还与发动机的燃料有直接关系。汽油和柴油在改善废气的有害排放方面可做的工作已经相当有限，许多国家目前已把研究重点转向寻求污染较小的替代燃料，这样一方面可有效地减少废气的排放，另一方面也可保存原油产品和保护能源。针对能源危机和环境保护的要求，内燃机研究工作者从 20 世纪 60 年代起，就开始了内燃机替代能源的研究，并且逐渐受到各国政府和相关研究机构、企业的重视，成为发动机研究的重点。

车用替代能源的选择标准主要包括以下几个方面：①资源必须丰富。汽车的保有量在逐年增加，用作汽车的替代能源只有资源丰富，才能长期可靠地供应，才能满足汽车日益增加的需要。②价格应比较便宜，以便于大范围推广。③能量密度大，热值高，携带较少的数量即能使汽车有足够的续驶里程。④毒性低，环境污染小。⑤安全性好，易于输送、储存和使用。⑥对内燃机的可靠性无不良影响。

目前，车用替代能源的种类众多，归结起来大致可以分为以下几类：

（1）醇类燃料，最具代表性的是甲醇和乙醇燃料，这两种燃料多与汽油掺烧作为能源使用。

（2）乳化燃料，主要是指汽油和柴油等燃油与水混合并经特殊处理后形成的一种相对稳定的乳化液料。

（3）燃气燃料，其组分以碳氢化合物为主，主要分为液化石油气（LPG）和天然气两类。

（4）氢能和电能，这两种能源的利用主要以燃料电池和电池的形式体现。

4.2　醇类燃料

醇类燃料主要是指甲醇和乙醇。目前，它们作为汽车替代能源使用，在技术和成本方面已经达到实用阶段。醇类燃料的资源比较丰富，可从多种原料中提取。如甲醇可从天然气、煤、油页岩、重质燃料、木材和垃圾等物质中制取；乙醇可从甜菜、甘蔗、草秆、薯类、玉米等农作物中制取。

在我国，煤炭作为制取甲醇燃料的物质之一，其储藏量非常丰富，比其他能源的储藏量多，这就决定了今后一段时间内我国的能源消费结构仍以煤为主。所以，立足国内丰富的煤炭资源，以甲醇为替代燃料，弥补石油供应量不足，是非常重要的措施。

我国作为农业国家，随着粮食的丰收，已出现了陈化粮长期库存积压的情况，仅玉米库存就有数千亿市斤*，尤以黑龙江、吉林、河南等产粮大省库存积压量大。因此，以农作物为原料生产乙醇作为替代能源，缓解我国石油紧缺的矛盾，是非常可行的。

4.2.1　醇类燃料的理化性质

甲醇燃料和乙醇燃料的主要理化性质与汽油燃料的比较见表 4-1。

表 4-1　醇类燃料与汽油的主要理化性质比较

项　目	甲　醇	乙　醇	汽　油
常温下的物理状态	液态	液态	液态
密度（g/cm³）	0.7914	0.7843	0.72～0.75
沸点（℃）	64.8	78.3	30～220

---

* 1 市斤=0.5kg。

（续）

项　目	甲　醇	乙　醇	汽　油
闪点（℃）	12	14	−43
自燃点（℃）	470	420	260
饱和蒸汽压（kPa）	30.997	17.332	62.0～82.7
低热值（MJ/kg）	20.26	27.20	44.52
蒸发潜热（kJ/kg）	1101	862	297
辛烷值（RON）	112	111	90、93、95
辛烷值（MON）	9	92	85、88、90
十六烷值	3	8	27
相对分子质量	32	46	100～115
着火极限（体积分数）（%）	6.7～36	4.3～19	1.3～7.6
理论空燃比（kg 空气/kg 燃料）	6.4	9.0	14.8

4.2.2　醇类燃料的特点

（1）辛烷值高：醇类燃料的辛烷值与汽油的辛烷值比较见表 4-2。

表 4-2　醇类燃料与汽油的辛烷值比较

燃料种类		MON	RON	灵敏度
甲醇		92	112	20
乙醇		92	111	19
汽油	90 号	85	90	5
	93 号	88	93	5
	97 号	92	97	5

从表 4-2 可以看出，醇类燃料的辛烷值比汽油高，所以使用醇类燃料的发动机可以通过增大压缩比来提高其热效率，从而提高其动力性和经济性。因此，醇类是汽油车良好的替代燃料。另外，醇类燃料也可以作为高辛烷值组分调入汽油中，进而提高汽油的抗爆能力。

通过表 4-2 中醇类燃料和汽油的比较还可以看出，醇类燃料的灵敏度非常大。灵敏度是利用研究法测定的辛烷值与利用马达法测定的辛烷值之差，即灵敏度=RON−MON。灵敏度反映的是汽油机燃料的抗爆性能随汽油机运转工况（如转速提高等）激烈程度增加而降低的情况。对汽油机来说，灵敏度越小越好。醇类燃料的灵敏度大，说明它们低速时的抗爆性能比中、高速时好。

（2）蒸发潜热大：蒸发潜热是指在常压沸点下，单位质量的纯物质由液体状态变为气体状态需吸收的热量或由气体状态变为液体状态需放出的热量。

醇类燃料的蒸发潜热大，意味着醇类燃料在发动机内由液体状态变为气体状态形成可燃混合气时需要吸收的热量较多，所以醇类燃料在低温条件下起动时，往往会由于汽化所需热量不足，使形成的混合气浓度较低，从而使发动机起动困难。因此，燃烧醇类燃料的发动机需加装进气预热系统，以保证其低温起动性能。

醇类燃料蒸发潜热大的优点是：形成的混合气温度低，会提高其充气效率，进而增强发动机动力性；蒸发潜热大，形成混合气时对发动机内部机件有冷却作用，可减少冷却系统和润滑系统的冷却负担，从而提高发动机的使用寿命。

（3）着火极限宽：着火极限是指混合气可以着火的最小浓度和最大浓度之间的范围，浓度以空气中可燃气的体积分数表示。

醇类燃料的着火极限比汽油宽得多，可实现稀薄燃烧，能有效降低发动机在部分负荷时的能量消耗与排放污染。

（4）热值低：醇类燃料的热值比汽油低，甲醇热值约为汽油的一半，乙醇热值约为汽油的61%。但由于醇类燃料存在自供氧效应，理论空燃比比汽油低，甲醇理论空燃比约为汽油的43%，乙醇理论空燃比约为汽油的60%。所以，在同样的过量空气系数下混合气的热值与汽油相当，汽车使用醇类燃料时的动力性不会降低。

（5）腐蚀性大：醇类燃料的化学活性较强，对铜、铝等金属具有较强的腐蚀能力，对橡胶和塑料等非金属材料也具有较大的溶胀作用。

（6）易产生气阻：醇类燃料的沸点低，有助于形成燃料与空气的混合气。但温度高时，容易在燃油供给系统产生气阻现象，严重时会使供油中断，发动机熄火。

（7）储存和使用方便：醇类燃料在常温下为液体状态，与传统燃料的汽油、柴油相似，储存和使用比较方便。

（8）排放污染低：醇类燃料的蒸发潜热大，甲醇的蒸发潜热约为汽油的3.7倍，乙醇的蒸发潜热约为汽油的2.9倍。所以，使用醇类燃料的燃烧温度较低，对NO_x的生成有抑制作用；醇类燃料分子中没有CC键结构，燃烧中不会有多环芳香烃通过缩合形成碳烟粒子的现象。

因此，使用醇类燃料排气中基本没有碳烟；醇类燃料氧含量高，且C/H值较汽油小，混合气燃烧较完全，因而排气中未燃烃类与CO含量也相应降低。但醇类燃料的排气中未燃醇类和相应醛类较多。

4.2.3 醇类燃料的应用

醇类燃料的辛烷值高，是良好的汽油机替代燃料。但由于其着火性差，十六烷值比柴油低很多，所以在柴油机上使用比较困难。汽油机中应用醇类燃料主要有两种方法：掺醇燃烧和纯醇燃烧。

4.2.3.1 掺醇燃烧

掺醇燃烧是指把甲醇或乙醇以不同比例掺入汽油中。甲醇、乙醇与汽油的混合燃料分别用M（Methanol）和E（Ethanol）加一个数字表示，其后的数字表示混合燃料中甲醇或乙醇的体积分数，如M15表示甲醇体积分数为15%的混合燃料，E10表示乙醇体积分数为10%的混合燃料。

4.2.3.1.1 掺醇汽油的优点

（1）抗爆性好：醇类燃料的辛烷值均高于汽油，掺入后可明显提高汽油的抗爆能力。试验表明，在汽油中添加10%的乙醇，其辛烷值可提高约3个单位。甲醇汽油也有类似的效果。因此，燃用掺醇汽油时，可通过提高发动机的压缩比来提高其热效率，进而提高其动力性和燃油经济性。

（2）排放尾气中 NO_x、烃类及 CO 的含量低：醇类燃料的蒸发潜热高，使掺醇汽油形成的混合气燃烧温度低，因而排放尾气中 NO_x 含量低；醇类燃料含氧，且 C/H 值较汽油小，使掺醇汽油形成的混合气燃烧也较完全，因而尾气中烃类与 CO 含量也相应低。

（3）价格低：甲醇燃料价格低于汽油价格，这使得甲醇汽油价格也低于普通汽油。

4.2.3.1.2 掺醇汽油的使用

鉴于掺醇汽油的优点突出，对其使用的研究也非常多。我国对低比例掺醇汽油研究较多，掺醇比例低于 15% 的低比例掺醇汽油和纯汽油燃料比较，不需要改变现有汽车发动机，不增加改动成本，不存在技术上的难度。因此，低比例掺醇汽油是比较实用的醇类能源利用形式。

2001 年我国制订了乙醇燃料发展计划，确定在吉林、河南和黑龙江三省设立燃料乙醇试点项目，并制定了《变性燃料乙醇》和《车用乙醇汽油》两项国家标准，开始推广含 10% 乙醇的车用乙醇汽油的混合燃料。《变性燃料乙醇》和《车用乙醇汽油》两项国家标准于 2001 年 4 月 15 日正式实施。其中，《车用乙醇汽油》于 2004 年进行了修订，标准号 GB 18351—2004，2011 年对其又进行了修订，标准号 GB 18351—2010，于 2011 年 7 月 1 日起开始实施。两项国家标准具体指标分别见表 4-3、表 4-4。

表 4-3　变性燃料乙醇（GB 18351—2001）

项　目	指　标
外　观	清澈透明，无肉眼可见悬浮物和沉淀物
乙醇（体积分数）（%）	≥92.1
甲醇（体积分数）（%）	≤0.5
实际胶质（mg/100mL）	≤5.0
甲醇（%）（体积分数）	≤0.8
无机氯（以 Cl 计）（mg/L）	≤32
酸度（以乙酸计）（mg/L）	≤56
铜（mg/L）	≤0.08
pH 值[①]	6.5~9.0

注：①2002 年 4 月 1 日前，pH 值按 5.7~9.0 执行。

表 4-4　车用乙醇汽油（GB 18351—2010）

项　目		质量指标			试验方法
		90	93	97	
抗爆性					
研究法辛烷值（RON）	不小于	90	93	97	GB/T 5487
抗爆指数（RON+MON）/2	不小于	85	88	报告	GB/T 503
铅含量[①]（g/L）	不大于	0.005			GB/T 8020
馏程					
10%蒸发温度（℃）	不高于	70			
50%蒸发温度（℃）	不高于	120			GB/T 6536
90%蒸发温度（℃）	不高于	190			
终馏点（℃）	不高于	205			
残留量（体积分数）（%）	不大于	2			
蒸汽压（kPa）					
从 11 月 1 日—4 月 30 日	不大于	88			GB/T 8017
从 5 月 1 日—10 月 31 日	不大于	72			
溶剂洗胶质含量（mg/100mL）	不大于	5			GB/T 8019
诱导期（min）	不小于	480			GB/T 8018
硫（质量分数）[②]（%）	不大于	0.015			SH/T0689

（续）

项　目		质量指标			试验方法
		90	93	97	
硫醇（需满足下列要求之一）					
博士试验			通过		SH/T 0174
硫醇硫含量（质量分数）（%）	不大于		0.001		GB/T 1792
铜片腐蚀（50℃，3h）（级）	不大于		1		GB/T 5096
水溶性酸或碱			无		GB/T 259
机械杂质			无		目测③
水分（质量分数）（%）	不大于		0.20		SH/T 0246
乙醇含量（体积分数）（%）			10±0.20		SH/T 0663
其他有机含氧化合物（质量分数）④（%）	不大于		0.5		SH/T 0663
苯含量（体积分数）④（%）	不大于		1.0		SH/T 0693
芳香烃含量（体积分数）⑤（%）	不大于		40		GB/T 11132
烯烃含量（体积分数）⑤（%）	不大于		30		GB/T 11132
锰含量⑥（g/L）	不大于		0.016		SH/T 0711
铁含量⑦（g/L）	不大于		0.010		SH/T 0712

注：①车用乙醇汽油（E10）中，不得人为加入其他有机氧化合物以及含铅或含铁的添加剂。

②允许采用 GB/T 380、GB/T 11140、SH/T 0253、SH/T 0742 进行测定，在有异议时，以 SH/T 0689 方法测定结果为准。

③将试样注入 100mL 玻璃量筒中观察，应当透明，没有悬浮和沉降的机械杂质及分层。在有异议时，以 GB/T 511 方法测定结果为准。

④ 允许采用 SH/T 0713 进行测定。在有异议时，以 SH/T 0693 方法测定结果为准。

⑤ 对于 97 号车用乙醇汽油（E10），在烯烃、芳烃总含量控制不变的前提下，可允许芳烃的最大值为 42%（体积分数）。允许采用 SH/T 0741 进行测定。在有异议时，以 GB/T 11132 方法测定结果为准。

⑥ 锰含量是指车用乙醇汽油（E10）中以甲基环戊二烯三羰基锰形式存在的总锰含量。不得加入其他类型的含锰添加剂。

　　低比例掺醇燃料虽然使用方便，不需对传统发动机进行改动，但它对缓解我国日益增长的由能源不足所带来的压力所起作用较小。要从根本上解决能源紧缺问题，应研究高比例掺醇汽油的应用。由于醇类燃料的性质不同于汽油，所以高比例掺醇燃烧需要对现有的汽车发动机进行较大改动以适应醇类燃料的特点，需对燃油箱、油泵、喷油器、燃油管、滤清器、橡胶件等部件进行研究改进。

4.2.3.1.3　掺醇汽油的缺点

　　（1）醇类燃料与汽油的互溶性较差。醇类燃料具有较强的极性，与汽油的互溶性较差。其互溶性受醇与汽油的混合比例、助溶剂的品种和加入量、混合温度等因素影响。

　　图 4-1 所示为甲醇与汽油的互溶曲线。由图中曲线可看出，当醇含量很低或很高时，醇与汽油可以不借助助溶剂实现互溶，

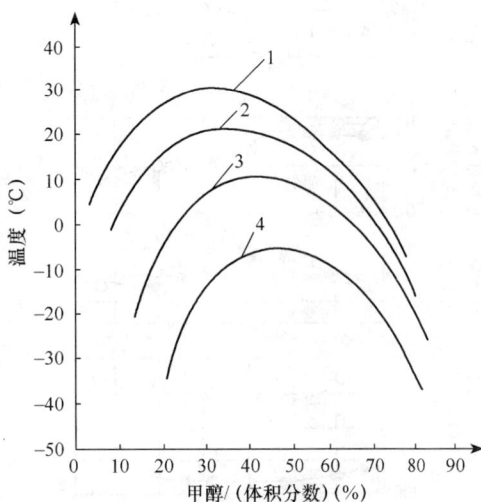

图 4-1　甲醇与汽油的互溶曲线

1. 不加助溶剂　2. 加 1%的助溶剂

3. 加 2%的助溶剂　4. 加 4%的助溶剂

但在很大比例范围内二者不能互溶，必须借助助溶剂。常用助溶剂有甲基叔丁基醚、叔丁醇、异丁醇、正丁醇等。同时，混合温度越高，醇与汽油的互溶性越好。

当掺醇汽油中的醇达到一定浓度时便出现油水分层现象。为解决其分层现象，必须使用含水量低的醇类燃料。同时，在储存和使用过程中要严防水分混入。

（2）掺醇汽油对发动机的金属、橡胶和塑料等材料具有一定腐蚀性。

（3）掺醇汽油的低温起动性差，高温时易发生气阻。这主要是由醇类燃料蒸发潜热大、沸点低造成的。

4.2.3.2　纯醇燃烧

纯醇燃烧是指单纯燃烧甲醇或乙醇燃料。从弥补石油资源短缺的角度来看，纯醇燃料用于发动机燃烧比掺醇燃料——尤其是低比例掺醇燃料——更具有实际意义。因此，对纯醇燃料的使用也进行了许多研究工作。

纯醇燃烧时，可根据甲醇或乙醇燃料的特点对发动机进行改造，使其动力性、经济性和排放性比燃烧汽油时有较大提高。图 4-2 所示为点燃式内燃机分别燃用甲醇和汽油时的有关性能对比，试验时，发动机转速为 2000r/min，空气流量为 5.4g/s。由图可知，燃烧甲醇时，发动机的平均有效压力、热效率比燃烧汽油高，排放气体中 NO_x、未燃 CH 和 CO 的含量比燃烧汽油时低；但燃油消耗率和排放中的甲醛含量比燃烧汽油时高。燃烧乙醇时的有关性能和燃烧甲醇时相似，只是排放气体中未燃乙醇和乙醛的含量较大。

使用纯醇燃料需对发动机进行较大改动，主要改动之处有：调整供油系统、加大油泵供油量；加装进气预热装置；改善零部件的抗腐蚀性能等。

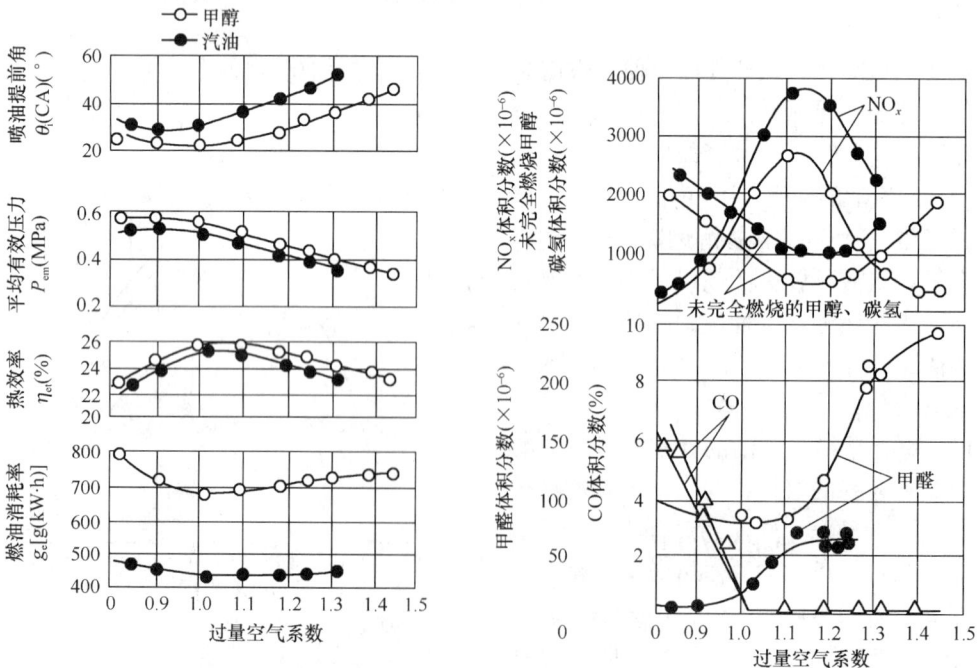

图 4-2　点燃式内燃机分别燃用甲醇和汽油时的有关性能对比

4.3 乳化燃料

乳化燃料是指汽油和柴油等燃油与水混合并经特殊处理后形成的一种相对稳定的乳化液。使用乳化燃料不仅能减少发动机排放中氢氧化合物（NO_x）等有害成分的含量，而且能有效地降低燃料的消耗。所以,使用乳化燃料是节约能源和降低污染的良好措施之一。

4.3.1　乳化燃料节能降污的原理与效果

乳化燃料的燃烧是个非常复杂的过程，其节能降污的原理，目前尚在研究之中，常见的有两种解释理论：微爆理论和燃烧化学反应动力学理论。

（1）微爆理论：此理论认为，乳化燃料中含有油包水型分子基团，在乳化燃料受热汽化形成可燃混合气的过程中，由于水的沸点低于油，所以油包水型分子基团中的水会先于油蒸发，汽化压力冲破油膜的阻力使油滴发生爆炸，爆炸的结果是使油滴变得更加细小，与空气混合得更加均匀。因此，这种情况下形成的可燃混合气品质良好，可实现较完全的快速燃烧，从而达到节约能源和降低排放污染的双重目的。总之，微爆理论的实质是由于水的存在，使燃料雾化蒸发过程中产生了二次雾化，使混合气形成的物理准备过程更加充分。

（2）燃烧化学反应动力学理论：此理论认为，在高温条件下，水蒸气分解时可产生 OH^-。而 OH^- 的化学活性很强，能和烃在燃烧过程中形成的中间产物或不完全燃烧产物发生反应，推进烃类物质的燃烧进程，使燃料能在上止点附近完成燃烧，及时释放全部热能，提高发动机热效率，从而达到节能降污的目的，同时，由于乳化燃料中水分的蒸发需要吸收热量，也会降低汽缸内燃烧时的温度，使 NO_x 的排放量降低。其具体反应过程如下：

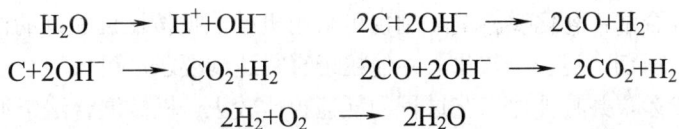

$$H_2O \longrightarrow H^+ + OH^- \qquad 2C + 2OH^- \longrightarrow 2CO + H_2$$

$$C + 2OH^- \longrightarrow CO_2 + H_2 \qquad 2CO + 2OH^- \longrightarrow 2CO_2 + H_2$$

$$2H_2 + O_2 \longrightarrow 2H_2O$$

乳化燃料节能降污效果：乳化燃料与非乳化燃料燃烧效果对比如图 4-3 所示。

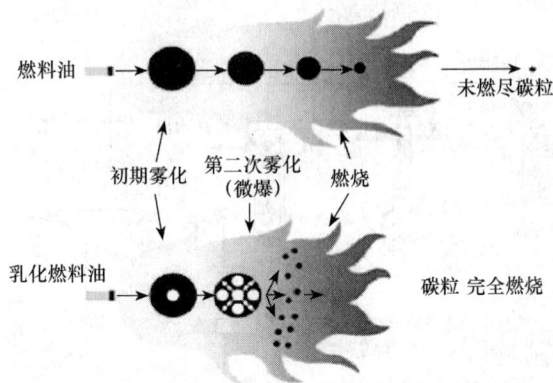

图 4-3　乳化燃料与非乳化燃料燃烧效果对比

不难看出，乳化油燃料在燃烧过程中，减少了火焰中的炭粒，提高了燃料油的燃烧程度，改善了燃烧状况，提高了燃料油的燃烧效率。

在缺氧条件下，燃料中由于高温裂解产生的碳原子，能与水蒸气反应生成 CO 和 H_2，使碳粒子充分燃烧，提高了燃烧率，降低了排烟中的烟尘含量。另外，由于乳化水的蒸发作用，均衡了燃烧时的温度场，从而抑制了 NO_x 的形成。使用乳化油燃料可获得减轻大气污染和节约能源的双重效果。

4.3.2　燃料乳化的方法

燃料由烃类物质组成。烃类物质都是非极性化合物。而水是极性化合物，所以二者的互溶性很差。要使二者混合形成均匀、稳定的乳化液，配制上有一定的难度，这需借助乳化添加剂并采用适当的配制方法才能完成。

乳化添加剂是一种具有乳化作用的表面活性剂，其化学结构由极性基和非极性基两部分构成，极性基具有亲水性质，非极性基具有亲油性质。所以，在乳化添加剂存在的条件下，油与水的混合变得相对容易，并且可保证乳化液的稳定性。

（1）超声波法：超声波法是利用超声波在液体媒介中传播时会出现机械的、热的及空化等作用机制，对传声媒质可产生一系列效应的原理配制乳化燃料。超声波法的优点是设备简单，处理能力强，耗能少，乳化添加剂用量少，乳化效果好，是目前最常用的方法。工艺流程如图 4-4 所示。

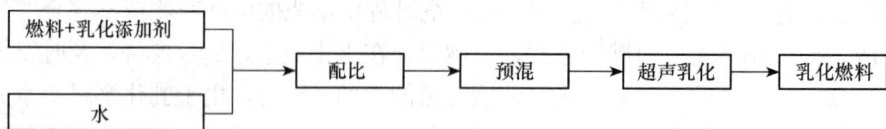

图 4-4　超声波法乳化燃料工艺流程

（2）机械混合法：乳化燃料的配制也可采用机械法把按比例配好的油、水、乳化添加剂进行搅拌、剪切、混合、雾化，并使粒子直径达到要求。机械混合法设备简单，但乳化燃料的质量差，并且乳化工艺过程的耗能也比较大。机械混合法柴油乳化工艺流程如图 4-5 所示。

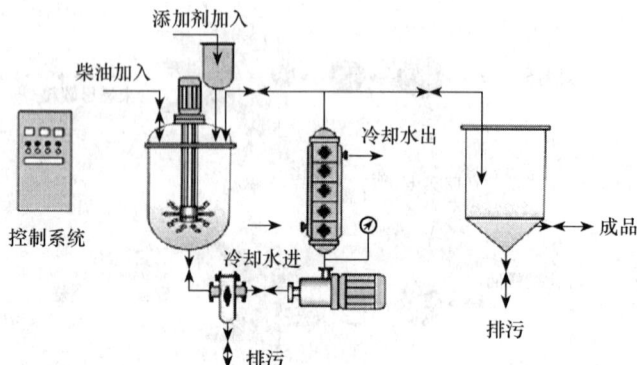

图 4-5　机械混合法柴油乳化工艺流程

乳化燃料的稳定性直接影响其燃用效果。稳定性好，燃料燃烧状况稳定；稳定性差，燃料易出现油水分层等变化，会使发动机工作不平稳，严重时会出现熄火现象。乳化燃料稳定性差的主要表现为：分层（乳化燃料逐步分成明显的两层）、变型（乳化燃料发生相转变，从油包水型变成水包油型）、破乳（乳化燃料中出现大液滴，使相对稳定性不复存在）等。乳化燃料的稳定性与乳化添加剂的类型、加入量、储存温度、掺水量、搅拌程度等有密切关系。乳化剂用量增多，稳定性提高；储存温度升高，稳定性降低；掺水量增加，稳定性降低；搅拌速率增大，稳定性提高。为此，应从多方面入手提高乳化燃料的稳定性。另外，研究和开发更好的乳化设备、乳化添加剂，以及了解乳化燃料的使用及其对发动机的影响，都是有待进一步解决的问题。

4.4 天然气

天然气是各种替代燃料中最早广泛使用的一种。天然气汽车自 20 世纪 30 年代就开始在意大利使用。我国天然气汽车工业发展始于 20 世纪 80 年代。目前天然气汽车已受到各国政府的普遍重视，21 世纪将是天然气汽车大发展的时代。

4.4.1 天然气资源

天然气的主要成分是甲烷（CH_4），其体积一般占天然气的 80%～99%。另外，天然气中还含有乙烷、丙烷、丁烷、戊烷等气体化合物和氢气、氮气、二氧化碳、硫化氢等气体元素，它们在天然气中的含量一般都比较低。天然气有气田气、油田气两种类型。由于气田和油田的地理位置和地质结构不同，所以气田气和油田气的组分存在一定差异。表 4-5 所示为不同产地的天然气的组分构成。

表 4-5　不同产地的天然气的组分构成（体积分数）　　%

名　称	CH_4	C_2H_6	C_3H_8	C_4H_{10}	C_mH_n	H_2	N_2	CO_2	H_2S
气田天然气（四川）	97.20	0.70	0.20	—		0.10	0.70	1.0	0.10
油田天然气（四川）	88.59	6.06	2.02	1.54	0.06	0.07	1.46	0.2	—
大庆天然气	91.05	1.64	2.70	2.23	1.09	—			

天然气的资源非常丰富，已探明的可采储量达 $1\,400\,000 \times 10^8 \text{m}^3$，待探明的储量潜力仍然很大，并且近年来的年产量增长速度远高于石油和煤的增长速度。据国际权威机构预测，2010—2020 年天然气在能源结构中所占的比例，将达到 35%～40%，其地位也将超过石油，成为第一能源。

4.4.2 天然气的主要物化特性

天然气的主要物化特性见表 4-6。

表 4-6   天然气的主要物化特性

物化特性参数	数值	物化特性参数	数值
H／C 原子比	4	理论空燃比（质量比）	17.25
密度（液相）(kg/m³)	424	理论空燃比（体积比）	9.52
密度①（气相）(kg/m³)	0.715	高热值（MJ/kg）	55.54
分子量	16.043	低热值（MJ/kg）	50.05
沸点（℃）	−161.5	混合气热值（MJ/m³）	3.39
凝点（℃）	−182.5	混合气热值（MJ/kg）	2.75
临界温度（℃）	−82.6	低热值（液态）（MJ/L）	21.22
临界压力（Mpa）	4.62	辛烷值 RON	130
汽化潜热（kJ/kg）	510	着火极限（体积分数）(%)	5～15
比热容（液体，沸点)[kJ/（kg·K）]	3.87	着火温度（常压下）（℃）	537
比热容（气体，25℃)[kJ/（kg·K）]	2.23	火焰传播速度（cm/s）	33.8
气/液容积比（15℃）	624	火焰温度（℃）	1918

4.4.3   天然气的特点

与其他燃料相比，天然气具有如下较为突出的特点：

（1）着火极限宽：天然气与空气的混合气具有很宽的着火极限。其过量空气系数的变化范围为 0.6～1.8，可在大范围内改变混合比，提供不同成分的混合气。所以，使用天然气可以实现稀薄燃烧，能有效降低发动机在部分负荷时的能量消耗与排放污染。

（2）与空气的理论混合气热值低：虽然天然气的理论空燃比（质量比）和理论空燃比（体积比）都比汽油略高，但与空气的理论混合气热值相比却比汽油略低，只有 3.39MJ/m³，比汽油低 10%左右，这就使得天然气发动机的功率比燃用汽油的发动机功率略低。

（3）火焰传播速度低：天然气燃烧的火焰传播速度为 33.8cm/s，比汽油的火焰传播速度稍慢。

（4）点火能量高：天然气着火温度为 537℃，比汽油着火温度高得多，加之天然气的火焰传播速度比汽油低，所以，若使天然气能及时、迅速燃烧，必须有较高的点火能量。

（5）抗爆燃性能好：天然气的研究法辛烷值为 130，比汽油高得多，其抗爆性能非常好。在这种情况下，为充分发挥其抗爆能力，可适当提高发动机的压缩比，进而提高发动机的热效率，增大汽车的动力性。对燃用天然气的专用发动机，比较合理的压缩比为正 12。

（6）密度小：天然气的液相密度为 424kg/m³，汽油密度为 740kg/m³。天然气的密度低于汽油，使吸入发动机的新鲜空气质量减少，将导致发动机的输出功率降低。

（7）排放污染小：天然气的燃烧温度低，会降低 NO_x 的生成量；天然气常温常压下呈气态，与空气同相，所以形成的混合气均匀，燃烧完全，会减少 CO、HC 等成分的排出量；排放物中的 HC 成分多为甲烷，性质稳定，所以在大气中也不会形成光化学烟雾，避免造成进一步污染。

（8）携带性较差：天然气常温常压下为气体，携带不方便，为此要对其进行液化。但需要较低的温度和较高的压力，其技术要求很高。

（9）使用天然气可减小发动机的磨损：天然气燃料使燃烧室积炭少，且燃烧产物中不含液体燃料成分，对润滑油破坏小。

4.4.4　天然气在汽车上的使用

4.4.4.1　天然气的存在形式

作为车用燃料的替代品，天然气根据其存在形式不同，分为压缩天然气（CNG）和液化天然气（LNG）两种。

（1）压缩天然气（CNG）：压缩天然气是天然气经过脱水、脱硫净化处理后，经多级压缩至 20MPa 左右存储在气瓶中，使用时经减压器减压后供给发动机燃烧即可。

（2）液化天然气（LNG）：液化天然气是将天然气经过一定工艺，使其在−162℃左右变为液态，存储在高压气瓶中。与压缩天然气相比，液化天然气工作压力降低，储气瓶体积减小，续驶里程延长。但它对低温储存技术要求较高。

4.4.4.2　天然气汽车类型

根据天然气储存形式，天然气汽车分为压缩天然气汽车和液化天然气汽车。

（1）压缩天然气汽车：目前国内外发展较快的是压缩天然气汽车。为保证其质量能满足汽车的使用需求，我国车用压缩天然气的技术指标见表 4-7。

压缩天然气汽车按燃料供给系统不同又可分为专用压缩天然气汽车、压缩天然气与汽油两用燃料汽车、压缩天然气与柴油双燃料汽车等。

表 4-7　我国车用压缩天然气的技术指标

项　目	技术指标
高位发热值（MJ/m³）	>31.4
总硫（以硫计）（mg/m³）	≤200
硫化氢（mg/m³）	≤15
二氧化碳（体积分数）（%）	≤3.0
氧气（体积分数）（%）	≤0.5
水露点（℃）	在汽车驾驶的特定地理区域内，在高操作压力下，水露点不应高于−13℃；当最低气温低于−8℃时，水露点应比最低气温低 5℃

专用压缩天然气汽车以 CNG 作为唯一燃料，其发动机的燃料供给系统专为 CNG 燃料设计，能充分发挥 CNG 燃料的特点。

压缩天然气与汽油两用燃料汽车是通过对现成汽油车改装而成，有两套燃料供给系统，一套为保留的原车供油系统，另一套为增加的 CNG 供给装置。发动机可以分别使用 CNG 和汽油作为燃料，两种燃料的转换利用选择开关实现。由于发动机结构未作改动，当使用天然气燃料时，往往不能充分发挥其优点，导致汽车功率下降。

压缩天然气与柴油双燃料汽车是通过对现成柴油车改装而成。其燃料供给系统可根据发动机的运行工况按一定比例同时供给 CNG 和柴油两种燃料。其中，柴油只用作引燃燃料，CNG 是主要燃料。

（2）液化天然气汽车：由于液化天然气对储存技术要求较高，使得储存容器的成本也较高，这从一定程度上限制了液化天然气汽车的发展。但由于液化天然气在储存能量密度、汽车续驶里程、储存容器压力等方面均优于压缩天然气，能解决压缩天然气汽车所存在的一些问题，所以液化天然气作为天然气的使用方式之一，是今后的重点发展方向。

4.4.4.3 天然气汽车技术

所谓天然气汽车技术，是指汽车用天然气储存、加注以及合理运用等方面的技术，主要包括以下几方面：

（1）加气站技术：无论是压缩天然气还是液化天然气，它们向汽车上加注时，所需加气设备都比汽油、柴油等传统燃料的加注设备复杂一些，必须保证压缩天然气的压力和液化天然气的低温，这需要较高的技术水平。

（2）发动机技术：天然气燃料的性质不同于汽、柴油，因此天然气发动机的结构也不同于汽油机和柴油机，应对其燃料混合、发动机燃烧室结构、点火系统等方面的独特之处进行研究与开发。

（3）气瓶技术：由于汽车具有的流动性，燃料必须时刻携带，携带天然气的气瓶如何保证储存压力和绝热能力，并尽量降低其制造成本，都需要较高的技术水平。

4.5 液化石油气

液化石油气（Liquefied Petroleum Gas，LPG）是石油产品之一，是由炼厂气或天然气（包括油田伴生气）加压、降温、液化得到的一种无色、挥发性气体。液化石油气价格便宜，容易液化，储存和使用方便，其配套设施如加气站等的建设费用也比较低。所以，液化石油气作为车用替代燃料，近年来发展较快。

4.5.1 液化石油气资源

我国液化石油气资源包括油田和石油炼厂两个方面。油田的液化石油气是在伴生气的处理过程中的轻烃产品，如大庆、胜利、中原等油田都有该产品。油田的液化石油气主要成分是丙烷和丁烷，其内不含烯烃，所以适于直接用作车用燃料。石油炼厂的液化石油气是在石油的催化裂化和延迟焦化炼油过程产生的，其主要成分是丙烷、丙烯、丁烷和丁烯等。表4-8为我国几个石油炼厂液化石油气主要成分的体积分数。

表4-8 石油炼厂液化石油气主要成分的体积分数 %

石油炼厂	C_3H_8	C_3H_6	C_4H_{10}	C_4H_8	$C_2H_6+C_2H_4$	其他
南京石油化工厂	18.17	23.06	29.04	26.45	1.28	2.0
大庆炼油厂	13.60	50.90	—	31.80	0.20	3.5
锦州石油六厂	8.50	24.50	23.90	33.40	1.30	8.4

由表4-8中的数据可知，石油炼厂的液化石油气内含有大量的烯烃。烯烃为不饱和烃，燃烧后结胶、积炭严重，所以这种产品不适于直接做车用燃料。

虽然液化石油气可从油田和石油炼厂等处获得，资源比较丰富，但由于它是石油开采和石油精制过程中的伴生物，所以它的来源受石油资源的限制，不能成为汽油、柴油的稳定替代能源。

4.5.2 液化石油气的主要物化特性

汽车用液化石油气的主要成分是丙烷和丁烷,其主要物化特性见表4-9。

表 4-9 汽车液化石油气的主要物化特性

物化特性参数	丙 烷	丁 烷	物化特性参数	丙 烷	丁 烷
H/C 原子比	2.67	2.5	理论空燃比(质量比)	15.65	15.43
密度(液相)(kg/m³)	528	602	理论空燃比(体积比)	23.81	30.95
密度(气相)(kg/m³)	2.02	2.598	高热值(MJ/kg)	50.38	49.56
分子量	44.097	58.124	低热值(MJ/kg)	45.77	46.39
沸点(℃)	−42.1	−0.5	混合气热值(MJ/m)	3.49	3.52
凝点(℃)	−187.7	−138.4	混合气热值(MJ/kg)	2.79	2.79
临界温度(℃)	96.7	152.0	低热值(液态)(MJ/L)	27.00	27.55
临界压力(Mpa)	4.25	3.8	辛烷值 RON	111.5	95
汽化潜热(kJ/kg)	426	385	着火极限(体积分数)(%)	2.2~9.5	1.9~8.5
比热容(液体,沸点)[kJ/(kg·K)]	2.48	2.36	着火温度(常压下)(℃)	466	430
比热容(气体,25℃)[kJ/(kg·K)]	1.67	1.68	火焰传播速度(cm/s)	38	37
气/液容积比(15℃)	273	236	火焰温度(℃)	1970	1975

4.5.3 液化石油气的特点

液化石油气作为车用替代燃料,比较突出的特点有以下几个方面:

(1)抗爆性能高:液化石油气的研究法辛烷值在100左右,比汽油的辛烷值高,所以液化石油气的抗爆能力强,用于发动机后,可适当提高发动机压缩比,增大发动机热效率。

(2)排放污染小:液化石油气常温常压下呈气态,与空气同相,混合均匀,燃烧得较完全且燃烧温度低,所以,排放物中CO、HC、NO_x等的排出量会大幅度减少。

(3)火焰传播速度慢:液化石油气燃烧的火焰传播速度比汽油稍慢。

(4)点火能量高:液化石油气着火温度比汽油高,并且其火焰传播速度比汽油慢,所以需要较高的点火能量。

(5)与空气的理论混合气热值低:虽然液化石油气的质量热值和体积热值都比汽油略高,但其与空气的理论混合气热值却比汽油略低,所以液化石油气发动机的功率要比汽油发动机功率低些。

(6)便于携带:液化石油气在690kPa左右就可以完全液化,压力比较低,因此,它几乎同汽油和柴油一样便于携带。

4.5.4 液化石油气在汽车上的使用

4.5.4.1 对车用液化石油气的技术要求

为保证液化石油气的质量能满足汽车的使用需求,我国对车用液化石油气的技术要求如表4-10所列。

表 4-10 车用液化石油气技术要求

项 目		质 量 指 标		试验方法
		车用丙烷	车用丙丁烷混合物	
37.8℃蒸汽压（表压）(kPa)		≤1430	≤1430	GB/T 6602[①]
组分（%）	丙烷	—	≥60	SH/T 0230
	丁烷及以上组分	≤2.5	—	
	戊烷及以上组分	—	≤2	
	丙烯	≤5	≤5	
残留物	100mL 蒸发残留物/（mL）	≤0.05	≤0.05	SY/T 7509
	油渍观察	通过	通过	
密度（20℃或15℃）(kg/m³)		实测	实测	SH/T 0231[②]
铜片腐蚀		不大于 1 级	不大于 1 级	SH/T 0232
总硫含量（体积分数）(×10⁻⁶)		≤123	≤123	SY/T 7508
游离水		无	无	目测

注：①蒸汽压允许用 GB/T 12576 方法计算，但在仲裁时必须用 GB/T 6602 测定。
②密度允许用 GB/T 12576 方法计算，但在仲裁时必须用 SH/T 0221 测定。

表 4-10 中的车用丙烷包括丙烷和少量丁烷，可作为低温条件下的车用燃料。车用丙丁烷混合物包括丙烷、丁烷和少量戊烷，可作为一般温度下的车用燃料。

4.5.4.2 液化石油气汽车类型

液化石油气汽车按燃料供给系统不同，可分为专用液化石油气汽车、液化石油气与汽油两用燃料汽车、液化石油气与柴油双燃料汽车等。

（1）专用液化石油气汽车：以 LPG 作为唯一燃料，其发动机的燃料供给系统专为 LPG 燃料设计，能充分发挥 LPG 燃料的特点，使用性能最佳。

（2）液化石油气与汽油两用燃料汽车：是通过对现成汽油车改装而成。有两套燃料供给系统，一套为保留的原车供油系统，另一套为增加的 LPG 供给装置。发动机可以分别使用 LPG 和汽油作为燃料，两种燃料的转换通过电磁阀实现。由于发动机结构改动较小，因此当使用液化石油气燃料时，往往不能充分发挥其优点，导致汽车性能不如专用液化石油气汽车。

（3）液化石油气与柴油双燃料汽车：是通过对现成柴油车改装而成。同液化石油气与汽油两用燃料汽车一样，也有两套燃料供给系统，一套为原柴油供给系统，另一套为增加的 LPG 供给装置。两套燃料供给系统可根据发动机的运行工况按一定比例同时供给 LPG 和柴油两种燃料。其中，柴油只作引燃燃料，LPG 是主要燃料。

4.6 氢气

研究氢气作为内燃机的替代燃料，具有两个非常突出的特点：首先，氢气可用水来制取，并且氢气燃烧后又生成水，这种快速的资源循环，使得氢能源取之不尽、用之不竭，这决定了氢气将在未来可耗尽资源消耗殆尽时起主导作用；其次，氢气是非常理想的清洁燃料，燃烧生成水，无 CO_2、CO、HC、碳烟等污染物质。所以，目前世界上各国都纷纷投入大量人力、物力和财力从事这方面研究。

4.6.1　氢气资源

在自然状态下，大气中只含有极微量的氢气，因此，要想利用氢气必须依靠制取。制取氢气的资源很多，如煤、石油、天然气、水等，都可用来制取氢气。尤其是水，在地球上的储量极其丰富，约为 13.9 亿 km^3，并且可快速循环使用。所以，尽管氢气不像煤、石油、天然气等资源有较大的自然储量，但作为氢气来源的资源是非常丰富的，这为氢气的广泛研究和使用提供了有力保障。

4.6.2　氢气的主要物化特性

氢气的主要物化特性见表 4-11。

表 4-11　氢气的主要物化特性

物化特性参数	数值	物化特性参数	数值
质量热值（MJ/kg）	高 141.8	与空气理论混合气热值（MJ/m^3）	3.186
	低 120.1	理论混合气点火能量（J）	3.18×10^{-5}
墨尔热值（MJ/kmol）	高 285.8	最小点火能量（J）	1.34×10^{-5}
	低 242.1	空气中的最大火焰速度（cm/s）	291
标态体积热值（MJ/m^3）	高 12.74	最大火焰速度时的热力学温度（K）	2380
	低 10.80	最大火焰速度时的当量比	1.7
理论燃空比（kg/kg）	0.02915	气态密度（kg/m^3）	0.08987
理论空燃比（kg/kg）	34.38	液态密度（kg/L^3）	0.071
空气中燃烧界限（体积分数）（%）	4.1～75	气态黏度（mPa/s）	0.0202
极限过量空气系数	0.15～7.0	汽化热（kg/kmol）	90.4
着火温度（℃）	571	沸点（℃）	−253
与空气燃烧理论体积分数[F/（A+F）]（%）	29.5		

4.6.3　氢气的特点

氢气作为燃料，有以下比较突出的特点：

（1）着火界限宽：氢气在空气中燃烧的界限非常宽，为 4.1%～75%，比汽油和柴油的着火极限大很多。所以，氢气可以实现稀薄燃烧，可以降低发动机在部分负荷时的能量消耗与排放污染。

（2）点火能量低：氢气最小点火能量为 1.34×10^{-5} J，比一般烃类低一个数量级以上。所以，氢气点火能量低，比汽油小得多，当掺入到汽油后，可降低汽油的点火能量，并改善汽油机的性能。

（3）火焰传播速度高：氢气燃烧的火焰传播速度高达 291cm/s，是汽油的 7 倍，说明氢气在汽油机中燃烧时的抗爆性能很好。

（4）与空气的理论混合气热值低：虽然氢气的质量热值在所有的化学燃料中是最大的，低质量热值为 120.1MJ/kg，约为汽油的 3 倍。但由于氢气的相对分子质量小，质量轻，使得其标态体积低质量热值只有 10.80MJ/m³，其与空气的理论混合气质量热值也只有 3.186 MJ/m³，比汽油低 15%，发热量仅相当于汽油的 85%，所以使得燃氢发动机的功率要比燃用汽油的发动机功率低 15%。

（5）自燃温度高：氢气的自燃温度比较高，为 580℃，而柴油为 350℃，这就决定了燃氢发动机难以压燃，比较适合于点燃。故而汽油机易于改为氢气发动机，这就为将来氢气发动机的开发运用提供了一个有利的条件。

（6）燃烧排污低：氢气是一种无色、无臭、无毒的干净燃料，同时也是一种无碳燃料，完全不产生汽油等烃类燃料燃烧时所排放的 CO、CO_2、CH 等化合物，燃烧只生成水和 NO_x，并且 NO_x 的排放也比目前的汽油机低得多，即使有一定的排放量，作为比较单一的排放物也非常容易控制。先进的氢燃料电池和催化氢技术排放物中只有水，如果用氢能驱动车辆，则可以真正实现零排放。故而，氢气发动机作为动力有利于环境保护。

（7）发动机的热效率：氢气的自燃温度比较高，其辛烷值比异辛烷（辛烷值为 100）高，抗爆性高于汽油。因此，用氢气做燃料时，可以通过提高发动机压缩比来提高其热效率。并且氢气在空气中的火焰传播速度非常快，这也使得发动机的热效率有较大的提高。

（8）发动机的磨损量减小：氢气燃烧的产物比较单纯，使得它对发动机润滑油的污染比较小。同时，由于氢气的沸点比较低，仅为−253℃，在发动机上使用液氢发生汽化时，可较好地降低发动机的机体温度，使得发动机润滑油的高温氧化程度低，这些都有利于保证发动机的正常运转。

4.6.4   氢气的制取

（1）从煤中制取：煤在高温下可以和水蒸气发生反应，生成水煤气，水煤气的主要成分是一氧化碳和氢气，反应方程式为：$C+H_2O = CO+H_2$。再利用分离技术，将氢气分离出，就可制氢气。主要流程是往燃烧的煤上喷水蒸气，另一边收集水煤气。此法要耗煤，成本较高。

（2）从石油中制取：以石油烃为原料，在 1300℃下与高温水蒸气及氧反应，生成 H_2 和 CO_2。反应中要提供大量热能，并消耗石油资源。

（3）以天然气为原料制取：天然气与水蒸气在 650～700℃反应，在镍基催化剂作用下产生 H_2 和 CO_2。天然气已是发动机的洁净燃料，所以此法不可取。

（4）电解法制取：其反应方程式为 $2H_2O \xrightarrow{\text{通电}} 2H_2\uparrow+O_2\uparrow$。此方法为目前生产氢气的主要方法。

（5）热化学法制取：此方法目前主要包括两类，一是碘-碘系统法，二是铁-氯系统法。其中碘-碘系统法的反应方程式如下：

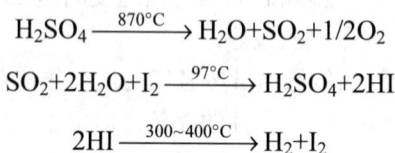

$$H_2SO_4 \xrightarrow{870℃} H_2O+SO_2+1/2O_2$$

$$SO_2+2H_2O+I_2 \xrightarrow{97℃} H_2SO_4+2HI$$

$$2HI \xrightarrow{300\sim400℃} H_2+I_2$$

铁-氯系统法的反应方程式如下：

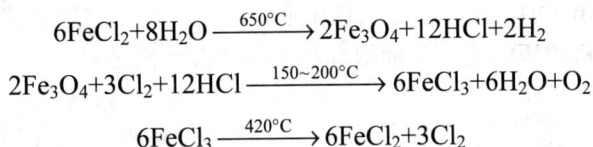

$$6FeCl_2+8H_2O \xrightarrow{650°C} 2Fe_3O_4+12HCl+2H_2$$

$$2Fe_3O_4+3Cl_2+12HCl \xrightarrow{150\sim200°C} 6FeCl_3+6H_2O+O_2$$

$$6FeCl_3 \xrightarrow{420°C} 6FeCl_2+3Cl_2$$

4.6.5 氢气在汽车上的使用

氢能汽车是以氢作为主要能量工作的汽车。其作为替代燃料有两类工作形式：一是氢内燃车，它是传统汽油内燃机车稍加改动的版本。氢内燃直接燃烧氢，产生水蒸气排出。这类车的问题是氢燃料很快耗尽。载满氢气的油缸只能行驶数公里，很快便没有了能量。二是氢燃料电池，燃料电池和电动机会取代一般的引擎。这样有效减少了其他燃油的汽车造成的空气污染问题，高速车辆、公共汽车、潜水艇和火箭已经在不同形式使用氢。近年来，国际上以氢为燃料的"燃料电池发动机"技术取得重大突破，而"燃料电池汽车"已成为推动"氢经济"的发动机。

4.6.5.1 氢内燃车

氢气既可以单独作为内燃机燃料用于发动机，也可与汽油作为混合燃料用于发动机。

4.6.5.1.1 氢气单独作为内燃机燃料

氢气单独作为内燃机燃料在发动机上使用，其供氢方式有缸内直接供氢法、预燃室喷氢法、进气道间歇喷射——电磁控制法、进气道间歇喷射——进气门座工作面吸入法、进气管连续喷射——空气导流法和进气管连续喷射——混合器法等。

为提高发动机的功率，一般采用内部混合气形成的氢发动机，即缸内直接供氢法。这种缸内喷射的氢混合气的热值比汽油混合气高20%。比外部混合气形成的氢发动机的功率约高41%。在进气门关闭后，将氢直接喷入缸内形成混合气的喷射。由于喷射压力不同，有低压喷射型和高压喷射型两种喷射形式。

（1）低压喷射型：低压喷射型的喷射压力比较低，约为1MPa。它是在发动机压缩行程的前半行程将氢喷入缸内。其优点是可提高发动机的功率，不发生回火现象。

（2）高压喷射型：高压喷射型的喷射压力比较高，须大于8MPa。它是在发动机压缩行程末上止点附近将氢喷入缸内。其优点是可增大发动机的压缩比，提高其热效率，也不会发生回火、爆燃及早燃等现象。

但随着氢喷射压力的提高，对发动机的技术要求更高。为保证喷射系统的密封性，必须采用非常精密的零件；为保证混合气燃烧充分，应使发动机燃烧室形状与氢喷束相适应等。

4.6.5.1.2 氢气与汽油混合作为燃料

目前，氢燃料在汽车上的使用多为氢与汽油混合作为燃料用于发动机。由于氢气具有点火能量低、火焰传播速度快、燃烧界限宽等特点，所以向汽油中掺入一部分氢气后，可使汽油发动机燃烧着火延迟期大大缩短，火焰传播速度加快，燃烧持续期缩短；再加上氢在燃烧时释放出 OH、H、O 等活性中心，可大大地促进燃烧速度，抑制爆燃。这样，便可提高发动机的压缩比，从而提高热效率和改善汽油机的性能。

Anode（阳极,燃料端）reaction: $H_2 \longrightarrow 2H^+ + 2e^-$;
Cathode（阴极,氧气端）reaction: $1/2O_2 + 2H^+ + 2e^- \longrightarrow H_2O$;
Overall reaction: $H_2 + 1/2O_2 \longrightarrow H_2O + Heat + 电能$

图 4-6　氢燃料电池反应原理

汽油机掺氢后燃烧，也可以改善排放污染，如 CO 和 NO_x 等的排放率都会明显降低。

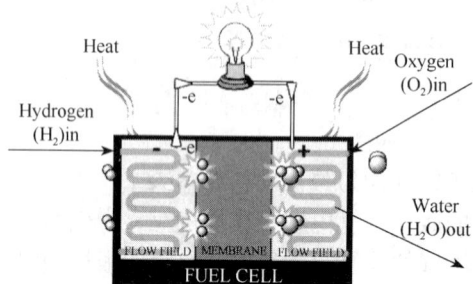

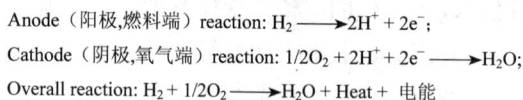

4.6.5.2　氢燃料电池

氢燃料电池的原理是把氢输入燃料电池中，氢原子的电子被质子交换膜阻隔，通过外电路从负极传导到正极，成为电能驱动电动机；质子却可以通过质子交换膜与氧化合为纯净的水雾排出。其反应原理如图 4-6 所示。

4.7　电能

车用电能的使用主要体现在电动汽车上。电动汽车（EV）作为"零排放"汽车，已成为当前汽车行业的热点。电动汽车包括纯电动汽车、混合动力汽车以及燃料电池汽车。纯电动汽车具有能源利用效率高、能源来源多样的特点，其关键技术也是混合动力汽车、燃料电池汽车所必须解决的共性技术，是电动汽车发展的技术平台。我国对电动汽车用动力蓄电池研发的重点集中在镍氢电池、锂离子电池、锂聚合物电池上。镍氢电池具有比能量高、比功率高、寿命长、材料来源丰富、无污染等优点，但电池的均一性较差，这就极大地限制了蓄电池组的实际使用寿命。锂离子电池的迅速发展对镍氢电池在电动车上的应用造成威胁。锂离子电池的比能量更高，有较高的比功率，寿命长，无污染。

目前，影响锂离子电池在电动车上商业化使用的关键是安全性和价格。锂聚合物电池也在比能量、比功率、寿命特性上与锂离子电池相当，同样无污染，但是其安全性较锂离子电池好，被认为是最有发展潜力的电动汽车用电池。但是锂离子聚合物电池在技术上还不够成熟。氢能和电能作为一种代用能源形式，主要体现在燃料电池和电池在汽车上的使用上。

4.7.1　电动汽车用电池的特点

电池是电动汽车的动力源泉，也是一直制约电动汽车发展的关键因素。未来电动汽车用的电池应具备以下特点：①高比能量（关系到一次充电可行驶的距离）；②大功率（涉及电动车的加速特性和爬坡能力）；③长循环寿命（涉及流动成本）；④高充放电效率（涉及省能源及成本）；⑤原材料来源丰富，低成本（涉及基本建设费用等）；⑥安全

（关系到在使用过程中是否可靠，方便）；⑦易保养（关系到可靠性和方便性）；⑧与环境友好（涉及资源能否再生及环境保护等问题）。

到目前为止，电动汽车用电池经过了 3 代的发展，已取得了一定的进展。第一代是铅酸电池，目前主要是阀控铅酸电池（VRIA），由于其比能量较高、价格低和能高倍率放电，因此成为了目前唯一能大批量生产的电动汽车用电池；第二代是碱性电池，主要有 Ni-Cd、Ni-MH、Na/S、Li-ion 和 Zn/Air 等多种电池，其比能量和比功率都比铅酸电池高，因此大大提高了电动汽车的动力性能和续驶单程，但其价格却比铅酸电池高；第三代是以燃料电池为主的电池，它直接将燃料的化学能转变为电能，能量转变效率高，比能量和比功率都高，并且可以控制反应过程，能量转化过程可以连续进行，因此是理想的汽车用电池，但目前还处于研制阶段，一些关键技术还有待突破。

4.7.2 电能在汽车上的使用

电能在汽车上的使用主要体现在电动汽车上。现代电动汽车一般可分为 3 类：纯电动汽车（PEV），混合动力汽车（HEV），燃料电池电动汽车（FCEV）。近几年在传统混合动力汽车的基础上，又派生出一种外接充电式（Plug-In）混合动力汽车，简称 PHEV。

（1）纯电动汽车（PEV）：又称蓄电池电动汽车、一次电池电动汽车，是指以车载电源为动力，用电机驱动车轮行驶，符合道路交通、安全法规各项要求的车辆。纯电动汽车与传统汽车的最主要的区别在于：用电动机代替内燃机，完全由可充电电池（如铅酸电池、镍镉电池、镍氢电池或锂离子电池）提供动力源。纯电动汽车的组成包括：电力驱动及控制系统、驱动力传动等机械系统、完成既定任务的工作装置等。电力驱动及控制系统是电动汽车的核心，也是区别于内燃机汽车的最大不同点。电力驱动及控制系统由驱动电动机、电源和电动机的调速控制装置等组成，其他装置基本与内燃机汽车相同。

电动汽车采用电动轮驱动，传动装置的多数部件常常可以忽略。因电动机可以带负载起动，所以电动汽车上无需传统内燃机汽车的离合器。驱动电机的旋向可以通过电路控制实现变换，所以电动汽车也无须内燃机汽车变速器中的倒挡。当采用电动机无级调速控制时，电动汽车可以忽略传统汽车的变速器。

电动汽车的制动装置同其他汽车一样，是为汽车减速或停车而设置的，通常由制动器及其操纵装置组成。在电动汽车上，一般还有电磁制动装置，它可以利用驱动电动机的控制电路实现电动机的发电运行，使减速制动时的能量转换成对蓄电池充电的电流，从而得到再生利用。

（2）混合动力汽车（EHV）：亦称复合动力汽车，是指同时装备两种动力来源——热动力源（由传统的汽油机或者柴油机产生）与电动力源（电池与电动机）的汽车。通过在混合动力汽车上使用电机，使得动力系统可以按照整车的实际运行工况要求灵活调控，而发动机保持在综合性能最佳的区域内工作，从而降低油耗与排放，提高纯电动汽车的行驶里程。

混合动力汽车的优点是：①采用混合动力后可按平均需用的功率来确定内燃机的最大功率，此时处于油耗低、污染少的最优工况下工作。大功率内燃机功率不足时，由电池来补充；负荷少时，富余的功率可发电给电池充电，由于内燃机可持续工作，电池又可以不断得到充电，故其行程和普通汽车一样。②因为有了电池，可以十分方便地回收制动时、下坡时、怠速时的能量。③在繁华市区，可关停内燃机，由电池单独驱动，实现"零"排放。④有了内燃机可以十分方便地解决耗能大的空调、取暖、除霜等纯电动汽车遇到的难题。⑤可以利用现有的加油站加油，不必再投资。⑥可让电池保持良好的工作状态，不发生过充、过放，延长其使用寿命，降低成本。

混合动力驱动汽车的缺点是：有两套动力，再加上两套动力的管理控制系统，结构复杂，技术较难，价格较高。

（3）燃料电池电动汽车（FCEV）：其动力来自将燃料的化学能转变为电能。这种汽车要携带专用燃料，利用氢气和空气中的氧在催化剂的作用下在燃料电池中经电化学反应产生的电能，作为主要动力源。

燃料电池电动汽车主要优点是：①其排放生成物是水及水蒸气，为零污染。②能量转换效率可高达60%~70%。③无机械振动、低噪声、低热辐射。④宇宙质量中有75%是氢，地球上氢几乎是无处不在。氢还是化学元素中质量最轻、导热性和燃烧性最好的元素。⑤氢的热值很高，1kg氢和3.8L汽油的热值相当。

燃料电池电动汽车存在的技术、经济问题是：①国产燃料电池发动机的耐久性寿命短，一般仅1000~1200h（国外达2200h），燃料电池汽车行驶$4~5×10^4$km，功率即下降40%，与传统内燃机可普遍行驶$50×10^4$km以上相比，差距很大；②燃料电池发动机的制造成本居高不下；③燃料电池发动机对工作环境的适应性很差；④燃料电池汽车的使用成本过高。

（4）外接充电式混合动力汽车（PHEV）：外接充电式混合动力汽车是最新的一代混合动力汽车类型，近年来受到各国政府、汽车企业和研究机构的普遍关注，国内外专家认为，PHEV有望在几年后得到广泛的推广使用。

PHEV是在混合动力汽车上增加了纯电动行驶工况，并且加大了动力电池容量，使PHEV采用纯电动工况可行驶50~90km，超过这一里程，则必须起动内燃机，采用混合驱动模式。所以PHEV的电池容量一般达5~10kW·h，约是纯电动汽车电池容量的30%~50%，是一般混合动力汽车电池容量的3~5倍，可以说它是介于混合动力汽车与纯电动汽车之间的一种过渡性产品。与传统的内燃机汽车和一般混合动力汽车（HEV）对比，PHEV由于更多的依赖动力电池驱动汽车，因此它的燃油经济性进一步提高，二氧化碳和氮氧化物排放更少。由于动力电池容量加大，每辆车的售价至少比一般HEV高2000美元。

复习思考题

1. 车用代用能源的种类有哪些？
2. 醇类燃料有哪些特点？
3. 乳化燃料燃烧有哪些显著效果？
4. 简述天然气汽车的种类和特点。

5. 简述液化石油气汽车的种类和特点。

6. 简述氢气在汽车发动机上的使用情况。

7. 简述电能在汽车上的使用情况。

补充阅读材料

替代能源汽车最新研究进展

1. 醇类燃料汽车的研究进展

1）甲醇燃料汽车的研究进展

20 世纪 70 年代，世界各大汽车制造商积极研究开发了不同类型的甲醇燃料汽车，其中低比例甲醇汽油车在美国、德国、日本等国家得到了大规模的研究和示范，高比例甲醇汽油是比较理想的甲醇燃料，其核心技术也为美国、德国、日本和加拿大等国家所掌握。

我国煤炭资源丰富，以煤生产的甲醇产能非常大，甲醇燃料具有大规模替代传统石油资源的基础和条件，这对我国的能源安全而言是极其重要的。因此，我国对甲醇燃料的研究开发一直有稳定的进展。而且国内外最新研究资料表明甲醇燃料的毒性与汽油、柴油相当，甲醇燃料燃烧排放的甲醛等气体也可以通过催化转化器消除。如果能够通过技术手段克服甲醇燃料的一些固有缺陷，甲醇燃料作为替代能源在我国还是具有非常好的发展前景。

2）乙醇燃料汽车的研究进展

乙醇燃料在 20 世纪 70 年代主要是作为汽油的抗爆添加剂，以减少抗爆剂铅的使用。乙醇燃料在 80 年代作为清洁能源被人们重新认识，90 年代后，世界各国开始将乙醇燃料作为其生物能源战略的重要途径，并积极研究开发和推广应用乙醇燃料，乙醇燃料汽车因此被认为是最有发展前景的替代能源汽车之一。

我国在 2000 年之前针对乙醇燃料的研究工作并不多，主要是对不同比例的乙醇汽油进行实验研究。2000 年后，我国相关科研单位在国务院的指导下对乙醇燃料的可行性进行了系统研究，主要包括乙醇燃料作为车用燃料的可行性实验研究、乙醇汽油的行车试验、乙醇燃料作为车用燃料的经济性分析等。2004 年，国家出台在黑龙江等省区推广使用陈化玉米加工车用乙醇汽油的试点政策。然而，用玉米加工乙醇燃料推高了玉米市场价格，也对我国的粮食安全产生了威胁。为了保证我国的粮食安全，我国现在正在发展非粮化原料生产乙醇，如用木薯、甜高粱、农作物秸秆生产乙醇。此外，我国在乙醇的关键生产技术上也正在努力攻关，以提高乙醇的生产效率。

2. 天然气汽车的研究进展

据不完全统计，截至 2008 年年底，全世界共有 80 多个国家正在使用天然气汽车，其中排名前 15 位的国家共有天然气汽车 960 多万辆，天然气加气站 14 570 座。巴基斯坦、阿根廷、巴西、伊朗、印度和意大利的天然气汽车保有量居世界前六位，分别为 200 万辆、174.5 万辆、158 万辆、100 万辆、65 万辆、58 万辆。亚太地区 2000—2008 年天然气汽车的年均增长率达到了 53.4%，处于稳定快速发展阶段。加拿大、新西兰、荷兰、法国、澳大利亚等国家也正在积极执行汽车燃料向天然气转化的国家计划，并在价格、税收、收费标准、信贷方面制定了相关的行业标准和法规。

我国天然气汽车于 20 世纪 60 年代在四川石油系统率先开发，目前在全国十余个省市都得到了快速的发展。截至 2008 年年底，我国正式确定的清洁汽车重点推广应用城市和地区共有 19 个，其中压缩天然气汽车发展迅速，压缩天然气汽车在 1999 年约占天燃气汽车的 9.3%，而到 2007 年，压缩天然气汽车占天然气汽车的比例高达 86.1%。随着我国"西气东输"及陕京线等工程的相继完成，城市天然气管网规模将越来越大，我国天然气汽车的发展也将迎来新的发展时期。

目前制约天然气汽车发展的主要因素有气瓶技术、发动机技术和加气站技术，但经过科研人员长期的研究和技术创新，这些制约因素的影响正在逐渐减少。

3. 液化石油气汽车的研究进展

液化石油气因其燃烧完全、积碳少、排放污染物低等优点，被认为是清洁燃料，液化石油气汽车具有低污染、低消费、低噪声、动力性能好、低速稳定性好、安全可靠等特点，也成为应用越来越广泛的替代能源汽车。

2005 年，全世界共有 50 多个国家在使用液化石油气汽车，其总量约为 700 万辆，其中日本约有50 万辆，韩国约 120 万辆，澳大利亚 45 万辆，而中国只有 25 万辆左右。经过半个世纪的开发、应用和改进，世界液化石油气汽车在技术上已经相当成熟，欧、美、日等国家已经将液化石油气汽车技术发展到第七代，其相应的配套基础设施、市场推广和应用等都已经市场化、规范化。

我国的液化石油气汽车在 1997—2000 年基本采用第一代液化石油气装置——机械式液化石油气系统，采用开环系统控制。2001 年以来，我国逐步推广应用液化石油气汽车装置的第三代产品——液化石油气多点喷气式系统。我国在液化石油气汽车技术和市场应用方面与国外均存在着一定的差距。我国在发展液化石油气汽车方面应该努力实现跨越式发展，即有条件的引进国外先进的液化石油气汽车生产、改装、维护技术和液化石油气汽车配套基础设施的生产、维护技术等，以提高国内液化石油气汽车的技术水平。同时，国家要高度重视液化石油气汽车的研发工作，加大对液化石油气汽车行业的投资建设，完善液化石油气汽车的产业布局和市场布局，制定液化石油气汽车的相关国家标准和规范，最终实现我国液化石油气汽车行业的可持续发展。

4. 氢气汽车的研究进展

氢气能源具有供应安全性、流通低成本性和环境友好性 3 个重要特性，是发展潜力非常巨大的新能源，现阶段将氢气转变成车用动力主要有两种方法：一是氢燃料电池，二是将氢气作为燃料在传统的内燃机中燃烧。氢燃料电池是电动汽车的供能装置，目前离实际应用还有较大的距离。氢气发动机可以在稍加改动的发动机上直接应用，其清洁、节能的特点已经得到了大众的认可。因此，近年来国内外在氢气汽车技术上也有了很大的发展。

20 世纪末以来，美国、德国、日本和俄罗斯等国家对氢气发动机的研究热潮持续至今。他们在第一阶段的研究主要集中在氢气燃烧机理和燃烧规律的认识上；而发动机异常燃烧与提高功率、降低氮氧化物的矛盾始终困扰着研究的进展。21 世纪以来，传统发动机的电控技术逐步实用化，具有优化控制特征的空燃比控制技术和燃料喷射技术逐步得到了重视，这为解决氢气发动机异常燃烧与提高功率、降低氮氧化物的矛盾提供了新的解决方法。

目前氢气发动机存在的主要问题是不正常燃烧、能量密度低和排气污染问题。其中不正常燃烧主要有回火、早燃和爆燃。

国内外已经对氢气发动机的固有缺陷进行了深入研究并取得了一定成果。如为了防止氢气发动机的回火和早燃，进气冷却、氢气喷射时间控制、缸内直喷等技术都在氢气发动机上进行了实验研究；提高发动机压缩比、充量系数等技术手段用来提高氢气发动机的动力性；通过改变控制节气门策略，增加废气再循环和三元催化转化器等，氢气发动机的氮氧化物也可以得到控制。

随着氢气发动机技术、制氢技术和储氢技术的发展和完善，氢气动力汽车有望成为未来的主流。

第 5 章
发动机润滑油

[本章提要]

　　本章主要介绍发动机润滑油的组成及使用性能、使用性能的评定指标、规格标准及技术要求、选择使用,并介绍了相关研究最新进展。重点内容是发动机润滑油的使用性能评价指标和测定方法。要求学生了解发动机润滑油的组成、相关研究最新进展,熟悉发动机润滑油的规格标准,掌握发动机润滑油的使用性能评价指标及测定方法,掌握其正确、合理使用方法。

　　发动机润滑油是润滑系统的液态工作介质。其主要作用是润滑、冷却、清洁、密封和防蚀。由于发动机润滑油是在温度变化大、压力高、活塞运动速度高等苛刻条件下工作的,因而发动机润滑油极易变质,导致发动机零件摩擦表面难以形成理想的润滑状态,最终产生异常的磨损。尤其在发动机压缩比、转速、功率等不断提高,以及采用发动机润滑油净化装置的情况下,发动机润滑油工作条件进一步恶化。为保证发动机润滑油发挥正常的功效,必须对发动机润滑油的使用性能提出必要的要求。而为使发动机润滑油能满足这些使用性能要求,必须在发动机润滑油中添加各种添加剂,以提高其高温清净性、低温分散性、抗磨性、抗氧抗腐性、抗泡沫性等。

5.1　发动机润滑油的组成及使用性能

5.1.1　发动机润滑油的组成

　　发动机润滑油主要包括两大部分,一是基础油,二是添加剂。发动机油的使用性能主要取决于基础油的化学组成及加入添加剂的质量和数量。

5.1.1.1　发动机润滑油基础油

5.1.1.1.1　基础油分类

　　我国发动机润滑油基础油标准建立于 1983 年,当时按国内原油实际生产情况,基础油标准分低硫石蜡基、低硫中间基和环烷基，为规范基础油及提高基础油质量起到很大作用。近年来为适应调制中高档润滑油需要，对原建立的基础油标准进行了修订。修订后的基础油系列标准，按照国际上通用的基础油分类方法及基础油的黏度指数（VI），将黏度指数分为超高黏度指数（UHVI）、很高黏度指数（VHVI）、高黏度指数（HVI）、中黏度指数（MVI）和低黏度指数（LVI）5 类；再根据基础油的应用范围，将基础油分为通用基础油和专用基础油两个等级。通用基础油标准较原标准要求更严，现增加了碱氮、蒸发损失和氧化安定性等指标。在专用基础油中，根据调制多级内燃机油、低温液压油和液力传动液等产品的需要，增加了高黏度指数低凝基础油（HVIW）和中黏度指数低凝基础油（MVIW）标准；根据调制汽轮机油、工业齿轮油等产品的需要，增加了高黏度指数深度精制基础油（HVIS）和中黏度指数深度精制基础油（MVIS）标准。

5.1.1.1.2　不同工艺的基础油

（1）溶剂精制基础油：主要是用各种溶剂将矿油润滑油原料进行处理，以除去其中影响使用性能的各种非理想组分。具体地说，通过溶剂精制、溶剂脱蜡、溶剂脱沥青、白土处理或加氢补充精制等过程改善基础油的黏温性、氧化安定性及低温性能等。溶剂精制是将润滑油原料中已存在的理想组分以物理方法分离出来，所以原油的选择是十分重要的。原油中所含理想组分多，经过溶剂精制后得到合格产物的效率就高，质量也好。该工艺较陈旧，是我国目前仍主要采用的精制工艺。

（2）加氢基础油：润滑油加氢工艺是近年发展起来的氢转化生产工艺，它将矿油润滑油原料利用加氢工艺进行化学转化，在催化剂及氢的作用下，将润滑油的非理想组分转化为理想组分。主要工艺过程为加氢处理、加氢脱蜡和加氢精制。

加氢处理基础油的特点如下：

① 较高的黏度指数：加氢处理工艺能生产出很高黏度指数的基础油。例如，可用减压馏分油与脱沥青油为原料进行深度加氢处理；也可从加氢裂化装置尾油中制取很高黏度指数的基础油；用软蜡的加氢异构化来制取超高黏度指数的基础油。加氢处理工艺生产的特高黏度指数基础油所具有的黏度指数、低温黏度及挥发度等与同一黏度等级的聚-α 烯烃（PAO）合成基础油很相似，但成本较低，是用来调配低黏度多级油的适宜基础油。

加氢处理基础油由于有较高的黏度指数，在调配多级油时，可少用黏度指数改进剂。此外，由于加氢处理油有较高的黏度指数，因而在调配同级多级油时，所用加氢基础油的黏度较溶剂精制基础油高。5W 加氢基础油的黏度与 10W 溶剂精制基础油黏度相近，而 10W 加氢基础油的黏度与 20W 溶剂精制基础油的黏度相近。这将有利于保证润滑油的高温润滑性。

② 较低的挥发性：基础油的挥发性也是影响发动机油使用性能的重要因素之一。目前在调配低黏度多级油时，十分重视采用低挥发基础油。加氢油处理工艺能明显改善基础油挥发度，尤其是高温挥发度。而且加氢处理基础油，其黏度等级 5W、10W、20W 蒸发损失相差不大。两类工艺基础油挥发度差异和其沸点及分子量的差异有一致性。实验证明，在相同黏度时，加氢处理油的沸点高于溶剂精制油，而在同级别多级油基础油中，加氢处理基础油的分子量高于溶剂精制基础油。由于加氢处理油的挥发度低，由加

氢处理油调制的多级油的油耗量比一般多级油要低。

③ 对添加剂具有较好的感受性：加氢处理基础油对抗氧剂的感受性特别好。在加入 0.5%T501 油品的氧弹试验中，对 650 中性加氢处理油与溶剂精制油比较分别为 400min 和 150min。汽轮机油氧化试验（ASTM D943）结果，加氢处理油很容易达到 4000h 以上，而溶剂精制基础油只能达到 2000～2500h。加有 ZDDP 的基础油的氧化及轴瓦腐蚀试验（Petter W-1 发动机试验），加氢油只需加入 0.5%就能通过试验。

④ 基础油的光安定性：目前多数人倾向于加氢处理油光安定性差的原因，主要是由于部分加氢多环芳烃的生成导致的。这也被认为是迄今为止最接近实际的解释。部分加氢多环芳烃在加氢油中的含量虽小，但其性质极不安定，在日光或紫外光的作用下，会导致油品颜色变深甚至产生沉淀。因为受热力学的限制，稠环芳烃要完全加氢饱和是很困难的。因而部分加氢多环芳烃作为加氢处理过程中间产物出现有其必然性。

对加氢处理油光安定性差的问题，已有诸多办法，并已达到较好效果。如加氢后处理、糠醛后处理及白土处理等，而用的最多的是加氢后处理。ARCO 报道认为：经加氢后处理后，加氢油的光安定性已达到或超过溶剂精制油水平。

5.1.1.1.3 合成基础油

随着发动机性能的不断提高，严格的环保及节能要求，矿物油产品性能已显不足。合成润滑油具有一系列的优点，其加速了合成油的发展和应用。

合成基础油的分类如下：

第一类：合成烃润滑油、聚 α-烯烃、烷基苯、聚丁烯、合成环烷烃。

第二类：有机酯、双酯、多元醇酯、聚酯。

第三类：其他合成油、聚醚、磷酸酯、硅油等。

合成烃润滑油中聚 α-烯烃是用量最大的品种，也是合成油中性能比较全面且优良的油品。它与酯类油是近年来需求增长最快的品种。

合成润滑油的性能特点包括：

（1）具有较好的低温性能及黏温性能：矿物油黏度指数一般都在 90～110，加氢油可提高到 120～130，而多数合成油黏度指数可达 130 以上。在高温黏度相同时，大多数合成油比矿物油的凝点低，低温黏度小，这就保证了合成油可在较低温度下使用。

（2）良好的热安定性：合成油比矿物油具有更为优良的热安定性，热分解温度高，闪点及自燃点高，对黏度相同的油品来说，合成油比矿物油的使用温度高。

（3）合成油对添加剂的感受性好：合成油加入抗氧添加剂后，其氧化安定性更好，使用温度高。聚 α-烯烃加抗氧剂后，氧弹试验氧化时间可达 350～400min，而矿物油只有 200～250min；酯类油加抗氧剂后可在 175～200℃长期使用，而矿物油只能在 120℃使用。

（4）合成油具有低挥发度：因为大多数合成油是一种单一的化合物，其沸点范围较窄，而矿物油是一段馏分油，在一定蒸发温度下，其轻馏分容易挥发。合成油的挥发性小，使用中油耗低，因而使用寿命增加。

（5）合成油的不足之处是对橡胶的相容性差：聚 α-烯烃会使某些橡胶轻微收缩和变硬，而酯类油对某些橡胶发生较大的膨胀，对胶料的影响比矿物油大，因此，一般以聚

α-烯烃油作为润滑油时要加入部分酯类，以改善橡胶的膨胀性能。

5.1.1.2 发动机润滑油添加剂

为改善内燃机油的使用性能，主要使用的添加剂有：金属清净剂、无灰分散剂、氧化抑制剂、抗磨剂、防锈剂和黏度指数改进剂。这些添加剂能使油品有效控制沉积物、磨损、腐蚀、氧化和锈蚀，保证发动机的正常运转。

5.1.1.2.1 清洁分散剂

清净分散剂是发动机油的主要添加剂，其作用在于控制发动机的沉积物和磨损，以延长其使用寿命。它使燃料燃烧和润滑油氧化生成的沉积物、烟灰和油泥悬浮在油中。已有各种清净剂和分散剂用于控制发动机沉积物。最早使用的是金属磷酸盐和酚盐清净剂，随后使用了无灰分散剂，如丁二酰亚胺等。

清净分散剂的作用机理如下：

（1）增溶作用：主要是指其可使润滑油氧化及燃料不完全燃烧所生成的非油溶性胶质（或氧化物单体）增溶于油内，使胶质中的各种活性基因失去反应活性，从而抑制它们形成漆膜、积炭和油泥等沉积物的倾向。增溶作用的实质是清净分散剂与非油溶性胶质形成载荷胶团，即清净剂分子将胶质包围在胶团内。

（2）分散作用：是使烟灰及非油溶性的固体粒子保持分散、胶溶或悬浮状态，从而抑制或减少其形成沉积物的倾向。清净作用即清净剂阻止分散相（漆膜积炭）电泳析出于金属表面的作用；稳定作用即保持分散，处于稳定分散或胶溶状态，不致沉积的作用。分散作用的本质，其一为双电层的静电斥力稳定作用，即清净分散剂吸附于粒度为 0.5～1.5 nm 的积炭或烟灰粒子表面上后，可使粒子带电，形成双电层，借静电斥力而使粒子彼此分散而免于聚集；其二为立体屏蔽稳定作用，即清净分散剂吸附于较小的、粒度为 2～50nm 的烟灰、积炭和油泥表面上后，由于长链烃基的立体屏蔽而使粒子无法聚集。一般来说，金属清净剂有高电荷，有利于借双电荷电斥力起分散稳定作用；而无灰分散剂有较长的烃基，有利于形成立体屏蔽膜而起分散作用，且后者分散稳定作用更为有效。

（3）酸中和作用：其一为中和由润滑油氧化和燃料不完全燃烧所生成的酸性氧化物或酸性胶质，即沉淀物母体，使其失却活性，并变成油溶性物质，而难以再缩合成为漆膜沉积物；其二为中和含硫燃料燃烧生成的 SO_2、SO_3 及硫酸，以抑制其促进烃类氧化生成沉积物的作用；其三为抑制这些酸性产物对活塞环及缸套间的腐蚀磨损作用。

清净分散剂等表面活性剂都是含有亲水基的极性基团和亲油基的非极性基团的双性化合物，其化学组成如图 5-1 所示。

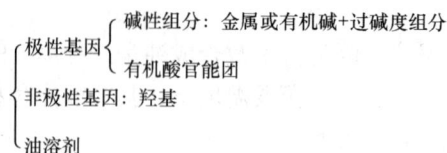

极性基因 { 碱性组分：金属或有机碱+过碱度组分 / 有机酸官能团 }
非极性基因：羟基
油溶剂

图 5-1 清净分散剂的化学组成

清净分散剂种类主要有金属清净剂，如磺酸盐、酚盐、烷基水杨酸盐；无灰分散剂有丁二酰亚胺、丁二酸酯等。各类清净分散剂特性对比见表5-1。

表 5-1   各种清净分散剂特性对比

项目	水杨酸盐	酚盐	磺酸盐	丁二酰亚胺
碱值/mg（KOH）	150～300	250	300～400	0～50
中和速度	好	好	一般	差
增溶作用	较差	较差	较好	好
分散作用	较差	较差	较好	好
（分散机理）		静电互斥		立体屏蔽
清净性	好	尚好	较差	差
油溶性	尚好	稍差	好	好
抗水性	好	好	稍差	较差
高温稳定性	好	好	较好	较差
抗氧化性	好	好	较差	较差
防锈性	较差	较差	好	较差

5.1.1.2.2 抗氧抗腐剂

发动机油在使用过程中，与空气中的氧及燃烧气体接触，并有高温金属等催化作用的影响而逐步进行氧化或"热氧化"，使油品质量变差，最终衰败到必须更换的程度。油品的氧化是一个极其复杂的过程，在内燃机不同的工况条件下，所发生的氧化过程和所引起的危害也是不同的，在较高温度下工作的发动机油在活塞环区进行薄油层氧化，而在较低温度使用的油缓慢进行厚油层氧化。油品氧化产物包括非油溶性的胶质、漆膜、油泥等沉积物，使油品的黏度增高，并引起油路阻塞，尤其在活塞环区形成积垢，引起粘环，影响功率，使机械寿命下降。其酸性氧化物可导致铜、铅等有色金属轴承件腐蚀。

在发动机油中，为了解决在较高温度条件下出现的氧化沉积物（漆膜、积炭等）和轴承腐蚀等与氧化有关的问题，美国于20世纪30年代末至40年代初经过大量研究，终于发现二烷基二硫代磷酸锌类抗氧剂（ZDDP）具有非常出色的性能。这种添加剂不仅在较高温度下有抗氧抗腐作用，而且兼有抗磨损性能（如凸轮、挺杆等处），是一种多效添加剂。美国在20世纪70年代又出现了内燃机油早期老化问题，在高温、高负荷下，尤其在变速时，在低温下生成的氧化产物、水等迅速进一步氧化，凝聚成为胶质、油泥，以致内燃机油变稠，影响运转。其解决办法仍然是用热稳定性较好的二烷基二硫代磷酸盐。

ZDDP的作用机理比较复杂，抗氧化作用是由于其本身和其热分解产物都能与烃类的氧化产物相互作用，生成具有抗氧化性能和能减慢氧化过程的物质。抗磨抗腐作用是由于其分解产物在金属表面形成一层保护膜，减少了磨损并防止擦伤或咬合。由此可见，现代内燃机油中使用ZDDP，不仅是为了控制油品氧化，而且可控制腐蚀和极压磨损。

合成ZDDP添加剂所用醇类原料不同，其使用性能也不同，仲烷基ZDDP分散度较低，但具有优良的抗磨性能，主要用于高档汽油机油；伯烷基和芳基ZDDP具有优良的热稳定性，主要用于高性能的柴油机油。不同结构ZDDP的性质与作用见表5-2。

随着汽车工业的发展，发动机动力性能的提高，要求提高油品的使用温度，延长换油期，发动机油的工作环境更加苛刻。只有ZDDP一种抗氧剂组分已不能满足油品氧化安定性的要求。特别是要求使用防止催化转换器中毒的低磷润滑油，ZDDP 的使用量将受到限制，因此，必须加入其他高温抗氧剂作为助抗氧剂，如芳胺类抗氧剂、酮化合物。其与 ZDDP 复合使用可以有效控制油品黏度增长和酸值的变化。

表 5-2   不同结构 ZDDP 的性质与作用

ZDDP		仲烷基	伯烷基	烷基芳基
作用和性能	氧化抑制	优	优	优
	极压/抗磨	优	优	良/差
	热稳定性	差	良	优
发动机性能	汽油机	优	优	良
	柴油机	—	良	优

5.1.1.2.3　黏度指数改进剂

黏度指数改进剂是一种油溶性高分子化合物，在室温下一般呈橡胶状或固体。为便于使用，通常用 150SN 或 100SN 的中性油稀释为 5%～10% 的浓缩物。在黏度较低的基础油中添加 1%～10% 增黏剂，可以提高黏度，而且能显著改善黏温性能（含有增黏剂的多级油黏度指数可达到 150～200），适应宽温度使用范围对黏度的要求。

黏度指数改进剂的作用有以下几个方面：

（1）改善黏温性：具有良好的低温起动性和高温润滑能力，使润滑油可南北通用，四季使用。

（2）降低润滑油和燃料油的消耗：主要由于它既有利于降低流体润滑为主的"液体摩擦"，又有利于减少边界润滑状态的"固体摩擦"。

（3）降低轴承的磨损：黏度指数改进剂的主要品种是乙烯丙烯共聚物（OCP）、聚甲基丙烯酸酯（PMA）、聚异丁烯（PIB）、苯乙烯/TM 烯或异成 M 烯共聚物（HSD，SDC），各种增黏剂由于化学结构不同，使用性能有较大差异。

表 5-3 列出了典型黏度指数改进剂的相对分子质量、相对分子质量分布、增黏能力和剪切稳定指数。

表 5-3   典型黏度指数改进剂的相对分子质量，相对分子质量分布，增黏能力和剪切稳定性

牌号和种类	Plexol-704（PMA）	T-603（PIB）	TLA-347（OCP）	LZ-401-A（SDC）
平均相对分子质量（M_V）（$\times 10^{-4}$）	7.0	3.1	4.8	8.8
相对分子质量分布（M_ω/M_n）	2.38	2.85	1.83	1.32
增黏能力（单位浓度黏度增长）（η/c）	0.30	0.33	0.69	0.56
剪切稳定指数（PSSI）	41.3	22.7	12.0	12.5
	38.3	28.2	12.4	8.6

由表 5-3 看出，SDC 和 OCP 的剪切稳定性好，增黏能力高；OCP 和 HSD 的增黏能力强和剪切稳定性好，适合调制大功率高速柴油机使用的多级柴油机油，但其低温性能较差，用于配制低黏度多级内燃机油，最好与 PMA 降凝剂复合使用；PMA 的增黏能力和剪切稳定性较差，不适合单独配制多级内燃机油，但由于低温性能好，较适合配制低黏度级别的多级汽油机油（如 5W/20、5W/30）；PIB 的剪切稳定性和热氧化安定性较好，

但增黏能力和低温性能较差，不能配制黏度级别较低和跨度较大的多级内燃机油。

5.1.2　发动机润滑油的使用性能

对于发动机润滑油，提出的具体要求主要包括以下几个方面：在工作期间必须能及时可靠地输送到各摩擦零件的表面；在各种不同的发动机润滑工况下都能在摩擦面上形成足够牢固的油膜或其他形式的抗磨保护膜，从而减少摩擦和磨损；及时导出摩擦生成的热，使机件维持正常温度；可靠地密封发动机润滑油所有的间隙；从摩擦面带走磨屑和其他外来的机械杂质；本身不具有腐蚀性，并且能保护发动机润滑油零件不受外界腐蚀性介质的作用，以免发生腐蚀或腐蚀性磨损；在发动机润滑油零件表面形成的沉积物少；理化性质稳定，在发动机润滑油工作过程中油的性质变化缓慢。发动机润滑油能否实现以上功能要求，主要取决于自身所具有的润滑性、黏温性、低温操作性、抗氧化性、抗腐性、清净分散性、抗泡性。

5.1.2.1　润滑性

在各种润滑条件下，发动机润滑油降低摩擦、减缓磨损和防止其金属零部件在正常工作过程中烧结损坏的能力，称为发动机润滑油的润滑性。发动机润滑油应具有的良好润滑性，取决于润滑油一定的黏度和化学性质。其黏度和化学性质，对发动机润滑油零件在不同润滑状态下的润滑作用有着重要的影响。

通过图 5-2 所示的斯萃贝克（Stribeck）曲线，可清楚地分析在不同润滑状态下，黏度、零件转速、油膜厚度和零件工作压力等因素，对摩擦因数 f 的综合影响。

一般情况下，摩擦因数 f 可表示为：

$$f = 2\pi^2 D \frac{\eta n}{hp} \tag{5-1}$$

式中，D 为零件直径；η 为润滑油的黏度；h 为油膜厚度；n 为零件的转速；p 为零件承受的压力；$\dfrac{\eta n}{hp}$ 为索莫范尔德（Sommerfeld）准数。

索莫范尔德准数考虑了发动机润滑油和发动机润滑油工况两方面因素对于摩擦因数的影响，在索莫范尔德准数中，唯一与润滑性能有关的润滑油自身因素仅为润滑油的黏度。

在图 5-2 中，自左至右包括 3 种润滑状态，其中右侧的区域为液体润滑，油膜厚度 h 大于运动副表面粗糙度 δ 时，润滑油所具有的一定的黏度是形成液体润滑状态的基本条件。发动机润滑油黏度与其流动时内摩擦力的大小密切相关。在液体润滑区域，摩擦因数随润滑油黏度降低而减小。

当油膜厚度 h 小于运动副表面粗糙度 δ 时，润滑性质为图中左侧区域所示边界润滑状态。此时起润滑作用的不再是润滑油的黏度，其作用完全由润滑油所具有的油性和极压性两种化学性质承担。油性是润滑油在摩擦金属表面上的吸附性。润滑油中极性分子定向排列吸附在金属表面形成吸附膜。值得注意的是这种吸附膜只能在中温、中速、中负荷，或更平和的摩擦情况下才能完成边界润滑任务。当高温、高压、高速时，油性吸附膜将从金属摩擦表面脱附,致使其承担的边界润滑功能失效,在此种苛刻润滑条件下,边界润滑由润滑油的极压性来完成。

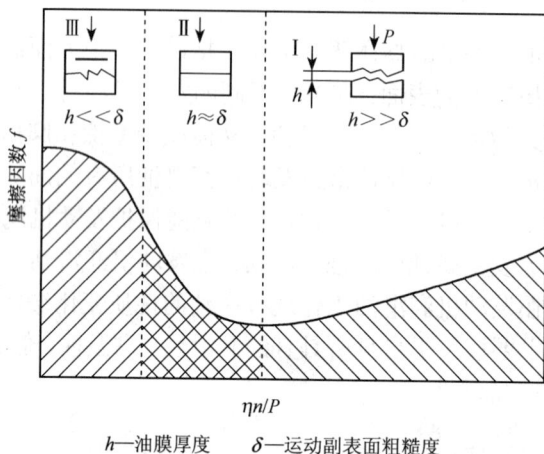

h—油膜厚度   δ—运动副表面粗糙度

图 5-2   润滑油黏度对润滑状态影响的 Stribeck 曲线

极压性是润滑油在摩擦表面所具有的一种化学反应性质。当润滑油中加入含有硫、磷等元素的化合物添加剂时,高温下这些化合物将分解出硫、磷等活性元素与摩擦表面金属形成化学反应膜,称为极压膜。极压膜的熔点和剪切强度相比摩擦表面金属较低,在摩擦过程中能降低金属零件的摩擦和磨损。因剪切强度较低,极压膜易于在摩擦过程中脱离摩擦金属表面。但新的极压膜会在金属摩擦表面及时生成。

当润滑油黏度低到一定程度时,油膜厚度 h 降低到与运动副表面粗糙度 δ 近似相等,即中间区域表征的状态,称为混合润滑状态,此时润滑油的黏度和化学性质对摩擦因数都有影响,使得摩擦因数处于相对较低的状态。

发动机润滑油黏度是评定润滑性的重要指标。但是,对于边界润滑,主要是油性剂和极压剂起作用,所以发动机润滑油的润滑性还必须通过相应的发动机润滑油试验来评定。

5.1.2.2 低温操作性

发动机润滑油自身保证发动机润滑油在低温条件下容易冷起动和可靠供给发动机润滑油的性能,称为发动机润滑油的低温操作性。发动机润滑油应具有良好的低温操作性。

由于发动机润滑油黏度随气温降低而增加,因此使得发动机随着起动温度的降低,转动曲轴的阻力矩随之增加,曲轴转速下降,从而造成发动机润滑油起动困难,如图 5-3 所示。发动机润滑油黏度增加后,由于流动困难,可能使得润滑油提供不足,增加了零件磨损加剧的倾向。综上所述,发动机润滑油的低温操作性包括有利于低温起动和降低起动磨损两方面要求。

评定发动机润滑油低温操作性的主要指标是发动机润滑油的低温黏度、边界泵送温度和倾点等。

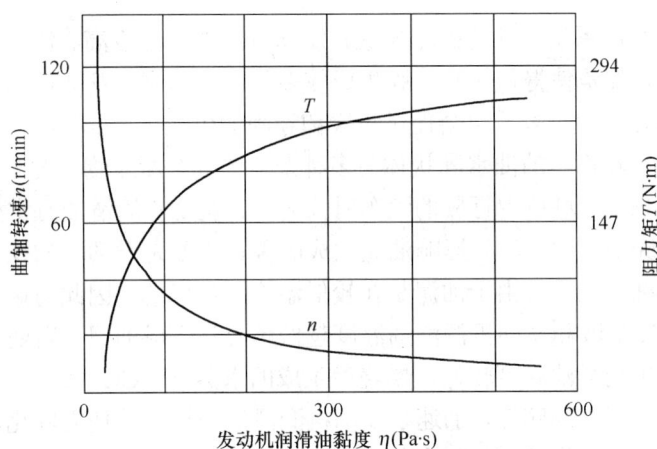

图 5-3 曲轴转速和转动阻力矩 T 与发动机润滑油黏度的关系

5.1.2.3 黏温性

温度对润滑油黏度有着显而易见的影响。温度升高黏度降低，温度降低黏度增大。润滑油的这种随着温度升降而改变其黏度的性质，称为润滑油的黏温性。发动机润滑油应具有良好的黏温性。良好的黏温性是指润滑油的黏度随温度的变化程度较小的特性。

发动机润滑油所接触到各润滑部位的工作温度变化差别很大，因此要求发动机润滑油在高温工作时，能保持一定的黏度，以形成足够厚度的油膜，确保良好的液体润滑效果；在低温工作时，黏度又不至变得太大，以维持一定的流动性，使发动机润滑油低温时容易起动和减小零件的磨损。

目前在基础油中加入黏度指数改进剂是提高润滑油黏温性的普遍方法。用低黏度的基础油和黏度指数改进剂调配而成，具有良好的黏温性。能同时满足低温和高温工作使用要求的发动机润滑油，称之为多黏度级发动机润滑油，俗称稠化机油。

评定发动机润滑油黏温性的指标是发动机润滑油的黏度指数。

5.1.2.4 清净分散性

发动机润滑油能抑制积炭、漆膜和油泥生成，或将已经生成的这些沉积物冲入润滑油中予以清除的性能，称为发动机润滑油的清净分散性。发动机润滑油应具有良好的清净分散性。

积炭是覆盖在汽缸盖、火花塞、喷油器、活塞顶等发动机高温部位厚度较大的固体炭状物质。它是由于燃料燃烧不完全，或是发动机润滑油窜入燃烧室在高温下分解的烟炱等物质在发动机高温部位的零件上沉积而形成的。漆膜是一种坚固且有光泽的漆状薄膜形物质，主要产生在活塞环区和活塞裙部。漆膜主要是燃料油或润滑油中的烃类组成物，在高温和金属的催化作用下，经氧化、聚合生成的胶质或沥青质高分子聚合物。

分析其生成机理，漆膜和积炭都属于高温沉积物。一般说来，影响高温沉积物生成的因素，一方面是发动机的设计和操作条件；另一方面是燃料和发动机润滑油的性质。

发动机具有废气增压系统，发动机冷却液和发动机润滑油温度高、燃料的馏分重、铅含量和硫含量大等，都是使得积炭和漆膜生成较多的不利因素。发动机润滑油的重质馏分或添加剂的金属元素含量多，也会促进积炭和漆膜的生成。

油泥是一种比较稳定的油水乳状体与多种杂质的混合凝聚物。与积炭和漆膜比较，油泥属于低温沉积物。城市中行驶的汽车时停时开，发动机润滑油时常处于低温条件下运行，易在油底壳中产生油泥。影响油泥生成的因素主要是发动机的操作条件，以及燃料和发动机润滑油的性质。由于油泥是在较低温度下形成的，因此与影响积炭、漆膜生成的因素相反，冷却液和发动机润滑油温度越低越容易生成油泥。当处于时开时停或怠速状态时，发动机润滑油温度较低，燃烧后生成的水蒸气、CO、CO_2、NO_x、炭末以及燃料的重质馏分等落入油底壳，加速了发动机润滑油的氧化并使之乳化，生成不溶的油泥。例如，曲轴箱窜气量越多，越容易生成油泥。

发动机润滑油的基础油本身并不具备清净分散性，该性能的获取是通过在润滑油中加入清净剂和分散剂来实现的。现代发动机润滑油的性能逐渐强化，工作条件也愈加苛刻。从一定意义上说，发动机润滑油使用性能的高低，表现在清净剂和分散剂的性能和添加量上。

我国新的发动机油分类中已废除了使用性能较低的发动机润滑油，所以发动机润滑油的清净分散性主要通过相应的发动机润滑油试验来评定。

5.1.2.5　抗氧化性

在一定的条件下，发动机润滑油抵抗氧化变质的能力，称为发动机润滑油的抗氧化性。发动机润滑油应具有良好的抗氧化性。

发动机润滑油在一定条件下会发生化学反应。如果发动机润滑油发生氧化反应，将使其颜色变深、黏度增加、酸性增大，并析出沉积物。发动机润滑油的氧化是发动机润滑油沉积物生成、发动机润滑油变质的前提。因此发动机润滑油的抗氧化性也是发动机润滑油的一个重要性质。该性质决定了发动机润滑油在使用中是否容易变质、对零件腐蚀和生成沉积物的倾向，它是决定发动机润滑油使用期限的重要因素。

发动机润滑油的氧化过程大体分为两个阶段：

（1）轻度氧化：这个阶段里，烃类化合物被氧化生成不同类别的酸性物质。

（2）深度氧化：某些酸性产物再度缩合沉淀形成胶质和油焦质物质。依据发动机润滑油发生氧化时，润滑油所处发动机润滑系中的工作位置不同，发动机润滑油的氧化又可分为两种基本形式：①厚油层氧化。油底壳中的发动机润滑油处在厚油层和低压低温的情况下，不具备深度氧化的条件，所以它的氧化反应属于轻度氧化，反应产物主要是生成各种酸性物质。②薄油层氧化。在活塞与汽缸壁部位，发动机润滑油处在薄油层，在高温、高压和金属催化作用的影响下，发动机润滑油发生的氧化为深度氧化，反应生成的物质是胶质沉淀物。

发动机润滑油自身减缓其氧化变质过程的主要途径是：选择合适的馏分、合理精制，在润滑油中添加抗氧化剂或抗氧抗腐剂。发动机润滑油的抗氧化性通过相应的发动机润滑油试验来评定。

5.1.2.6 抗腐性

发动机润滑油抵抗腐蚀性物质对发动机金属零部件腐蚀的能力，称为发动机润滑油的抗腐性。发动机润滑油应具有良好的抗腐性。

发动机润滑油在使用过程中将不可避免地被氧化而生成各种有机酸，这些有机酸将对金属产生腐蚀作用。其腐蚀机理如下：金属与氧化产物（过氧化物）发生作用，生成金属氧化物，金属氧化物与有机酸反应生成金属盐。尤其是高速柴油机使用的滑动轴承，为铜铅或银轴承合金制成，其抗腐性相对较差，在发动机润滑油中即使只有微量的酸性物质也会引起严重腐蚀，使轴承表面易于产生腐蚀现象，甚至使轴承滑动接触表面金属产生大面积剥落。

提高发动机润滑油抗腐性的主要途径是：加深发动机润滑油的精制程度，减小其酸值，同时要在润滑油中添加适量的抗氧抗腐剂。评定发动机润滑油抗腐性的指标是中和值或酸值，同时还要进行相应的发动机润滑油试验。

5.1.2.7 抗泡性

发动机润滑油抑制并消除自身泡沫的性质，称为发动机润滑油的抗泡性。发动机润滑油应具有良好的抗泡性。

当在油底壳中的发动机润滑油受到激烈搅动时，就会有空气混入，因此会在润滑油中产生泡沫。发动机润滑油产生泡沫是一种不良现象，如果不及时予以消除，将会在润滑系统中产生气阻，导致润滑油供应不足等故障。

评定发动机润滑油抗泡性的指标为生成泡沫倾向和泡沫稳定性两项。

5.2 发动机润滑油使用性能的评定

发动机润滑油使用性能的评定，包括发动机润滑油使用性能的评定指标，以及发动机润滑油使用性能的评定试验两部分内容。

5.2.1 发动机润滑油使用性能的评定指标

（1）低温动力黏度：黏度的基本表示方法分为绝对黏度和相对黏度，其中绝对黏度又可分为动力黏度和运动黏度。动力黏度表示液体在一定切应力作用下流动时内摩擦力的量度，而运动黏度则表示液体在重力作用下流动时内摩擦力的量度。相对黏度又称条件黏度，指工业上的某种液体通过各种特定仪器计量的黏度。

在任何切应力和剪切速率下都显示出恒定黏度的液体，称为牛顿液体。通常所讲的黏度是指牛顿液体的黏度，其具体含义是作用于液体上的切应力与剪切速率之比。其黏度在一定温度下为常数，如图 5-4（a）所示，不随油层间的剪切速率而变化。低温动力黏度也称为表观黏度，它表示非牛顿液体流动时内摩擦特征的描述。发动机润滑油在低温下的黏度并不具有与温度成比例的变化关系，它在很大程度上与剪切速率有关，在不

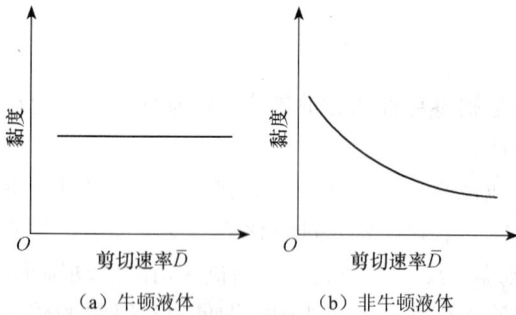

图 5-4 液体低温动力黏度与液体剪切速率的关系

同剪切速率下的黏度不同，如图 5-4（b）所示，即在同一温度下，剪切速率不同，黏度也不同。有这种黏度特性的液体，称为非牛顿液体。

低温动力黏度是划分冬用发动机润滑油黏度级号的依据之一。发动机润滑油低温动力黏度的测定标准是 GB/T 6538—2010《发动机油表观黏度测定法（冷起动模拟机法）》。

（2）边界泵送温度：能将发动机润滑油连续和充分地供给发动机润滑系统机油泵入口的最低温度，称为边界泵送温度。它是衡量在起动阶段发动机润滑油是否易于流到机油泵入口并提供足够压力的性能。边界泵送温度也是划分冬用发动机润滑油黏度级号的依据之一。

发动机润滑油边界泵送温度的测定标准是 GB/T 9171—1988《发动机油边界泵送温度测定法》。边界泵送温度测定仪器如图 5-5 所示。

图 5-5 边界泵送温度测定仪

（3）倾点：在规定冷却条件下试验时，某种润滑油能够流动的最低温度，称为该油品的倾点。在相同试验条件下，同一润滑油的凝点比倾点略低。现行发动机润滑油规格中，均采用倾点作为评定发动机润滑油低温操作性的指标之一。

倾点的测定标准是 GB/T 3536—2006《石油倾点测定法》。

（4）黏度指数：在一定的试验条件下，将某种发动机润滑油的黏温性与标准润滑油的黏温性进行比较所得出的相对数值，称为黏度指数（Viscosity Index）。黏度指数一般用 VI 表示。

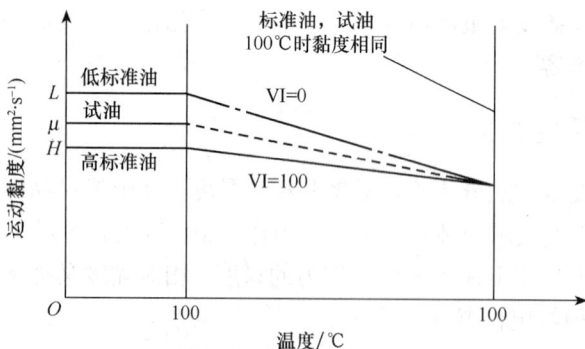

图 5-6 黏度指数试验曲线

黏度指数的概念可用图 5-6 所示的试验曲线予以具体说明。

将某种发动机润滑油与在 100 ℃同其黏度相同但黏温性截然不同（高标准油 VI＝100；低标准油 VI＝0）的两种标准润滑油进行对比试验，比较其在 40℃时运动黏度坐标值，与两种标准润滑油运动黏度坐标值的相对位置，被测试的润滑油在 40℃时的运动黏度越接近高标准油，则黏度指数越高。

对于黏度指数小于 100 的润滑油，黏度指数按下式计算：

$$VI = \frac{L-\mu}{L-H} \times 100 \tag{5-2}$$

式中：VI 为黏度指数；L 为黏度指数为 0 的低标准油在 40℃时的运动黏度值（该种油在 100℃时的运动黏度与试油相同）；μ 为试油在 40℃时的运动黏度值；H 为黏度指数为 100 的高标准油在 40℃时的运动黏度值（这种油在 100℃时的运动黏度与试油相同）。

黏度指数可根据 GB/T 1995—1998《石油产品黏度指数计算法》或 GB/T 2541—1981《石油产品黏度指数计算表》计算。

（5）中和值或酸值：中和值或酸值是评定发动机润滑油抗腐性的指标。中和 1g 试验用某种润滑油中含有的酸性或碱性组分所需的碱量，称为中和值，用 mgKOH/g 表示（规范的表示方法是"KOH 的所需量为××mg/g"）。

中和值表示发动机润滑油在使用期间，经过一定的氧化作用以后，酸、碱值的相对变化。酸值是中和 1g 试验用某种润滑油中的酸所需氢氧化钾的毫克数，用 mgKOH/g 表示。碱值是中和 1g 试验用某种润滑油中含有的碱性组分所需的酸量，换算为相当的碱量。

中和值的测定标准是 GB/T 7304—2000《石油产品和润滑剂酸值测定法（电位滴定法）》。

（6）残炭：油品在试验条件下，受热蒸发或燃烧后残余的炭渣，称为残炭。

根据残炭量的大小，可以大致判断发动机润滑油在发动机中工作时积炭的倾向。一般深度精制的基础油残炭量小。发动机润滑油中，含氧、硫或氧化物较多时，残炭量也增大。发动机润滑油中添加有灰型清净剂和分散剂后，残炭量增大，在发动机润滑油规格中，限制的是加入添加剂前的残炭量。

残炭的测定标准是 GB 268—1987《石油产品残炭测定法》（康氏法）。

（7）硫酸盐灰分：润滑油在进行硫酸盐灰分试验时，在燃烧以后灰化之前加入少量的浓硫酸，使产生的金属化合物成为硫酸盐，这样的灰分称为硫酸盐灰分。硫酸盐灰分的测定标准是 GB/T 2433—2001《添加剂和含添加剂润滑油硫酸盐灰分测定法》。

（8）泡沫性：泡沫性是指油品生成泡沫的倾向和生成泡沫的稳定性能。泡沫性的表示与其测定方法有关。泡沫性测定方法概要是在 1 000mL 量筒中注入试油 190mL，以（94±5）mL/min 的流量用特制的气体扩散头将空气通入被测试的油品中，经过 5min 后记下量筒中泡沫的体积，即为泡沫倾向，量筒静止 5min 后，再记下泡沫体积，即为泡沫稳定性。试验温度分别为 24℃、93.5℃，然后冷却到 24℃，重做一次试验。泡沫性用分数形式表示，分子是泡沫倾向，分母是泡沫稳定性。

泡沫性的测定标准是 GB/T 12579—2002《润滑油泡沫特性测定法》。

5.2.2　发动机润滑油使用性能的评定试验

发动机润滑油试验要求是保证发动机润滑油使用性能的重要手段，所以也是发动机润滑油规格的主要内容之一。

发动机润滑油试验评定采用标准的单缸或多缸发动机。符合某一使用性能级别的发动机润滑油必须通过该级别规定的发动机试验评定项目。近年来随着发动机润滑油新产品不断出现，还将有相应的新试验方法出台，因此发动机润滑油试验方法也在不断发展。

目前国际上广泛采用的发动机润滑油使用性能的发动机试验方法，主要是美国有关组织设立的两个系列：其一是美国研究协调委员会（CRC）采用的 L 系列；其二是以美国材料试验协会（ASTM）和美国石油协会（API）为中心制定的 MS 程序试验系列。另外，英国的皮特（Petter）法在国际上的影响逐步扩大。根据这些试验方法，我国已制定了相应的标准。

5.2.2.1 L 系列试验方法

L 系列发动机润滑油试验方法是美国研究协调委员会在卡特比勒（Catterpillar）发动机润滑油使用性能试验方法的基础上发展起来的。最初包括 L-1 至 L-5 等系列试验方法，目前只保留了 L-1 系列柴油机试验和 L-4 系列汽油发动机试验，而且这两个系列的试验方法还在不断演变。

L-1 系列试验方法相继演变为 ID、IGZ 和 IHZ 试验方法。该系列试验方法主要用来评价 CC、CD 级柴油发动机润滑油和 SD/CC、SE/CC、SF/CD 汽油/柴油发动机通用润滑油的高温清净性和抗磨性。

L-4 系列试验方法相继演变为 L-38 试验方法。主要用来评定 SC、SE、SF、CC、CD 级发动机润滑油和 SDCC、SE/CC、SF/CC 汽油/柴油发动机通用润滑油的抗高温氧化和抗轴瓦腐蚀性能。

5.2.2.2 MS 程序试验方法

MS 程序试验法是 1958 年为评定发动机润滑油 API 旧分类中的 MS 级发动机润滑油而制定的试验方法。当初是按Ⅰ、Ⅱ、Ⅲ、Ⅳ、Ⅴ5 个程序，以不同目的在多缸试验机上进行。随着发动机润滑油使用性能级别的提高，各程序的试验规范也在不断修改，以Ⅰ、Ⅱ、Ⅲ、Ⅳ、Ⅴ每个程序后面注 A、B、C、D ……表示。目前，评定 SE、SF 级汽油发动机润滑油和 SE/CC、SF/CD 汽油/柴油发动机通用润滑油，均采用ⅡD、ⅢD、ⅤD 等试验方法。ⅡD 法的试验目的是评定发动机润滑油的低温防锈蚀性能，ⅢD 法是为了评定发动机润滑油的抗高温氧化和抗腐蚀性能，ⅤD 法是为了评定发动机润滑油的防低温沉积物的性能。为评定 SG 汽油发动机润滑油，MS 程序试验已发展为ⅡE、ⅢDE、ⅤE 等试验方法。

5.2.2.3 皮特（Petter）试验方法

在美国的发动机润滑油试验方法基础上，欧洲共同市场汽车制造商委员会（CCMC）发展了皮特试验方法，具体分为皮特 W-1 法和皮特 AVB 法。目前，在我国发动机润滑油规格中，多采用皮特 AVB 法来评定 CC、CD、SC、SD、SE、SF 级发动机润滑油和 SD/CC、SE/CC、SF/CD 汽油/柴油发动机通用润滑油的抗高温氧化和抗轴瓦腐蚀性能。

5.2.2.4 我国的试验方法

为发展和评价高使用性能级别的发动机润滑油，我国从 20 世纪 80 年代末开始逐步完善发动机润滑油试验评定方法。目前，相当于国际的 L-1 系列和 L-4 系列、MS 程序试验、皮特试验方法等发动机润滑油评定试验的技术标准已经颁布，详见表 5-4。

表 5-4　我国发动机润滑油的试验标准

国际方法	我国技术标准
L-1 系列方法	GB/T 9932-1988（卡特比勒 1H2 法） GB/T 9933-1988（卡特比勒 1G2 法）
L-1 系列方法	SH/T 0265-1992（卡特比勒 1G2 法）
MS 程序试验方法	SH/T 0512-1992《汽油发动机润滑油低温锈蚀评定法》（MS 程序ⅡD 法） SH/T 0513-1992《汽油发动机润滑油高温氧化和磨损评定法》（MS 程序ⅢD 法） SH/T 0514-1992《汽油发动机润滑油低温沉积物评定法》（MS 程序ⅤD 法） SH/T 0515-1992EQC《汽油发动机润滑油性能评定法》（MS 程序Ⅱ、Ⅲ、ⅤD 法） SH/T 0516-1992EQD《汽油发动机润滑油性能评定法》（MS 程序Ⅱ、Ⅲ、ⅤD 法）
皮特试验方法	SH/T 0264-1992《发动机润滑油高温氧化和轴瓦腐蚀试验评定法》（皮特 W-1 法） SH/T 0263-1992《发动机润滑油高温氧化和轴瓦腐蚀试验评定法》（皮特 AVB 法）

5.3　发动机润滑油的分类、规格及技术要求

发动机润滑油是在以精制的矿物油、合成油为基础油中加入金属清净剂、无灰分散剂、抗氧抗腐剂、黏度指数改进剂、降凝剂、抗泡剂、防锈剂等各类添加剂而成，其品种、规格是按照基础油的性能和各种添加剂所含数量来划分的。目前，美国石油协会（API）的使用性能分类法和 SAE 的黏度分类法已被世界各国所公认和广泛采用，我国也参照这两种润滑油的分类方法制定了 GB/T 7631.3—1995《内燃机油分类》和 GB/T 14906—1994《内燃机油黏度分类》两项国家标准，相应制定了我国内燃机油的质量分类法和黏度分类法。

因此，发动机润滑油的分类，应该包括国外发动机润滑油和我国发动机润滑油两个不同的分类体系。但其均以发动机润滑油的黏度和使用性能作为分类的基本要素，即发动机润滑油分类包括按黏度分类和按使用性能分类两个方面。

5.3.1　发动机润滑油的分类

5.3.1.1　国外发动机润滑油的分类

国际上广泛采用美国汽车工程师协会（SAE）的黏度分类法和美国石油协会（API）的使用性能分类法。上述分类方法与汽车发动机润滑油各发展阶段的结构、性能和使用要求有着紧密的联系。

5.3.1.1.1　国外发动机润滑油的 SAE 黏度分类

　　1911 年，美国汽车工程师协会制定了发动机润滑油黏度分类法，中间曾几次修改，目前执行的是 SAE J300—2000《发动机润滑油黏度分类》，详见表 5-5。该标准采用含字母 W 和不含字母 W 两组系列黏度等级号划分，前者以最大低温黏度、最大低温泵送温度下的黏度和 100℃时的最小运动黏度划分；后者仅以 100℃时的运动黏度划分。冬用发动机润滑油黏度等级以 6 个含 W 的低温黏度级号（0W、5W、10W、15W、20W 和 25W）表示；夏用发动机润滑油黏度等级以 5 个不含 W 的 100℃时的运动黏度级号（20、30、40、50 和 60）表示。

表 5-5　发动机润滑油 SAE J300-2000 黏度分类

SAE 黏度等级	低温动力黏度（最大）(mPa·s)	低温泵送温度下黏度（最大）(mPa·s)	运动黏度（100℃）(mm²/s)		高温剪切动力黏度（最小）(150℃，10⁶/s)(mPa·s)
			（最小）	（最大）	
0W	6200（−35℃）	6000（−40℃）	3.8	—	—
5W	6600（−30℃）	6000（−35℃）	3.8	—	—
10W	7000（−25℃）	6000（−30℃）	4.1	—	—
40	—	—	12.5	<16.3	2.9（0W/40，5W/40，10W/40）
	—	—	12.5	<16.3	3.7（15W/40，20W/40，25W/40，40）
50	—	—	16.3	<21.9	3.7
60	—	—	16.3	<26.1	3.7
试验方法	ADTM—D5293	ASTM—D4684	ASTM—D445		ASTM—D4683（ASTM—D4741）

　　按美国汽车工程师协会的黏度分类体系，发动机润滑油分为单黏度级和多黏度级（稠化机油）。只能满足低温或高温一种黏度级别要求的发动机润滑油，称为单黏度级发动机润滑油。而既能满足低温工作时黏度级别要求，又能满足高温工作时黏度级要求的发动机润滑油，称为多黏度级发动机润滑油，用低温黏度级号与高温黏度级号组合来表示。多级油是由一些经黏度指数改进剂调配，具有多黏度等级的内燃机油，其低温黏度小，100℃运动黏度较高。目前多级油主要有 5W/20、5W/30、10W/30、15W/40、20W/40 等牌号，牌号标记的分子 5W、10W、15W、20W 等表示低温黏度等级，牌号标记的分母 20、30、40 等表示 100℃时的运动黏度等级。如 5W/30，其含义为一种多黏度级发动机润滑油，这种油在低温使用时符合 SAE5W 黏度级；在 100℃时运动黏度符合 SAE30 黏度级。可见多级油可以四季通用。

5.3.1.1.2　国外发动机润滑油 API 使用性能分类

　　发动机润滑油的使用性能分类，是根据在发动机润滑油试验评定中所表现的抗磨性、清净分散性和抗氧化腐蚀性等确定其等级。

　　发动机润滑油 API 使用性能分类开始于 1947 年，当时只将发动机润滑油分为普通、优质和重负荷 3 个级别。1952 年的 API 使用性能分类，将汽油发动机润滑油分为 ML、MM、MS（相当于以后新分类的 SA、SC 或 SD）3 个级别，将柴油发动机润滑油分为 DC、DM、DS（相当于以后新分类的 CA 或 CC、CD）3 个级别。

　　1970 年，美国石油协会（American Petroleum Institute，API）、美国汽车工程师协会（SAE）

和美国材料试验协会（American Society for Testing and Materials，ASTM），共同提出了发动机润滑油的使用性能必须通过规定的发动机试验来确定，即 API 使用性能分类法。该分类将汽油发动机润滑油规定为 S 系列（Service Station Classification，即加油站分类）；将柴油发动机润滑油规定为 C 系列（Commercial Classification，即工商业分类）。在 S 系列中又细分为 SA、SB、SC、SD、SE、SF、SG、SH 8 个级别，在 C 系列中又细分为 CA、CB、CC、CD、CD-Ⅱ、CE、CF-4 7 个级别。其宗旨是：按发动机润滑油强化程度和工作条件的苛刻程度来划分发动机润滑油的等级，以保证润滑油的使用性能。以上两个系列的各级油品质量除应符合各自规定的理化性能要求外，还必须通过规定的发动机试验。API 使用性能分类法今后将随着发动机和发动机润滑油技术的发展，循序渐进地增加新级别的油品。

5.3.1.2 我国发动机润滑油的分类

依据国外发动机润滑油的分类原则，我国发动机润滑油的分类，也包括按黏度分类和按使用性能分类两个系列。

5.3.1.2.1 按黏度分类

我国发动机润滑油的级别过去是按发动机润滑油在 100℃时运动黏度数值大小来确定的，如汽油发动机润滑油有 8、11、14、18 等牌号。目前我国的发动机润滑油黏度分类，参照美国汽车工程师协会（SAE）标准 MJ 300—2000《发动机润滑油黏度分类》来确定。表 5-6 所列为国产发动机润滑油的黏度等级分类。该分类标准包括含字母 W 和不含字母 W 两组黏度等级系列，含字母 W 等级系列与低温起动有关，着重于发动机润滑油的最低泵送温度及低于 0℃时的黏度，不含字母 W 等级系列则只表示在 100℃时的运动黏度，以及高温剪切黏度。

由于分类只标出低温黏度范围的上限，故 W 级别低的润滑油能符合任何 W 级别较高的润滑油的黏度要求，即 10W 润滑油可满足 15W、20W 或 25W 润滑油的黏度要求。

关于我国发动机润滑油黏度等级分类，也有单级油和多级油之分。任何具有单一牛顿液体性质的润滑油应标为单级油。一些经过添加黏度指数改进剂调配后的发动机润滑油，具有非牛顿液体性质的多黏度等级特征，应标注适当的多黏度等级。一种多黏度级发动机润滑油，其低温黏度和边界泵送温度应满足系列中一个 W 级的需要，同时 100℃运动黏度属于系列中的一个非 W 级分类规定的黏度范围，即含 W 的低温黏度级和 100℃运动黏度级，并且两黏度级号之差至少等于 15。例如，一个多级油可标为 10W/30 或 20W/40，不可标为 10W/20 或 20W/20。某一油品可能同时符合多个 W 级，所标记的含 W 级号或多黏度等级号只取最低 W 级号。例如，一个多级油同时符合 10W、15W、20W、25W 和 30 级号，黏度牌号只能标为 10W/30。

表 5-6 我国内燃机油的黏度分类（GB/T 14906—1994）

SAE 黏度等级	低温动力黏度（mPa·s）	边界泵送温度（℃）	100℃运动黏度（mm²/s）	高温剪切动力黏度（mPa·s）（150℃，10⁶/s）
0W	≤3250（−30℃）	≤−40	≥3.8	—
5W	≤3500（−25℃）	≤−35	≥3.8	—

（续）

SAE 黏度等级	低温动力黏度（mPa·s）	边界泵送温度（℃）	100℃运动黏度（mm²/s）		高温剪切动力黏度（mPa·s）（150℃，10⁶/s）
10W	≤3500（-20℃）	≤-30	≥4.1	—	—
15W	≤3500（-15℃）	≤-25	≥5.6	—	—
20W	≤4500（-10℃）	≤-20	≥5.6	—	—
25W	≤6000（-5℃）	≤-15	≥9.3	—	—
20	—	—	≥5.6	<9.3	≥2.6
30	—	—	≥9.3	<12.5	≥3.9
40	—	—	≥12.5	<16.3	≥2.9（1）
	—	—	≥12.5	<16.3	≥3.7（2）
50	—	—	≥16.3	<21.9	≥3.7
60	—	—	≥21.9	<26.1	≥3.7

5.3.1.2.2　按使用性能分类

GB/T 7631.3—1995《内燃机油分类》是非等效地采用美国 SAE J183：1991《发动机润滑油性能及发动油使用分类》标准制定的我国内燃机油的分类标准。该标准规定了汽车用及其他固定式内燃机润滑油（汽油发动机和柴油发动机润滑油）的详细分类，但不包括铁路内燃机车柴油机油和船用柴油机油。

四冲程发动机润滑油的详细分类是根据产品特性、使用场合和使用对象确定的。汽油发动机润滑油第一个字母用 S 表示，具体分类见表 5-7。柴油发动机润滑油第一个字母用 C 表示，具体分类见表 5-8。根据 GB/T 7631.3—1995《内燃机油分类》生产的我国各类发动机润滑油产品，其使用性能与美国 API 分类的对应关系见表 5-9。

表 5-7　我国汽油发动机润滑油详细分类及使用特性

品种代号	特 性 与 使 用
SA（废除）	用于运行条件非常温和的老式发动机润滑油，该油不含添加剂，对使用性能无特殊要求。由于该油品仅适合已经淘汰的老式汽油发动机，已经没有效能要求，因此已经废除
SB（废除）	用于缓和条件下工作的货车、客车或其他汽油发动机，也可用于要求使用 API SB 级润滑油的汽油发动机。由于该油品仅具有抗该伤、抗氧化和抗轴承腐蚀性能，使用性能较差，因此也已经废除
SC（废除）	用于货车、客车或其他汽油发动机以及要求使用 API SC 级发动机润滑油的汽油发动机，可控制汽油发动机工作时的软低温沉积物、磨损、锈蚀和腐蚀等指标
SD（废除）	用于货车、客车和某些轿车的汽油发动机以及要求使用 API SE、SC 级发动机润滑油的汽油发动机。此种油品控制汽油发动机高低沉沉积物、磨损、锈蚀和所蚀的性能优于 SC 润滑油，并可替代 SC 级润滑油
SE	用于轿车和某些货车的汽油发动机以及要求使用 API SE、SD 组汽油发动机润滑油的汽油发动机。此种油品的抗氧化性能及控制汽油发动机高温沉积物、腐蚀和锈蚀的性能优于 SD 或 SC 级润滑油，并可代替 SD 或 SC 级润滑油
SF	用于轿车和某些货车的汽油发动机以及要求 API SF 级发动机润滑油的汽油发动机。此种油品的抗氧化性和抗磨损性优于 SE 级润滑油，还具有控制汽油发动机沉积物、锈蚀和腐蚀的性能，并可代替 SE、SD 或 SC 级润滑油
SG	用于轿车和某些货车的汽油发动机以及要求使用 API SG 级汽油发动机润滑油的汽油发动机。SG 级润滑油质量还包括 CC（或 CD）级润滑油的使用性能。此种油品改进 SF 级润滑油控制发动机润滑油沉积物、磨损和油品的氧化性能，具有抗锈蚀和腐蚀的性能，并可代替 SF、SF／CD、SE 或 CC 级润滑油
SH	用于轿车和轻型货车的汽油发动机以及要求使用 API SH 级汽油发动机润滑油的汽油发动机。SH 级润滑油质量在汽油发动机后损、锈蚀、腐蚀及沉积物的控制和们沿油的抗氧化方面优于 SG 级润滑油，并可代替 SG 级润滑油

表 5-8 我国柴油发动机润滑油详细分类及使用特性

品种代号	特 性 与 使 用
CA（废除）	用于使用优质柴油的柴油发动机，在轻到中负荷下运行的柴油发动机以及要求使用 API CA 级柴油发动机润滑油的柴油发动机，有时也用于运行条件温和的汽油发动机，具有一定的高温清净性和抗氧抗腐性
CB（废除）	用于柴油质量较低的柴油发动机，在轻到中负荷下运行的柴油发动机以及要求使用 API CB 级柴油发动机润滑油的柴油发动机，有时也用于运行条件温和的汽油发动机，具有控制发动机润滑油高温沉积物和轴承腐蚀的性能
CC	用于在中到重负荷下运行的非增压、低增压或增压式柴油发动机，并包括一些重负荷汽油发动机。对于柴油发动机，具有控制高温沉积物和轴瓦腐蚀的性能；对于汽油发动机，具有控制腐蚀、锈蚀和高温沉积物的性能，并可代替 CA、CB 级润滑油
CD	用于需要高效控制磨损和沉积物或使用包括高硫燃料非增压、低增压及增压式柴油发动机，以及国外要求使用 API CD 级润滑油的柴油发动机，具有控制轴承腐蚀和高温沉积物的性能，并可代替 CC 级润滑油
CD-Ⅱ	用于要求高效控制磨损和沉积物的重负荷二冲程柴油发动机以及要求使用 API CD-Ⅱ级柴油发动机润滑油的柴油发动机，同时也可以满足 CD 级润滑油的性能要求
CE	用于低速高负荷和高速高负荷条件下运行的低增压及增压式重负荷柴油发动机，以及要求使用 API CE 级润滑油的柴油发动机，同时也满足 CD 级润滑油的性能要求
CF-4	用于高速四冲程以及要求使用 API CF-4 级柴油发动机润滑油的柴油发动机。在油耗和活塞沉积物控制方面性能优于 CE 级润滑油，并可代替 CE 级润滑油。此种润滑油油品特别适用于高速公路行驶的重负荷货车

表 5-9 我国发动机润滑油产品分类与 API 产品分类的对应关系

我国发动机润滑油分类	对应关系	API 分类	我国发动机润滑油分类	对应关系	API 分类
SC	不等于	SC	SF	等于	SF
SD	不等于	SD	CC	等于	CC
SE	等于	SE	DD	等于	DD

发动机润滑油的命名和标记，应包括使用性能级别代号和黏度级别代号两部分。例如，一个确定的汽油发动机润滑油产品可命名为 SE 30；一个确定的柴油发动机润滑油产品可命名为 CC 10/30；一个确定的汽油/柴油发动机通用润滑油产品可命名为 SJ/CF-4 5W-30 通用内燃机油或 CF-4/SJ 5W-30 通用内燃机油，前者表示其配方首先满足 SJ 汽油机油要求，后者表示其配方首先满足 CF-4 柴油机油要求，两者均需同时符合 SJ 汽油机油和 CF-4 柴油机油的全部质量指标。

5.3.2 发动机润滑油的规格与技术要求

5.3.2.1 汽油发动机润滑油的规格与技术要求

在我国现行的有关标准中，GB 11121—2006《汽油机油》规定了 SE、SF、SG、SH、GF-1、SJ、GF-2、SL、GF-3 9 个级别的汽油发动机机油的规格。GB 11122—2006《柴油机油》规定了 CC、CD、CF、CF-4、CH-4、CI-4 6 个级别的柴油机油规格。

5.3.2.1.1 汽油发动机润滑油的规格

汽油发动机润滑油使用性能级别及其黏度等级 GB11121—2006《汽油机油》中规定了现行的汽油发动机润滑油黏温性能要求，如表 5-10、表 5-11。

表 5-10 SE、SF 汽油机润滑油黏温性能要求

项 目	低温动力黏度（mPa·s）不大于	边界泵送温度（℃）不大于	运动黏度（100℃）（mm²/s）	黏度指数不小于	倾点（℃）不高于
试验方法	GB/T 6538	GB/T 9171	GB/T 265	GB/T 1995、GB/T 2541	GB/T 3535
质量等级 黏度等级	—				

（续）

项　目	低温动力黏度（mPa·s）不大于	边界泵送温度（℃）不大于	运动黏度（100℃）(mm²/s)	黏度指数不小于	倾点（℃）不高于
0w-20	3250（-30℃）	6000（-35℃）	5.6～<9.3	—	-40
0w-30	3250（-30℃）	6000（-35℃）	9.3～<12.5	—	
5w-20	3500（-25℃）	6000（-30℃）	5.6～<9.3	—	-35
5w-30	3500（-25℃）	6000（-30℃）	9.3～<12.5	—	
5w-40	3500（-25℃）	6000（-30℃）	12.5～<16.3	—	
5w-50	3500（-25℃）	6000（-30℃）	16.3～<21.9	—	
10w-30	3500（-20℃）	6000（-25℃）	9.3～<12.5	—	-30
10w-40	3500（-20℃）	6000（-25℃）	12.5～<16.3	—	
10w-50	3500（-20℃）	6000（-25℃）	16.3～<21.9	—	
15w-30	3500（-15℃）	6000（-20℃）	9.3～<12.5	—	-23
15w-40	3500（-15℃）	6000（-20℃）	12.5～<16.3	—	
15w-50	3500（-15℃）	6000（-20℃）	16.3～<21.9	—	
20w-40	4500（-10℃）	6000（-15℃）	12.5～<16.3	—	-18
20w-50	4500（-10℃）	6000（-15℃）	16.3～<21.9	—	
30	—	—	9.3～<12.5	75	-15
40	—	—	12.5～<16.3	80	-10
50	—	—	16.3～<21.9	80	-5

（SE、SF 为首列质量等级）

表 5-11　SG、SH、GF-1、SJ、GF-2、SL、GF-3 汽油机润滑油黏温性能要求

项　目	低温动力黏度(mPa·s)不大于	低温泵送动力黏度(mPa·s)不大于	运动黏度(100℃)(mm²/s)	高温高剪切动力黏度(150℃,10⁶/s)(mPa·s)不小于	黏度指数不小于	倾点（℃）不高于
试验方法	GB/T 6538 ASTM D5293[c]	SH/T 0562	GB/T 265	SH/T 0618[d] SH/T 0703 SH/T 0751	GB/T1995 GB/T 3535 GB/T2541	
质量等级　黏度等级	—	—		—	—	
0w-20	6200（-35℃）	6000（-40℃）	5.6～<9.3	2.6		-40
0w-30	6200（-35℃）	6000（-40℃）	9.3～<12.5	2.9		
5w-20	6600（-30℃）	6000（-35℃）	5.6～<9.3	2.6		-35
5w-30	6600（-30℃）	6000（-35℃）	9.3～<12.5	2.9		
5w-40	6600（-30℃）	6000（-35℃）	12.5～<16.3	2.9		
5w-50	6600（-30℃）	6000（-35℃）	16.3～<21.9	3.7		
10w-30	7000（-25℃）	6000（-30℃）	9.3～<12.5	2.9		-30
10w-40	7000（-25℃）	6000（-30℃）	12.5～<16.3	2.9		
10w-50	7000（-25℃）	6000（-30℃）	16.3～<21.9	3.7		
15w-30	7000（-20℃）	6000（-25℃）	9.3～<12.5	2.9		-25
15w-40	7000（-20℃）	6000（-25℃）	12.5～<16.3	3.7		
15w-50	7000（-20℃）	6000（-25℃）	16.3～<21.9	3.7		
20w-40	9500（-15℃）	6000（-20℃）	12.5～<16.3	3.7		-20
20w-50	9500（-15℃）	6000（-20℃）	16.3～<21.9	3.7		
30	—	—	9.3～<12.5	—	75	-15
40	—	—	12.5～<16.3	—	80	-10
50	—	—	16.3～<21.9	—	80	-5

（质量等级：SG、SHGF-1[a]、SJ、GF-2[b]、SL、GF-3）

注：a 10W 黏度等级低温动力黏度和低温泵送黏度的试验温度均升高 5℃，指标分别为：不大于 3500 mPa·s、30000 mPa·s。

b 10W 黏度等级低温动力黏度的试验温度升高 5℃，指标为：不大于 3500 mPa·s。

c GB/T6538—2000 正在修订中，在新标准正式发布前 0W 油使用 ASTM D5293:2004 方法测定。

d 为仲裁方法。

5.3.2.1.2 汽油发动机润滑油技术要求

汽油发动机润滑油的技术要求，包括理化性能要求和发动机试验要求两个方面。根据国家现行有关标准 GB 11121—2006《汽油机油》的规定，表 5-12、表 5-13 分别列出了 SE、SF、SG、SH、GF-1、SJ、GF-2、SL、GF-3 等汽油发动机润滑油产品的模拟性能和理化性能要求，表 5-14 选择性地列出了 SL、GF-3 汽油发动机润滑油产品的发动机试验要求。

表 5-12　汽油机润滑油模拟性能和理化性能要求

项　目	质量指标									试验方法
	SE	SF	SG	SH	GF-1	SJ		GF-2	SL、GF-3	
水分（体积分数）（%）　不大于	痕　迹									GB/T260
泡沫性（泡沫倾向/泡沫稳定性）（mL/mL）										
24℃　　　不大于	25/0			10/0		10/0			10/0	GB/T 12579[a]
后 24℃　　不大于	150/0			50/0		50/0			50/0	
150℃　　　不大于	25/0			10/0		10/0			10/0	
	—			报告		200/50			100/0	SH/T0722[b]
蒸发损失[c]（质量分数）（%）　不大于	—	5W-30 10W-30 15W-40			0W 和 5W	所有其他多级油	0W-20、5W-20、5W-30、10W-30	所有其他多级油		
诺亚克法（250℃，1h）或		25	20	18	25	20	22	20	22	15	SH/T 0059
气相色谱法（371℃馏出量）										
方法 1	—	20	17	15	20	17	—		—	SH/T 0558
方法 2	—	—			—		17	15	17	—	SH/T 0695
方法 3	—	—			—		17	15	17	10	ASTM D 6417
过滤性（%）　不大于		5W-30 15W-40 10W-30								
EOFT 流量减少										
EOWTT 流量减少		50	无要求		50		50		50	50	ASTM D 6794
用 0.6%H_2O	—	—			—		报告		—	50	
用 1.0%H_2O	—	—			—		报告		—	50	
用 2.0%H_2O	—	—			—		报告		—	50	
用 3.0%H_2O	—	—			—		报告		—	50	
均匀性和混合性	—	与 SAE 参比油混合均匀								ASTM D 6922
高温沉积物（mg）不大于										
TEOST	—						60		60	—	SH/T 0750
TEOST MHT	—						—		—	45	ASTM D 7097
凝胶指数　　不大于	—	—			—		12	无要求	12[d]	12[d]	SH/T 0732
机械杂质（质量分数）（%）　不大于	0.01									GB/T 511

（续）

项　目		质量指标								试验方法
		SE	SF	SG	SH	GF-l	SJ	GF-2	SL、GF-3	
闪点（开口）（℃） （黏度等级）　不低于		200（0W、5W 多级油）；205（10W 多级油）；215（15W、20W 多级油）； 220（30）；225（40）；230（50）								GB/T 3536
磷（质量分数）（%） 　　　　　　不大于		见表 5-13		0.12e		0.12	0.10f	0.10	0.10g	GB/T 17476h SH/T 0296 SH/T 0631 SH/T 0749

a 对于 SG、SH、GF-1、SJ、GF-2、SL 和 GF-3，需首先进行步骤 A 实验。

b 为 1min 后测定稳定体积。对于 SL 和 GF-3 可根据需要确定是否首先进行步骤 A 实验。

c 对于 SF、SG 和 SH，除规定了指标的 5W/30、10W/30 和 15W/40 之外的所有其他多级油均为"报告"。

d 对于 GF-2 和 GF-3，凝胶指数试验是从−5℃开始降温直到黏度达到 40000mPa·s（40000cP）时的温度或温度达到−40℃时试验结束，任何一个结果先出现即视为试验结束。

e 仅适用于 5W-30 和 10W-30 黏度等级。

f 仅适用于 0W-20、5W-20、5W-30 和 10W-30 黏度等级。

g 仅适用于 0W-20、5W-20、0W-30、5W-30 和 10W-30 黏度等级。

h 仲裁方法。

表 5-13　汽油机润滑油理化性能要求

项　目	质量指标		试验方法
	SE、SF	SG、SH、GF-1、SJ、 GF-2、SL、GF-3	
碱值 a（以 KOH 计）（mg/g）	报告		SH/T 0251
磷酸盐灰分 a（质量分数）（%）	报告		GB/T 2433
硫 a（质量分数）（%）	报告		CB/T 387、GB/T 388、GB/T 11140、GB/T 17040、 GB/T 17476、SH/T 0172、SH/T 0631、SH/T 0749
磷 a（质量分数）（%）	报告	见表 5-12	CB/T 17476、SH/T 0296 SH/T 0631、SH/T 0749
氮 a（质量分数）（%）	报告		CB/T 9170、SH/T 0656、 SH/T 0704

注：a 生产者在每批产品出厂时要向使用者或经销者报告该项目的实测值，有争议时以发动机台架试验结果为准。

表 5-14　SL、GF-3 汽油机润滑油发动机试验要求

质量等级	项　目		质量指标	试验方法
	程序Ⅷ发动机试验			ASTM D 6709
	轴瓦失重（mg）	不大于	26.4	
	剪切安定性，运转 10h 后的运动黏度		在本等级油黏度范围之内　（适用于多级油）	
	球锈蚀试验			SH/T 0763
	平均灰度值（分）	不小于	100	
	程序ⅢF 发动机试验			ASTM D 6984
	运动黏度增长（40℃，80h）（%）		275	
		不大于	9.0	
SL	活塞裙部漆膜平均评分	不小于	4.0	
	活塞沉积物评分	不大于	0.020	
	凸轮加挺杆磨损（mm）	不大于	无	
	热黏环		报告	
	低温黏度性能 a			GB/T 6538、SH/T 0562
	程序 VE 发动机试验			SH/T 0759
	平均凸轮磨损（mm）	不大于	0.127	
	最大凸轮磨损（mm）	不大于	0.380	
	程序ⅣA 阀系磨损试验			ASTM D 6891
	平均凸轮磨损（mm）	不大于	0.120	

（续）

质量等级	项　　目		质量指标			试验方法
SL	程序 VG 发动机试验					ASTM D 6593
	发动机油泥平均评分	不小于	7.8			
	摇臂罩油泥评分	不小于	8.0			
	活塞裙部漆膜平均评分	不小于	7.5			
	发动机漆膜平均评分	不小于	8.9			
	机油滤网堵塞（%）	不小于	20.0			
	压缩环热黏结		无			
	环的冷黏结		报告			
	机油滤同残渣（%）		报告			
	油环堵塞（%）		报告			
GF-3	程序Ⅷ发动机试验					ASTM D 6709
	轴瓦失重（mg）	不大于	26.4			
	剪切安定性，运转 10h 后的运动黏度		在本等级油黏度范围之内	（适用于多级油）		
	球锈蚀试验					SH/T 0763
	平均灰度值（分）	不小于	100			
	程序ⅢF 发动机试验					ASTM D 6984
	运动黏度增长（40℃，80h）（%）	不大于	275			
	活塞裙部漆膜平均评分	不小于	9.0			
	活塞沉积物评分	不小于	4.0			
	凸轮加挺杆磨损（mm）	不大于	0.020			
	热黏环		不允许			GB/T 6538
	油耗（L）	不大于	5.2			SH/T 0562
	低温黏度性能		报告			
	程序 VE 发动机试验					SH/T 0759
	平均凸轮磨损（mm）	不大于	0.127			
	最大凸轮磨损（mm）	不大于	0.380			
	程序ⅣA 阀系磨损试验					ASTM D 6891
	平均凸轮磨损（mm）	不大于	0.120			
	程序 VC 发动机试验					ASTM D 6593
	发动机油泥平均评分	不小于	7.8			
	摇臂罩油泥评分	不小于	8.0			
	活塞裙部漆膜平均评分	不小于	7.5			
	发动机漆膜平均评分	不小于	8.9			
	机油滤网堵塞（%）	不大于	20.0			
	压缩环热黏结		无			
	环的冷黏结		报告			
	机油滤网残渣（%）		报告			
	油环堵塞（%）		报告			
	程序ⅥB 发动机试验		0W-20 5W-20	0W-30 5W-30	10W-30 和其他多机油	ASTM D 6837
	16h 老化后燃料经济性改进评价，FEI 1（%）	不小于	2.0	1.6	0.9	
	96h 老化后燃料经济性改进评价，FEI 2（%）	不小于	1.7	1.3	0.6	
	FEI 1+FEI 2（%）	不小于	—	3.0	1.6	

注：a 根据油品低温等级所指定的温度，使用试验方法 GB／T 6538 和 SH／T 0562 测定 80h 试验后的油样。

5.3.2.2 柴油发动机润滑油的规格与技术要求

5.3.2.2.1 柴油发动机润滑油的规格

柴油发动机润滑油使用性能级别及其黏度等级 GB 11122—2006《柴油机油》中规定了 CC、CD、CF、CF-4、CH-4、CI-4 柴油发动机润滑油的黏温性能要求（表 5-15、表 5-16）。

表 5-15　CC、CD 柴油机润滑油黏温性能要求

项目		低温动力黏度 (mPa·s) 不大于	边界泵送温度 (℃) 不大于	运动黏度 (100℃) (mm²/s)	高温高剪切黏度 (150℃，10⁶s⁻¹) (mPa·s) 不小于	黏度指数	倾点（℃）不大于
试验方法		GB/T 6538	SH/T 9171	GB/T 265	SH/T 0618② SH/T 0703 SH/T 0751	GB/T 1995 GB/T 2541	GB/T 3535
质量等级	黏度等级						
CC①、CD	0W-20	3250（-30℃）	-35	5.6～<9.3	2.6	—	-40
	0W-30	3250（-30℃）	-35	9.3～<12.5	2.9	—	
	0W-40	3250（-30℃）	-35	12.5～<16.3	2.9	—	
	5W-20	3500（-25℃）	-30	5.6～<9.3	2.6	—	-35
	5W-30	3500（-25℃）	-30	9.3～<12.5	2.9	—	
	5W-40	3500（-25℃）	-30	12.5～<16.3	2.9	—	
	5W-50	3500（-25℃）	-30	16.3～<21.9	3.7	—	
	10W-30	3500（-20℃）	-25	9.3～<12.5	2.9	—	-30
	10W-40	3500（-20℃）	-25	12.5～<16.3	2.9	—	
	10W-50	3500（-20℃）	-25	16.3～<21.9	3.7	—	
	15W-30	3500（-15℃）	-20	9.3～<12.5	2.9	—	-23
	15W-40	3500（-15℃）	-20	12.5～<16.3	3.7	—	
	15W-50	3500（-15℃）	-20	16.3～<21.9	3.7	—	
	20W-30	4500（-10℃）	-15	12.5～<16.3	3.7	—	-18
	20W-40	4500（-10℃）	-15	16.3～<21.9	3.7	—	
	20w-50	4500（-10℃）	-15	21.9～<26.1	3.7	—	
	30	—	—	9.3～<12.5	—	75	-15
	40	—	—	12.5～<16.3	—	80	-10
	50	—	—	16.3～<21.9	—	80	-5
	60	—	—	21.9～<26.1	—	80	-5

注：① CC 不要求测定高温高剪切黏度。

　　② 为仲裁方法。

表 5-16　CF、CF-4、CH-4、CI-4 柴油机润滑油黏温性能要求

项 目		低温动力黏度 (mPa·s) 不大于	边界泵送温度 (℃) 在无屈服力 时，不大于	运动黏度 (100℃) (mm²/s)	高温高剪切黏度 (150℃，10⁶s⁻¹) (mPa·s) 不小于	黏度指数	倾点（℃）不大于
试验方法		GB/T 6538 ASTMD 5293②	SH/T 9171	GB/T 265	SH/T 0618² SH/T 0703、 SH/T 0751	GB/T 1995、 GB/T 2541	GB/T 3535
质量等级	黏度等级						
CF、CF-4、 CH-4、 CI-4①	0W-20	6200（-30℃）	60000（-40℃）	5.6 ～ <9.3	2.6	—	-40
	0W-30	6200（-30℃）	60000（-40℃）	9.3 ～ <12.5	2.9	—	
	0W-40	6200（-30℃）	60000（-40℃）	12.5 ～ <16.3	2.9	—	
	5W-20	6600（-25℃）	60000（-35℃）	5.6 ～ <9.3	2.6	—	-35
	5W-30	6600（-25℃）	60000（-35℃）	9.3 ～ <12.5	2.9	—	
	5W-40	6600（-25℃）	60000（-35℃）	12.5 ～ <16.3	2.9	—	
	5W-50	6600（-25℃）	60000（-35℃）	16.3 ～ <21.9	3.7	—	
	10W-30	7000（-20℃）	60000（-30℃）	9.3 ～ <12.5	2.9	—	-30
	10W-40	7000（-20℃）	60000（-30℃）	12.5 ～ <16.3	2.9	—	
	10W-50	7000（-20℃）	60000（-30℃）	16.3 ～ <21.9	3.7	—	
	15W-30	7000（-15℃）	60000（-25℃）	9.3 ～ <12.5	2.9	—	-25
	15W-40	7000（-15℃）	60000（-25℃）	12.5 ～ <16.3	3.7	—	
	15W-50	7000（-15℃）	60000（-25℃）	16.3 ～ <21.9	3.7	—	
	20W-30	9500（-10℃）	60000（-20℃）	12.5 ～ <16.3	3.7	—	-20
	20W-40	9500（-10℃）	60000（-20℃）	16.3 ～ <21.9	3.7	—	
	20W-50	9500（-10℃）	60000（-20℃）	21.9 ～ <26.1	3.7	—	

（续）

项　目	低温动力黏度 （mPa·s） 不大于	边界泵送温度 （℃）在无屈服力 时，不大于	运动黏度 （100℃） （mm²/s）	高温高剪切黏度 （150℃，10⁶s⁻¹） （mPa·s）不小于	黏度指数	倾点（℃） 不大于
试验方法	GB/T 6538 ASTMD 5293②	SH/T 9171	GB/T 265	SH/T 0618² SH/T 0703、 SH/T 0751	GB/T 1995、 GB/T 2541	GB/T 3535
质量等级　黏度等级						
30	—	—	9.3 ～ <12.5	—	75	−15
40	—	—	12.5 ～ <16.3	—	80	−10
50	—	—	16.3 ～ <21.9	—	80	−5
60	—	—	21.9 ～ <26.1	—	80	−5

注：① CI—4 所有黏度等级的高温高剪切黏度均为不小于 3.5 mPa·s，但当 SAEJ 300 指标高于 3.5 mPa·s 时，允许以 SAEJ 300 为准。

② 为仲裁方法。

5.3.2.2.2 柴油发动机润滑油技术要求

同样，柴油发动机润滑油的技术要求包括理化性能要求和发动机试验要求两个方面。根据国家现行有关标准 GB 11122—2006 的规定，表 5-17 列出了 CC、CD、CF、CF-4、CH-4、CI-4 等柴油发动机润滑油产品的理化性能。表 5-18 选择性地列出了 CH-4 和 CI-4 柴油发动机润滑油产品的发动机试验技术要求

表 5-17　柴油机润滑油理化性能要求

项　目	质量指标				试验方法
	CC CD	CF CF-4	CH-4	CI-4	
水分（体积分数）（%）不大于	痕迹	痕迹	痕迹	痕迹	GB/T 260
泡沫性（泡沫倾向/泡沫稳定性）（mL/mL） 　24℃　　不大于 　93.5℃　不大于 　后24℃　不大于	25/0 150/0 25/0	20/0 50/0 20/0	10/0 20/0 10/0	10/0 20/0 10/0	GB/T 12579
蒸发损失（质量分数）（%）　不大于 诺亚克法（250℃，1h）或 气相色谱法（371℃馏出量）			10W-30 20 17	15W-40　15 18 15	SH/T 0059 ASTM D 6417
机械杂质（质量分数）（%）　不大于	0.01				GB/T 511
闪点（开口）（℃）（黏度等级）不大于	200（0W、5W 多级油） 205（10W 多级油） 215（15W、20W 多级油） 220（30） 225（40） 230（50） 240（60）				GB/T 3536
碱值（以 KOH 计）①（mg/g）	报告				SH/T 0251
磷酸盐灰分①（质量分数）（%）	报告				GB/T 2433
硫②（质量分数）（%）	报告				GB/T 387、GB/T 388、GB/T 11140、GB/T 17040、GB/T 17476、SH/T 0172、SH/T 0631、SH/T 0749
磷②（质量分数）（%）	报告				GB/T 17476、SH/T 0296 SH/T 0631、SH/T 0749
氮②（质量分数）（%）	报告				GB/T 9170、SH/T 0656、SH/T 0704

注：① CH-4、CI-4 不允许使用步骤 A。

② 生产者在每批产品出厂时要向使用者或经销者报告该项目的实测值，有争议时以发动机台架试验结果为准。

表 5-18　CH-4、CI-4 柴油机润滑油发动机试验技术要求

品种代码	项 目		质量指标			试验方法
	柴油喷嘴剪切试验		XW-30	XW-40		ASTM D6278
	剪切后的 100℃ 运动黏度（mm²/s）不大于		9.3	12.5		GB/T 265
	开特皮勒 1K 试验		一次试验	二次试验平均	三次试验平均	
	缺点加权评分（WDK）		332	347	353	SH/T 0782
	顶环槽充炭率（TGF）（体积分数）（%）	不大于	24	27	29	
	顶环台重炭率（TLHC）（%）	不大于	4	5	5	
	油耗[（g/kg）/h]（0～252h）	不大于	0.5	0.5	0.5	
	活塞、环和缸套擦伤		无	无	无	
	开特皮勒 1P 试验		一次试验	二次试验平均	三次试验平均	
	缺点加权评分（WDP）	不大于	350	378	390	
	顶环槽炭（TGC）缺点评分	不大于	36	39	41	
	顶环台炭（TLC）缺点评分	不大于	40	46	49	ASTM D 6681
	平均油耗（g/h）（0～360h）	不大于	12.4	12.4	12.4	
	最终油耗（g/h）（312～360h）	不大于	14.6	14.6	14.6	
	活塞、环和缸套擦伤		无	无	无	
	Mack T-9 试验		一次试验	二次试验平均	三次试验平均	
	修正到 1.75% 烟炱量的平均缸套磨损（mm）	不大于	0.0254	0.0266	0.027	SH/T 0761
	平均便环失置/mg	不大于	120	136	144	
	用过油铅变化量（mg/kg）	不大于	25	32	36	
CH-4	MackT-8 试验（T-8F）		一次试验	二次试验平均	三次试验平均	
	4.8% 烟炱量的相对黏度（RV）	不大于	2.1	2.2	2.3	SH/T 0760
	3.8% 烟炱量的黏度增长（mm²/s）	不大于	11.5	12.5	13.0	
	滚轮随动件磨损试验（RFWT）液压滚轮挺杆销平均磨损（mm）	不大于	一次试验 0.0076	二次试验平均 0.0084	三次试验平均 0.0091	ASTM D 5966
	康明斯 M11（HST）试验		一次试验	二次试验平均	三次试验平均	
	修正到 4.1% 烟炱量的摇臂垫平均失重（mg）	不大于	6.5	7.5	8.0	ASTM D 6838
	机油滤清器压差（kPa）	不大于	79	93	100	
	平均发动机油泥，CRC 优点评分	不小于	8.7	8.6	8.5	
	程序IIIE 发动机试验		一次试验	二次试验平均	三次试验平均	
	黏度增长（40℃，64h）（%）	不大于	200	200	200	SH/T 0758
	或			(MTAC)	(MTAC)	
	程序IIIF 发动机试验		295	295	295	ASTM D 6984
	黏度增长（40℃，60h）（%）	不大于		(MTAC)	(MTAC)	
	发动机油充气试验 空气卷入（体积分数）（%）	不大于	一次试验 8.0	二次试验平均 8.0 (MTAC)	三次试验平均 8.0 (MTAC)	ASTM D 6894
	高温腐蚀试验后					
	油铜浓度增加（mg/kg）	不大于		20		SH/T 0754
	试后油铅浓度增加（mg/kg）	不大于		120		
	试后油锅浓度增加（mg/kg）	不大于		50		
	试后油铜片腐蚀（级）	不大于		3		GB/T 5096

（续）

品种代码	项 目		质量指标			试验方法
	柴油喷嘴剪切试验 剪切后的100℃：运动黏度（mm²/s）不小于		XW-30[①] 197 9.3	XW-40[①] 12.5		ASTM D 6278 GB/T 265
	开特皮勒 1K 试验		一次试验	二次试验平均	三次试验平均	SH/T 0782
	缺点加权评分（WDK）	不大于	332	347	353	
	顶环槽充炭串（TCF）（体积分数）（%）不大于		24	27	29	
	顶环台充炭率（TLHC）（%）	不大于	4 5	5		
	平均油耗［(g/kg)/h］（0～252h）	不大于	0.5	0.5	0.5	
	活塞、环和缸套擦伤		无	无	无	
	开特皮勒 IR 试验		一次试验	二次试验平均	三次试验平均	
	缺点加权评分（WDR）		382	396	402	
	顶环槽炭（TCC）缺点评分	不大于	52	57	59	
	顶环台炭（TLC）缺点评分	不大于	31	35	36	
	最初油耗（IOC）(g/h)，(0～252h) 平均值 不大于		13.1	13.1	13.1	ASTM D 6923
	最终油耗（g/h），(432～504h) 平均值 不大于		IOC+1.8	IOC+1.8	IOC+1.8	
	活塞、环和缸套擦伤		无	无	无	
	环黏结		无	无	无	
CI-4	Mack T-10 试验 优点评分 不小于		一次试验 1000	二次试验平均 1000	三次试验平均 1000	ASTM D 6987
	Mack T-8 试验（T-SE） 4.8%烟炱量的相对黏度（RV）[②] 不大于		一次试验 1.8	二次试验平均 1.9	三次试验平均 2.0	SH/T 0760
	滚轮随动件磨损试验（RFWT）液压滚轮挺杆销平均磨损（mm） 不大于		一次试验 0.0076	二次试验平均 0.0084	三次试验平均 0.0091	ASTM D 5966
	康明斯 M11（EGR）试验		一次试验	二次试验平均	三次试验平均	
	气门搭桥平均失重（mg）	不大于	20.0	21.8	22.6	
	顶环平均失重（mg）	不大于	175	186	191	ASTM D 6975
	机油滤清器压差（250h）（kPa）	不大于	275	320	341	
	平均发动机油泥，CRC优点评分	不小于	7.8	7.6	7.5	
	程序ⅢF发动机试验 黏度增长（40℃，80h）（%） 不大于		一次试验 275	二次试验平均 275 (MTAC)	三次试验平均 275 (MTAC)	ASTM D 6984
	发动机油充气试验 空气卷入（%）（体积分数） 不大于		一次试验 K-8.0	二次试验平均 K-8.0 (MTAC)	三次试验平均 8.0 (MTAC)	ASTM D 6894
	高温腐蚀试验		OW、5W、10W、15W			
	试后油铜浓度增加（mg/kg）	不大于		20		SH/T 0754
	试后油铅浓度增加（mg/kg）	不大于		120		
	试后油锡浓度增加（mg/kg）	不大于		50		GB/T 5096
	试后油铜片腐蚀（级）	不大于		3		
	低温泵送黏度 （Mack T-10 或 Mack T-10A 试验，75h后） 不大于		OW、5W、10W、15W			

（续）

品种代码	项　目		质量指标	试验方法
CI-4	试验油，−20℃（mPa·s）	不大于	25 000	SH/T 0562
	如检测到屈服应力			
	低温泵送黏度（mPa·s）	不大于	25 000	ASTM D 6896
	屈服应力（Pa）	不大于	35（不含 35）	
	橡胶相容性			ASTM D 11.15
	体积变化（%）			
	丁腈橡胶		+5/−3	
	硅橡胶		+TMC 1006①/−3	
	聚丙烯酸酯		+5/−3	
	氟橡胶		+5/−2	
	硬度限值			
	丁腈橡胶		+7/−5	
	硅橡胶		+5/1−TMC 1006	
	聚丙烯酸酯		+8/−5	
	氟橡胶		+7/−5	
	拉伸强度（%）			ASTM D 11.15
	丁腈橡胶		+10/−TMC 1006	
	硅橡胶		+10/−45	
	聚丙烯酸酯		+18/−15	
	氟橡胶		+10/−TMC 1006	
	延伸率（%）			
	丁腈橡胶		+10/−TMC 1006	
	硅橡胶		+20/−30	
	聚丙烯酸酯		+10/−35	
	氟橡胶		+10/−TMC 1006	

注：① 相对黏度（RV）为达到 4.8%烟炱量的黏度与新油采用 ASTM D 6278 剪切后的黏度之比。

5.3.2.3　汽油机/柴油发动机通用润滑油的规格

　　汽油/柴油发动机通用润滑油可根据需要在 GB 11121—2006《汽油机油》所属 9 个汽油机油品种和 GB 11122—2006《柴油机油》所属 6 个柴油机油品种中进行组合。任何一个通用内燃机油都应同时满足其汽油机油品种和柴油机油品种的所有指标要求。

5.4　发动机润滑油的选择及更换

　　发动机润滑油是发动机的"血液"。正确选用发动机润滑油能保证汽车正常可靠行驶，减少零件磨损，节省燃油消耗，延长发动机使用寿命。因此，使用者应了解发动机润滑油的作用、规格牌号，并正确掌握其使用方法。其中根据汽车发动机和行车环境的综合情况，合理地选择发动机润滑油是正确使用发动机润滑油的第一步。首先对润滑油作出合理的选择，然后加以正确的使用，才是对待发动机润滑油的正确态度。

5.4.1 发动机润滑油的选择

选择合适的发动机润滑油是保证发动机正常工作、延长其使用寿命的重要条件。发动机润滑油的选择应遵循一定的原则，即应兼顾使用性能级别和黏度级别两个方面。首先应根据发动机结构特点和要求，确定其合适的使用性能级别，然后再根据发动机使用的外部环境温度，选择该级别中的黏度等级。

5.4.1.1 使用性能级别选择

发动机润滑油使用性能级别，主要根据发动机的结构特性、工作条件和燃料品质来选择。汽油发动机润滑油的使用性能选择，应注意汽油发动机工况的苛刻程度和进排气系统中的附加装置及生产年代。汽油发动机润滑油使用性能级别的选择一般应考虑以下具体因素：

（1）发动机压缩比、排量、最大功率、最大转矩。

（2）发动机润滑油负荷，即发动机功率（KW）与曲轴箱机油容量（L）之比。

（3）曲轴箱强制通风、废气再循环等排气净化装置的采用对发动机润滑油的影响。

（4）城市汽车时开时停等特殊运行工况对生成沉积物和发动机润滑油氧化的影响。

表 5-19 列出了 SC、SD、SE、SF、SG 和 SH 级别油品的使用性能以及在部分车型上的应用情况。

表 5-19　汽油发动机润滑油使用性能选参考表

汽油发动机润滑油使用性能级别	性能特点	应用车型
SC	可控制高低温沉积物及磨损、锈蚀和腐蚀	用于国产货车、客车，如以 492QG 为动力的各类汽车
SD	控制高低温沉积物、磨损、锈蚀和腐蚀的性能优于 SC	用于货车、客车和某些轿车，如解放 CA1091、东风 EQ1091 等车型
SE	具有抗氧化性能及可控制高温沉积物、锈蚀和腐蚀的性能	用于轿车和某些货车，如天津夏利、大发、昌河、拉达等车型
SF	抗氧化和抗磨损性能优于 SE，还具有控制沉积物、锈蚀和腐蚀的性能	用于轿车和某些货车，如一汽奥迪、捷达、红旗、CA6440 轻客、桑塔纳、切诺基、标致、富康等车型
SG、SH	具有可控制沉积物、磨损和油的氧化性能，并具有抗锈蚀和腐蚀的性能	用于高档轿车，新型电喷车，如红旗 CA7220AE 等车型

柴油发动机润滑油使用性能级别的选择主要依据发动机润滑油的平均有效压力、活塞平均速度、机油负荷、使用条件和柴油含硫量等因素。

发动机的平均有效压力、活塞平均速度等反映发动机的强化程度，用强化系数 K_Φ 表示。柴油发动机润滑油的质量等级应根据柴油发动机的强化系数来确定：

$$K_\Phi = 5P_{me}C_m \tag{5-3}$$

式中：K_Φ 为强化系数；P_{me} 为发动机润滑油的平均有效压力，MPa；C_m 为活塞平均速度，m/s。

$$p_{me} = \frac{30N_e\tau}{V} \tag{5-4}$$

式中：N_e 为发动机有效功率；τ 为发动机冲程数；V 为发动机排量，L。

$$C_m = \frac{Sn}{30} \qquad (5-5)$$

式中：S 为活塞行程，m；n 为发动机转速，r/min。

　　如果使用硫含量高的柴油或车辆运行条件苛刻时，选用的柴油发动机润滑油使用性能级别要相应提高。如解放 CA1091KZ 型载货汽车装用的 CA110A 型柴油机，其强化系数为 36，在 30～50 之间，可选用 CC 级柴油发动机润滑油。强化系数与柴油发动机润滑油使用性能级别的关系见表 5-20。

表 5-20　强化系数与柴油发动机润滑油使用性能级别的关系

柴油机的强化程度	强化系数	要求的柴油机润滑油使用性能级别
高强化	>50	CD 或 CE
中强化	30～50	CC
低强化	<30	CA（废除）或 CB（废除）

　　表 5-21 列出了 CC、CD、CE 和 CF-4 级别油品的使用性能以及在部分车型上的应用情况。

表 5-21　汽油发动机润滑油使用性能选择参考表

柴油发动机润滑油使用性能级别	发动机平均有效压力/kPa	发动机强化系数	燃油含硫量	应用机型
CC	784～980	35～50		玉柴，扬柴，朝柴 4102、4105、6102，锡柴，大柴 6110，日野 ZM400，五十铃 4BD1、4BG1 等柴油机
CD	980～1470	50～80		康明斯，斯太尔，依维柯，索菲姆等增压柴油机
CE	1479 以上	80 以上	<0.4	用于低速高负荷和高速高负荷条件下运行的低增压和增压式重负荷柴油机
CF-4	—	—		用于高速四冲程柴油机，特别适用于高速公路行驶的重负荷货车

　　一般来说，高使用性能级别的润滑油，可代替低等级的润滑油，但经济上不合算，因此应按说明书的规定进行合理选用。但低等级的润滑油绝不能代替高等级的润滑油。

5.4.1.2　黏度级别的选择

　　选择发动机润滑油的黏度级别主要是根据气温、工况和发动机润滑油的技术状况。

　　黏度是评价发动机润滑油品质的一个重要指标。黏度的大小直接影响发动机润滑油的减磨、降温、清洁、除锈、防尘、吸收振动和密封等作用。发动机润滑油黏度越小，流动性就越好，清洁、冷却效果越好，但高温油膜易受破坏，润滑效果较差；黏度越大，油膜厚度、密封等方面较好，但低温起动时上油较慢，易出现干摩擦或半流体摩擦，冷却、冲洗作用也较差。因此，发动机润滑油黏度选用要适当，一般要遵循以下原则：

　　（1）应根据工作地区的环境温度、发动机负荷、转速选用适宜黏度等级的发动机润滑油，以保证零件正常润滑。

（2）应尽量选用黏温性好、黏度指数高的多级油。多级油使用温度范围比单级油宽，具有低温黏度油和高温黏度油的双重特性。如 5W/30 多级油同时具有 5W、30 两种单级油的特性，其使用温度区间由 5W 级油的–30～10℃和 30 级油的 0～40℃组合成–30～40℃。与单级油相比极大地扩大了使用范围。这样不仅可以减少因气温变化带来更换发动机油的麻烦，而且可以减少发动机油的浪费。

一般我国南方夏季气温较高，对重负荷、长距离运输、工况恶劣的汽车应选用黏度较大的发动机润滑油。我国北方地区冬季气温低，应选用低黏度发动机润滑油，以保证发动机易于起动，减少零部件磨损。发动机润滑油黏度级别的选择，还与发动机润滑油的技术状况有关。新发动机应选择黏度较小的发动机润滑油；磨损严重的发动机应选择黏度较大的发动机润滑油。发动机润滑油的黏度要保证发动机润滑油在低温时易于起动，而加热后又能维持足够黏度保证正常润滑。

从工况方面考虑，重载低速和高温下应选择黏度较大的发动机润滑油；轻载高速应选择黏度较小的发动机润滑油。发动机润滑油黏度级别选择可参考表 5-22。

表 5-22　SAE 发动机润滑油黏度级号与适用温度对照表　　　　　　　　　℃

SAE 发动机润滑油黏度级号	适用温度	SAE 发动机润滑油黏度级号	适用温度
5W / 30	–30～30	20W / 20	–15～20
10W / 30	–25～30	30	–10～30
15W / 30	–20～30	40	–5～40
15W / 40	–20～40		

5.4.1.3　发动机润滑油的使用

对发动机润滑油作出合理选择后，必须依据规定对其加以正确使用。因为，依据使用性能和黏度级别对发动机润滑油作出合理的选择，是为了保持"血液"、"血型"的正确性。而正确掌握发动机润滑油的使用方法，并依据其正确地使用，是为使"血液"尽可能保持其清洁和纯净。为此，在使用中应注意以下几个方面：

（1）要注意使用中润滑油颜色、气味的变化，有条件者可以定期检查润滑油的各项性能指标，一旦发现颜色、气味以及性能指标有较大变化，应及时更换，不应教条地遵照换油期限更换。

（2）换油时应采用热机放油方法。即在更换发动机润滑油时，应先运行车辆，然后趁热放出润滑油，以便使机内的油泥、污物等尽可能地随润滑油一起排出。

（3）加注发动机润滑油要适量。油量不足会加速润滑油的变质，而且会因缺油而引起零件的烧损；发动机润滑油加注过多，不仅会增大润滑油的消耗量，而且过多的润滑油易窜入燃烧室内，造成恶化混合气燃烧。

（4）要定期检查清洗发动机润滑油滤清器，清理油底壳中的脏物。

（5）要避免不同牌号的发动机润滑油混用，防止相互起化学反应。

（6）选购时，应尽可能地购买有影响力、知名度的正规厂家的发动机润滑油，要特别注意辨别真假，确保润滑油的品质。

5.4.2　发动机润滑油的更换

发动机润滑油的更换依据以下 3 条原则：一是根据车辆的行驶里程（或发动机润滑油的工作时间）确定，称为定期换油；二是根据发动机润滑油的使用性能降低程度确定，称为按质换油；三是采用在发动机润滑油油质监测下的定期换油。

5.4.2.1　定期换油

定期换油就是按行驶里程或使用时间对发动机润滑油使用性能变化的影响规律来换油。换油期依据发动机润滑油使用性能变化的影响规律来确定。换油期与发动机润滑油使用性能级别、发动机润滑油技术状况和运行条件有关。

汽油发动机润滑油参考换油里程见表 5-23。表 5-24 列出了部分柴油发动机润滑油参考换油里程或换油期。

表 5-23　部分汽车发动机油的参考换油里程

汽 车 型 号	参考换油里程（×10⁴km）	汽 车 型 号	参考换油里程（×10⁴km）
解放 CA1092	0.8	皇冠（CROWN）3.0	0.75 或 6 个月
东风 EQ1092	0.8	凌志（LEXUS）LS400	0.75 或 6 个月
北京切诺基	0.6	凯迪拉克（CADILAC）	0.5 或 6 个月
上海桑塔纳 LX 和上海桑塔纳 2000	0.75	雪佛兰（CHEVROLET）	0.5 或 6 个月
富康	0.75	奔驰（BENZ）560	0.75 或 6 个月
奥迪 100	0.75	解放 CA1091K2	0.6～0.8
捷达	0.75	南京依维柯 8140.27S	0.7 或 6 个月
红旗 CA7200E、红旗 CA7220E	0.75		

表 5-24　柴油发动机润滑油参考换油里程或换油周期

车辆或机型	柴油机型号	强化系数	使用油品	使用条件	换油里程或换油期（km）
黄河 JN1172（JN162）	X6130	3.9			12000～15000
黄河 JNl173（JN 163）	6130Q	3.9			12000～15000
解放 CA15K	6100A	4.2	CC	3、4 级路面	20000
五十铃 TXD50	DA-120	3.9			8000～10000
五十铃 NPR595	4BD1	4.4			8000～10000
黄海 DD6112NA	X6130	3.9	SD/CC SE/CC	3、4 级路面	12000
太脱拉 T815-2	T3A-930-60	4.0	SF/CC	3、4 级路面	10000
金龙 XMQ6100	6BT5.9	4.8			5000

5.4.2.2　按质换油

此原则是依据对能够反映在用发动机润滑油质量的一些有代表性的理化指标的测试评定，来作出是否换油的决定。在用发动机润滑油中有一项指标达到换油指标时就应更换新油。现行的有关在用发动机润滑油换油指标的国家标准有 GB/T 8028—2010《汽油机油换油指标》（表 5-25）和 GB/T 7607—2010《柴油机油换油指标》（表 5-26）。

表 5-25　汽油机油换油指标技术要求和试验方法

项　目		换 油 指 标		试验方法
		SE、SF	SG、SH、SJ（SJ/GF-2）、SL（SL/GF-3）	
运动黏度变化率（100℃）（%）	>	±25	±20	GB/T 265 或 GB/T 11137[a] 和本标准的 3.2
闪点（闭口）（℃）	<	100		GB/T 261
（碱值-酸值）（以 KOH 计）（mg/g）	<	—	0.5	SH/T 0251 GB/T 7304
燃油稀释（质量分数）（%）	>	5.0		SH/T 0474
酸值（以 KOH 计）（mg/g）增加值	>	2.0		GB/T 7304
正戊烷不溶物（质量分数）（%）	>	1.5		GB/T 8926 B 法
水分（质量分数）（%）	>	0.2		GB/T 260
铁含量（μg/g）	>	150	70	GB/T 17476[a] SH/T 0077 ASTM D 6595
铜含量（μg/g）增加值	>	—	40	GB/T 17476
铝含量（μg/g）	>	—	30	GB/T 17476
硅含量（μg/g）	>	—	30	GB/T 17476

注：1.执行 GB/T8028—2010《汽油机油换油指标》的汽油发动机技术状况和使用情况正常。
　2.本标准 3.1 中涉及的项目参见 GB/T8028—2010《汽油机油换油指标》附录 A。
　a 此方法为总裁方法。

表 5-26　柴油机油换油指标的技术要求和试验方法

项　目		换 油 指 标				试验方法
		CC	CD、SF/CD	CF-4	CH-4	
运动黏度变化率（100℃）（%）	>	±25		±20		GB/T 11137 和本标准的 3.2
闪点（闭口）（℃）	<	130				GB/T 261
碱值下降率（%）	>	50[b]				SH/T 0251[c]、SH/T 0688 和本标准的 3.3
酸值增值（以 KOH 计）（mg/g）	>	2.5				GB/T 7304
正戊烷不溶物（质量分数）（%）	>	2.0				GB/T 8926 B 法
水分（质量分数）（%）	>	0.20				GB/T 260
铁含量（μg/g）	>	200 100[a]	150 100[a]	150		SH/T 0077、GB/T 17476[c] ASTM D6595
铜含量（μg/g）	>	—	—	50		GB/T 17476
铝含量（μg/g）	>	—	—	30		GB/T 17476
硅含量（增加值）（μg/g）	>	—	—	30		GB/T 17476

注：1. 执行 GB/T7607—2010《柴油机油换油指标》的柴油发动机技术状况和使用情况正常。
　2. 本标准 3.1 中涉及的项目参见 GB/T8028—2010《柴油机油换油指标》附录 A。
　a 适用于固定式柴油机；
　b 采用同一检测方法；
　c 此方法为总裁方法。

5.4.2.3   在油质监测下的定期换油

这种方法在规定了发动机润滑油换油期的同时也监测着在用油的综合指标，必要时可提前报废。

随着在用发动机润滑油油质分析技术的进步，特别是油质快速分析方法的出现与广泛应用，使原来在用发动机润滑油的定期换油法，更倾向于同时采用简易快速在用发动机润滑油分析法作为定期换油合理性的监测手段。

目前，我国多采用仪器测定法进行测定。

油质测定仪的基本原理是：通过测定在用发动机润滑油的介电系数反映其污染程度。发动机润滑油是电介质，具有一定的介电系数。发动机润滑油的介电系数值取决于发动机润滑油中的添加剂或污染物。发动机润滑油劣化时，过氧化物、酸和其他原子团在油粒子上形成，从而引起油粒子极性变化（一端变正，一端变负）。当一些极化了的油粒子逐渐增大时，发动机润滑油的介电系数也随之增大。也就是说，发动机润滑油污染越严重，介电系数越大。通过对新旧发动机润滑油介电系数变化的测定，来分析发动机润滑油的污染程度。图 5-7 所示的快速油质分析仪就是依据这一原理实现对油质的快速分析的。取一小滴

图 5-7   HF-1 快速油质分析仪

油样即可快速测定和显示杂质对润滑油介电常数的影响，判断润滑油的品质好坏，决定是否换油。同时，利用快速油质分析仪对油质作定性分析，还可以帮助维修技术人员检测和判断、确定润滑故障或机械故障等情况。

5.4.3   选择和使用失误对车辆的危害及处理

为了充分发挥高质量发动机润滑油的作用，延长汽车的使用寿命，必须足够认识到发动机润滑油的选择和使用的重要性。目前，如果缺乏必要的发动机润滑油选择和使用知识，就会造成汽车早期损坏现象发生。以下列举一些目前发动机润滑油选择和使用失误对车辆造成的危害及处理方法：

（1）柴油车使用汽油车机油：柴油机和汽油机虽然同样在高温、高压、高速和高负荷条件下工作，但两者仍有较大区别。柴油机的压缩比是汽油机的 2 倍多，其主要零件受到高温高压冲击要比汽油机大得多，因而有些零部件的制作材料有所不同。

例如，汽油机主轴瓦与连杆轴瓦可用材质较软、抗腐蚀性好的巴氏合金来制作，而柴油机的轴瓦则必须来用铅青铜或铅合金等高性能材料来制作，但这些材料的抗腐性能较差。为此，在柴油机机油的炼制过程中，要多加些抗腐剂，以便使用中能在轴瓦表面生成一层保护膜来减轻对轴瓦的腐蚀，并提高其耐磨性能。由于汽油机机油没有这种抗腐剂，如果将其加入柴油机，轴瓦在使用中就容易出现斑点、麻坑，甚至成片剥落的不良后果，机油也会很快变脏，并导致烧瓦抱轴事故发生。

另外，柴油的含硫量比汽油大，这种有害物质在燃烧过程中会形成硫酸或亚硫酸。

连同高温高压废气一道窜入油底壳内，加速机油的氧化与变质，故在柴油机机油炼制过程中需要加入一些抗氧化的添加剂，使机油呈碱性。若有酸性气体窜入，可起到一定的中和作用，不至于使机油过快地氧化变质。而汽油机机油则不加这种添加剂，因为呈中性，若将其用于柴油机，会因上述酸性气体的腐蚀很快变质失效。因此一般不能用普通汽油机机油加注柴油机用。

（2）国产车盲目使用进口机油：有些车主认为进口机油一定比国产机油好，因此在国产车特别是新车上使用进口机油。殊不知，这样做往往得不偿失，会有许多弊病。进口机油大都黏度较低，不能适应国产车对机油黏度的要求。加上国产发动机各种配合部件的材料受热膨胀系数及配合间隙较进口车大，而且大多数国产发动机没有装置机油散热器，若盲目采用进口机油，便会因发动机在正常工作温度下机油过稀使油压偏低，达不到规定的工作压力，不能满足正常润滑的需要，使发动机的磨损加剧。

（3）高档车要用进口润滑油：有些车主认为，高档车造价高，而进口润滑油质量好，使用进口润滑油更安全、更保险。其实不然，评价润滑油质量好坏不是看其广告宣传的力度而是要看其质量指标以及实际使用效果。目前国内市场销售的进口润滑油大多数是国外公司同我国合资生产，这些润滑油大多使用国产基础油、复配进口添加剂在国内调和生产的，而国产高级润滑油使用国产优质基础油、复配进口添加剂在国内调和生产，其产品质量通过了 ISO 9002 国际质量认证。因此高档车应根据其工作条件和技术指标、技术性能选用相应质量的国产润滑油或进口润滑油，而国产和进口润滑油的价差是不言而喻的。

（4）把润滑油颜色变黑作为更换润滑油的主要依据：据了解，有不少驾驶员看到润滑油的颜色变黑，就认为油品已严重变质，而将其更换，造成浪费。对于没加清净分散剂的润滑油来说，使用中颜色变黑的确是油品已严重变质的表现。但现代汽车使用的润滑油一般都加有清净分散剂，目的是将黏附在活塞上的胶膜和黑色积炭洗涤下来，并分散在油中，减少发动机高温沉积物的生成，故润滑油使用一段时间后颜色容易变黑，但这时的油品并未完全变质。使用中的润滑油是否严重变质，是否需要更换，应主要根据润滑油的理化指标是否达到报废标准来判定。目前多数使用单位都缺少油品化验设备和化验人员，因此可在油品使用接近换油期时采用一些简易快速的检测方法来判断油品质量变化情况。

（5）使用中只添不换：润滑油在使用过程中，由于污染、氧化等原因导致质量逐渐下降，同时也会有一些消耗，使数量减少。不断向润滑系统中添加一些新油，只能弥补数量上的不足，而不能完全补偿润滑油性能的损失。随着时间的延长，润滑油的性能会变得越来越差，以至给发动机带来严重后果。为了确保发动机长期正常运行、降低磨损，必须在油品达到报废标准时及时更换润滑系统内的全部润滑油。

（6）选用黏度偏高的润滑油：在润滑油黏度的选择上，许多人错误地认为，高黏度的润滑油能形成较厚的油膜，因而能增强润滑效果，减少磨损。其实不然，高黏度的润滑油低温起动性和泵送性差，起动后上油速度慢，磨损反而会加剧。实验表明，发动机的磨损约有 2/3 发生在起动时的非完全流体润滑过程中，因此，为保证可靠润滑，要选用黏度适当的润滑油。

（7）不了解发动机的结构特点选择润滑油：发动机结构特点决定了发动机工况的苛刻程度，对润滑油质量等级的选用起着决定性的影响。如果汽油机的进、排气系统中有附加装置，将使润滑油的工作条件变得更加恶化，必须选用质量等级较高的润滑油。如没有 PCV（曲轴箱正压通风）装置的汽油机要选用 SC 级油，而装了 PCV 后，就要选用 SD 级油；同样，装了 EGR（废气再循环装置）和催化转换器的发动机，选用的润滑油都要比没有装这类装置时提高一个质量等级。因此在选用发动机润滑油前必须熟悉本车发动机的结构特点。

（8）润滑油加注量过多：有的驾驶员认为润滑油是起润滑作用的，多加一点，对发动机有益无害，而且可减少加油次数，节省时间。虽然，润滑油最主要的作用是润滑机械，减轻摩擦，降低磨损，油量不足时会加速润滑油变质，甚至会因缺油而引起零部件的烧损、异常磨损。但油量过多也不可取，原因有二：

一是润滑油过多就会从汽缸与活塞的间隙中窜入燃烧室燃烧形成积炭。积炭的存在相应提高了发动机的压缩比，增加了产生爆燃的倾向；积炭在汽缸内呈红热状态还容易引起早燃；积炭如落入汽缸会加剧汽缸和活塞的磨损，还会加速污染润滑油。

二是增加了曲轴连杆的搅拌阻力，使燃油消耗增大。实验表明：加油量超过标准 1% 时，燃油消耗会增加 1.2%。因此，除新车初驶期内为保证有可靠的冷却、清洗作用，可略微多加一些润滑油外，其他情况下一律不得超过规定的油尺最高刻度。

（9）混用发动机润滑油：各种润滑油，除基础油除黏度等级不同外其余都是一样的，区别只在于其添加成分的品种和数量。因此一般根据添加成分的品种和数量来划分润滑油品种和质量等级。添加剂种类不同的润滑油不能混合使用，否则就可能使油中的添加剂发生化学反应，损坏润滑油应有的效果。随着添加剂及其配方的不断改进，已研制生产了通用油。如汽油机和柴油机用的 SF/CF、SF/CH 等润滑油。它们可在标明的级别范围内通用。因此，润滑油能否混用，应根据说明书的要求，全面核对用油的名称、品种、牌号，合理选用使用级别以及适当的牌号。不能盲目凭经验使用，更不能混合使用。

（10）储存、使用中混入水分：润滑油中混入水分不仅会锈蚀零件、妨碍润滑，还会降低润滑油油膜的强度，引起润滑油起泡和乳化变质，严重时会使油中的添加剂分解沉淀以至失效。因此，在储存和使用过程中要严防水分混入，特别是冬季采用蒸汽加热润滑油的车辆，应特别注意经常检查加热设备，保持其完好，以防水蒸气窜入油中。

（11）选用劣质冒牌润滑油：劣质冒牌润滑油性能指标达不到规定的要求，会影响正常使用，轻者降低润滑效果，加剧磨损，增大燃油消耗，重者会引发机械事故（如烧瓦、拉缸等）。因此，一旦发现已使用了劣质冒牌润滑油，应立即停用，并清洗润滑油道。

复习思考题

1. 发动机润滑油中的主要添加剂有哪些？
2. 简述发动机润滑油的主要使用性能指标。
3. 国外是如何对发动机润滑油进行分类的？
4. 我国是如何对发动机润滑油进行分类的？
5. 简述发动机润滑油的规格。

6. 如何正确选择发动机润滑油？

7. 如何正确使用发动机润滑油？

8. 发动机润滑油改良的途径有哪些？

9. 我国发动机润滑油发展的方向有哪些？

补充阅读材料

发动机润滑油相关研究最新进展

1. 发动机润滑油改良的途径

发动机油作为润滑油品家族中占主导地位的一类油品，与环境保护、汽车技术和发动机技术的发展是紧密相连的。为更有效地利用现有能源和开拓新的能源领域，车辆的燃料向多样化方向发展，汽车使用的发动机也向多结构发展，并出现了多转子发动机、陶瓷发动机以及采用相应的电喷、废气涡轮增压的技术手段的发动机；特别是环境保护的意识增强，相应的排放法规标准的提高都对内燃机油提出更高的要求。所以，发动机润滑油改良的途径要从基础油和添加剂两个方面着手。

1）基础油的改良

（1）提高基础油的质量及其稳定性，主要使用加氢处理的基础油。

（2）采用新型基础油，如使用植物油作为基础油。植物油作为基础油，需要经过相应的处理工艺，确保植物油适合发动机使用，并能通过相关的降解试验。

2）添加剂的改良

（1）提高添加剂的质量及其配方的科学性、添加剂与基础油的配合协同性、添加剂之间的配伍性、评定手段的全面及其权威性。

（2）使用新型添加剂，如纳米添加剂的使用。

2. 发动机润滑油添加剂的研究进展

1）金属清净剂

金属清净剂是内燃机油的重要添加剂，主要包括磺酸盐、硫化烷基酚盐、烷基水杨酸盐、环烷酸盐、硫磷酸盐以及其他羧酸盐，其中前三种占绝大多数。

目前，金属清净剂产品仍以钙盐为主，而灰分高、毒性大、对环境有污染的钡盐的应用日渐减少，灰分较低的镁盐的应用日渐增多。

近年来，国内相继开发研制出一系列赶超国际水平的新产品。随着国内外润滑油向高档化的发展，金属清净剂的发展主要集中在多功能清净剂、节能型清净剂、抗氧型清净剂、环保型金属清净剂等方面。

2）无灰分散剂

无灰分散剂的作用主要是分散、增溶油品中生成的积炭、油泥和酸性氧化产物。在 20 世纪八九十年代，国内润滑油工艺水平较低，普遍使用的是单、双烯基丁二酰亚胺。此后，随着国内汽车工业的发展，对车用润滑油的要求也越来越严格，普通丁二酰亚胺由于自身结构方面的原因，很难满足这些要求，高分子无灰分散剂的出现解决了这一问题。高分子无灰分散剂在保持良好低温分散性能的同时，大幅度提高了产品的热稳定性能和高温清净性能，更适于调制高档内燃机油。

为满足高档内燃机油的规格要求，无灰分散剂的发展主要集中在以下 3 个方面：

（1）高分子化：高分子无灰分散剂自身热稳定性、分散性能较好，在高温条件下可表现出良好的清净性能和抗氧化性能。

（2）无氯化：在国外，油品中使用的无灰分散剂已经向无氯产品全面过渡。国内由于技术与市场的限制，一直生产的是氯含量较高的产品。随着国家的环保法规的发展，对燃料与润滑油中有害组分的限制条例将会日益严格。

（3）多功能化：主要是在原有产品的基础上通过引入功能基团或改进产物部分片断的结构来达到增加产品功能、改善产品性能的作用。目前较为常见的有：通过引入小分子酚/胺改善产品的抗氧化性能，引入硼来改善产品的抗摩擦性能等。

3）抗氧抗腐剂

油品的氧化是造成其质量变坏和消耗增大的重要原因之一。这是因为氧化过程可以生成过氧化物、醇、醛、酸、酯、羟基酸等产物，进一步缩合生成不溶于油的大分子化合物，附着在活塞环上成为漆膜，以至促成积炭的生成，从而引起油品的黏度增长。生成的各种有机酸类产物还会造成金属部件（活塞环、钢套、轴承等）的腐蚀，从而使磨损增大。有些氧化产物与其他杂质形成油泥，造成油路堵塞。因此，在油品调和过程中，需要加入一定量的抗氧化添加剂，用来减缓油品的氧化，延长换油期。

用做抗氧抗腐剂的化合物主要是一些含硫、氮、磷和金属的有机化合物以及多种烷基酚。传统的烷基酚类和胺类抗氧剂在高温条件下易失去活性，其使用范围受到限制，而仅仅使用 ZDDP 系列抗氧抗腐剂已经无法满足高档润滑油的抗氧化性能要求，因此各种抗高温的屏蔽酚型、胺型、有机铜盐、碱金属盐类等新型无灰抗氧化添加剂的研制工作得到了较快的发展。

未来抗氧剂的发展就是开发新型无磷抗磨剂和抗氧化添加剂来补偿发动机油中 ZDDP 减少的损失。这些 ZDDP 的替代化学品与当今在发动机油中使用的 ZDDP 在技术上有很大区别。因此，目前抗氧剂的主要发展方向是寻找一种能够部分替代 ZDDP 的具有抗氧抗腐、抗磨的高效多功能润滑油添加剂。

4）摩擦改进剂

摩擦改进剂（Friction Modifier，FM）是一种能在摩擦表面形成物理吸附膜或者化学吸附膜，从而降低摩擦因数，起润滑作用，并且具有增强油膜能力的物质。油溶性摩擦改进剂主要分为无灰型长链烷基有机化合物和金属有机化合物，前者又可分为非硼型摩擦改进剂和含硼型摩擦改进剂。金属有机化合物的摩擦改进剂主要为油溶性有机钼润滑油添加剂，该剂在使用过程中分解成非油溶性的二硫化钼和油溶性的二硫代磷酸酯，从而达到改进润滑油摩擦性能的效果。有机钼润滑油添加剂是优异的摩擦改进剂、抗磨剂和极压剂。

近年来，随着世界范围内石油短缺和燃料价格的上涨，燃料经济性已经成为国际性的热点话题之一，开发性能优良的摩擦改进剂（FM）势在必行，新型摩擦改进剂的研发方向为：

（1）不含硫、磷的油溶性有机钼盐：该类添加剂可广泛用于调配各种中、高档内燃机油、汽轮机油、齿轮油和机械润滑油，能明显降低润滑油的摩擦因数，提高发动机燃油的经济性，延长发动机寿命。该类添加剂还具有良好的抗氧化性能，能减少润滑油高温沉积物的形成，有效控制油品的氧化，与 ZDDP 有显著的协同作用，两者结合能大幅度改善润滑油的减摩性能。

（2）新型无灰摩擦改进剂：有机硼酸酯化合物在润滑油中具有减摩抗磨作用，在负载较高（仍小于其 PD 值）的情况下，此时摩擦条件变得较为苛刻（但尚未达到硼酸酯的失效负荷），摩擦表面温度很高，摩擦表面的机械应力增强，金属表面缺陷增加，外逸电子发射增强，使得硼酸酯分子中的 B—

O、C—O、C—H 键均开始断裂。当摩擦条件变得更苛刻时，分子中键断裂加剧，分解出更多的活性 B、C、O 等原子，为摩擦渗硼渗碳提供了条件。正是这些沉积物膜和渗透层能增加摩擦副表面硬度及抗疲劳强度，提高表面的耐磨性，降低边界润滑条件下的摩擦及磨损。因此有机硼酸酯化合物是一种亟待开发的具有抗磨减摩的多功能润滑油添加剂。

（3）纳米级摩擦改进剂：纳米材料是由纳米粒子组成的，纳米粒子一般是指尺寸在 1～100nm 间的粒子，是处在原子簇和宏观物体交界的过渡区域，具有表面效应、量子尺寸效应、体积效应、宏观量子隧道 4 种基本特征。这种纳米润滑剂添加到油品中，可以减少摩擦，降低能耗，延长汽车引擎或机械寿命。

（4）复合型摩擦改进剂：在添加剂的使用过程中，人们在对现有添加剂的组成结构进行调整以使产品系列化、单剂更具特色之外，同时还通过不同产品之间的复配以使产品多功能化。一方面摩擦改进剂与其他功能添加剂复配可增强抗磨减摩性能；另一方面，不同摩擦改进剂之间进行复配而形成的复合型摩擦改进剂，具有更为优良的抗磨减摩性能。

3. 我国发动机润滑油发展的方向

随着发动机功率的不断提高，燃料经济性将促使润滑油不断升级换代，环境友好的要求将推动润滑油更加清洁。顺应世界潮流，节能、低排放、无污染、长寿命将成为我国润滑油发展的方向。

（1）OEM 用油是驱动高档油市场的原动力；

（2）发动机油从单级向多级化方向发展；

（3）通用发动机油将逐渐消失；

（4）不同质量等级的发动机油将继续并存；

（5）长换油期油品将逐渐增长；

（6）大跨度、低黏度油品将占有一席之地；

（7）环保型节能油品将占有一席之地。

展望我国车用发动机机油技术质量的发展道路，如何直面经济全球化带来的日益激烈的技术和市场竞争，充分认识我国润滑油技术发展规律，以多元化技术加个性化技术来满足蓬勃发展的汽车工业和汽车消费者对车用发动机油技术质量的需求，是我国车用发动机油技术质量发展趋势的必然方向。

第6章
车辆齿轮油

[本章提要]

　　本章主要介绍车用齿轮油的组成及使用性能、使用性能的评定指标、规格标准及技术要求、选择及使用，并介绍了车用齿轮油相关研究最新进展。重点内容是车用齿轮油的使用性能评价指标和测定方法。要求学生了解齿轮油的组成、相关研究最新进展，熟悉车用齿轮油的规格标准，掌握车用齿轮油的使用性能评价指标及测定方法，掌握其正确、合理的使用方法。

　　车辆齿轮油用于车辆机械式变速器、驱动桥及转向器的齿轮、轴承及轴等零件的润滑。车辆齿轮传动装置（特别是双曲线齿轮）在工作过程中承受的载荷较大，因而对车辆齿轮油的性能要求也较高。

6.1　车辆齿轮油的组成及使用性能

6.1.1　车辆齿轮油的组成

　　车辆齿轮油主要由基础油和添加剂组成。

6.1.1.1　车辆齿轮油基础油

　　（1）矿物油型基础油：要选用热安定性、氧化安定性等指标均良好的深度精制矿物油作为基础油。为了达到所要求的黏度，采用重质光亮油与轻质中性油调和而成。为了改进低温流动性，需加倾点降低剂。表6-1列出了矿物基础油的代表性质。

表6-1　矿物基础油的代表性质

项　目	光亮油原料	中性油原料 A	中性油原料 B
闪点（开口）（℃）	300	215	204
倾点（℃）	−4	−7	−18
黏度（100℃）（mm²/s）	31.8	6.2	4.2
黏度（40℃）（mm²/s）	508	41.2	21.6
黏度指数	93	95	94
密度（16℃）（kg/m³）	895.6	877.9	863.7

（2）全合成型基础油：合成油具有很宽的使用温度范围，安定性好，比通常的矿物油优越，适用于作为低温黏度要求高的大跨度多级齿轮油基础油。现在得到使用和试验的合成基础油有聚 α–烯烃、合成酯类、烷基化芳烃，其性质比较见表6-2。

表 6-2　几种合成基础油性能对比

性　能	烷基化芳烃	酯类	聚 α-烯烃
添加剂溶解性	良好	良好	卡边
低温流动性	优秀	优秀	优秀
载荷性（与矿物油比较）	较差	较差	类似

烷基化芳烃和酯类的载荷性较差，而聚 α–烯烃有与矿物油类似的极压性。

聚 α–烯烃作为齿轮油基础油已进行了大量的研究，许多不同的实验室和台架性能试验表明，聚 α–烯烃齿轮油的氧化安定性优越，其使用寿命是矿物油的 3～10 倍，例如，聚 α–烯烃在 121℃时寿命为 10000h，而矿物油为 1500h。另外，聚 α–烯烃合成油不仅低温黏度低，而且压力—黏度系数也比矿物油小。

（3）半合成型基础油：由于合成油价格太高，全合成油的使用受到限制。为了使多级齿轮油的价格降低而又基本上保持合成油的优越性能，开发出了部分合成油——矿物（中性）油与合成油的掺和物。部分合成油具有良好的低温流动性、热氧化安定性和剪切安定性，给齿轮油提供了一条值得重视的途径。

6.1.1.2　车辆齿轮油添加剂

6.1.1.2.1　极压抗磨剂

极压抗磨剂分子中有硫、磷等活性元素，在摩擦面的高温条件下与金属表面发生化学反应，生成硫化铁、磷酸铁薄膜，防止金属表面上凸起点直接接触。

含磷添加剂的极压抗磨机理比含硫添加剂复杂得多，从 20 世纪 40 年代起国外就进行了大量研究，近十年国内也作了不少工作。这些工作归纳成以下 3 个方面：①研究含磷剂的分解过程；②研究含磷剂在金属表面形成保护膜的化学组成；③研究含磷剂反应膜的流变性能及其抗磨作用。

由于含磷化合物及其衍生物的作用机理很复杂，研究人员出于不同的目的，采用的实验方法和实验条件以及添加剂的种类和纯度各不相同，常常得出不尽相同的结论，对含磷添加剂的作用机理提出不同的学说。

（1）化学抛光学说：比克（Beeck）等人在 20 世纪 40 年代研究含磷添加剂的作用机理时，认为由于"化学抛光"作用使磷剂具有极压抗磨性能。其论点是：在摩擦面凸起处的磷化物，在摩擦所引起的局部高温下，与零件表面反应，生成亚磷酸铁。亚磷酸铁与铁形成低熔点共熔合金，共熔合金熔化后流入接触面的洼坑，使表面变得光滑，从而增大接触面积，降低接触应力，达到抗极压、抗磨损的目的。

（2）小平台学说：戈费雷（Godfrey）认为，磷化物在金属表面生成磷酸铁水合物（$FePO_4 \cdot 2H_2O$）的混合物，润滑油吸附并保持在这种混合物的表面膜内，形成一个个小平台，小平台有利于形成弹流润滑，减少摩擦磨损。

（3）表面钝化学说：科廷汤（Cottington）和拉夫纳（Ravner）等人的研究结果认为，磷化物促使金属表面生成氧化膜，使金属表面钝化。这种膜又增加了磷化物的反应活性。

（4）生成混合磷酸盐学说：巴克罗夫特（Barcroft）研究了磷化物的作用机理，发现作相对运动的金属表面有磷酸亚铁，用示踪原子研究凸轮推杆表面，发现表面上同时存在有机磷酸盐和无机磷酸盐。根据实验结果提出，中性磷酸酯的作用机理具有以下4个步骤：①有机械化物吸附在金属表面上；②水解或过热氧化生成酸性磷酸酯；③生成有机磷酸盐；④进一步分解生成无机磷酸盐。

（5）腐蚀磨损-摩擦聚合物学说：高蒂（Gauthier）等提出有机磷化物的腐蚀磨损模型。他们把磷化物表面反应膜的生成分成几个阶段，最初阶段生成磷酸亚铁，属于腐蚀磨损，当磷酸亚铁达到一定值时，磷化物分解，产生有机磷酸聚合物，生成有机的多聚磷酸盐，使金属磨损变成添加剂反应膜之间的磨损。

综上所述，关于有机磷化物的极压抗磨机理，虽然有不尽相同的观点和结果，但从总体上讲，可以确认磷化物及其衍生物首先吸附在金属表面，在有摩擦的极压状态下，发生摩擦化学反应，生成有机磷酸盐、有机亚磷酸盐、有机磷酸聚合物生成的多聚磷酸盐和无机磷酸盐膜（亚磷酸铁、磷酸铁、磷酸铁水合物和氧化铁等）。正是这些物理吸附和化学反应膜的形成，起到极压抗磨作用，含磷化合物的化学结构，对其极压抗磨性能有显著影响。

现代车辆齿轮油中所用的含硫剂为硫化烯烃，硫化异丁烯由于具有优良的热安定性和极压活性，一直作为车辆齿轮油的主剂使用，约占车辆齿轮油总剂量的50%～70%。硫化异丁烯一般用一氯化硫和异丁烯反应，再经过一系列处理而得到。生产硫化异丁烯的难点在于"三废"的处理。目前，国内外许多研究机构开展了以硫粉、异丁烯为原料，高压法一步合成硫化异丁烯的研究，但均未达到工业化。

含磷添加剂种类比较多，针对不同用途、不同要求有所不同。按其结构大体可分为：亚磷酸酯、磷酸酯及其胺盐、硫代磷酸酯及其胺盐、硫磷酸复酯胺盐等，可以认为硫—磷型齿轮油发展是磷化物研制及其应用技术的发展。

齿轮油中最早使用的含磷添加剂为酸性亚磷酸酯，最具代表性的是酸性亚磷酸二正丁酯，酸性亚磷酸酯虽具有好的极压抗磨性，但水解安定性和热氧化安定性较差。含磷添加剂的发展主要在酸性亚磷酸酯的基础上，在不影响其极压抗磨性能的前提下，提高其水解安定性和热氧化安定性。含磷添加剂发展方向为：①增长酸性亚磷酸酯的烷基碳链即长链的酸性亚磷酸酯，以提高酸性亚磷酸酯的水解安定性和热氧化安定性；②酸性亚磷酸酯进一步酯化为中性亚磷酸酯，以提高酸性亚磷酸酯的水解安定性和热氧化安定性；③亚磷酸酯通过硫化可提高其极压抗磨性；④酸性磷酸酯胺化可提高其水解安定性和热氧化安定性；⑤酸性硫代磷酸酯胺化可提高其水解安定性和热氧化安定性；⑥复酯化可明显提高含磷添加剂的水解安定性和热氧化安定性。

长链的酸性亚磷酸酯、中性硫代磷酸酯、酸性磷酸酯胺盐、酸性硫代磷酸酯胺盐、硫磷酸复酯胺盐为几种性能比较全面的含磷添加剂，可用其调制高档齿轮油。

6.1.1.2.2　摩擦改进剂

为使限滑差速器正常工作，减少汽车转弯时限滑差速器摩擦片的震动和噪声，车辆齿轮油中须加入摩擦改进剂。摩擦改进剂是能降低摩擦因数的极性化合物。车辆齿轮油中常用的摩擦改进剂有脂肪酸、脂肪胺、脂肪酸酯、长链酸性亚磷酸酯、硫化油脂等。

6.1.1.2.3　齿轮油复合剂

目前，国内外一些生产齿轮油添加剂的公司多提供复合添加剂，而且往往是多用途的，即通过改变复合剂的用量，可以分别配制高质量的车辆齿轮油和工业齿轮油。使用复合添加剂有以下有利之处：①添加剂性能稳定，可以减小调和的误差；②储存方便，可以避免储存许多种单功能的添加剂，由此可以节约费用；③对生产添加剂公司、厂家来说，可以把若干种添加剂配套销售。但是，生产复合添加剂时，其各组分添加剂的质量要稳定，要严格控制添加剂的生产工艺。

6.1.2 车辆齿轮油的使用性能

车辆齿轮油和其他润滑油一样，主要功能是减少齿轮及轴承的摩擦与磨损，加强摩擦表面的散热作用，防止机件发生腐蚀和锈蚀。

车辆齿轮传动的双曲线齿轮（图6-1）工作过程中齿面接触压力极高，啮合齿面间相对滑动速度大，齿轮油工作温度一般可高达 120～130℃，最高可达 180℃，所以双曲线齿轮传动的工作条件极为苛刻，对车辆齿轮油使用性能要求非常高，须使用加有高活性极压剂的齿轮油。

图 6-1 双曲线齿轮

齿轮的失效主要发生在轮齿上，轮齿常见的失效形式有以下几种：

（1）轮齿折断：从形态看，轮齿折断有整体折断和局部折断两种形式。

整体折断一般发生在齿根，这是因为轮齿相当于一个悬臂梁，受载后轮齿根部产生的弯曲应力最大，而且是交变应力。当齿轮单侧受载时，应力呈脉动循环变化；齿轮双侧受载时，应力呈对称循环变化。

轮齿在周期变化的弯曲应力作用下，齿根过渡部分常存在应力集中，当应力值超过材料的弯曲疲劳极限时，齿根处产生疲劳裂纹，裂纹逐渐扩展，致使轮齿整体折断，这种折断称为疲劳折断，如图6-2（a）所示。

局部折断通常发生于轮齿的一端，这是由于载荷集中造成的。直齿轮轮齿工作时，当宽度过大、制造安装不良或轴的变形过大时，载荷集中于轮齿的一端，致使局部受载过大而发生局部折断。斜齿轮工作时，轮齿工作面上的接触线为一斜线，轮齿受载后如遇载荷集中也会发生轮齿的局部折断。这种由于短时突然过载而引起的轮齿折断称为过载折断，如图6-2（b）所示。

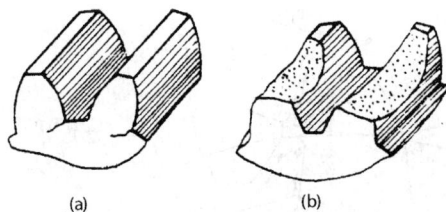

图 6-2 轮齿折断

（2）齿面点蚀：轮齿工作时，齿面接触处产生很大的接触应力，脱离啮合后接触应力消失，对齿面某一固定点来说它受到的接触应力是周期变化的脉动循环应力。当这种接触应力超过了轮齿材料的接触疲劳极限时，齿面产生裂纹，裂纹扩展致使表层金属微粒脱落，形成一些浅坑（小麻点），这种现象称为齿面点蚀，如图6-3所示。

齿面点蚀通常出现在润滑良好的闭式齿轮传动中。实践表明，点蚀的部位发生在轮齿齿面节线附近靠齿根的一侧，这是由于该处通常只有一对轮齿啮合，接触应力较高，轮齿间相对滑动速度小，润滑油膜不易形成的缘故。为防止齿面过早点蚀，可采用提高齿面硬度，降低齿面粗糙度，使用黏度较高的润滑油等措施。

（3）齿面磨损：轮齿在啮合过程中存在相对滑动，致使齿面间产生摩擦、磨损。当金属微粒、砂粒、灰尘等硬质磨粒进入轮齿间时引起磨粒磨损，如图 6-4 所示。齿面磨损使渐开线齿廓破坏，齿厚减薄，致使侧隙增大而引起冲击和振动。而且还会因齿厚减薄使强度降低而导致轮齿折断。闭式齿轮传动中，只要经常注意润滑油的更换和清洁，一般不会发生磨粒磨损。而开式齿轮传动中，由于磨损速度较快，通常齿面还来不及达到点蚀的程度，其表层材料就已被磨损，引起磨粒破坏，因此点蚀现象一般不会发生。

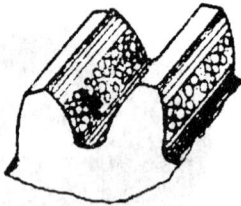

图 6-3　齿面点蚀

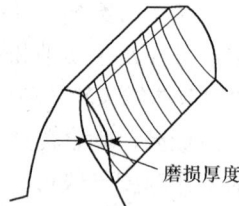

图 6-4　齿面磨粒磨损

（4）齿面胶合：在高速重载齿轮传动中，由于轮齿齿面受到很大的压力，润滑油膜容易破裂；而在低速重载齿轮传动中，齿面润滑油膜不易形成，这些都会造成轮齿啮合区局部相互接触的齿面发生高温粘连或是压力粘连。同时齿廓间存在相对滑动，致使齿面金属被撕落下来，在齿面沿滑动方向出现条状伤痕，这称为胶合，如图 6-5 所示。

（5）塑性变形：重载时，在摩擦力作用下，轮齿表层材料将沿着摩擦力方向发生塑性流动，导致主动齿轮齿面节线处出现凹坑，从动齿轮齿面节线处出现凸脊，这种现象称为齿面塑性变形，如图 6-6 所示。齿面塑性变形使齿形被破坏，直接影响齿轮的正常啮合。为防止齿面的塑性变形，可采用提高齿面硬度，选用黏度较高的润滑油等措施。

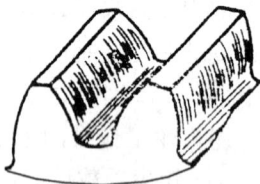

6-5　齿面胶合

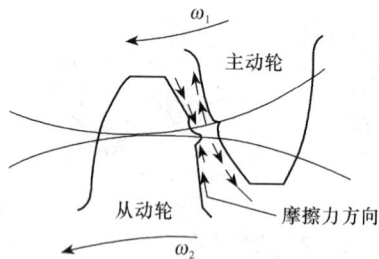

6-6　塑性变形

鉴于车辆齿轮的上述损坏方式，要求车辆齿轮油除了有较好的热稳定性、氧化安定性、防锈性、抗泡沫性、低温性能、贮存稳定性之外，还应具备以下各种功能：①减少摩擦，提高机械设备的效率；②减少磨损、擦伤以及金属的表面疲劳；③使热量散失；④减少齿轮间的振动、冲击和噪声；⑤从金属接触区域去掉污染物质；⑥防止腐蚀。

综上所述，为了保证齿轮传动的正常运行，满足各种使用条件的要求，使齿轮得到良好润滑，对车辆齿轮油的使用性能提出了一定的要求。

6.1.2.1　润滑性和极压性

车辆齿轮油应具有合适的运动黏度，黏度不能过低，以保证形成油膜，实现液体润滑状态。黏度是齿轮油的重要使用性能之一，对油膜的形成影响很大。一般而言，高黏度的齿轮油可有效防止齿轮及轴承损伤，减少机械运转噪声并减少漏油；低黏度的齿轮油在提高机械效率、加强冷却和清洗作用等方面有明显的优点。为带走摩擦产生的热量和低温时迅速供油，齿轮油的黏度又不能过大。

车辆齿轮油的极压性是指齿轮油中的极压抗磨剂在高压、高速、高温的苛刻工作条件下，能在齿面上与金属发生化学反应生成反应膜，防止齿面发生擦伤或烧结的性质，有时又称承载能力或抗胶合性。车辆齿轮多处于混合润滑和边界润滑状态下工作，所承受的压力、润滑速度和局部温度都很高，所以对车辆齿轮油的极压抗磨性要求较高，尤其是双曲线齿轮。因此，对齿轮油来说，极压性是其最主要的基本性能。

一般油性添加剂形成的边界油膜，在极压条件下会从吸附状态变为自由运动状态而从摩擦表面脱附，不再起保护金属表面的作用。因此，提高车辆齿轮油的极压性要依靠添加极压抗磨剂来实现，从而有效防止在高负荷条件下的齿面擦伤及咬合。极压剂主要是含有化学性活泼的元素硫、磷、氯的有机化合物。当齿面在高压接触时，表面间的凹凸啮合，将产生局部高温，此时齿轮油中的极压剂与金属表面发生化学反应，形成剪切强度小、熔点低的固体铁膜，把金属表面隔开，阻止金属间发生胶合。

车辆齿轮油的润滑性和极压性的评定，除了运动黏度之外，还要通过四球极压试验机或台架试验来评定。

6.1.2.2　低温操作性和黏温性

车辆齿轮油应具有良好的低温操作性和黏温性。

车辆齿轮油同发动机油同样要求在低温下保持必要的流动性，以保证轴承和齿轮等零件的润滑。车辆齿轮油的工作温度范围也较宽，因此不但要求车辆齿轮油低温流动性好，而且要求高温时黏度不能太小，即有良好的黏温性。各种齿轮油的黏度均随着温度的升高而下降，其下降的幅度越小，齿轮油的黏温特性越好。

为了保证车辆齿轮油具有良好的低温操作性，除规定了倾点、成沟点和黏度指数等指标外，还特别采用了"表观黏度达 150Pa·s 时的温度"这一指标。

成沟点是指在规定的试验条件下，试油成沟的最高温度。把容器内的试验油样在规定温度下放置 18h，然后用金属片把油切成一条沟，10s 后观察油的流动情况。若 10s 内试油流回并完全覆盖试油容器底部，则报告试样不成沟；反之则报告试样成沟。

试验证明，对双曲线齿轮式主减速器，齿轮油表观黏度小于 150Pa·s，汽车起步后能在 15s 内流进小齿轮轴承而保证其正常润滑，这个黏度为汽车低温起步的极限黏度，因此车辆齿轮油规格中均规定了"黏度达到 150Pa·s 时的最高温度"这一指标。"黏度达到 150Pa·s 时的最高温度"是车辆齿轮油 SAE 黏度分类的依据之一。

6.1.2.3　热氧化安定性

车辆齿轮油的热氧化安定性是指齿轮油在空气、水分、金属的催化作用和热作用下抵抗氧化变质的能力。齿轮油氧化后会使油的黏度增加，生成油泥，影响油的流动，降低齿轮油的使用期，并且氧化产生腐蚀性的物质，加速金属的腐蚀和锈蚀。

齿轮油氧化后生成的沉淀物是极性物质，油中的添加剂也大多是极性化合物，添加剂容易吸附在沉淀物上，随沉淀一起从油中析出。沉淀还会影响密封件，使其硬化，沉淀覆盖在零件表面形成有机薄膜，影响散热。所以车辆齿轮油应具有良好的热氧化安定性。热氧化安定性越好，齿轮油使用期越长，并可降低对金属的腐蚀或磨损。

提高齿轮油热氧化安定性的一个主要途径是加抗氧化添加剂。

评定车辆齿轮油热氧化安定性的试验方法是 CRC L-60 和 CRC L-60-1 台架。CRC-L60 台架主要评定车辆齿轮油氧化后的黏度增长及不溶物含量；CRC L-60-1 台架主要评价车辆齿轮油氧化后的积炭、漆膜及油泥情况。

6.1.2.4 抗腐性和防锈性

车辆齿轮油的抗腐性是指齿轮油在金属表面形成保护膜，以防止腐蚀性物质侵蚀金属的能力；车辆齿轮油的防锈性是指齿轮油保护齿轮不受锈蚀，保证齿轮的使用性能和延长齿轮使用寿命的能力。

齿轮传动装置内可能会从外界渗入水分；工况变化、冷热交替也可能出现冷凝水分。齿轮油内的水分和氧化产生的酸性产物，是齿轮和轴承腐蚀、生锈的主要原因。此外，齿轮油内极压抗磨剂的作用实际上是一种控制性的腐蚀现象，对金属有一定的腐蚀作用。腐蚀和生锈会加速零件磨损，使材料强度降低。因此，齿轮油中应加入适当的极压抗磨剂、抗腐剂和防锈剂，使车辆齿轮油具有良好的抗腐性和防锈性。

6.1.2.5 抗泡沫性

齿轮油工作时，在有空气存在的情况下受到剧烈的搅拌，会产生许多小气泡，它们上升到液面后若能很快消失就不会影响使用，但若形成安定的泡沫则会发生溢流和磨损等现象。在齿轮油中，泡沫一旦形成，油和空气会一起到达润滑部位，油就不能充分供给，必然导致齿轮磨损和胶合等。

因此，齿轮油应具有良好的抗泡沫性，以保证在齿轮剧烈搅拌过程中产生的泡沫少并易于消失。为减少泡沫，一方面要破坏已产生的泡沫，另一方面要抑制泡沫的产生。前者可用醇类达到目的；后者一般是采用在齿轮油中添加抗泡剂来达到目的，常用的抗泡剂是硅油。

车辆齿轮油除上述要求的使用性能外，还有一些与发动机润滑油相同的使用性能，如清洁性、贮存安定性等。

6.2 车辆齿轮油使用性能的评定

上述车辆齿轮油的使用性能，都可通过相应的试验方法进行测量和评定。

6.2.1 极压性评定

极压性评定试验有四球法试验和台架试验两种方法。

6.2.1.1 四球法试验

四球法是在四球极压试验机（图 6-7）上测定润滑剂承载能力的一种方法。按照 GB/T 12583-1998《润滑剂极压性能测定法（四球法）》，在四球极压试验机上按等边四面体排列着 4 个钢球，上球以 1400～1500r/min 旋转，下面 3 个钢球用油盆固定在一起，通过杠杆或液压系统由下而上对钢球施加负荷。在试验过程中，4 个钢球的接触点都浸没在润滑剂里。每一级负荷每次试验时间为 10s，试验后测量油盒内任何一个钢球的磨痕直径。按照规定的程序反复试验，直到求出代表润滑剂承载能力的指标，包括最大无卡咬负荷 PB、烧结负荷 PD 等。

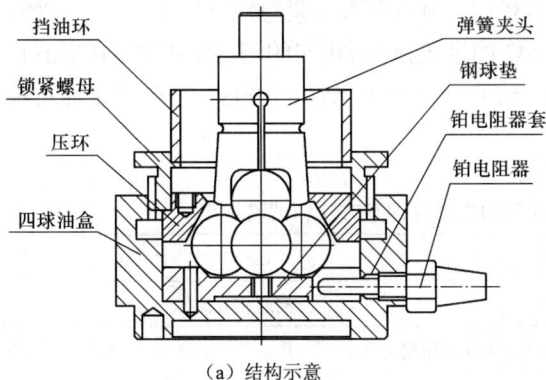

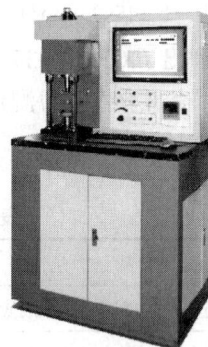

图中标注：挡油环　弹簧夹头　锁紧螺母　钢球垫　压环　铂电阻器套　铂电阻器　四球油盒

（a）结构示意　（b）实物

图 6-7　四球试验机

在四球法试验中，由不同负荷下钢球的平均磨痕直径作出的一条曲线，称为磨损—负荷曲线，如图 6-8 所示。在图中，曲线 AB 段表示摩擦面间的油膜没有破裂，是吸附膜起着润滑作用，控制磨损，机械能正常工作，此段称为无卡咬区域。在试验条件下不发生卡咬的最高负荷称为最大无卡咬负荷，它表示油膜强度，在此负荷下摩擦表面间能保持完整的油膜。

BC 段表示超过最大无卡咬负荷后，油膜开始破裂，磨损增大；但此时摩擦表面间温度上升不太高，还不足以使润滑油中的极压抗磨添加剂发挥作用。此段称为延迟卡咬区。超过 C 点以后，摩擦面间的局部温度已升高到足以使润滑油中的极压抗磨添加剂的活性元素与摩擦表面作用而生成反应膜，因而仍能在更高的负荷下工作。

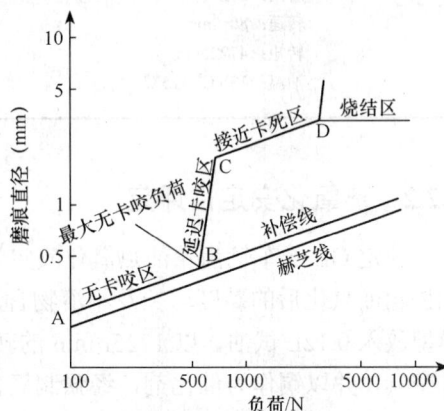

图中标注：磨痕直径（mm）　负荷/N　烧结区　接近卡死区　最大无卡咬负荷　延迟卡咬区　补偿线　无卡咬区　赫芝线

图 6-8　磨损负荷曲线

CD 段为接近卡死区。超过 D 点后，负荷超过了反应膜所能承受的范围，摩擦表面间金属直接接触，出现烧结现象。在试验条件下，使钢球发生烧结的最低负荷 PD 称为烧结负荷，它表示润滑剂的极限工作能力。

图 6-8 中的赫芝线和补偿线是试验中确定负荷的依据。赫芝线是在静负荷条件下，负荷与弹性变形所形成的凹入面直径间的关系。补偿线是在存在润滑剂而又不发生卡咬的条件下，下球的磨痕直径与所加负荷间的关系。

6.2.1.2　台架试验

车辆齿轮油极压性的评定虽可在极压试验机上进行，但对使用性能级别较高的车辆齿轮油的极压性须采用汽车后桥传动装置在试验台上进行评定。

目前国际上使用较广泛的评定 GL–5 车辆齿轮油极压性的台架试验方法有两种，即 CRC L–37 法和 CRC L–42 法。前者是评价低速高转矩（相当于汽车满载爬坡的情况）下的极压性。后者是评价高速和冲击载荷（相当于汽车紧急制动时的情形）下的极压性。表 6–3 列出了 CRC L–37 和 CRC L–42 的试验规范。我国的相应标准是 SH/T 0518—1992《车辆齿轮油承载能力测定法（L–37 法）》和 SH/T 0519—1993《车辆齿轮油抗擦伤性能评定法（L–42 法）》。

表 6-3　车辆齿轮油极任性评定方法和试验规范

试验方法	CRC L–37	CRC L–42
实验特点	高速低转矩或低速高转矩	高速冲击载荷
实验装置	用雪佛兰载货汽车发动机驱动道奇 3/4t 军用载货汽车双曲线齿轮后桥（传动比 5.83:1）	用雪佛兰 V–8 型发动机驱动斯帕斯尔 44–1 型双曲线齿轮后桥（传动比 4：1）
运行条件	程序Ⅰ　高速试验 时间：100min 转速：440r/min 转矩：1069N·m 程序Ⅱ 时间：24h 转速：80r/min 转矩：4722N·m 油温：135℃±15℃	程序Ⅰ　磨合 程序Ⅱ　高速 转速：在 500～1100r/min 间急加速和急减速运行，循环 4 次以上 油温：93.3℃ 程序Ⅲ　磨合 程序Ⅳ　冲击试验 转速：在 550～650r/min 间急加速和急减速运行，循环 9 次以上 油温：137.8℃

6.2.2　热氧化安定性评定

评定 GL–5 车辆齿轮油热氧化安定性的代表性试验方法是 CRC–60 法，主要评定车辆齿轮油氧化后的黏度增长及不溶物含量。此方法是在用圆柱齿轮和轴承组成的齿轮箱模型放入 0.12L 试油，以 1725r/min 的转速旋转，在 162℃高温下，以 1.11L/h 的流量通入空气，并以铜作为催化剂，经强制氧化 50h 后测定正戊烷不溶物、苯不溶物、酸值和运动黏度等，来评定车辆齿轮油的热氧化安定性。我国的相应标准是 SH/T 0520—1992《车辆齿轮油热氧化安定性的评定法（L–60 法）》。

6.2.3　抗腐性和防锈性评定

对车辆齿轮油的抗腐性多采用 GB 5096 1985《石油产品铜片腐蚀试验法》评定。

国际上车辆齿轮油防锈性多采用 CRC L–33 防锈性试验法，方法概要是：在汽车后桥齿轮箱贮存的试油中加入少量蒸馏水，在 82℃下，以电动机驱动运转一定时间后，将试油取出，然后将此齿轮箱外壳在 52℃下放置 7d，观察外壳内壁是否生锈或变色。

我国相应标准为 SH/T 0517—1992《车辆齿轮油锈蚀评定法（L–33 法）》。对普通车辆齿轮油（GL–3）、中负荷车辆齿轮油（GL–4）防锈性能试验标准为 GB/T 1143—2008《加抑制剂矿物油在水存在下防锈性能试验法》。

6.3　车辆齿轮油的分类及规格

6.3.1　车辆齿轮油的分类

车辆齿轮油采用性能分类和黏度分类两种方法。目前世界各国广泛采用美国石油学会（API）性能分类和美国军用齿轮油规格标准，我国也等效采用上述分类和规格标准，参照 1982 年美国 API 汽车变速器和驱动桥润滑剂性能分类制定了 GB/T 17477—1998。

6.3.1.1　国外车辆齿轮油的分类

目前世界上广泛采用美国汽车工程学会（SAE）的车辆齿轮油黏度分类法和美国石油学会（API）的车辆齿轮油使用性能分类法对车辆齿轮油进行分类。

6.3.1.1.1　SAE 车辆齿轮油黏度分类

SAE J306—1991《驱动桥和手动变速器润滑油黏度分类》的规定见表 6-4。该标准采用含有尾缀字母 W 和不含尾缀字母 W 两种黏度等级系列。黏度等级代号由一组数字和字母 W（70W、75W、80W、85W）或一组数字（90、140、250）组成，共 7 种。含有尾缀字母 W 的是冬用齿轮油，是根据齿轮油黏度达到 150Pa·s 的最高温度和 100℃时的最小运动黏度划分的。不带尾缀 W 的是夏用齿轮油，以 100℃的运动黏度范围划分。

表 6-4　SAE 车辆齿轮油黏度分类

SAE 黏度级别	黏度达到 150Pa·s 时的最高温度（℃）	100℃的运动黏度（mm²/s）	
		最　低	最　高
70W	−55	4.1	
78W	−40	4.1	
80W	−26	7.0	
85W	−12	11.0	
90		13.5	<24.0
140		24.0	<41.0
250		41.0	

车辆齿轮油的黏度等级不同于发动机润滑油的黏度等级。当车辆齿轮油与发动机润滑油有相同的黏度时，根据两黏度分类规定的黏度等级相差很大。例如，70W 车辆齿轮油与 10W 的发动机润滑油具有相同的黏度，90 的车辆齿轮油与 40、50 的发动机润滑油黏度相当，但黏度等级号不同。

车辆齿轮油的黏度等级也有单黏度等级和多黏度等级之分。一个多黏度等级的车辆齿轮油，其低温黏度满足一个含 W 级的要求，并且 100℃运动黏度在一个不含 W 级规定的黏度范围之内。如 80W/90，它满足 80W 的低温性能并且在 90 的高温性能规定范围之内。

6.3.1.1.2　API车辆齿轮油使用性能分类

世界上广泛采用美国石油学会（API）的车辆齿轮油使用性能分类法。根据齿轮的形式和负载情况对车辆齿轮油进行质量等级分类，该分类将车辆齿轮油分为 GL-1、GL-2、GL-3、GL-4、GL-5、GL-6 6 级，其分类使用说明及用途见表6-5。

表6-5　车辆齿轮油 API 使用性能分类

分　类	使用说明	用　途
GL-1	低齿面压力、低滑动速度下的汽车弧齿锥齿轮、蜗轮式驱动桥以及各种手动变速器规定用 GL-1 齿轮油。直馏矿油能满足这类情况的要求，可以加入抗氧剂、防锈剂和消泡剂改善其性能，但不加摩擦改进剂和极压剂	汽车手动变速器，包括拖拉机和载货汽车手动变速器
GL-2	汽车蜗轮式驱动桥，由于其负荷、温度和滑动速度的状况，用 GL-1 齿轮油不能满足要求，规定用 GL-2 齿轮油，通常都加有脂肪类物质	蜗杆传动装置
GL-3	速度和负荷比较苛刻的汽车手动变速器和弧齿锥齿轮后桥规定用 GL-3 类油，这种使用条件要求润滑油的负荷能力比 GL-1 和 GL-2 级油高，但比 GL-4 级油要低	苛刻条件下的手动变速器和弧齿锥齿轮的驱动桥
GL-4	在低速高转矩、高速低转矩下操作的各种齿轮，特别是客车和其他各种车用的难双曲面齿轮规定用 GL-4 级齿轮油。适用于其抗擦伤性能等于或优于 CRC RGO-105 参考油。该级油已做过各种试验证明具有 1972 年 4 月 ASTM STP 说明的性能水平	手动变速器、弧齿锥齿轮和使用条件不太苛刻的准双曲面齿轮
GL-5	在高速冲击载荷、低速高转矩、高速低转矩下操作的各种齿轮，特别是客车和其他车用的准双曲面齿轮规定用 GL-5 级齿轮油。适用于其抗擦伤性能等于或优于 CRC RGO-110 参考油。该级油已做过各种试验证明具有 1972 年 4 月 ASTM STP 说明的性能水平	操作条件缓和或苛刻的准双曲面齿轮及其他各种齿轮、手动变速器
GL-6	在高速冲击条件下运转的轿车和其他车辆的各种齿轮，特别是大偏移距的准双曲面齿轮，偏移距大于 50mm 或接近大齿轮直径的 25%，规定用 GL-6 级齿轮油。其抗擦伤性能等于或优于参考油 L-1000。该级油已做过各种试验证明具有 1972 年 4 月 AST M STP 说明的性能水平	

6.3.1.2　我国车辆齿轮油的分类

目前我国车辆齿轮油是根据 GB/T 17477—1998《驱动桥和手动变速器润滑剂黏度分类》进行黏度分类的，其方法与 SAE 黏度分类相同。而车辆齿轮油的使用性能只分为 CLC、CLD、CLE 3 类，其中 CLC 相当于普通车辆齿轮油，CLD 相当于中负荷车辆齿轮油，CLE 相当于重负荷车辆齿轮油，分别与 API（美国石油学会）的车辆齿轮油使用性能分类中的 GL-3、GL-4、GL-5 对应。其详细分类见表6-6。

表 6-6 我国车辆齿轮油详细分类

代号	组成、特性和使用说明	使用部位
CLC	精制矿物油加抗氧剂、缓蚀剂、抗泡剂和少量极压剂等制成。适用于中等速度和负荷比较苛刻的手动变速器和弧齿锥齿轮的驱动桥	手动变速器和弧齿锥齿轮的驱动桥
CLD	精制矿物油加抗氧剂、缓蚀剂、抗泡剂和少量极压剂等制成。适用于低速高转矩和高速低转矩下操作的各种齿轮，特别是客车和其他各种车辆用的准双曲面齿轮	手动变速器和弧齿锥齿轮的驱动桥及使用条件不太苛刻的准双曲面齿轮的驱动桥
CLE	精制矿物油加抗氧剂、缓蚀剂、抗泡剂和少量极压剂等制成。适用于在高速冲击载荷、低速高转矩和高速低转矩下操作的各种齿轮，特别是客车和其他各种车辆用的准双曲面齿轮	操作条件缓和或苛刻的准双曲面齿轮及其他各种齿轮的驱动桥、手动变速器

参照 SAE 黏度分类，我国车辆齿轮油按黏度为 150Pa·s 时的最高温度和 100℃时的运动黏度分为 7 个黏度牌号（表 6-4），其中包括 4 个低温黏度牌号（冬季用油）和 3 个高温黏度牌号（春、夏、秋季用油）。凡满足冬季用油要求又符合春、夏、秋季用油要求的润滑油，称为多级油。常见的多级油有 80W/90、85W/90 等。

6.3.2 我国车辆齿轮油的规格

我国现行的车辆齿轮油的规格或安全使用技术条件有：SH/T 0475—1992《普通车辆齿轮油换油指标》；JT/T 224—2008《中负荷车辆齿轮油》和 GB/T13895—1992《重负荷车辆齿轮油（GL–5）》。

（1）普通车辆齿轮油（GL–3）：普通车辆齿轮油分为 80W/90、85W/90 和 90 号 3 个黏度牌号，主要由精制矿物油加抗氧剂、防锈剂、抗泡剂和少量极压剂等制成，适用于中等速度和负荷、比较苛刻的手动变速器和弧齿伞齿轮驱动桥。其具体规格见表 6-7。

表 6-7 普通车辆齿轮油（GL–3）

项目	质量指标			试验方法
	80W/90	85W/90	90	
运动黏度（100℃）（mm²/s）	15～19	15～19	15～19	GB/T 265
表观黏度 150Pa·s 时的温度（℃）	≤–26	≤12		GB/T 1145
黏度指数			90	GB/T 1995 或 GB/T 2541
倾点（℃）	–28	–18	–10	GB/T 3535
闪点（开口）（℃）	170	180	190	GB/T 267
水分（%）	痕迹			GB/T 260
锈蚀试验 15 钢棒 A 法	无锈			GB/T 1143
起泡性（mL/mL） 24℃±0.5℃ 93℃±0.5℃ 24℃±0.5℃	≤100/10 ≤100/10 ≤100/10			GB/T 12579

（续）

项　目	质量指标			试验方法
	80W/90	85W/90	90	
铜片腐蚀试验（100℃,3h）（级）	≤1			GB/T 5096
最大无卡咬复合（PB）（N）	≥784			GB/T 3142
糖醛或酚含量（未加剂）	无			SH/T 0076 或 SH/T 0120
机械杂质（%）	≤0.05	≤0.02	≤0.02	GB/T 511
残炭（未加剂）（%）	报告			GB/T 268
酸值（未加剂）(mgKOH/g)	报告			GB/T 4945
氯（%）	报告			GB/T 0160
锌（%）	报告			GB/T 0226
硫酸盐含量（%）	报告			GB/T 2433

（2）中负荷车辆齿轮油（GL–4）：中负荷车辆齿轮油分为 80W/90、85W/90 和 90 号 3 个黏度牌号，由精制矿物油加抗氧剂、防锈剂、抗泡剂和极压剂等制成。适用于在低速高转矩、高速低转矩下操作的各种齿轮，特别是客车和其他车辆的准双曲面齿轮。其安全使用技术条件见表 6-8。

表 6-8　中负荷车辆齿轮油安全使用技术条件（GL–4）

项　目	质量指标			试验方法
	80W/90	85W/90	90	
运动黏度（100℃）(mm²/s)	13.5～24	13.5～24	13.5～24	GB/T 265
表观黏度 150Pa·s 时的温度		≤-12	≤-26	GB/T 1145
黏度指数	≥75			GB/T 2541
倾点（℃）	≤10	≤-15	≤-30	GB/T 3535
闪点（开口）（℃）	≥180			GB/T 267
水分（%）	痕迹			GB/T 260
锈蚀试验（45 钢棒）	无锈			GB/T 1143A 法
起泡性（mL/mL） 24℃±0.5℃ 93℃±0.5℃ 后 24℃±0.5℃	≤100/0 ≤100/0 ≤100/0			GB/T 12579
铜片腐蚀试验（121℃,3h）（级）	≤36			GB/T 5096
最大无卡咬复合（PB）（N）	≥883			GB/T 3142
机械杂质（%）	≤0.05			GB/T 511
磷（%）	报告			SH/T 0296
硫（%）	报告			GB/T 387
锌（%）	10			GB/T 0309
齿轮台架	通过			JT/T 224—2008《中负荷车辆齿轮油》附录

（3）重负荷车辆齿轮油（GL–5）：重负荷车辆齿轮油分为 75W、80W/90、85W/90、85W/140、90 和 140 号 6 个牌号，由精制矿物油加抗氧剂、防锈剂、抗泡剂和极压剂等

制成。适用于在高速冲击负荷、高速低转矩。低速高转矩下操作的各种齿轮，特别是客车和其他车辆的准双曲面齿轮。其规格见表 6-9。

表 6-9　重负荷车辆齿轮油（GL–5）

项　目	质量指标						试验方法
黏度等级	75W	80W/90	85W/90	85W/140	90	140	
运动黏度（100℃）（mm^2/s）	≥4.1	13.5～<24.0	13.5～<24.0	24.0～<41.5	13.5～<24.0	24.0～<41.5	GB/T265
倾点（℃）	报告						GB/T3535
表观黏度 150Pa·s 时的温度	≤−40	≤−26	≤−12	≤−12			GB/T1145
闪点（开）（℃）	≥150	≥165	≥165	≥180	≥180	≥200	GB/T3536
成沟点（℃）	≤−45	≤−35	≤−20	≤−20	≤−17.8	≤−6.7	SH/T0030
黏度指数	报告				≥75	≥75	GB/T2541
起泡性（泡沫倾向/泡沫稳定性）（mL/mL） 24℃ 93℃ 后 24℃	≤20 ≤50 ≤20						GB/T 12579
铜片腐蚀试验（121℃,3h）（级）	≤3						GB/T 5096
机械杂质（%）	≤0.05						GB/T 511
水分（%）	痕迹						GB/T 260
戊烷不溶物（%）	报告						GB/T 8926
硫酸盐灰分（%）	报告						GB/T 511
硫（%）	报告						GB/T 387 GB/T 388 GB/T 11140 SH/T 0172
磷（%）	报告						SH/T 0296
氮（%）	报告						SH/T 0224
钙（%）	报告						SH/T 0270
贮存安定性 液体沉积物（%） 固体沉积物（%）	≤1 ≤0.25						SH/T 0037
锈蚀试验 盖板锈蚀面积（%） 齿面、轴承及其他部件锈蚀情况	≤1 无锈						SH/T 0517
抗擦伤试验	通过						SH/T 0519
承载能力试验	通过						SH/T 0518
热氧化安定性 100℃运动黏度增长（%）	≤100						SH/T 0520 GB/T 265
戊烷不溶物（%） 甲苯不溶物（%）	≤3 ≤2						GB/T 8926 GB/T 8926

6.4　车辆齿轮油的选择及使用

6.4.1　车辆齿轮油的选择

车辆齿轮油的选择包含齿轮油使用级的选择和黏度级的选择两个方面。一方面要根据使用环境最低温度和传动装置的运行最高温度来确定最低等级，另一方面要根据齿轮类型和工作条件来确定齿轮油的质量档次。

6.4.1.1　使用性能级别的选择

车辆齿轮油的使用级别要严格按照汽车使用说明书中规定的齿轮油使用级别，或根据传动机构工作条件的苛刻程度来选择。工作条件主要指齿面压力、滑动速度和油温等。而这些工作条件又取决于传动装置的齿轮类型。所以，车辆齿轮油使用级别一般按齿轮类型和传动装置的功能来选择。

一般来说，在汽车传动机构中，后桥主减速器的工作条件较为苛刻，特别是准双曲面齿轮式主减速器工作时不仅负荷重、速度快，而且齿面侧向滑动。在负荷下运转时主要靠油内的极压抗磨剂的作用来减少摩擦和磨损。所以，对准双曲面齿轮式主减速器或工作条件苛刻的其他齿轮式主减速器，一定要选择 GL–4 以上的齿轮油。

我国目前汽车多为手动变速器，变速器的齿轮均为圆柱直齿轮或斜齿轮，负荷一般低于 2000MPa，转速较快，容易形成流体（轻负荷）或弹性流体（重负荷）润滑膜。各挡齿轮交替工作，其工作条件比主减速器齿轮（尤其是准双曲面齿轮）温和，所以普通车辆齿轮油就可以满足其润滑要求。但为了减少用油级别、方便管理，在汽车各传动装置对齿轮油使用性能级别要求相差不太大的情况下，手动变速器和后桥可以选用同一级别使用性能的齿轮油。

汽车转向机构多为齿轮齿条式、蜗轮蜗杆式或滚珠螺旋式，齿轮传动部分一般和手动变速器使用同一种润滑油。

6.4.1.2　黏度级别的选择

车辆齿轮油的最低黏度级别，主要根据最低气温和最高油温，并同时考虑车辆齿轮油换油周期较长等因素来加以选择。

车辆齿轮油的黏度应既能保证低温下的车辆起步，又能满足油温升高后的润滑要求。如前所述，车辆齿轮油以表观黏度 150Pa·s 作为低温流动性极限，所以在 SAE 黏度分类中表观黏度达 150Pa·s 时的最高温度，就是保证低温操作性能的最低温度。由表 6-7 可知，黏度为 75W、80W 和 85W 的准双曲面齿轮油的最低使用温度分别为–40℃、–26℃、–12℃，即车辆使用地区的最低温度不应低于所选齿轮油的上述温度。

黏度等级选择可按最低使用温度（表 6-10），或按小齿轮转速及工作温度来选择 100℃运动黏度。

由于我国幅员广阔，南北气候相差很大，不能按同一模式来选择车辆齿轮油的黏度。我国南方冬季温度很少低于–10℃，所以可全年使用 SAE90 和 SAE140 车辆齿轮油；而在北方地区，为适当延长换油期，避免季节换油造成浪费，可以选用冬夏通用的多级油。黄河以南地区可选用 85W/140 车辆齿轮油；寒冷地区及严寒地区可选用 75W/90 车辆齿轮油。

表 6-10　最低使用温度与黏度牌号

最低使用温度（℃）	SAE 黏度等级	最低使用温度（℃）	SAE 黏度等级
−40	75W/90	−20	85W/90
−30	80W/90	−10	90

6.4.2　车辆齿轮油的使用

对车辆齿轮油作出合理选择后，必须依据规定正确使用。

6.4.2.1　车辆齿轮油使用时的注意事项

（1）等级低的齿轮油不能用在要求较高的车辆上，否则会使齿轮产生严重的磨损和损坏；等级高的齿轮油可降级使用，但降级过多则在经济上不合算。

（2）齿轮油的黏度应以能保证润滑为宜，尽可能选用合适的多级齿轮油，如果黏度过高，燃料消耗会显著增加。

（3）应根据地区环境气温选用齿轮油。当冬季未及时更换齿轮油时，绝不可向齿轮油中掺入柴油或煤油降低凝点。否则会使齿轮油的抗磨性降低，加速齿轮的磨损。

（4）由于齿轮油在密封的壳体内工作，且温度相对较低，质量变化不大，消耗量也较小，所以在维护时，除按照汽车使用要求更换外，只需补充新油即可。根据使用规律，一般在汽车行驶 20000km 后更换一次齿轮油，若使用维护好，则可延长到 30000km 以上更换。

（5）更换新油时，应将旧油放净，并应清洗壳体内部，以防止旧油污染新油，防止沉积在壳体上的杂质随新油进入摩擦件表面。

（6）必须按汽车说明书规定选油；加油量应适当；不同等级的车辆齿轮油不能混用。

手动变速器的齿轮油为黑色和黑绿色，故又将其称为黑油。齿轮油具有高黏度、高附着力、高极压性和一定的氧化安定性及低温流动性，可减少对齿轮或其他高负荷机件的磨损，还起到冷却和洗涤作用。

6.4.2.2　车辆齿轮油的管理

车辆齿轮油的管理也是一个重要问题。中、高档车辆齿轮油是有严格质量标准的高技术产品，如果按照推荐的方法使用，可提供有效的服务并有良好的经济性。

车辆齿轮油在使用过程中逐渐老化，理化性质和使用性能发生变化，见表 6-11。车辆齿轮油质量水平高，使用中油品老化速度慢，油品寿命长。经验表明，对于新出厂的车辆，磨合期结束时应换油，以排除磨合时产生的磨屑。在正常运转条件下，高档齿轮油的寿命可达 50000~60000km。

表 6-11　车辆齿轮油使用中性能的变化

性　质	变　化	可能原因
溶液的均一性	生产油泥	乳化、聚合、氧化、金属催化、添加剂反应
黏度	增加	氧化 金属催化
极压性	极压剂消耗	使用时间过长
中和值	生成酸性物质	氧化 金属催化
黏度指数	减少	剪切破坏了聚合物

6.4.3　车辆齿轮油使用中存在的问题及改进措施

（1）车辆齿轮油的正确使用对于保证齿轮装置的正常工作是至关重要的，用油不当会引起各种故障，见表 6-12。

表 6-12　与齿轮油有关的使用问题

问　题	可能原因	改进措施
腐　蚀	缺少防锈剂 油中含水 污染物	用加足够防锈剂的油 勤排水，勤换油 防止污染物进入油中
泡　沫	缺少抗泡剂 抗泡剂析出 油面高度不当 空气进入油中，油中含水	用合抗泡剂的油 补加抗泡剂 控制加油量 防止空气和水进入油中
沉淀或油泥	添加剂析出 通水乳化 油氧化生成不溶物	使用储存稳定性好的油 补加抗乳化剂 使用氧化安定性好的油
黏度增加	氧化 过热	使用氧化安定性好的油 避免过热
黏度下降	增黏剂被剪断	使用剪切稳定性高的增黏剂
漏　油	齿轮箱缺损 密封件损伤	用高黏度油 更换密封件
不正常发热	齿轮箱中油太多 油黏度太大，齿轮上油量不足	控制加油量 降低油黏度
不正常发热	载荷过高 齿轮箱外尘土堆积妨碍散热	降低载荷 清洗齿轮箱外壳及邻接的金属部件
污　染	主机装配或部件加工时留下的污物由通气孔进入的污染物	排掉脏油、清洁齿轮箱、换新油 防止污染物由通气孔进入齿轮箱
齿面磨粒磨损	磨屑或其他污染粒子	换油、清洁齿轮箱
齿面烧伤	缺油 载荷过高	提供足够的油量 降低载荷
擦　伤	齿面温度高 油膜破裂	降低操作温度 用极压齿轮油
点　蚀	油黏度太小 齿面粗糙 局部压力太高	增加油的黏度 提高齿面光洁度 用极压齿轮油
胶　合	齿面粗糙 安装误差引起齿轮啮合不良 低温起动	提高齿面光洁度 改进装配质量 低温起动前预热油

因为现代的车辆齿轮油已经成为齿轮装置的结构材料，所以必须正确选用车辆齿轮油，切不可贪图价廉而使用低档齿轮油。在齿轮设计时必须进行齿轮强度计算，齿轮油的黏度和承载能力是重要的参数。不遵守推荐用油规则，随意使用低档油，必然会降低齿轮装置的寿命。

（2）普通变速器不宜使用双曲线齿轮油。一些车主和汽车维修人员，由于不了解双曲线齿轮油的特点，片面地认为双曲线齿轮油比普通齿轮油性能好，因此，在遇到没有现成的普通齿轮油时，或为了爱护车辆而用双曲线齿轮油来代替普通齿轮油加入汽车变速箱。殊不知这不仅仅会带来不必要的花费（双曲线齿轮油较贵），而且会造成对变速器齿轮的腐蚀性磨损，不利于变速器的正常工作。

由于双曲线齿轮传动具有啮合平顺性好、减速比大等特点而广泛地使用于汽车后桥主减速器齿轮传动。但由于双曲线齿轮在啮合传动过程中，传递的压力很高，相对滑移速度可达 400m/min，因而产生很高的瞬时温度，而一般的油性添加剂在 100℃ 左右就会从摩擦表面脱附，破坏油膜。在这种极压条件下，为防止磨损、擦伤和黏合，以及金属接触面的摩擦，双曲线齿轮油中加入了含氯、硫、磷等元素的有机化合物作为极压添加剂。在极压条件下，这些添加剂摩擦面的高温部分与金属反应，生成了剪应力和熔点都比纯金属高的化合物，即在啮合齿面上生成了一层假润滑层，从而防止接触表面咬合或啮合。这种假润滑层是由摩擦表面金属与添加剂分子中各种活性基团起化学作用而形成的。多数情况下，极压添加剂的效果取决于形成的金属硫化物、氯化物以及磷与金属的化合物。由此可以看出，它是依靠"腐蚀"金属表面而起到极压抗磨作用的。其中，含硫添加剂对有色金属，尤其对铜及铜合金有较强的腐蚀作用，含氯添加剂作用时生成的氯化铁膜易发生水解，生成盐酸，对金属产生腐蚀。

对于普通齿轮传动（常为渐开线齿轮），齿面单位压力较低，且工作温度不高，所以油膜不易破裂，润滑条件较好，不必使用极压添加剂。若使用双曲线齿轮油，势必会有部分添加剂产生作用，从而使齿轮产生不必要的腐蚀磨损。因此，单纯地认为双曲线齿轮油性能好，可以代替普通齿轮油，这种观点是不正确的。应该根据齿轮传动的特点，选用性能合适的齿轮油。

6.4.4　车辆齿轮油的更换

车辆齿轮油在使用过程中不仅有量的消耗，而且还有质的变化。车辆齿轮油会逐渐老化，其理化性质和使用性能逐渐变差。为保证润滑条件，必须及时更换齿轮油。

6.4.4.1　磨合期换油

由于磨合期零件表面及润滑油的温度都很高，并有较多的金属磨屑磨损下来起催化作用，很容易使齿轮油氧化变质，所以在使用时应按磨合期维护规定及时更换齿轮油。标准为：选用极压性好的齿轮油；同时应选用黏度较低的齿轮油。

6.4.4.2　车辆齿轮油的更换

车辆齿轮油在使用过程中同样存在着质量变质和质量控制问题。车辆齿轮油的换油标准主要有定期换油、按质换油和定期换油同时控制油的指标 3 种。

定期换油是根据车辆的传动结构特性、运行条件和润滑油的质量由汽车制造厂家推荐或用户自行确定固定的换油周期（时间或里程）。部分汽车齿轮油的参考换油里程见表 6-13。

表 6-13 部分汽车齿轮油的参考换油里程

汽车型号	参考换油里程（×10⁴km）	汽车型号	参考换油里程（×10⁴km）
解放 CA1092	2.4	皇冠（CROWN）3.0（手动变速器）	4.0
东风 FQ1092	2.4	北京切诺基	4.8
夏利 TJ7100	4.0	南京依维柯 8140.27S	6.0～6.5
标致 504、505	3.0	丰田海狮（TOYOTA HIACE）	4.0
长安奥拓	4.0		

按质换油是确定在用车辆齿轮油更换周期的发展方向。按质换油就是按齿轮油的质量更换齿轮油。目前我国在车辆齿轮油更换方面只有普通齿轮油的换油标准 SH/T 0475—1992，如表 6-14 所列。

表 6-14 普通车辆齿轮油换油标准

项　目		换油指标	试验方法
100℃运动黏度变化率（%）	超过	20～-10	GB/T 265
水分（%）	大于	1.0	GB/T 260
酸值增加值（mgKOH/g）	大于	0.5	GB/T 8030
戊烷不溶物（%）	大于	2.0	GB/T 8296
铁含量（%）	大于	0.5	GB/T 0197

6.4.4.3 车辆齿轮油的换油设备

汽车变速器和后桥的齿轮油加油口由于设计位置比较难以接近，在车辆齿轮油的更换过程中，往往是放掉旧油比较容易而加注新油很困难。采用图 6-9 所示的齿轮油注油机，可以大大减轻劳动强度，提高工作效率。

常用的齿轮油注油机一般分为手动注油机和自动注油机两大类别，自动注油机又可以按照驱动方式的不同，分为气动注油机和电动注油机两种。

齿轮油注油机操作机构按人体学设计，使用轻巧省力，搬移方便。根据实际使用情况，可配置带丝杆的施压装置，使用更加方便，运用自如。图 6-10 所示为使用齿轮油注油机进行加注作业的情况。

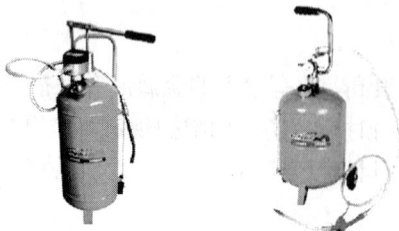

（a）移动式手动注油机　　（b）移动式气动注油机

图 6-9 齿轮油注油机　　　　　图 6-10 使用齿轮油注油机进行加注作业

复习思考题

1. 车辆齿轮油添加剂有哪些?
2. 车辆齿轮油的使用性能指标有哪些?
3. 车辆齿轮油的极压性评定试验有哪两种方法?
4. SAE 是如何对车辆齿轮油进行分类的?
5. API 是如何对车辆齿轮油进行分类的?
6. 我国是如何对车辆齿轮油进行分类的?
7. 我国车辆齿轮油规格分为哪三大类?
8. 如何选择车辆齿轮油?
9. 车辆齿轮油的发展方向有哪 3 点?

补充阅读材料

车辆齿轮油相关研究最新进展

1. 车辆齿轮油改良的途径

车辆齿轮油改良的途径主要在于对基础油和添加剂的改良。

基础油的改良就是在目前基础油的基础上,进一步提高基础油的热安定性、氧化安定性、低温流动性、黏温性以及较好的添加剂溶解性。

添加剂的改良表现在以下几个方面:

(1) 开展新型含磷剂的研究:为了满足 MIL–L–2105E 规格要求,研究的含磷剂除具有好的极压抗磨性外,还必须具备好的热氧化安定性、水解安定性及添加剂的耐久性。

(2) 开展摩擦改进剂的研究:摩擦改进剂主要用于低黏度、大跨度、长寿命型的车辆齿轮油中,可有效地改善车辆齿轮油的摩擦性能,达到节能的目的。摩擦改进剂不仅可提高车辆齿轮油的抗磨、减摩作用,而且与含硫剂、含磷剂复合可产生协和效应,进一步提高硫、磷添加剂的极压抗磨作用。

(3) 无灰防锈剂的研究:无灰防锈剂是研究第四代无灰 S–P 型车辆齿轮油的关键,车辆齿轮油所用无灰防锈剂的主要类型有硼化丁二酰亚胺、硼化脂肪酸酰胺等。

(4) 含磷添加剂结构及其性能关系研究:含磷添加剂是车辆齿轮油研究的核心技术,国外公司对含磷剂的合成与应用技术保密甚严,这就给含磷添加剂的研究带来困难。我国一些科研机构开发并生产了一些不同结构的含磷添加剂,但并不能完全满足车辆齿轮油及其复合剂研究的需要。因此,开展不同结构含磷添加剂性能研究以确定性能优良的含磷添加剂种类是车辆齿轮油研究的基础所在。

(5) 硫、磷添加剂复合效应:含硫添加剂主要在高速冲击负荷下起作用,而含磷添加剂在高转矩下起作用,二者以适当比例复配才能达到车辆齿轮油整体效应的平衡与统一。过多使用硫元素或过多使用磷元素都会导致平衡的失败。因此进行硫、磷添加剂的复合效应的研究,以确定不同种类含磷剂与硫化烯烃最适宜的硫磷比是提高车辆齿轮油复配技术的关键。

(6) 车辆齿轮油复合剂整体性能的平衡:车辆齿轮油最关键的评价手段是要通过 CRC–42、CRC–37、CRC–33、CRC–60 4 个标准齿轮油台架。对于添加剂配方来说,这 4 个台架都十分苛刻而且相互矛盾、互相制约。因此车辆齿轮油复合剂整体性能的平衡是提高车辆齿轮油复合剂水平的关键。

2．车辆齿轮油添加剂的研究进展

当今车辆齿轮油的发展首先是添加剂技术的发展，新的高效添加剂不断推出，添加剂之间的复配技术不断完善，使得添加剂的加入量越来越少，经济性不断提高。为了适应这一新的情况，国内外润滑油和添加剂生产商除继续研制新的或改善原有的工业齿轮油单剂调合配方外，开展了齿轮油复合剂的研究和生产。车辆齿轮油添加剂的发展主要经历了 S–P–Cl 型、S–P–Cl–Zn 型及 S–P 型。表 1 为车辆齿轮油及其添加剂发展历史。表 2 所列为国外几种典型的车辆齿轮油复合剂。

表 1　车辆齿轮油及其添加剂发展历史

年　份	车辆齿轮油规格	车辆齿轮油添加剂
1950	MIL–L–2105	硫化油脂、硫氰化油脂、氯化烃、酸性亚磷酸酯
1958	MIL–L–2105A	二烷基二硫代磷酸锌、氯化烃
1962	MIL–L–2105B	硫化聚烯烃、硫化异丁烯、亚磷酸酯
1976	MIL–L–2105C	硫化异丁烯、硫化烯酯、酸性磷酸酯胺盐
1987	MIL–L–2105D	硫化异丁烯、硼化硫代磷酸酯胺盐
1997	MIL–L–2105E	硫化异丁烯、硫代磷酸巯磷酸酯胺盐、硼化丁二酰亚胺无次防锈剂、摩擦改进剂

表 2　国外几种典型的车辆齿轮油复合剂

产　品	Ω（硫）(%)	Ω（磷）(%)	Ω（氮）(%)	硫磷质量比	用量（%）	润滑油性能	生产公司
Anglamol 6004A	24.0～28.5	1.4～1.7	0.75～1.05	17	7.5	MIL–L–2105C	Lubrizol
Parapoid48	27.5	1.76	0.72	16	6.2	MIL–L–2105C	Exxon
Anglamol 6044B	28.0～34.0	1.85～2.25	0.95～1.25	15	5.5	MIL–L–2105C	Lubrizol
Hitec370	22.49	2.26	—	10	6.0	MIL–L–2105C	Ethyl
G521B	28.60	1.64	—	17	6.0	MIL–L–2105C	Mobil
Anglamol 6085	27.1～33.1	1.19～1.45	0.68～0.84	23	4.8	MIL–L–2105D	Lubrizol
G252	28.0	1.60	0.70	18	4.8	MIL–L–2105D	Mobil
LZ 1045	27.3	1.2	1.1	23	4.5	MIL–L–2105D	Lubrizol

车辆齿轮油及其添加剂的发展主要是含磷极压添加剂的发展及添加剂复配技术的发展。目前最先进的第四代 S–P 型车辆齿轮油一般为无灰型的车辆齿轮油。无灰 S–P 型车辆齿轮油有如下优点：①颜色浅；②热稳定性及耐久性好；③储存稳定性及相容性好。

因此，满足 MIL–L–2105E 规格的无灰第四代 S–P 型齿轮油是目前车辆齿轮油及其添加剂的研究方向，含磷添加剂的合成技术及复配技术是车辆齿轮油及其添加剂研究的关键。

3．车辆齿轮油发展的方向

纵观全世界各地区车用齿轮油的发展，无论是卡车还是轿车，有 3 点是共同的发展方向：

（1）良好的热氧化安定性，降低油泥和漆膜厚度，延长油品使用寿命达到终生不换油的目标。

（2）开发专用的手动变速箱油，具有良好的摩擦特性，满足驾驶的舒畅性。

（3）为了满足低温换挡、高温有黏膜保护和燃油的经济性要求，使用多级齿轮油，油品中含有剪切安定性能良好的黏度指数改进剂。

第7章
车用润滑脂

[**本章提要**]

　　本章主要介绍车用润滑脂的组成及使用性能、使用性能的评定指标、规格标准及技术要求、选择及使用,并补充介绍了车用润滑脂相关研究最新进展。重点内容是车用润滑脂的使用性能评价指标和测定方法。要求学生了解车用润滑脂的组成、相关研究最新进展,熟悉车用润滑脂的规格标准,掌握车用润滑脂的使用性能评价指标及测定方法,掌握其正确、合理的使用方法。

　　润滑脂(Lubricating Grease)俗称黄油,是将稠化剂分散于液体润滑剂中所形成的一种稳定的固体或半固体润滑材料。润滑脂在常温下能附着于垂直表面不流失,并能在敞开或密封不良的摩擦部位工作,具有其他润滑剂所不可替代的特点。

　　润滑脂与润滑油比较有如下优点:①在金属表面具有良好的黏附性,不易流失,在不易密封的部位使用,可简化润滑装置的结构;②抗碾压,在高负荷和冲击负荷下,仍有良好润滑能力;③润滑周期长,不需经常补充,可以降低维护费用;④具有更好的密封和防护作用;⑤使用温度范围较宽。

　　因此,在汽车和工程机械上的许多不易采用液体润滑油的部位,如汽车轮毂、闭式滚动轴承、制动器、钢板弹簧等,都使用润滑脂作为润滑材料。

7.1 车用润滑脂的组成及使用性能

7.1.1 车用润滑脂的组成

　　润滑脂是用一种(或多种)稠化剂稠化一种(或多种)润滑液体制成的,并根据需要加入各种添加剂。即在低负载时,润滑脂呈固体,而在某临界负载时,润滑脂开始塑性变形(类似液体流动),去掉负载后,润滑脂又恢复固体的性质。为了改善润滑脂的性能,可以添加抗氧剂、抗磨剂和抗水剂等添加剂。所以,润滑脂实际上是在润滑液体里添加了一些能起稠化作用的物质，把液体滞化而成半固体，或者是在常温下为半固体膏状的稠化了的润滑油。

润滑脂主要由稠化剂、基础油、添加剂 3 个部分组成。一般润滑脂中稠化剂含量为
10%～20%，基础油含量为 75%～90%，添加剂及填料的含量在 5%以下。

7.1.1.1　车用润滑脂的基本成分

7.1.1.1.1　基础油

基础油是润滑脂分散体系中的分散介质，润滑脂的润滑性质取决于所用基础油的润
滑性质，因此它对润滑脂的性能有较大影响。

基础油分为矿物油和合成油两大类。一般润滑脂多采用中等黏度及高黏度的石油润
滑油作为基础油，也有一些为适应在苛刻条件下工作的机械润滑及密封的需要，采用合
成润滑油作为基础油，如酯类油、硅油、聚α-烯烃油等。以矿物油为基础油的优点是：
润滑性能好，黏度范围宽。但是，一般矿物油不能兼备高低温性能，而以合成油为基础
油可制备特殊润滑脂。如 7014–1 高温润滑脂（使用温度为–40～200℃）的基础油为合
成油。

7.1.1.1.2　稠化剂

稠化剂是润滑脂的重要组分，稠化剂分散在基础油中形成如海绵或蜂窝状的结构骨
架，将润滑油包起来，使基础油被吸附和固定在结构骨架中而失去流动性成为一种膏状
物质。用于制备润滑脂的稠化剂有两大类：皂基稠化剂（脂肪酸金属盐）和非皂基稠化
剂（烃类、无机类和有机类）。皂基稠化剂分为单皂基（如钙基脂）、混合皂基（如钙钠
基脂）、复合皂基（如复合钙基脂）3 种。90%的润滑脂是用皂基稠化剂制成的。

（1）皂基稠化剂：汽车润滑脂稠化剂用的金属皂主要是钙皂和锂皂，分别制成钙基
润滑脂、无水钙基润滑脂和锂基润滑脂。

普通钙皂稠化剂是以天然皂或合成的脂肪酸制成。普通钙皂要求在基础油中必须有
适量水分作稳定剂才能成脂。高温时失去水分，油皂分离。钙基润滑脂适用温度范围为
–10～60℃；无水钙皂稠化剂为 12-羟基硬脂酸钙皂，不需加水，构成的严寒地区汽车
通用无水钙基润滑脂（A 型）的适用温度范围为–50～110℃；锂皂是以脂肪酸锂皂和高
级脂肪酸锂皂作为锂基润滑脂的稠化剂，构成的润滑脂具有温度范围宽以及良好的机械
安定性、胶体安定性和抗水性，是多用途多性能润滑剂，适用温度范围为–30～120℃；
稠化剂对润滑脂的性质有很大的影响，稠化剂的性质和含量决定了润滑脂的黏稠程度以
及耐水、耐热等使用性能。

（2）烃基稠化剂：主要是地蜡、石蜡以及石油脂，常用来制作保护润滑脂。汽车蓄
电池接线柱用的工业凡士林保护的稠化剂是烃基稠化剂，属于石油脂。

（3）有机稠化剂：有机稠化剂是有稠化作用的有机物。例如，7022 通用汽车润滑脂
的稠化剂为合成脂肪酸酰胺钠盐；7026 低温润滑脂的稠化剂为有机酰胺盐；7041–1 高
温润滑脂稠化剂为对苯二甲酸酰胺钠。

（4）无机稠化剂：车用润滑脂中的无机稠化剂主要是膨润土，由氧化硅、二氧化铝
和水等构成，膨润土润滑脂适用温度范围为–45～150℃，适用于转向驱动桥等角速万向
节的润滑。

7.1.1.1.3　添加剂

在润滑脂中，除了稠化剂和基础油外，还会有各种不同的添加剂。润滑脂添加剂是添加到润滑脂中以改进其使用性能的物质，可以改进基础油本身固有的性质或增加其原来不具有的性质。

7.1.1.2　车用润滑脂中的添加剂

润滑脂中的添加剂主要分为两类。一类是特有的，叫胶溶剂。它使油皂结合更加稳定，如甘油与水等。另一类添加剂和润滑油中的一样，如抗氧、抗磨和防锈剂等，但用量一般比润滑油中用量多。如磷酸酯、ZDDP、Elco 极压抗磨剂、复合剂、滴点提高剂等。有时，为了提高润滑脂抵抗流失和增强润滑的能力，常添加一些石墨、二硫化钼和碳黑等作为填料。

润滑脂常用添加剂有下列类型：胶溶剂、抗氧化剂、极压抗磨剂、防锈、防腐蚀剂、抗水剂、拉丝性增强剂。

润滑脂中添加剂的类型及作用机理和润滑油是一样的，但是由于润滑脂自身流动性比不上润滑油，所以润滑脂中加入添加剂的量比较大。另外，润滑脂是胶体分散体，有许多添加剂是极性化合物，加入时会造成润滑脂胶体体系的破坏，影响润滑脂稠度、滴点、分油、机械安定性等性能的变化。因此，很难在润滑中评选一种理想的添加剂。

7.1.1.2.1　胶溶剂

胶溶剂又称结构改善剂或稳定剂，它的作用是改善润滑脂的胶体结构，从而达到改善润滑脂某些性能的目的。

胶溶剂是一些极性较强但分子比较小的化合物，如有机酸、甘油、醇、胺等。水也是一种常用的结构改善剂。胶溶剂的作用机理是：由于它含有极性基团，能吸附在皂分子极性端间，使皂纤维中的皂分子的排列距离相应增大，使基础油膨化到皂纤维内的量增大。此外，皂纤维内外表面增大，皂油间的吸附也就增大。因此，在胶溶剂存在时，可使皂和基础油形成较稳定的胶体结构。

胶溶剂的类型随稠化剂和基础油而不同，如甘油是一些皂基润滑脂的结构改善剂。锂基润滑脂中常见微量的环烷酸皂；钙基润滑脂中加少量水或乙酸钙；钡基润滑脂中加乙酸钡；膨润土润滑脂中加微量水；铝基润滑脂中加油酸等。

实践中发现，胶溶剂的用量过多或过少都对润滑脂的质量有不利影响。例如，胶溶剂过少，皂的聚结程度较大，膨化和吸附的油量较少，皂-油体系不安定；反之，胶溶剂过多，由于极性的影响，也会造成胶体结构的破坏，润滑脂的稠度也降低。所以，结构改善剂的用量要适当，一般结构改善剂的用量是由实验确定的。如甘油和水等的胶溶剂或结构改善剂，是由制造润滑脂的基本原料带入的。因此一般都不把它当作添加剂，通常所说的添加剂是指为改善润滑脂某方面的使用性能而添加的少量物质（如抗氧剂、抗腐蚀剂等）。

7.1.1.2.2　抗氧化添加剂

润滑脂的抗氧剂的作用机理主要是打断氧化连锁反应的反应链，从而终止氧化反应的进一步进行。润滑脂的氧化主要是基础油氧化的结果。由于皂基润滑脂中的金属对氧化有催化作用，能加速基础油的氧化，因此润滑脂比润滑油更易氧化。根据稠化剂中金属种类的不同，催化效果也有所差异，如铝、钙等金属皂比钠、锂的催化作用弱。润滑脂的抗氧化剂的种类很多，见表7-1。常用的胺类如苯基-α-萘胺、二苯胺、苯二胺等衍生物，可适用于150℃以上。酚类抗氧剂有萘酚、二异丁基对甲酚、2，4，6-三甲基酚等。2，6-二叔丁基对甲酚因高温挥发性大，在100℃以上不能使用。

表7-1　润滑脂的主要抗氧化剂

添加剂类型	典型化合物	用量（质量）（%）	备　注
胺	二苯胺	0.1～1.0	
	苯基-α-萘胺	0.1～1.0	
酰胺	乙二胺四乙酸四苄基酰胺	2～10	170℃以下有效
醚	2，4-二氨基二苯基醚	0.0001～1.0	锂基脂用
脲类化合物	1-（烷基苯甲基）-3-苯基脲	0.1～5	酯类油皂基脂用
酚的衍生物	2，6-二叔丁基对甲酚	0.05～1.0	
硫代氨基甲酸盐	二烷基二硫代氨基甲酸铝或锌	0.1～2	
	二丁基二硫代氨基甲酸铝或锌	0.1～1.0	
其他有机硫化物	吩噻嗪	0.1～1.0	高温抗氧剂
磷化合物	烷基酚亚磷酸酯	0.1～0.5	
硒或碲化物	双十二烷基硒	0.1～0.5	高温抗氧剂
	二芳基硒	2.0～5.0	
无机酸盐	磷酸三钠	0.5～1.0	钠基脂用

在抗氧化添加剂对润滑脂的适应性方面，胺类添加剂适于中性或弱碱性的润滑脂，酚类对于含游离酸的润滑脂较有效。适宜的用量需根据经验来确定，超过适宜的浓度会降低效果，一般来说，抗氧剂的用量比较小。

7.1.1.2.3　极压抗磨添加剂

一些含磷、氯、硫的化合物具有极压性和抗磨性。一般磷化合物具有抗磨性，而氯化物与硫化物具有极压性。同时含氯和磷化合物和含磷或硫化合物，既具有极压性，又具有抗磨性。为了改进润滑脂的抗磨性和极压性，可以混合使用两种或更多的添加剂。极压剂和抗磨剂的类型及用量见表7-2。

表7-2　极压和抗磨添加剂的类型及用量

添加剂类型	典型化合物	用量（%）	备　注
硫化合物	硫化鲸鱼油	1～10	
	双丁基黄原酸盐	1～10	
	苯间二酚硫化物	0.1～20	
氯和氟化物	三氟氯乙烯调聚物	1～10	硅油脂用
磷化合物	三甲苯磷酸酯	0.5～3	抗磨添加剂

（续）

添加剂类型	典型化合物	用量（%）	备　注
硫、氯、磷化合物	硫代双二氯酚 三（2-氯乙基）亚磷酸酯	0.2～5 0.1～5	膨润土脂用 合成油锂基脂用
钼和硫化物	二硫代氨基甲酸氧化钼	>1	抗磨、极压、抗氧
某些金属化合物	环烷酸铝 二烷基二硫代氨基甲酸锑 磷酸钙和硫化铋混合物	2～3 0.5～10 1	和其添加剂共用
其　　他	羰基钨 二环己胺 硼酸酯或硼酸盐	0.1～3 1～10	抗磨添加剂

　　二烷基二硫代氨基甲酸盐是近 20 多年来引人注目的通用多效添加剂，这类添加剂已成功地用于许多润滑脂和发动机油及工业润滑油中。二烷基二硫代氨基甲酸的二价和三价金属盐，是润滑剂的多效能添加剂。它具有抗氧化、抗磨和极压剂的功能，有的还具有金属钝化剂的功能。锌盐和镉盐主要用做抗氧剂，但也兼有一些抗磨和极压性能。钼、铝、锑盐主要用做抗磨极压添加剂，但也兼有一些抗氧化性能。锌盐还可起到金属钝化剂的作用。

　　引人注目的另一类型的抗磨极压添加剂是硼酸盐或硼酸酯类。它是一类新型极压抗磨添加剂，不含磷、硫、氯等活性元素。它是所谓的"惰性"极压抗磨添加剂。通过分散剂（如阴离子表面活性剂石油磺酸钠）将无机硼酸盐以极细的颗粒分散到矿物油中，分散体系中硼酸盐是非结晶小球，平均直径为 0.1μm。

　　硼酸盐具有以下优点：

　　（1）抗磨极压效果好，特别是在低黏度油中具有良好的抗磨极压效果。国外称之为"节能油"的齿轮油，主要是由低黏度油加含硼添加剂制成，满足了抗磨极压性的要求。

　　（2）硼酸盐极压剂的使用寿命长。因为硼酸盐的作用机理是由渗硼形成的 Fe_xB_y 形式的极压膜，这一层表面膜具有较高的硬度、较好的抗磨性、较好的抗高温氧化和耐腐蚀性。而含磷、硫、氯活性元素的极压性，作用机理主要是活性元素同金属（铁）起化学反应生成一层膜，这层膜的抗剪切强度比基础金属（铁）低。因而在使用过程中，这层膜容易被磨掉。换言之，含磷、硫、氯的极压性，在使用过程中消耗得比硼酸盐快。表现在使用寿命上，硼酸盐显得更长。

　　（3）硼酸盐添加剂的抗磨性对金属材料的选择性不敏感。换言之，硼酸盐添加剂对各种金属材料都比较适应。而含磷、硫、氯添加剂，抗磨性的好坏受金属材料的性能影响很大。

　　（4）硼酸盐添加剂一般不会造成金属的腐蚀，而含磷、硫、氯的极压添加剂，若配制得不好，往往造成金属腐蚀。硼酸盐一般没有什么毒性。

　　（5）硼酸盐极压添加剂同其他的含磷、硫、氯极压添加剂具有很好的配伍性。它同含磷、硫、氯的极压剂复合使用时都能较大地提高抗磨极压性能。硼酸盐添加剂的唯一缺点是抗水性能较差。为了克服这一缺点，虽然进行了大量的研究工作，但未能从根本改进。

7.1.1.2.4　防锈添加剂

为了提高润滑脂的防护性，防止空气、水分等透过润滑脂膜，造成金属生锈，要向润滑脂中加入防锈添加剂。作为防锈添加剂的物质是一些有机极性化合物，如金属皂、有机酸、酯、胺等。其作用机理是：这些极性化合物吸附在金属表面，或是与金属发生化学反应而生成盐，它们在金属表面上形成致密而稳定的薄膜，使金属面与水分和空气相隔离，从而起到防锈作用。

防锈添加剂主要有：磺酸盐和环烷酸盐，如石油磺酸钡、石油磺酸钙、二壬基萘磺酸钡、环烷酸钡、环烷酸锌等；酯类，如山梨糖醇单油酸酯（斯盘-80）、季戊四醇单油酸酯；杂环化合物，如十七烯基咪唑啉、巯基苯并噻唑；有机酸，如十二烯基丁二酸、油酰肌氨酸等。

一般来说，润滑脂本身就有较厚的覆盖油膜，具有防锈性，故在通常条件下不加防锈添加剂。但近年来，都要求润滑脂具有良好的防锈性，因而要求加防锈剂。但防锈剂是极性化合物，或多或少对润滑脂的胶体结构有破坏作用。因而，很难评选出理想的润滑脂的防锈剂。

7.1.2　车用润滑脂的使用性能

润滑脂的主要作用是润滑、保护和密封等。润滑脂与润滑油相比，有一些优点，如具有好的结构黏度和附着力；具有更好的充填和保持能力；具有更好的油性和润滑能力；具有好的密封和防护作用；抗碾压，适于高负荷；减振性强，尤其适于齿轮和振动摩擦节点的润滑；黏温性好，温度适应性强；轴承存脂方便，可以简化设计；可以节约维修和管理费用。但是润滑脂润滑也有一些不足之处，如黏滞性大，起动阻力大；流动性差，散热作用不强；高温时易发生相变并分解，固体杂质一旦混入，便不易除去。

汽车上有许多的部件应用润滑脂润滑，且各部件工作条件都有差异，如汽车轮毂轴承是使用润滑脂的主要部位，它不仅要求润滑脂满足轮毂轴承高速剪切，同时要求减摩耐磨、适应高温的影响（特别是汽车在山区行驶时，长时间使用行车制动情况下）；汽车钢板弹簧的润滑，不仅要满足润滑要求，还要抗冲击、抗水等。所以，要求润滑脂还要具备一些特殊性质和使用性能。润滑脂的基本性能有稠度、胶体安定性、流变性、机械安定性、防蚀性、抗水性、氧化安定性等。

7.1.2.1　稠度（Consistency）

稠度是指润滑脂一类的塑性物质在受力作用时抵抗变形的程度，即润滑脂在规定的剪切力或剪切速度下变形的程度，一般用锥入度计测定稠度。稠度是塑性的一个特征，它仅是反映润滑脂对变形和流动阻力的一个笼统的概念。

适当的稠度可使润滑脂易于加注并保持在润滑表面上，以保持持久的润滑作用。它是一个与润滑脂在所润滑部位上的保持能力和密封性能，以及与润滑脂的泵送和加注方式有关的重要性能指标。某些润滑点之所以要使用润滑脂，就是因为其有一定的稠度，从而使其具有一定的抵抗流失的能力。不同稠度的润滑脂所适用的机械转速、负荷和环境温度等工作条件不同，因此，稠度是润滑脂的一个重要指标。我国用锥入度范围来划分润滑脂的稠度等级编号（级号）。GB/T 7631.1—2008 等同采用 ISO6743—99:2002《润滑剂、工业用油的有关产品（L类）的分类第 99 部分：总分细》（英文版）。

润滑脂的稠度等级用锥入度来表示。稠度级号就是按照工作锥入度的范围而划分的，它是润滑脂的选择内容之一。锥入度是润滑脂普遍采用的一项质量指标，具有下列意义：①以锥入度划分润滑脂稠度级号（见表 7-3）；②选用润滑脂须考虑适宜的稠度；③可用锥入度表示润滑脂的其他性能。

表 7-3 按锥入度划分的润滑脂稠度级号

NLGI 级号	000	00	0	1	2	3	4	5	6
工作锥入度范围（25℃）(1/10mm)	455~475	400~430	355~385	310~340	265~295	220~250	175~205	130~160	85~115
状态	液状	几乎成液状	极软	非常软	软	中	硬	非常硬	极硬或固体

7.1.2.1.1 基本概念

润滑脂锥入度是指在 25℃下，将锥体组合件从锥入度计上释放下来，使锥体下落 5s，并测定其刺入试样的深度。其单位以 0.1mm 表示。锥入度值大，表示脂的结构力弱，即稠度小；锥入度值小，表示脂的结构力强，即稠度大，脂就显得硬。按测定方法不同，润滑脂锥入度包括非工作锥入度、工作锥入度、延长工作锥入度和块锥入度。

非工作锥入度是指试样在尽可能少搅动的情况下，从样品容器转移到工作脂杯测定的锥入度，测定的是润滑脂从容器中移入使用设备过程中锥入度的变化。

工作锥入度是指试样在润滑脂工作器中经过 60 次往复工作后测定的锥入度。工作锥入度能表示润滑脂的流动性。

延长工作锥入度是指试样在润滑脂工作器中，多于 60 次往复工作后测定的锥入度，一般有 10 000 次、100 000 次等。延长工作锥入度是反映润滑脂结构稳定性的重要指标，它在一定程度上反映润滑脂的寿命。

块锥入度是指试料在没有容器情况下，具有保持其形状的足够硬度时测定的锥入度。

7.1.2.1.2 检测设备及检测方法

图 7-1 锥入度计

润滑脂的锥入度测定可按《润滑脂和石油脂锥入度测定法》（GB/T 269—1991）规定的方法进行。用锥入度法测定样品稠度按测定条件和试样的不同，分为润滑脂全尺寸锥体方法、1/2 和 1/4 比例锥体方法和石油脂全尺寸锥体方法三部分。全尺寸锥体分"标准的"和"供选择的"两种：锥入度大于 400 单位用"标准的"，锥入度小于 400 单位用"供选择的"。样品量少且全尺寸锥入度为 175~385 单位可用 1/4 比例锥体。

（1）检测设备

锥入度计（图 7-1）：设计成能测定锥体刺

入试样中的深度，以 0.1mm 为单位。锥入度计的锥体组合件或平台必须能精确调节锥尖位于润滑脂平面上时其指示器读数指零。当释放锥体时，至少能下落 62mm，且无明显摩擦。锥尖应不能碰击试样容器底部。仪器应带有水平调节螺丝和酒精水平仪，以保持锥杆处于垂直位置。

锥体：全尺寸锥体总质量为 102.5g±0.05g，1/2 比例锥体质量为 37.5g±0.05g，1/4 比例锥体质量为 9.38g±0.025g。

润滑脂工作器：全尺寸润滑脂工作器由把手、温度计、密封螺帽、排气阀、盖等部分组成。工作速度应达到 60 次/min±10 次/min，工作进程为 67～71mm。1/2 比例润滑脂工作器的工作速度应达到 60 次/min±10 次/min，工作进程为 35mm。1/4 比例润滑脂工作器的工作速度应达到 60 次/min±10 次/min，工作进程为 14mm。

脂杯温度：应该控制在 25℃±0.5℃。

（2）检测方法概要：润滑脂锥入度是在 25℃时，将锥体组合件从锥入度计上释放，使锥体下落 5s，测定其刺入的深度。

7.1.2.1.3   影响因素及相关措施

（1）锥体总质量：标准试验方法（GB/T 269—1991）中对锥体和杆的质量都有要求，但实际测定时要求两者的总质量符合要求即可，各自的质量允许在较大范围内变化。如果人为地增减锥体和杆的总质量时，将会发现随总质量的增加，锥入度测定值会明显增加。

（2）脂杯温度：温度计应按相关标准进行检定合格，插入脂杯中后应严格控制在 25℃±0.5℃。实验结果表明：脂杯温度对锥入度测定结果也有明显影响，在不同温度（23～27℃）下对同一润滑脂样品进行测定，随温度升高，锥入度值也增加。

（3）试样温度：当室温与测定温度相差较大时，应适当延长恒温时间，使试样温度真正达到测定温度。在测定温度中，不得将未经恒温和搅动的试样补充到脂杯内口。因此，刮平后多余的试样可储存在测定温度下，以便备用。

（4）试样中的气泡：试样中不应该有气泡存在，如果有气泡会使锥入度的测定结果偏大。

（5）锥入度锥杆的位置：锥入度锥杆应该调整垂直，保证锥杆能自由下落，口套管内壁与锥杆表面应该用汽油擦拭干净，以免增加它们之间的摩擦。

（6）释放时间：释放时间对锥入度有一定的影响。试验结果表明：随释放时间的增加，测得的锥入度值也增加，时间太短或太长，都会给测定结果带来一定影响。

（7）圆锥体的下沉深度：停止圆锥体沉入试样后，要轻轻地拉下指示杆，使之恰好与圆锥体杆顶端持平，切不可用力过大，否则圆锥体会因撞击而继续下沉，使测定结果偏大。

7.1.2.2   胶体安定性

润滑脂是一个胶体分散体系，其胶体结构的稳定常受温度和压力的影响而不同程度地遭受破坏，使固定在纤维空间骨架中的基础油分离出来。但是，润滑脂如果不能在压力的作用下分离出一部分油来，就不能使润滑脂起润滑作用。因此，要求润滑脂的胶体安定性适当。

润滑脂发生皂油分离的倾向大说明其胶体安定性不好，将直接导致润滑脂稠度改变。润滑脂的胶体安定性反映出润滑脂在长期储存中与实际应用时分油趋势，如果润滑脂的胶体安定性差，则在受热、压力、离心力等作用下易发生严重分油，导致寿命迅速降低，并使润滑脂变稠变干，失去润滑作用。

7.1.2.2.1 基本概念

润滑脂的胶体安定性是指润滑脂在一定温度和压力下保持胶体结构稳定，防止油分从润滑脂中析出的性能，也就是润滑脂抵抗分油的能力。通常把润滑脂析出油的数量换算为质量分数来表示。

7.1.2.2.2 检测设备及检测方法

评定润滑脂胶体安定性可采用分油试验进行。测定润滑脂的分油量有 3 种方法：①GB/T 392—1990《润滑脂压力分油测定法》通过把润滑脂析出油的数量换算为质量分数来评定润滑脂的胶体安定性。②SH/T 0321—1992《润滑脂漏斗分油测定法》规定了用漏斗分油法测定润滑脂的分油量。③SH/T 0324—1992《润滑脂分油的测定　锥网法》规定了用钢网分油法测定润滑脂分油量，适用于测定润滑脂在温度升高条件下的分油倾向。

也可以用润滑脂的滴点来粗略估计最高使用温度。滴点是指在规定的试验条件下润滑脂达到一定流动性的温度。一般润滑脂的最高使用温度比其滴点低 20～30℃，个别的低得更多。例如，2 号钙基润滑脂滴点为 85℃，适用最高温度为 60℃；汽车通用锂基润滑脂滴点为 180℃，适用最高温度为 120℃。

具体测量方法如下：

（1）压力分油法：在 9.8N 的压力下，使仪器中的润滑脂受压 30min，最后将分出的润滑油计算为润滑脂的质量分数，测定装置如图 7-2 所示。

（2）漏斗分油法：将一定量的润滑脂放入漏斗中，在一定温度下，经24h，将分出的润滑油计算为润滑脂的质量分数。测定装置如图 7-3 所示。

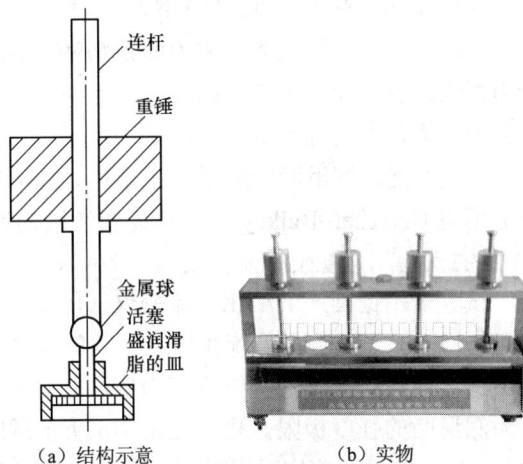

图 7-2　压力分油器

（3）钢网分油法：主要设备如图 7-4 所示。钢网为 60 目，内装10g 润滑脂试样，在 100℃下保持 30h，称量试验前后的烧杯，将分出的润滑油计算为润滑脂的质量分数。目前，在润滑脂的质量指标中，钢网分油用得比较多，不同润滑脂在试验温度、时间及分油量上也有不同的要求。

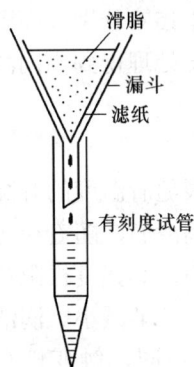

图 7-3　漏斗分油

7.1.2.2.3 影响因素及相关措施

外界条件（如温度、压力等）会影响润滑脂的胶体安定性的测量。压力法润滑脂胶体安定性的测定应当在15～25℃的室温下进行，温度过高或过低时应该采用水浴。温度过高时，由于基础油黏度变小，同时分子运动加速，基础油易从结构骨架中析出。润滑脂受到

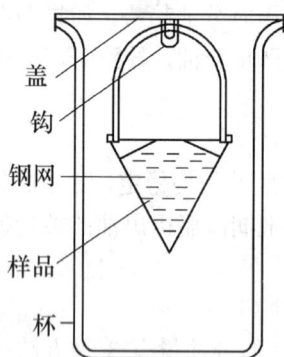

图 7-4   钢网分油

的静压力越大，下部润滑脂的皂结构骨架被压缩越明显，有一部分基础油会被压出。

7.1.2.3   流变性能

润滑脂属于非牛顿体。所有流体在有相对运动时都要产生内摩擦力，这是流体的一种固有物理属性。因为润滑脂具有胶体分散体系，属于塑性流体，所以流变性能复杂。润滑脂的流变性能对部件的振动噪声有一定影响。

7.1.2.3.1   基本概念

流变性是指流体在受到外部剪切力作用时发生变形（流动），内部相应产生对变形的抵抗，并以内摩擦的形式表现出来。

在润滑脂的实验室评价中，滴点和锥入度等参数都一直作为被评定的主要对象。但是，因为这些参数本身都是有条件的，所以不能很好地反映润滑脂的实际工作性能。

润滑脂属于塑性流体。对于塑性流体，当对体系施加的剪应力低于极限静剪应力时，不产生流动。所谓极限静剪应力即是塑性流体从不流动到流动的剪应力。流动后，如剪应力增大，剪切速率也相应增大，但起初两者不呈直线函数关系，以后才符合牛顿液体变为剪应力与剪切速率成正比。

流变性能对润滑脂的应用关系密切，润滑脂的流动类似于塑性型非宾汉流体，目前普遍采用 Herschel–Bulkey 模型作为润滑脂的流变方程。

7.1.2.3.2   检测设备及检测方法

试验采用德国产 HAAKE 流变仪（图 7-5）。试验过程是：室温（15℃）下使测量系统在接近于零的极低速度下旋转，测量出稳定剪切状态下的一组剪应力值，将其插值计算后的结果作为润滑脂的强度极限。测出在图 7-6 所示试验条件下的剪应力值，第一阶段的剪切时间为 1.5min，剪切速率 D 由 0 上升到 $500s^{-1}$；第二阶段在剪切速率 $500s^{-1}$ 下剪切 2min；第三阶段的剪切时间仍然是 1.5min，而剪切速率则由 $500s^{-1}$ 下降到 0，测出

图 7-5   HAAKE 流变仪

润滑脂的数据并作数据处理得到不同温度下的流变参数。将试验温度由 15℃ 分别升高到 30℃、50℃、70℃、90℃，按照之前的方法测出润滑脂的数据并作数据处理得到不同温度下的流变参数。

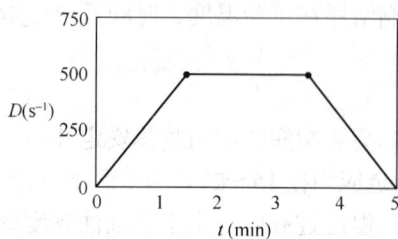

图 7-6   实验条件

7.1.2.3.3   影响因素及相关措施

润滑脂流变参数中的强度极限随着温度的升高而下降。对于不含添加剂的同种润滑脂，随着稠化剂含量的增大和基础油黏度的减小，其强度极限和塑性黏度都逐渐增大，而塑性指数逐渐减小。润滑脂具有触变性，随其结构和成分不同，触变性有很大差异，因而剪切时间是确定塑性黏度和塑性指

数时不可忽视的因素。因此，试验材料产地不同及质量的波动会对润滑脂流变性的测定产生影响，并且要注意试验中保持温度恒定。

7.1.2.4 机械安定性

机械安定性是润滑脂受到机械剪切时抵抗稠度变化的能力，稠度变化值越小，机械安定性越好。它取决于稠化剂纤维本身的强度、纤维间接触点的吸引力和稠化剂的量。机械安定性差的润滑油，使用中容易变稀甚至流失，影响脂的寿命。机械安定性又称剪切安定性。

润滑脂在工作时，要受到剪应力作用，且剪切速率变动范围很大，在滚动轴承中，最高剪切速率可达 106～107s^{-1} 以上，润滑脂在受到剪切后，其结构遭到破坏，皂纤维也可能遭到一定程度的剪断，导致体系的稠度发生变化。如果润滑脂的机械安定性不好，则在长期工作中，可能因过分软化而流失，从而缩短其使用寿命。

7.1.2.4.1 基本概念

机械安定性是指润滑脂受机械作用后其稠度改变的程度，一般用机械作用前后锥入度（或微锥入度）的差值来表示，差值越大，机械安定性就越差。机械安定性表征润滑脂在机械工作条件下抵抗稠度变化的能力。

润滑脂在机械工作中，要受到剪切作用。受长期剪切后，皂纤维会脱开（分离）或取向而产生流动，造成润滑脂的稠度下降。理想的润滑脂，受剪切后的稠度变化应该小，从而获得较长的使用寿命。

7.1.2.4.2 检测设备及检测方法

评定润滑脂机械安定性的好坏，是测定受剪切后的润滑脂延长工作锥入度的变化，或者延长工作锥入度与工作锥入度的差值（对一种润滑脂选择其一）。变化越大或者差值越大，机械安定性就越差。按剪切方法的不同，分为延长工作锥入度法和滚筒安定性法。

SH/T 0122—1992《润滑脂滚筒安定性测定方法》规定润滑脂机械安定性的测定方法，用于测定润滑脂在滚筒试验机上工作后的稠度变化，用以判断润滑脂的机械剪切安定性。

（1）延长工作锥入度测定法：按 GB/T 269—1991 试验方法进行测定。试验时，将润滑脂试样填满工作器，并安装在剪断试验机上，在温度 15～30℃ 的条件下，以 60 次/min 的往返速度剪切 1×10^5 次或更多次数，然后将试样在 25℃ 下保持 1.5h，再往复工作 60 次，最后测定其锥入度。

（2）滚筒安定性测定法：检测设备包括滚筒试验机（见图 7-7），转速 165r/min±15r/min），1/4 锥入度测定仪，刮刀，温度计（温度范围 0～100℃，分度值为 1℃），托盘天平（质量为 0.5g）。

检测方法为：用 50g 润滑脂试样均匀地涂在钢筒内表面，在室温（21～38℃）下，在滚筒试验机上工作 2h 后，测定 1/4 锥入度，把测得的 1/4 锥入度值换算成全尺寸锥入度值后，再用试验前后锥入度变化的差值作为试验结果。

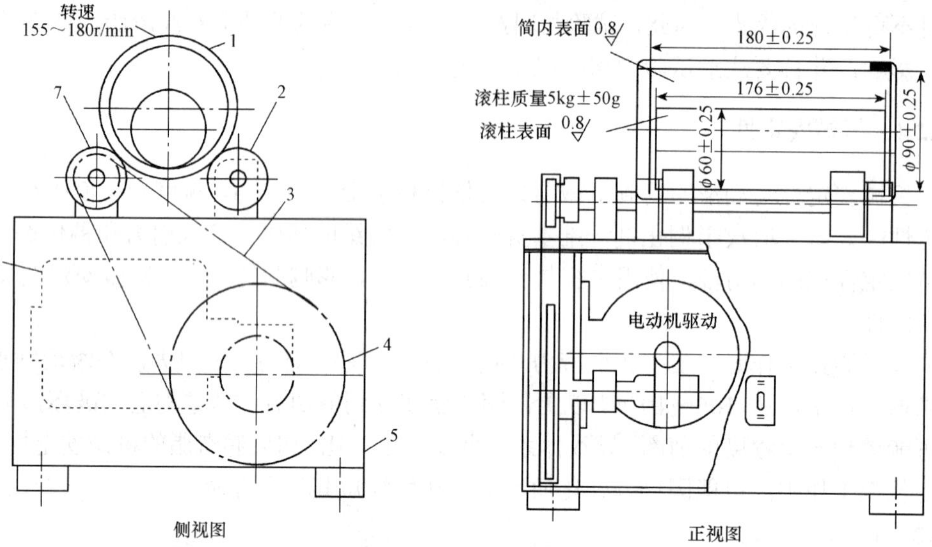

图 7-7　滚筒试验机

1. 钢筒　2. 空转轮　3. 链条或直接驱动　4. 主动带轮　5. 箱（电动机罩）　6. 马达　7. 从动带轮

7.1.2.4.3　影响因素及相关措施

对润滑脂机械安定性准确度测定的影响，主要是对润滑脂锥入度测定的影响，主要包括椎体总质量、脂杯温度、试样温度、试样中的气泡、锥入度锥杆的位置、释放时间和圆锥体的下沉速度。另外，环境温度必须严格控制在 21～38℃并做好记录。从滚筒中取出的试样要立即放入 1/4 锥入度工作器中。

7.1.2.5　防蚀性

润滑脂的稠化剂和基础油本身是不会腐蚀金属的。使润滑脂产生腐蚀性的原因很多，主要是由于氧化产生酸性物质所致。一般而言，过多的游离酸、碱都会产生腐蚀。为提高使用寿命，降低腐蚀磨损，提高润滑脂抵抗外部介质的腐蚀能力，也就是提高润滑脂防腐蚀性能是重中之重。因此，润滑脂的防蚀性也是润滑脂使用性能的一个重要指标。

防蚀作用机理是：由于润滑脂能在金属表面保持足够的脂层，防止腐蚀性物质侵蚀金属表面。此外，有的润滑脂能够吸收或中和腐蚀性气体或液体，以免零件遭受侵蚀。评定润滑脂防蚀性的指标是腐蚀试验、游离碱和游离酸。

7.1.2.5.1　基本概念

防蚀性是润滑油阻止与其接触金属被腐蚀的能力。

腐蚀试验就是检测润滑脂是否对金属有腐蚀作用，测定的方法有多种，实验条件也各异，但都是在一定温度和试验时间下，通过观察金属片上的变色或产生斑点等现象来判断润滑脂腐蚀性的大小。

游离酸和游离碱是指润滑脂在生产过程中未经充分皂化后的有机酸和过剩的碱量。游离碱含量用含 NaOH 的质量分数来表示。游离碱用酸值表示，即中和 1g 润滑脂内的游离酸所消耗的 KOH 的毫克数。

7.1.2.5.2 检测设备及检测方法

SH/T 0331—1992《润滑脂腐蚀试验法》采用铜片、钢片进行测定。主要实验仪器有恒温箱、培养皿等。方法概要：将金属试片浸入盛有润滑脂的烧杯中，并将烧杯放在100℃±2℃的恒温箱中保持3h，观察金属试片的颜色变化来确定润滑脂对金属的腐蚀性。

GB/T 7326—1987《润滑脂铜片腐蚀试验法》规定了润滑脂对铜部件防腐蚀性的测定方法，采用100℃、2h、铜片进行测定，分甲法和乙法。甲法将试验铜片与铜片腐蚀标准色板进行比较，确定腐蚀级别。乙法检查试验铜片有无变色。

GB/T 5018—2008《润滑脂防腐蚀性试验法》规定了润滑脂防腐蚀性能的试验方法。方法概要：将新的清洗净的涂有润滑脂试样的轴承在轻微负载推力下运转 60s±3s，使润滑脂如实际使用时分布，轴承在52℃±1℃和100%相对湿度条件下存放48h±0.5h，然后清洗并检查轴承外圈滚道的腐蚀迹象。该方法中的腐蚀是指轴承外圈滚道的任何表面损坏（包括麻点、刻蚀、锈蚀等）或黑色污渍。该方法可以评定在潮湿条件下润滑脂阻止与其相接触金属产生锈蚀及其他形式腐蚀的能力。出现任何直径超过 1.0mm 的腐蚀斑点或更大斑点时评为不合格。

7.1.2.5.3 影响因素

影响润滑脂防腐蚀性测定结果的因素很多，归纳起来主要有：试验材料（轴承）产地不同及质量的波动、试验时不同操作者操作方法的差异、试验仪器的稳定性、环境条件的变化、试验方法的重复性和再现性等。

7.1.2.6 抗水性

抗水性是指润滑脂抵抗从轴承中被水冲洗掉的能力，抵抗因吸收水分而使脂的结构破坏的能力，在水存在时防止金属表面腐蚀的能力。润滑脂吸水后，会使稠化剂溶解而致滴点降低，引起腐蚀，从而降低保护作用。有些润滑脂，如钠基脂，当吸收水分或遇水后会造成乳化而流失；还有些脂，遇水分会导致变硬而失去润滑能力。

润滑脂的抗水性主要取决于脂的组分，尤其是稠化剂的抗水性和乳化性。烃基脂抗水性最好，既不吸水也不乳化。皂基脂抗水性取决于皂基稠化剂的水溶性，水溶性随皂的阳离子不同而异：K＞Na＞Mg＞Al＞Pb。一般的金属皂除钠皂和钙钠皂外，皂抗水性都较好。软硬度（NLGI 级别）较高的润滑脂、基础油黏度越大，稠化剂用量越大，黏性介质越多，抗水性能越好。评定润滑脂抗水性的指标是水淋流失量。

7.1.2.6.1 检测设备及检测方法

汽车与工程机械在使用过程中，底盘各摩擦点可能与水接触，这就要求润滑脂具有良好的抗水性。抗水性差的润滑脂吸收大气中水分或遇水后往往造成稠度降低甚至乳化而流失。SH/T 0109—2004 规定了用抗水淋性能测定法测定润滑脂抗水性的方法。

主要检测仪器包括水淋仪器、球轴承、轴承套和防护板、加热器、温度计或热电偶、计时器、表面皿、量筒、烘箱、天平。

水淋仪器包括一个带支撑的两个球轴承的轴承套和一个由电动机带动循环用于注水的泵，一个贮水槽和一个控制通过注射嘴流速的控制系统，以及一个用来加热水的加热系统，如图 7-8 所示。

单位：mm

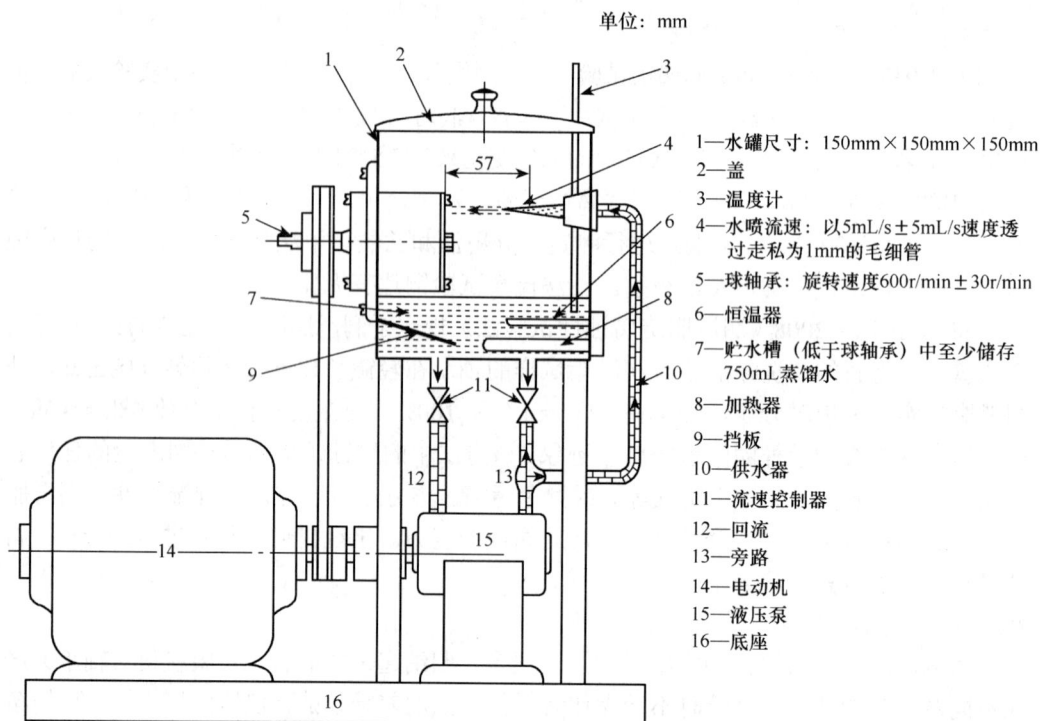

1—水罐尺寸：150mm×150mm×150mm
2—盖
3—温度计
4—水喷流速：以5mL/s±5mL/s速度透过走私为1mm的毛细管
5—球轴承：旋转速度600r/min±30r/min
6—恒温器
7—贮水槽（低于球轴承）中至少储存750mL蒸馏水
8—加热器
9—挡板
10—供水器
11—流速控制器
12—回流
13—旁路
14—电动机
15—液压泵
16—底座

图7-8　润滑脂抗水性能测定仪器

方法概要：将润滑脂试样装入球轴承中，然后将该球轴承装入具有规定间隙要求的轴承套内，并以600r/min±30r/min的速度转动。将控制在38℃或79℃下的水以5mL/s±0.5mL/s的速度喷淋在轴承套内，以60min内被水冲掉的润滑脂量来衡量该润滑脂试样的抗水淋能力。

7.1.2.6.2　影响因素及相关措施

影响润滑脂抗水性测定的因素主要有：不同操作者操作方法的差异、环境条件、试验仪器的稳定性、试验方法的重复性和再现性等。

为减少各种因素带来的误差，应取报告两次试验结果的平均值作为润滑脂在试验温度下水淋损失的质量分数，修约到整数，并注明球轴承、防护板和润滑干燥时的温度。同一操作者用同一台仪器对同一样品所得的两次重复试验结果之差以及在不同实验室不同操作者对同一样品所得的两个单个的和独立的试验结果之差都不应超过规定的值，否则应该重新测定。

7.1.2.7　氧化安定性

氧化安定性是指润滑脂在长期储存或长期高温下使用时抵抗热和氧的作用，保持其性质不发生永久性变化的能力。

润滑脂氧化后，外观、理化指标和结构都发生不同程度的改变。表现为：游离酸增加，滴点下降，颜色变深，锥入度、极限剪应力和相似黏度降低，生成腐蚀性产物和破坏润滑脂结构的产物，产生油脂分离等。因此，润滑脂长期储存时应存放在干燥通风的环境中，防止阳光曝晒，并应定期检查游离碱或游离有机酸、腐蚀性等项目的变化，以保证其质量和使用性能。润滑脂在保管和使用过程中因受热和与空气接触，再加上贮存容器或摩擦部位金属的催化作用，会引起润滑脂发生氧化变质，其结果主要表现在：游离碱含量降低或游离有机酸含量增大；滴点下降；外观颜色变深；出现异臭味；稠度强度极限和相似黏度下降；生成腐蚀性产物，对金属有腐蚀现象；生成破坏润滑脂结构的物质，造成皂油分离等。

润滑脂的氧化安定性与它的组成有关，根据稠化剂组分和润滑油性质的不同，各类润滑脂的氧化安定性有显著的区别。润滑脂氧化安定性最常用的测定方法是氧弹法（SH/T 0325—1992）。

7.1.2.7.1　检测设备及检测方法

检测仪器包括氧弹、试样皿、皿架、压力表、油浴、温度计等。

试验时，将润滑脂试样放入不锈钢氧弹中，充入规定压力（通常约 0.785MPa）的氧气，在规定的温度和时间内（多为 99℃，100h），测定氧气的压力降低数值，以及氧化后试样的酸值或游离碱变化。

氧压降越小，或者润滑脂氧化后酸值或游离碱变化越小，表示氧化安定性越好。其测定装置如图 7-9 所示。

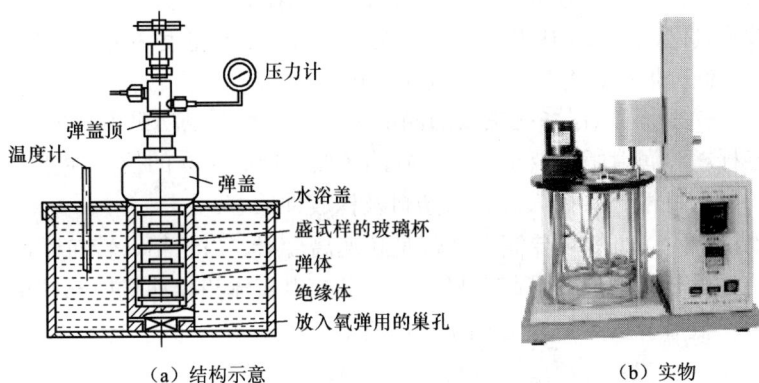

（a）结构示意　　　　　　　　　　（b）实物

图 7-9　润滑脂氧化安定性测定装置

7.1.2.7.2　影响因素及相关措施

影响润滑脂氧化安定性测定的因素主要是温度和试验仪器。

压力表应是适用于氧气和矿油的指示型压力表，刻度间隔为每分度 6.89kPa，最大读数至少为 827kPa，并在 621～827kPa 范围内，精度至少为 3.45kPa。油浴应控制在 99℃±0.5℃，所用的油浴温度变化率应小于 0.5℃。油浴应具有足够的深度，以使氧弹浸没到合适的深度。油浴应具有足够的热容量，在氧弹浸入后 60min 内使油浴获得所要求的温度。油浴应安置在无风或压力表周围的温度没有大的波动的地方。皿架、玻璃试样皿等都应符合规定的尺寸。

7.1.3　汽车中使用汽车润滑脂的相关结构

汽车上使用的润滑脂大部分用于底盘，尤其在轮毂轴承上用量较大。轿车主要润滑部位包括：起动机离合齿条、水泵、发电机、正时带轮、等速万向节、传动轴、轮毂轴承、离合器齿条、转向节、制动蹄片支点、制动拉线、悬挂球头、门窗铰链锁环、车座滑片、主镜、电风扇，刮水器等电机、刮水器齿轮、电触点。

以上这些需要润滑部件具体可以分为八大系统，分别为：座椅系统，转向系统，门窗，刮水器，发动机，电气系统，车身，传动系统。

（1）座椅系统：座椅系统上面，主要需要润滑的部位为座椅的滑动导轨、座椅调角器、头枕调节机构。由于座椅处于汽车的特殊位置和特殊作用，对润滑的要求也比较特殊。座椅系统对润滑脂的要求有以下几点：终身润滑、使用温度范围、与塑料件兼容、降低噪声、减振功能、良好的黏着特性、无特殊气味。

（2）转向系统：转向系统主要润滑的部位是与橡胶、塑料相接触的齿轮、齿条。由于要与橡胶、塑料接触，润滑脂此时既要防止与橡胶、塑胶发生化学反应，同时又要起到优异的润滑效果。

转向系统对润滑脂有以下相应的要求：良好的长效润滑性能、适用于转向齿轮齿条并且对齿条背等部位也具有良好的润滑效果、对不同材质的摩擦零件提供良好润滑效果、与众多橡胶（EPDM，NBR 等）及塑料兼容。

（3）汽车门窗：汽车门窗是和外界环境接触最多的零部件之一，所以对润滑脂的抗氧化性和防水能力有了更高的要求。对门窗的润滑要求如下：与橡胶等零件兼容、防腐保护效果、有效抗氧化、低摩擦因数、不产生爬行跳动、工作温度−40～120℃、在−40℃有低的起动力矩、低分油率、有效防水、易于应用。

（4）刮水器系统：刮水器系统主要的润滑部位为刮水器电动机内部齿轮、烧接轴承、轴孔座套、连杆。对润滑脂的要求为：良好的防腐性能、优秀的抗水性能、良好的低温特性、良好的黏附特性、减振效果、与塑料及橡胶件兼容。

（5）发动机：发动机的主要润滑部位是超速离合器、齿轮箱、转向器，发动机上面需要用到油脂最重要的一部分是起动机，起动机的内箱体和起动机内部的单向器。对润滑脂的要求为：低摩擦因数、良好的极压特性、一些部件需要导电性（用于转换器）、良好的黏附特性。

（6）电气系统：汽车上的电气系统涉及的部件众多，对润滑脂最重要的一个要求是导电性。

（7）车身系统：车身系统对油脂要求不高，由于和外界环境接触比较多，最需要的功能是防水性和抗氧化性。

（8）传动系统：汽车上面的传动装置主要是等速部件和车轮轴承、双质量飞轮、CV万向节等。轮毂轴承润滑脂要求为：良好的润滑性能、温度范围−40～100℃、高效防腐保护、有效的防腐摩擦保护、长寿命润滑。CV 万向节润滑脂要求为：适应较大的温度范围、高效的防磨损保护、良好的防腐蚀性能、良好的防摩擦腐蚀性能、长寿命润滑。

7.2　车用润滑脂的规格标准及技术要求

7.2.1　车用润滑脂的分类

润滑脂品种复杂，牌号繁多，分类工作十分重要。

7.2.1.1 国外车用润滑脂的分类

（1）美国 ASTM 润滑脂分类：ASTM D4950—1989 汽车用润滑脂分类见表 7-4。汽车轮辋润滑脂分为 GA，GB，GC 共 3 类。汽车底盘润滑脂分为 LA、LB、GC–LB 共 3 类润滑脂。只有 GC–LB 润滑脂符合所有汽车润滑脂的技术要求，可以使用在汽车上要求使用润滑脂的任何部位，所以可以作为汽车通用润滑脂使用。

（2）日本 JIS K2220 润滑脂分类：在日本 JIS K2220 润滑脂分类标准中，包括 7 个类型 23 种润滑脂。这 23 种润滑脂又按稠度等级分成 40 个技术质量等级。JIS K2220 润滑脂分类见表 7-5。

表 7-4　ASTM D4950－1989 汽车用润滑脂分类

种类	牌号	性能	使用温度范围（℃）	稠度级号	可能行驶距离（km）
底盘脂	LA	轻—中负荷，用于轿车、卡车底盘组件及连轴节等经常润滑的部位		2	轿车>3200
	LB	中—重负荷，用于轿车、卡车底盘组件及连轴节等部位，操作条件为：不经常润滑、重负荷、严重颤动、与水或污染物接触	−40～120	2	轿车>3200
轮毂脂	GA	轻负荷，用于卡车、轿车的车轮轴承	−20～70		
	GB	中负荷，用于在城里、高速或非高速公路行驶的卡车、轿车或其他轮式运输工具的车轮轴承	−40～120（有时到160）	2（1、3也可）	高速公路用
	GC	重负荷，用于在城里公共汽车、拖车、载重车的频繁开停、安装盘式制动装置的车轮轴承	−40～160（有时到200）	2（1、3也可）	开、停频繁用

表 7-5　JIS K2220 润滑脂分类

按用途分类	种别	锥入度级号	使用温度范围（℃）	负荷 低	负荷 高	负荷 冲击	与水接触	使用范围
一般润滑脂	1 种	1、2、3、4	−10～60	是	否	否	是	低负荷，要求抗水性、防腐防锈性
	2 种	2、3	−10～100	是	否	否	是	低负荷，要求耐热性、防腐防锈性
轴承润滑脂	1 种	1、2、3	−20～100	是	否	否	是	通用脂，要求机械安定性、抗水性、防腐防锈性
	2 种	0、1、2	−40～100	是	否	否	是	要求耐低温、抗水性、机械安定性、防腐性
	3 种	1、2、3	−30～100	是	否	否	是	宽温度范围，要求耐低温、耐热、抗水性、机械安定性、防腐防锈性
汽车底盘脂	1 种	00、0、1、2	−10～60	是	否	否	是	要求极压性、泵送性、防腐防锈性
汽车轮轴承脂	1 种	2、3	−20～120	是	是	是	是	要求耐热性、抗水性、机械安定性、低漏失量、防腐防锈性

（续）

种类			使用温度范围（℃）	使用条件				使用范围
按用途分类	种别	锥入度级号		负荷			与水接触	
				低	高	冲击		
适宜集中供脂系统用润滑脂	1种	00、0、1	−10～60	是	否	否	是	中负荷，要求泵送性、防腐防锈性
	2种	0、1、2	−10～100	是	否	否	是	中负荷，要求泵送性、耐热性、机械安定性、防腐防锈性
适宜集中供脂系统用润滑脂	3种	0、1、2	−10～60	是	是	是	是	重负荷，要求泵送性、耐热性、机械安定性、防腐防锈性、高极压性
	4种	0、1、2	−10～100	是	是	是	是	重负荷，要求泵送性、耐热性、机械安定性、防腐防锈性、高极压性
极压润滑脂	1种	0、1、2、3	−10～100	是	是	是	是	冲击重负荷，含 MoS_2，要求高极压性、机械安定性、耐热性、防腐防锈性
齿轮润滑脂	1种	1、2、3	−10～100	是	是	是	是	开式齿软和钢丝绳润滑

7.2.1.2　我国车用润滑脂的分类

润滑脂品种复杂，牌号繁多，可按组成和用途来进行分类，如图 7-10 所示。

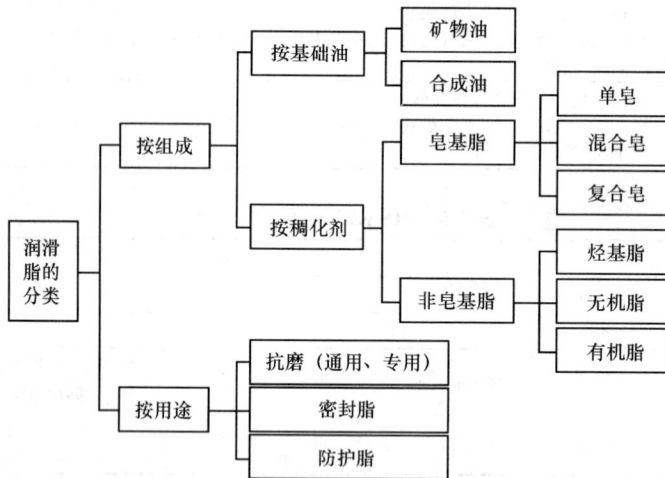

图 7-10　我国润滑脂的分类

原先采用的按稠化剂进行分类的 GB 501—1965 已不能适应润滑脂发展及使用的要求，于 1988 年 4 月 1 日宣布废止。GB 7631.8—1990 规定了按使用要求对润滑脂进行分类的体系，这个分类体系等效地采用了 ISO 的分类方法，已代替了 GB 501—1965。但目前生产销售与使用的润滑脂尚未完全纳入新的分类体系之中。因而，为了说明新旧分类体系的具体不同，有必要对新旧分类体系进行比较对照。

（1）旧分类 GB 501—1965 是按稠化剂组成分类的，即分为皂基脂、烃基脂、无机脂与有机脂 4 类。

旧分类中润滑脂的命名按下列顺序进行：

牌号—尾注—组别名称或级别名称—类别

例：1 号　合成　钙基　润滑脂（代号为 ZG–1H）

其中：1 号——牌号（锥入度系列号）　　合成——尾注（合成脂肪酸）

钙基——组别（稠化剂）　　润滑脂——类别（润滑脂）

润滑脂的代号按以下排列顺序表示：

类号——组号——级号——牌号——尾注号

例：ZJ–4S（4 号石墨烃基润滑脂）

其中：Z——类号（固定代号）　　J——组号（稠化剂为烃基）

4——牌号（锥入度级号）　　S——尾注号（含有石墨填充料）

润滑脂按稠化剂组成分类，局限性较大，使用同一种稠化剂可以生产出许多种具有不同性能的润滑脂，即使是不同类型的稠化剂生产的润滑脂，其性能也往往难以准确区分。所以，以稠化剂分类使用者会混淆不清，不依据使用经验及查找对应标准就难以选用。从分组、命名和代号中看不出润滑脂的使用条件，必须再查找这个代号的润滑脂标准。因此，给使用者正确选用带来困难，容易发生错用，造成润滑系统的事故。

（2）新分类 GB 7631.8—1990。

① 适用范围：此分类标准适用于润滑各种设备、机械部件、车辆等所有种类的润滑脂，不适用于特殊用途的润滑脂。即只对起润滑作用的润滑脂适用，对起密封、防护等作用的专用脂均不适用。这个分类标准是按操作条件进行分类的。在这个标准的分类体系中，一种润滑脂对应一个代号，这个代号与该润滑脂在应用中最严格的操作条件（温度、水污染和负荷条件等）相对应。实际上，GB 7631.8—1990 仅仅是提供润滑脂按操作条件分组的一个代号，而这个代号是由 5 个大写英文字母组成的。

② 所用代号说明：润滑脂属于 L 类（润滑剂和有关产品）的 X 组（润滑脂）。每一种润滑脂用一组（5 个）大写英文字母组成的代号来表示，每个字母都有其特定含义。字母 1：X 系指润滑脂的组别代号，X 组的分类见表 7-6；字母 2：最低操作温度；字母 3：最高操作温度；字母 4：在水污染的操作条件下，其抗水性和防锈性水平；字母 5：在高负荷或低负荷场合下的润滑性能。

③ 举例说明：通用锂基润滑脂：润滑脂固定代表字母 1 为 X；最低操作温度：–20℃，字母 2 为 B；最高操作温度 120℃，字母 3 为 C；水污染：水淋流失量不大于 10%，说明能经受水洗，防腐性为 1 级，即在淡水条件下能防锈，字母 4 为 H；负荷条件：低负荷，即不具有极压性，字母 5 为 A；稠度等级：1 号、2 号、3 号。故通用锂基润滑脂的分类代号为 L–XBCHA1，2，3。

（3）两种分类标准的对比。GB 501—1965 由于使用时间很长，加之目前润滑脂的生产销售尚未完全纳入新体系之中。为了能更加清楚地说明问题及加深对新标准体系的认识，在此作简单对比。

① 分类原则：GB 501—1965 是按稠化剂来分类的，并用皂基脂的拼音字母头一个字母作为符号分组。GB 7631.S—1990 是按润滑脂应用时的操作条件进行分类的。

表 7-6　X 组的分类（GB/T 7631.8—1990）

代号字母（字母1）	总的用途	使用要求								标记	备注
		操作温度范围				水污染	负荷 EP	字母 5	稠度		
		最低温度（℃）	字母 2	最高温度（℃）	字母 3	字母 4					
X	用润滑脂的场合	0 −20 −30 −40 <−40	A B C D E	60 90 120 140 160 180 >180	A B C D E F G	在水污染条件下，润滑脂的润滑性、抗水性、防锈性 A B C D E F G H I	在高或低负荷下，表示润滑脂的润滑性和极压性。A 表示非极压型脂；B 表示极压型脂	A B	可选用如下稠度号： 000 00 1 2 3 4 5 6	一中润滑脂的标记是由代号字母 X 与其他 4 个字母及稠度等级号联系在一起来标记的	含在这个分类体系范围里的所有润滑脂彼此相容是不可能的。而由于缺乏相容性，可能导致润滑性能水平的剧烈降低。因此，在不同的润滑脂相接触之前，应和产销部门协商

② 命名与代号：GB 501—1965 的命名与代号的规定很详细，从命名可以知道润滑脂稠化剂的类型，但专用润滑脂类有时看不出稠化剂类型。代号中也可以反映出稠化剂类型和牌号。GB 7631.8—1990 只反映了润滑脂的代号。它是用 5 个英文字母组成，从代号中看不出稠化剂类型，但能反映出稠度牌号。

③ 适用范围：GB 501—1965 可以适用于所有润滑脂，不管是润滑，还是密封、防护等用途。一个润滑脂按此命名、编号、分类，原则上就可以给出一个分组、命名和代号。因此，用 GB 501—1965 分组、命名和代号的润滑脂越多，用户越难选用。GB 7631.8—1990 只适用于以润滑为主的润滑脂，其他用途的润滑脂不适用于此标准。

④ 选用效果：GB 501—1965 命名的润滑脂品种繁多，有一个润滑脂就有一个命名，使用者从命名、代号中看不出使用条件，如果仅知道使用条件来选用润滑脂就很困难，必须看润滑脂的标准和根据经验才能确定。GB 7631.8—1990 是以润滑脂使用的操作条件进行分类的，只要记住分类表，根据分类就可以选用润滑脂。同时，使用者可以根据实际需要进行选择，因为符合该使用条件的润滑脂有多个，不同稠化剂制成的润滑脂只要符合这个操作条件都归入该分类，供使用者充分选择。

⑤ 简化品种命名：GB 501—1965 不能简化品种命名，而且只会越来越多。GB 7631.8—1990 能简化品种命名，润滑脂按使用条件分类，可以将属于此类的品种归纳到一个分类号里。

7.2.2 车用润滑脂的标准

7.2.2.1 国外车用润滑脂的标准

1989 年由 SAE，ASTM 和 NLGI 三方联合，统一了汽车润滑脂分类，制定了《ASTM D4950 汽车用润滑脂的标准分类和规范》。适用于轻载车—轿车和轻载货车的底盘和车轮轴承周期性再润滑使用的润滑脂，对于高速重型车辆（货车和客车）不适用。国外多为满足 GC、LB 标准的综合性能优良的复合锂基脂和聚脲基脂。

7.2.2.2 我国车用润滑脂的标准

国内汽车润滑脂主要有钙基润滑脂、石墨钙基润滑脂、复合钙基润滑脂、钠基润滑脂、钙钠基润滑脂、通用锂基润滑脂、汽车通用锂基润滑脂、合成锂基润滑脂、二硫化钼极压锂基润滑脂等。其中，通用汽车锂基润滑脂可以满足轿车和轻载货车的使用，寿命达到 3×10^4km。极压复合锂型轮毂轴承润滑脂使用寿命约 10×10^4km，使用寿命比通用锂基润滑脂高 3～4 倍。现行标准有 GB 7323、GB 7324、GB 491，比较落后，与国际先进水平 ASTM D4950 比较有很大差距。

7.2.3 车用润滑脂的技术要求

详见 GB/T 491—2008《钙基润滑脂》（表 7-7）、GB/T 5671—1995《汽车通用锂基润滑脂》（表 7-8）、SH/T 0369—1992《石墨钙基润滑脂》（表 7-9）、GB/T 7324—2010《通用锂基润滑脂》（表 7-10）、SH 0039—1990《工业凡士林》（表 7-11）。

表 7-7　钙基润滑脂技术要求和试验方法

项 目	质量指标				试验方法
	1 号	2 号	3 号	4 号	
外 观	淡黄色至暗褐色均匀油膏				目 测
工作锥入度（0.1mm）	310～340	265～295	220～250	175～205	GB/T 269
滴点（℃）	≥80	≥85	≥90	≥95	GB/T 4929
腐蚀（T_2 铜片，室温，24h）	铜片上没有绿色或黑色变化				GB/T 7326 乙法
水分（质量分数）（%）	≤1.5	≤2.0	≤2.5	≤3.0	GB/T 512
灰度（质量分数）（%）	≤3.0	≤3.5	≤4.0	≤4.5	SH/T 0327
钢网分油（60℃，24h）（质量分数）（%）	—	≤12	≤8	≤6	SH/T 0324
延长工作锥入度（10000 次）与工作锥入度差值（1/10mm）		≤30	≤35	≤40	GB/T 269
水淋流失量（38℃，1h）（质量分数）（%）	—	≤10	≤10	≤10	SH/T 0109*

注：*水淋后，轴承烘干条件为 77℃，16h。

表 7-8　汽车通用锂基润滑脂的技术要求

项 目	质量指标	试验方法
工作锥入度（0.1mm）	265～295	GB/T 269
滴点（℃）	≥180	GB/T 4929
钢网分油（100℃，30h）（%）	≤5	SH/T 0324
相似黏度（−20℃，$10s^{-1}$）（Pa·s）	≤1500	SH/T 0048
游离碱，NaOH（质量分数）（%）	≤0.15	SH/T 0329
腐蚀（T_2 铜片，100℃，24h）	铜片无绿色或黑色变化	GB/T 7326 乙法
蒸发量（99℃，22h）（%）	≤2.0	GB/T 7325
漏失量（104℃，6h）（%）	≤5.0	SH/T 0326
水淋流失量（38℃，1h）（质量分数）（%）	≤10	SH/T 0109
延长工作锥入度（100000 次），变化率（%）	≤20	GB/T 269
氧化安定性（99℃，100h，0.770MPa），压力降（MPa）	≤0.070	SH/T 0325
防腐蚀性（52℃，48h）	≤1	GB/T 5018
杂质（个/cm^3）		
10μm 以上	≤5000	
25μm 以上	≤3000	SH/T 0336
75μm 以上	≤500	
125μm 以上	≤0	

表 7-9　石墨钙基润滑脂的技术要求

项　目	质量指标	试验方法
外　观	褐色均匀滑膏	目　测
滴点（℃）	≥80	GB/T 249
腐蚀（钢片，100℃，3h）	合格	GB/T 7326
安定性	合格	
水分（%）	≤2	GB/T 512

表 7-10　通用锂基润滑脂的技术要求

项　目	质量指标			试验方法
	1 号	2 号	3 号	
外　观	浅黄至褐色光滑油膏			目　测
工作锥入度/0.1mm	310～340	265～295	220～250	GB/T 269
滴点（℃）	≥170	≥175	≥180	GB/T 4929
腐蚀（T_2铜片，100℃，24h）	铜片无绿色或黑色变化			GB/T 7326 乙法
钢网分油（100℃，24h）（质量分数）（%）	≤10		≤5	SH/T 0324
蒸发量（99℃，22h）（质量分数）（%）	≤2.0			GB/T 7325
杂质（显微镜法）（个/cm^3）				SH/T 0336
10μm 以上	≤2000			
25μm 以上	≤1000			
75μm 以上	≤200			
125μm 以上	≤0			
氧化安定性（99℃，100h，0.770MPa），压力降（MPa）	≤0.070			SH/T 0325
相似黏度（−20℃，10s^{-1}）（Pa·s）	≤800	≤1000	≤1300	SH/T 0048
延长工作锥入度（100000 次）（0.1mm）（%）	≤380	≤350	≤320	GB/T 269
水淋流失量（38℃，1h）（质量分数）（%）	≤10		≤8	SH/T 0109
防腐蚀性（52℃，48h）	合格			GB/T 5018

表 7-11　工业凡士林的技术要求

项　目	质量指标	试验方法
外　观	淡褐色至深褐色均质无块软膏	目　测
滴点（℃）	≥54	GB/T 4929
酸值（mgKOH/g）	≤0.1	GB/T 264
灰分（%）	≤0.07	SH/T 0327
腐蚀（钢片，100℃，3h）	合格	SH/T 0331
水溶性酸或碱	中性	GB/T 259

（续）

项　目	质　量　指　标	试　验　方　法
机械杂质（%）	≤0.03	GB/T 511
水　分	无	GB/T 512
低温性能（-30℃，30min）	合格	SH/T 0387
闪点（开口）（℃）	≥190	GB/T 267
运动黏度（100℃）（mm²/s）	实测	GB/T 265

7.3　车用润滑脂的选择及使用

7.3.1　车用润滑脂的选择

7.3.1.1　选择润滑脂应考虑的因素

选择润滑脂时，主要应考虑摩擦副的工况（负荷、速度、温度）、工作状态（连续运转、断续运转、有无振动和冲击等）和工作环境（湿度、气温、空气污染程度等）。

（1）润滑脂的使用温度应至少低于其滴点 20～30℃：在使用温度高时，应选择抗氧化性能好、蒸发损失小和滴点高的脂；在使用温度低时，应选择低起动矩、相似黏度小的脂，如以合成油为基础油的脂。

（2）所选的润滑脂应与被润滑摩擦副的使用速度相适应：在高转速时，要选用低黏度基础油制成的锥入度较大的润滑脂；对于低速用的脂，应选择以高黏度基础油制成的高锥入度牌号的润滑脂。

（3）所选润滑脂应与负荷大小相适应：重负荷时，应选择基础油黏度高、稠化剂含量高的润滑脂。负荷特别大时，应注意选择加有极压添加剂或填料（二硫化钼、石墨）的润滑脂；中低负荷时，一般选用 2 号稠度皂纤维结构短、中等黏度基础油的润滑脂。

（4）所选润滑脂应与所使用的环境条件相适应：在空气潮湿或与水接触的环境下，应选用如钙基、锂基、复合锂基等抗水性好的脂；尘埃多时，应选择较稠硬（即牌号高一些）的脂，这样密封性较好，可防止杂质混入摩擦副中。在强化学介质环境下，应选用如氟碳润滑脂这样的抗化学介质的合成油润滑脂。

（5）所选润滑脂应与摩擦副的供脂方式相适应：属集中供脂时，应选择 00～1 号润滑脂；对于定期用脂枪、脂杯等加注脂的部位，应选择 1～3 号润滑脂；对于长期使用而不换脂的部位，应选用 2 号或 3 号润滑脂。

（6）所选润滑脂应与摩擦副的工作状态相适应：例如，在振动较大时，应用黏度高、黏附性和减振性好的脂，如高黏度环烷基或混合基润滑油稠化的复合皂基润滑脂。

（7）所选润滑脂应与其使用目的相适应：对于润滑用的脂须按摩擦副的类型、工况、工作状态、环境条件和供脂方式等的不同而作具体选择；对于保护用的脂，应能有效地保护金属免受腐蚀，如保护与海水接触的机件，应选择黏附能力强、抗水能力强的铝基润滑脂；一般保护用脂可选用固体烃稠化高黏度基础油制成的脂。对于密封用脂，应注意其抵抗被密封介质溶剂的性能。

（8）所选润滑脂应尽量保证减少脂的品种，提高经济效益：在满足要求的情况下，尽量选用锂基脂、复合皂基脂、聚脲脂等多效通用的润滑脂。这样，既减少了脂的品种，简化了脂的管理，又因多效脂使用寿命长而可降低用脂成本，减少维修费用。

7.3.1.2　汽车用润滑脂的选择

目前，在车辆上使用的润滑脂大都为皂基润滑脂，如钙基脂、锂基脂、铝基脂及复合锂基脂等。而综合润滑脂的性能要求包括抗水性、极压抗磨性、机械安定性、氧化安定性等，锂基脂和复合锂基脂的优点是比较明显的。

对整车用脂润滑部位的润滑应考虑：①温度范围宽，冬季室外存放温度可低达−40℃，最高工作温度一般在100℃以上；②用润滑脂部位易溅入泥水或受潮湿；③汽车维护周期延长，期望使用长寿命润滑脂；④汽车用脂润滑部位达60多处，要求减少润滑脂品种，扩大通用性。

首先，选用润滑脂时要确定该部件的工作环境及温度。如一些高转速的轴承，及其他一些在高温环境下工作的机械，就要选择高滴点的质量较好的润滑脂。一般锂基润滑脂可耐120℃左右的使用温度，短时间可耐180℃的高温；而合成脂可耐更高温度（滴点在300℃以上）。一般车辆的轮毂轴承的润滑选用2号、3号锂基脂及复合锂基脂即可。

另外，选择润滑脂时还要考虑机械的负载和对极压性能方面的要求。如一些大型载重卡车、严重超载的车辆的轮毂轴承应选用极压性、机械安定性等较好的润滑脂，如选用3号极压复合锂基脂或合成润滑脂。

汽车上使用的润滑脂大部分用于底盘，尤其在轮毂轴承上用量较大，其他部位使用润滑脂的量较少。一般地说，轮毂转速为300～500r/min，轮毂轴承工作温度为70～80℃。但轮毂轴承温度受道路条件影响很大，在山区行驶的汽车，由于制动强度和制动次数增加，轴承最高温度可达130℃。同时，汽车在不平路面上行驶时轮毂轴承的负荷比在沥青路面上高3～4倍。

钙基润滑脂是由动物脂肪与石灰制成的钙皂稠化矿物润滑油，并以水作为胶溶剂而制成。按锥入度分为1、2、3、4共4个牌号。使用温度范围为−10～60℃。它是目前我国汽车用量最大的一种低档润滑脂。它虽然具有良好的抗水性，遇水不易变质，但是它含有起稳定作用的结构——水，限制了它的使用温度，当使用温度超过60℃时，易引起流失，造成磨损。它主要用于汽车轮毂轴承、拉杆球节、水泵轴承、分电器轴等。钙基润滑脂是趋于淘汰的品种。

钠基润滑脂是以动物脂肪酸钠与皂稠化矿物润滑油制得的耐高温但不耐水的普通润滑脂。有2号和4号两种稠度牌号。由于钠皂熔点很高，脂的滴点可达160℃；耐热性好，可在120℃条件下长时间工作，并有较好的承压抗磨性，可适应大的负荷；但钠皂遇水容易乳化变质，不适用于潮湿和与水接触的部件使用。

　　钙钠基润滑脂是一种钙钠混合皂基润滑脂，有1号和2号两个稠度牌号。最高使用温度分别为80℃和120℃，其耐热性和耐水性介于钙基和钠基润滑脂之间，但不适合于低温下使用。

　　复合钙钠基润滑脂是以钙钠复合的脂肪酸钙皂稠化矿物油制成的润滑脂。它有1号、2号、3号、4号4个稠度牌号，滴点达180～240℃，具有较好的机械安定性和胶体安定性，适用于较高温度及潮湿条件下使用。它适用于汽车轮毂轴承和水泵轴承润滑，有的地区把3%的二硫化钼加到复合钙钠基润滑脂里，使之更适合在南方炎热、潮湿地区使用。

　　复合锂基润滑脂是由脂肪酸锂皂稠化润滑油制成。它具有良好的机械安定性、胶体安定性、抗水性、防锈剂、氧化安全性和高低温性能。它适合–20～120℃温度范围内润滑，是一种长寿命通用润滑脂。

　　通用锂基润滑脂是用天然脂肪酸锂皂稠化低凝点润滑油，并加抗氧化、防锈蚀剂制成。它具有良好的机械安定性、胶体安定性、抗水性、防锈剂、氧化安全性和高低温性能。它对于汽车轮毂轴承、底盘等润滑点通用，除了–30℃以下的严寒区外，可在我国的平原和山区通用。特别是山区，行车条件苛刻，轮毂轴承温度经常处在100℃以上，最热瞬间可达150℃的情况下，钙基润滑脂和无水钙基润滑脂均满足不了这种高温要求。通用润滑脂，不仅能满足山区高温使用要求，而且锂基润滑脂润滑期比复合钙基润滑脂要长。它贮存时易分油，少量分油时，在常温下搅拌均匀后仍可使用。

　　极压锂基润滑脂具有较高的极压抗磨性，可适用–20～120℃温度范围内润滑高负荷轴承。它有0号、1号和2号3个稠度牌号。

　　石墨钙基润滑脂由动植物油钙皂稠化68号机械油，其中加有10%的鳞片石墨，具有良好的抗水性和抗碾压性能，适合于重负荷、低转速和粗糙的机械润滑。它适用于汽车钢板弹簧、半挂车的转盘等承压部位的润滑。

　　随着汽车工业的发展，对润滑脂的要求越来越苛刻。国外采用的楔形制动器和盘式制动器，要求润滑脂在149℃使用温度下润滑周期长达3年，甚至要求耐204℃的高温，陆续开发了优质锂基润滑脂、复合铝—膨润土混合基润滑脂、复合锂基润滑脂和聚脲基润滑脂等。

　　汽车润滑脂的选择见表7-12。

表7-12　汽车润滑脂的选择

润滑脂	应用部位
汽车通用锂基润滑脂（GB/T 5671—1995）或2号通用锂基润滑脂（GB/T 7324—2010）	轮毂轴承、水泵轴承、起动机轴承、发电机轴承、离合器分离轴承和底盘用脂润滑部位
石墨钙基润滑脂（SH/T 0369—1992）	钢板弹簧
工业凡士林（SH/T 0039—1990）	蓄电池接线柱

7.3.2　车用润滑脂的使用

　　润滑脂在实际使用中应注意以下事项：

（1）工作温度：被润滑部位的最低工作温度应高于润滑脂的低温界限，否则会加大阻力；最高温度应低于高温界限，否则会因润滑脂流失而失去润滑能力。

（2）水污染：包括环境条件和锈蚀性，根据使用要求，综合考虑来确定润滑脂的等级。

（3）负荷：根据单位面积所受压力的大小确定，选用非极压型或极压型润滑脂。

（4）合理润滑：例如，对轮毂轴承润滑应只填满轴承，空腔涂一层润滑脂防锈即可；夏季山区行车时，选用耐温性好的钙钠基润滑脂或锂基润滑脂。

合理选用润滑脂的品种、稠度牌号。根据汽车用脂润滑部位的要求，使用合适的润滑脂。一般汽车使用说明书上均有规定，按规定的润滑脂种类、牌号使用，要防止用错。合理润滑可充分发挥机械效率，减轻磨损，延长机械寿命，减低润滑脂消耗，提高汽车运输效率。在保证润滑的条件下，选用低号牌的润滑脂。在我国 2 号或 3 号钙基润滑脂都能保证润滑，目前采用较多的是 3 号钙基润滑脂。而事实证明，2 号并不比 3 号钙基润滑脂差。

尽量选用寿命长的多效锂基润滑脂。实践证明，用多效锂基脂取代钙基脂，汽车轮毂轴承的维护周期将从 6000km 延长至 12 000km 以上，润滑脂的消耗量可节省 50%以上。冬季应选用低温润滑脂，在−30～120℃的范围内使用锂基润滑脂。在冬季严寒地区应选用酰胺润滑脂和无水钙基润滑脂。

注意防止不同种类、牌号和新旧润滑脂的混合，避免装脂容器、工具和在润滑部位上随意混用；严防机械杂质混入脂中；脂的加注量不要过多；注意节约，防止浪费。

7.3.3　车用润滑脂选择和使用失误对车辆造成的危害及处理

汽车润滑脂选择和使用过程中常见的失误及处理办法有：

（1）安装汽缸垫时涂润滑脂：众所周知，汽缸垫是汽车发动机缸体与缸盖之间重要的密封部件，它不但要求严格密封汽缸内所产生的高温高压气体，而且必须密封贯穿汽缸盖和缸体内的具有一定压力和流速的冷却水和机油，因而要求在拆装汽缸垫时，要特别注意其密封质量。

如果在汽缸垫上涂润滑脂，当汽缸盖螺栓拧紧时，一部分润滑脂会被挤压到汽缸水道和油道中，留在缸垫间的润滑脂在汽缸工作时，由于受高温影响，一部分会流入汽缸燃烧，另一部分则会烧成积炭存于缸体与缸盖的结合面上，在高压高温作用下，极易将汽缸垫击穿或烧穿，造成发动机漏气。因此安装汽缸垫时切勿涂抹润滑脂。

（2）轮毂轴承润滑脂越多越好：轮毂腔中装满润滑脂会使大部分的润滑脂甩到轮毂空腔里，不但不能补充到轴承里去，反而会流到制动鼓中的制动蹄片上，使制动失灵，同时因滚动阻力增大，会使轮毂产生过热，并且造成不必要的浪费。因此，只要在轮毂空腔内涂一层薄薄的润滑脂即可。既保证了关键部位的润滑，又易于轮毂的散热降温，同时又可以节约大量的润滑脂。

（3）新旧润滑脂混合使用：新润滑脂与旧润滑脂即使是同一类型的也不能混合使用。因为，旧润滑脂内含有大量的有机酸和杂质，若与新润滑脂混合将加速其氧化变质。所以在换润滑脂时，一定要将零部件上的旧润滑脂清洗干净后，才可重新加入新的润滑脂。

（4）保养钢板弹簧时加注润滑脂：有些人在保养、装合钢板弹簧时，为防止各钢片磨损，在组装时加注润滑脂。其实，这是不符合技术要求的做法。由于润滑脂很容易从钢板间被挤出来，同时易黏附灰尘，将使钢板弹簧很快地锈蚀和分解，降低寿命40%以上。

保养或组合钢板弹簧时，应涂石墨钙基滑脂，石墨钙基滑脂是在钙基滑脂中加入10%的鳞片石墨制成的。石墨本身是一种很好的润滑剂，其耐压性好，在汽车行驶中，尤其行驶在高低不平的道路上，各钢板有强烈的震动和摩擦，由于石墨钙基滑脂耐压性好，不易从钢板间被挤压出来，可长期起润滑和保护作用，延长钢板弹簧的寿命。

（5）浸煮润滑脂离合器分离轴承：国产汽车离合器大多数采用封闭式侧压滚珠分离轴承，所选用的润滑脂大多数为钙基润滑脂和钙钠基润滑脂。大多数维修人员在对分离轴承实施润滑时，采用把润滑油和润滑脂各50%加热熔化后将分离轴承放入油中浸煮，使其灌满后再进行冷却的办法。这种做法虽然完成了加注任务，但效果不佳，因为加热会使钙基润滑脂的组织结构破坏，使润滑脂的润滑性能下降，导致分离轴承过早地磨损，缩短其使用寿命。正确的方法是利用加注器进行加注。

复习思考题

1. 汽车润滑脂由哪几部分组成？
2. 汽车润滑脂使用性能有哪些？简述各性能的含义及检测方法。
3. 我国润滑脂的分类有哪些？润滑脂是怎样命名的？
4. 如何合理选择润滑脂？

补充阅读材料

汽车润滑脂相关研究最新进展

1. 汽车润滑脂改良的途径

合适的润滑脂能够延长机器运行时间，提高设备使用寿命。日趋完善的环境法规和全球竞争等因素正驱动着润滑脂技术不断发展。润滑脂最终能否满足特定的性能要求，需要应用合适的检测程序进行测试，目前有从铜腐到低温转矩等超过35种测试手段用于验证润滑脂的性能。

技术性能要求较低的日用润滑脂具有典型的配方，通常是大批量生产，价格具有一定的竞争性。此类产品配方通常基于锂、钙和钠的皂盐，但也有一些是极压润滑脂和锂络合物润滑脂。技术性能要求相对严格的高性能润滑脂通常基于更加复杂的皂盐，使用高精制或合成基础油和添加剂配方，能够达到很好的平衡，且性能能够满足更高要求。此外，还有一些专业的润滑脂，使用价格更昂贵的添加剂和固体润滑剂，能够实现按照工程定制满足特殊应用要求的苛刻技术性能规格。

而对于高质量的锂基脂，最新分散技术是使用微米尺寸的油基一水氢氧化锂。因为其类似液体，而不是粉尘，与传统的一水氢氧化锂固体或水浆相比，具有更大的比表面积和更大的活性。这种新的分散技术起效更加快速，在峰值温度保持更短时间，并且后续无须分离水，因此可以从根本上减少泡沫，缩短脱水阶段，是当前润滑脂的一个发展方向。

2. 汽车润滑脂的研究进展

目前，汽车底盘和轮毂润滑脂多使用复合锂基润滑脂和脲基润滑脂。为了满足车用润滑脂的发展需要，美国材料与试验协会（ASTM）、美国润滑脂协会（NLGI）、美国汽车工程师学会（SAE）联合制定的汽车底盘和轮毂轴承润滑脂规范以及NLGI制定的《NLGI GC—LB汽车润滑脂技术标准》具有一定的针对性和权威性，从而保证了符合 NLGI GC—LB 标准的润滑脂是一种能够满足汽车底盘和轮毂使用条件，并具有优良综合性能和使用性能的润滑脂。可以说，符合 NLGI GC—LB 技术标准要求的润滑脂正逐渐成为欧美市场上车用润滑脂的主要产品，代表了今后车用润滑脂的发展方向。

汽车等速万向节润滑脂在车用润滑脂总量中占有一定的比例。随着汽车前后轴安装 CVJ 数量的增加，CVJ 润滑脂用量将不断增加。CVJ 润滑脂要求具有防止滑动面烧结、防止磨损、提高疲劳寿命、降低摩擦等特性。

出于环保的考虑，要求 CVJ 润滑脂不使用有害成分，而且要减少润滑脂的用量。从 CVJ 润滑脂的发展来看，1990 年以前使用的 CVJ 润滑脂为添加铅系添加剂和二硫化钼的锂基润滑脂，1990—2000年，锂基润滑脂约占 CVJ 润滑脂的 60%，为提高耐热性能开发的脲基等速润滑脂约占 40%，而脲基润滑脂同样添加铅系添加剂和二硫化钼；2000 年之后，根据环保的要求，不添加铅的脲基润滑脂已经成为 CVJ 润滑脂的主流。

目前，我国很多柴油发动机的张紧轮轴承仍使用矿物油聚脲基润滑脂或矿物油复合锂基润滑脂，甚至采用更低档的锂基润滑脂。这些润滑脂均无法满足汽车发动机辅助设备轴承的润滑要求。而轿车发动机辅助设备轴承几乎全部采用聚脲稠化剂稠化合成油制成的高档润滑脂，因而具有较好的耐高温、耐高速、低噪声、长寿命等特点。世界上许多润滑脂研发单位均已建立了自己的润滑脂技术体系，以解决汽车发动机辅助设备轴承疲劳剥落等问题，从而延长轴承的工作寿命。

3. 我国汽车润滑脂发展的方向

近年来，汽车正朝着低燃耗、小型和轻量化的方向发展。由于汽车小型轻量化，使许多部件尺寸缩小，结构设计发生了变化，润滑条件也变得更加苛刻，对润滑脂的性能要求也随之发生了变化。延长汽车发动机辅助设备轴承的工作寿命成为该类轴承用润滑脂未来的发展趋势，是未来国内润滑脂的一个重要发展方向。为了减少车用润滑脂品种，需要研发具有优异的耐高温性能和寿命长的汽车多用途通用润滑脂，应用于汽车轮毂轴承、汽车底盘、CVJ 等部位。

（1）高滴点润滑脂前景广阔：润滑脂是很容易被污染的材料，且不能像润滑油那样容易过滤回用，更不容易再生，因此它在储存、运输、分发、使用过程中的每个环节均存在着不同程度的浪费。加上我国大部分润滑脂包装技术落后，多数润滑脂是用几十至二百公斤重的"铁桶"包装。以我国目前润滑脂市场产品来看，使用量最大的还是普通的锂基润滑脂。但随着我国成品油与国际油价接轨，这些年来基础油上涨的速度使人瞠目。在这种形势下，许多生产企业为了在这一行业能生存下去，在本身利润很微薄的情况下，所面对的压力是相当大的，由此在市场上产生了许多非标润滑脂，而由一些非标油生产的锂基润滑脂、钙基润滑脂充塞着我国的润滑脂市场，有的甚至还在产品中掺入玻璃粉，这一现象导致的严重后果是：这种锂基润滑脂质量与国家制定的产品标准相差很大，这些产品在市场上的流通除本身使用寿命大大缩短外，也加快了被润滑机件的损坏，所以高滴点脂将会占有越来越多的市场份额。高滴点脂主要包括复合锂、复合铝、复合钙、磺酸盐、聚脲脂、膨润土等，其中尤其是复合锂、聚尿脂、磺酸盐这 3 类产品附加值较高，将会有非常广阔的市场前景。

（2）向长寿命、低维护的方向发展：润滑脂也在向长寿命、低维护的方向发展。机械工业对轴承长寿命的追求必然要求润滑脂适应其苛刻的条件。目前已经有很多轴承是终身润滑了，就是说在轴承报废前无须添加润滑脂，这样便大大降低了机械设备的维护量。

（3）更高级别的基础油，将被润滑脂行业大量使用：车用润滑油已开始向合成油过渡，未来会有更多、性价比更高的合成油为润滑脂质量提升做好保障。

第 8 章
汽车制动液

[本章提要]

本章主要介绍汽车制动液的组成及使用性能、使用性能的评定指标、规格标准及技术要求、选择及使用。重点内容是汽车制动液的评定指标和选择使用方法。要求学生了解汽车制动液的组成及使用性能，熟悉汽车制动液的规格标准及技术要求，掌握汽车制动液的评定指标和选择使用方法。

汽车的制动装置分为液压式（油压式）、气压式（气动）及机械式 3 种。最常用的，特别是小型高速车主要采用液压式制动系统，即在轿车和轻型汽车上广泛采用液压行车制动系统。汽车制动液（Brake Fluid），又称机动车辆制动液、机动车制动液，俗称刹车油或刹车液，是用于汽车液压制动系统中传递压力，使车轮制动器实现制动作用的一种工作介质。由于制动液在液压制动中肩负着重要作用，故要求其安全可靠、质量高、性能好。其制动工作压力一般为 2MPa，有些重型车、赛车等高达 4～5MPa。随着汽车技术性能的不断提高，对制动液的性能要求也越来越高。

8.1 汽车制动液的组成及使用性能

制动液经历了醇型制动液、矿物油型制动液和合成油型制动液 3 个发展阶段。现代汽车的制动液多为合成型制动液，按照合成原料的不同分为醇醚型和酯型两种。制动液在使用一定的时间后，会出现沸点降低、污染及不同程度的氧化变质。所以应根据气候、环境条件、季节变化和工况等及时检查其质量性能，及时更换。

8.1.1 汽车制动液的组成

制动液分为 3 种类型：醇型、矿油型和合成型。其中醇型与矿油型已经淘汰，目前使用的制动液为合成型。

合成型为人工合成的制动液，是以聚醚、水溶性聚酯和硅油等为主体，加入润滑剂和添加剂组成。其使用性能良好，工作温度可高达 200℃以上。它对橡胶和金属的腐蚀作用均很小，适合于高速、大功率、重负荷和制动频繁的汽车使用，因此成为目前使用最多、最广的一种制动液。

制动液的组成随制动液的类型不同而存在较大的差异，但是基本上是由溶剂、润滑剂（基础聚合物）和添加剂三部分组成。溶剂决定了制动液的初沸点；润滑剂确保制动液至关重要的高温黏度和蒸发量，并且使产品化学稳定性相溶性良好；添加剂是为使制动液长期保持其稳定性，同时可弥补溶剂、润滑剂所欠缺的物理性质所必须添加的成分，如抗氧剂、防锈剂、防腐剂等，要求各种添加剂低温时不能析出，高温时不能快速分解，与润滑剂混溶性要好。

8.1.1.1 汽车制动液的基本成分

合成制动液的基本成分为基础液（润滑剂）和稀释剂（溶剂）。

基础液（润滑剂）是制动液组分中最主要的组成部分。基础液在很大程度上决定着制动液的高低温性能、橡胶相容性能、金属防腐蚀性能。还要求基础液的挥发性小，即使长时间使用后失去稀释剂，也应保证制动器的正常工作。同时，为了使制动总泵和车轮制动分泵内活塞动作平稳圆滑，基础液还应具有良好的润滑性。

稀释剂（溶剂）用来对制动液的低温性能指标进行必要的调整，以保证制动系统工作可靠。同时，稀释剂也用来对橡胶相容性指标进行适当调节，以减少橡胶零部件的溶胀作用。稀释剂主要成分为乙二醇单醚、环氧乙烷、丙烷、无硅共聚物的甲基醚等。

8.1.1.2 汽车制动液中的添加剂

制动液中的添加剂主要用来改善和补充制动液的各项性能指标，以克服制动液基础液和稀释剂在性能方面的不足。可加入制动液中的添加剂品种较多，有抗氧剂、防腐剂、防锈剂、pH 调节剂、黏度指标改进剂、润滑剂、抗泡剂、破乳剂、染料和气味抑制剂等。

8.1.2 汽车制动液的使用性能

汽车制动液的工作温度范围很宽。当气温低时，制动液的黏度会增大，低温流动性差。而现在汽车的车速越来越高，使得汽车制动液的最高温度可达 150℃以上，夏天汽车液压制动系易产生气阻。制动液在遇潮吸水后会使沸点下降。汽车液压制动系统采用的材料种类多，既有金属材料，也有橡胶材料。为保证汽车实现正常的制动效果，汽车制动液必须具有以下使用性能：①优良的高温性能；②优良的低温性能；③优良的金属防腐蚀性能；④较低的水敏感性；⑤优良的橡胶碗适应性能；⑥优良的热安定性、化学稳定性；⑦良好的润滑性能。

8.1.2.1　高温性能

汽车在平坦道路上行驶时，制动液的温度一般在 100～130℃，最高可达 150℃。而行驶于多坡道山间道路的汽车，由于其制动频繁，制动液温度更高。如使用沸点低的制动液，在高温时会由于制动液的蒸发而产生气阻，即使踩下制动踏板也不能使压力上升，引起制动失灵。因此，高温抗气阻性是对制动液使用性能的主要要求之一。为了保证行车安全，要求制动液具有良好的高温抗气阻性，即具有高沸点、低挥发性，夏天不易产生气阻。

制动液的高温性能指标主要包括：100℃运动黏度、平衡回流沸点、湿平衡回流沸点、蒸发性和气阻温度 5 项指标。

8.1.2.1.1　基本概念

（1）100℃运动黏度：液体在 100℃下的运动黏度称为 100℃运动黏度。

目前，国内外各种合成制动液标准对制动液在 100℃时运动黏度指标要求都是相同的，即不小于 $1.5mm^2/s$。制动液标准之所以要规定这一指标，主要是为了保证制动液在使用过程中，当温度升高到一定程度时，仍能保证制动液具有良好的润滑和密封性能。

（2）平衡回流沸点：平衡回流沸点（Equilibrium Reflux Boiling Point, ERBP）是指在冷凝回流系统内与大气平衡条件下制动液试样沸腾的温度。该指标是制动液产品出厂检验时或在加入车辆制动系统使用前没有吸收水分情况下的耐高温性能指标，主要反映组成制动液产品的各种原料组分的沸点高低。平衡回流沸点越高，制动液的高温性能越好。然而并不是平衡回流沸点高的制动液就一定具有良好的高温性能，只有在平衡回流沸点和湿平衡回流沸点都高的情况下，制动液才具有好的高温性能。

（3）湿平衡回流沸点：湿平衡回流沸点（Wet Equilibrium Reflux Boiling Point, WERBP）是指制动液在规定的试验条件下，制动液产品吸收一定水分或加入一定量的水分后测得的平衡回流沸点温度值，简称制动液的湿沸点。湿平衡回流沸点是衡量制动液在加入制动系统后，在使用过程中吸收一定水分的情况下制动液产品的耐高温性能指标。

由于合成制动液的一个显著特点是在储存和使用过程中与空气接触时很容易吸收空气中的水分。因此，与平衡回流沸点指标相比，湿平衡回流沸点指标更能反映制动液在实际使用过程中的耐高温性能状况。

一般情况下，如果制动液的平衡回流沸点高，湿平衡回流沸点也应该较高，但二者之间不是呈线性关系，对于不同的制动液，其平衡回流沸点与湿平衡回流沸点指标相差较大。

（4）蒸发性：制动液的蒸发性指标是控制制动液在一定温度条件下蒸发损失大小的指标。对制动液的润滑性能、使用寿命，以及保证制动液在较高的温度条件下使用时制动系统正常、可靠工作都具有重大意义。

制动液的蒸发性是制动液的一项重要高温性能指标，它是将规定量的制动液在 100℃温度条件下按规定方法经过一定时间（如 168h）恒温后，根据试验前后制动液的质量变化，计算其蒸发损失百分率；同时检查试验后的残液中有无砂粒或磨蚀物，并测定其在-5℃条件下的流动性。

（5）气阻温度：在车辆制动过程中，摩擦产生的热量会使制动液的温度不断升高，当达到能使制动液开始气化的温度时，就会产生一定量的气体。在制动过程中，主泵活塞压缩的除了制动液外，还有一部分可压缩的气体；当制动液产生的气体体积数量增大到一定程度时，即使主泵活塞移动到极限位置，仍不能产生足够大的压力去推动制动装置进行制动，导致制动失灵，这种现象就称为气阻，产生气阻时所测得的制动液温度称为气阻温度（目前国内标准中尚无此指标要求）。

到目前为止，国内外制动液标准仍只有美国军用标准 MIL–B–46176A "全天候硅油型汽车通用制动液"中规定了"气阻温度"和"湿气阻温度"两项指标，而民用制动液标准却没有将气阻温度值作为控制制动液高温性能指标列入标准中。即使如此，制动液在正常使用过程中一定要确保其温度值低于该使用条件下的气阻温度值，否则制动系统就会因发生气阻而导致刹车失灵。

8.1.2.1.2 平衡回流沸点与湿平衡回流沸点检测设备及检测方法

制动液的平衡回流沸点的测定按照 SH/T 0430—1992《刹车液平衡回流沸点测定法》的规定，采用图 8-1 所示的平衡回流沸点测定仪进行。

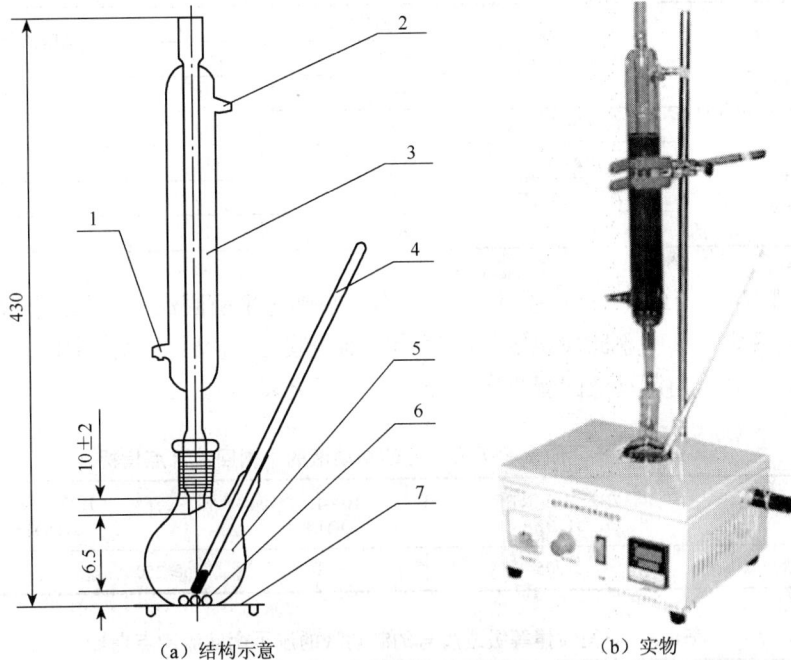

图 8-1 沸点测定仪

（a）结构示意　　（b）实物

1. 进水口 2. 出水口 3. 冷凝管 4. 温度计 5. 短颈烧瓶 6. 沸石 7. 石棉金属网

测定方法：取 60mL 试样放置在 100mL 的烧瓶内与大气压平衡，并在一定回流速度条件下沸腾，通过计算，用校正到标准大气压的温度作为平衡回流沸点。平衡回流沸点按下式计算：

$$T_{ERBP}=T_{平}+\Delta t_{修}+C_c \tag{8-1}$$

式中：T_{ERBP} 为经过温度计和大气压修正后的平衡回流沸点，℃；$T_{平}$ 为连续 4 次沸点读数的平均值，℃；$\Delta t_{修}$ 为温度计检定证书上对应的修正值，℃；C_c 为校正到标准大气压的沸点修正值，℃。

目前制动液的湿平衡回流沸点的测定是按照 GB 12981—2012《机动车辆制动液》的附录 C "制动液湿平衡回流沸点测定法"的规定进行。本方法分为 A 法和 B 法两种。A 法是将 350mL 制动液与 350mL 湿度控制液分别盛入两个相同的腐蚀试验杯，放入同一增湿器中增湿，当控制液的水含量由 0.50%增湿至 3.70%时，按 SH/T 0430 方法的规定测定增湿后制动液试样的平衡回流沸点；B 法是直接在 60mL 待测制动液样品中注入 2.1mL 蒸馏水，混合均匀后，测定其平衡回流沸点。

8.1.2.1.3　限定和提高制动液高温性能的相关措施

为了使制动液的高温性能适应、满足车辆制动系统在各种使用条件下的热负荷要求，国内外有关单位使用不同类型的车辆，对制动液在不同气候和地理环境条件下使用时的温度状况进行试验研究。表 8-1 是制动液在不同气候和地理环境条件下使用时的温度状况对比。

表 8-1　制动液在不同气候和地理环境条件下使用时的温度状况对比

试验路段	下坡时车速	制动液最高温度（℃）		制动盘温度（℃）
		前轮	后轮	
澳大利亚 Grossglockner 地域	慢速	115	60	310
	旅行速度	205	140	590
	快速	225	125	680
意大利 Stelvio 地域	旅行速度	200	120	760
	快速	260	135	900

同时，国际和国内在制动液的使用性能指标中都对平衡回流沸点和湿平衡回流沸点进行了相关规定。其中不同质量等级或牌号的制动液的平衡回流沸点指标见表 8-2。不同质量等级或牌号的制动液的湿平衡回流沸点指标见表 8-3。

表 8-2　不同质量等级或牌号的制动液的平衡回流沸点指标

制动液等级或牌号	JG3、HZY3、V3、BF-3、J1703	HZY4、BF-4、J1704、DOT4	V4	HZY5、BF-5、J1705、DOT5、DOT5.1
平衡回流沸点（℃）	≥205	≥230	≥250	≥260

表 8-3　不同质量等级或牌号的制动液的湿平衡回流沸点指标

制动液等级或牌号	HZY3、V3、BF-3、J1703、DOT3 "4925"	HZY4、BF-4、J1704、DOT4	V4	HZY5、BF-5、J1705、DOT5、DOT5.1
湿平衡回流沸点（℃）	≥140	≥155	≥163	≥180

注：HZY3、HZY4、HZY5：指我国 GB12981-2012《机动车辆制动液》标准中的质量等级。

　　V3、V4：指汽车行业 QC/T670-2000 "汽车合成制动液"标准中的质量等级。

　　DOT3、DOT4、DOT5、DOT5.1：指美国联邦运输安全标准 FMVSS No.116《机动车辆制动液》标准中的质量等级。

　　BF-3、BF-4、BF-5：指日本工业协会 JISK 2233-1995 标准中的质量等级。

　　J1703、J1704、J1705：指美国汽车工程师学会 SAE 中的质量等级。

目前国际国内对提高汽车制动液的高温性能所采取的方法包括：①提高制动液的平

衡回流沸点；②降低制动液的水敏感性；③开发使用不吸水的制动液组。

8.1.2.2 低温性能

在寒冷地区使用，制动液黏度会增大，使其流动性变差，无法准确地传递制动压力。为了保证制动可靠，制动液黏温性要好，–40℃运动黏度要低，低温流动性要好。这样才能保证制动踏板柔和，制动液压油流动流畅，制动迅速有效。

制动液的低温性能主要是指制动液在寒冷地区、极寒冷地区使用时，保证车辆制动系统正常工作，制动灵敏、可靠的能力。这些性能指标主要包括低温（–40℃或–50℃）运动黏度、低温流动性和外观。

8.1.2.2.1 基本概念

（1）低温运动黏度：是指制动液在–40℃或–55℃低温条件下的运动黏度，是汽车制动液的重要性能指标，该指标的大小直接关系到车辆在低温条件下的制动性能。低温黏度越小，制动越灵敏，低温黏度越大，则制动就越迟缓，甚至导致制动失灵。

（2）低温流动性和外观：制动液的低温流动性和外观指标主要用来评定制动液低温稳定性。

8.1.2.2.2 低温流动性和外观检测方法

低温流动性和外观的检测：将制动液放置在规定的–40℃和–50℃低温箱中，保持规定的时间后取出，通过观察透明度变化、是否产生沉淀物、是否分层等来判断其外观变化；通过测量倒置试管时气泡上升到液面的时间来判断其流动性。

8.1.2.2.3 影响因素及相关措施

低温运动黏度影响因素：实际生产过程中影响汽车制动液低温黏度的主要因素有两方面：①制动液的组成；②制动液中的含水量。

改进制动液低温性能的方法有：①改善制动液的组成；②降低制动液中的含水量。

8.1.2.3 抗腐蚀性和防锈性

汽车液压制动系的缸体、活塞、回位弹簧、导管和阀门等主要采用铸铁、铜、铝及其他合金制成，为了确保这些零部件长期正常、可靠工作，一个重要条件是液压制动系统中的金属零部件不发生锈蚀、腐蚀，以防产生制动失灵。另外，当制动液渗进橡胶分子的间隙中时，会从橡胶中溶出一部分组分，这些溶出物对金属的腐蚀作用也要限制。因此制动液必须具有优良的抗腐蚀性和防锈性。

金属腐蚀性是指金属零部件在其周围环境的作用下引起的破坏或变质的程度。一般为金属与周围介质之间发生化学或电化学等多相反应使金属变为氧化（离子）状态而被腐蚀。对汽车制动系统而言，常见的金属腐蚀主要为因化学和电化学腐蚀引起的局部腐蚀现象。

汽车制动液的抗腐蚀性和防锈性通过金属叠片腐蚀检验法和制动液防锈性检验法来评定。

8.1.2.3.1 基本概念

（1）制动液的化学腐蚀是指金属表面的原子与非电解质中的氧化剂直接发生氧化还原反应，形成腐蚀产物。

（2）制动液的电化学腐蚀是指金属表面与离子导电的介质（电解质）发生电化学反应而引起的破坏。

8.1.2.3.2　检测方法

制动液金属腐蚀性试验按照 GB 12981—2003《机动车辆制动液》中的附录 E "制动液金属叠片腐蚀检验法" 的规定进行。汽车制动液的抗腐蚀性和防锈性用金属腐蚀性试验评定。

检测方法为：将 6 种金属片与橡胶碗（俗称皮碗）一起浸入被测制动液中，在规定的温度和时间内（100℃、120h），检测金属试片的质量变化（mg/cm^2）、金属片外观、橡胶碗外观、橡胶碗根径增值（%）、制动液的 pH 值和沉淀物的体积百分含量。6 种金属片的材料为镀锡铁皮、钢、铝、铸铁、黄铜和紫铜。

8.1.2.3.3　提高制动液金属防腐性能的相关措施

提高制动液金属防腐性能的方法主要包括以下几点：①选择金属防腐优良的制动液品种；②使用复合缓蚀剂；③减少进入制动液产品中的水含量。

8.1.2.4　容水性

要求制动液吸水后能与水互溶，不产生分离和沉淀。因为制动液在使用过程中会逐渐吸收空气中的水分，当水不能被制动液溶解时，这部分水会积存在底部的凹部，产生对金属的腐蚀，并且会因为水在低温时凝固、高温时汽化而产生故障。故要求制动液能把这部分水分溶解，且不能因为有水而变质。

制动液的容水性通过容水性试验评定，主要用来评定水分对制动液性能的影响。制动液的溶水性试验按照 GB 12981—2012《机动车辆制动液》中的附录 I "制动液容水性检验法" 的规定进行。

8.1.2.5　与橡胶的配伍性

在液压制动系统中，为了保证制动液不渗漏并传递制动能量，使用了多种橡胶零部件。制动液在工作过程中会直接与这些橡胶零部件接触。为了保证这些橡胶件正常工作，要求制动液具有良好的橡胶配伍性，对橡胶配件不能产生过度的软化、溶胀、溶解、固化和收缩作用。

目前制动系统橡胶碗主要采用三元乙丙橡胶（EPDM）、丁苯橡胶（SBR）和天然橡胶（NR）等制成。对于制动液的橡胶适应能力，虽然各种制动液产品规格、标准的控制指标可能存在不同之处，但总的要求是一致的，即均要求汽车制动液不能对汽车制动系统中所采用的橡胶零部件产生不良影响，要保证制动系统正常工作，制动灵活、可靠。

制动液标准中通过橡胶碗试验，来确定制动液的橡胶配伍性。

8.1.2.5.1　基本概念

制动液与橡胶的配伍性是指制动液对橡胶零部件不会造成显著的溶胀、软化或硬化等不良影响的特性。

8.1.2.5.2　检测设备及检测方法

制动液与橡胶配伍性试验按照 GB 12981—2012《机动车辆制动液》附录 K "制动液橡

胶适应性检验法"的规定进行。将橡胶皮碗或橡胶件浸入制动液中，在120℃温度下，保持70h后，按产品标准要求分别对其外观、根径变化、硬度变化、体积变化等进行检验。

制动液橡胶性能的判定包括：①从橡胶的外形尺寸变化判断制动液对橡胶的溶胀与收缩程度；②从橡胶的硬度变化判断制动液与橡胶的适应性能；③从橡胶的外观判断制动液对橡胶的适应性。

8.1.2.5.3　提高制动液橡胶配件适应性能的方法

目前，提高制动液对橡胶配件适应性主要有两种方法：①推广使用三元乙丙橡胶配件，提高制动系统对制动液的适应能力；②选择合适的制动液产品，提高制动液对橡胶配件的适应性能。

8.1.2.6　稳定性

汽车制动液要求其具有优异的高温稳定性和化学稳定性，即制动液在高温和与相溶液体混合条件下，平衡回流沸点的变化要小，保证制动液在储存和使用过程中不应有分层、变质等现象，不形成沉淀物，并且不引起制动系统金属零件的生锈、腐蚀等。

制动液的液体稳定性包括高温稳定性和化学稳定性两项指标。该指标用来反映制动液在一定条件下的物理和化学稳定性能。

高温稳定性检验方法是将60mL试验制动液加热到185℃，恒温2h后，再升温测定其平衡回流沸点，用制动液试样的原平衡回流沸点与加热后测得的平衡回流沸点之差来评定制动液的高温稳定性能。

化学稳定性检验方法是将30mL试验制动液与30mL相溶性液体混合后测定其平衡回流沸点，用开始沸腾回流后1min内混合试液的最高温度与随后测得的平均沸点之差来评定制动液的化学稳定性。

不同制动液标准对液体稳定性能指标要求完全不同，但除QC/T 670标准外，同一标准对不同质量等级或牌号的制动液的液体稳定性要求却是相同的。

8.1.2.7　液体相溶性

液体相溶性主要用来评定试验制动液是否可与其他同类型的制动液混溶。重点考察制动液之间的物理和化学相溶性，如制动液与相溶性液体进行混合后是否发生分层、沉淀等。

8.1.2.8　抗氧化性

制动液抵抗氧化衰变的能力称为抗氧化性。制动液的抗氧化性是制动液的重要化学性能，它决定制动液在储存和使用过程中是否容易氧化变质，制动液在制动系统中受高温和金属催化等因素的影响，会促使制动液氧化变质，这是决定制动液储存期和使用寿命的重要因素。而且零件腐蚀一般是因制动液氧化而引起，所以制动液应具有良好的抗氧化性。抗氧化性好，则制动液不易氧化变质，储存期和使用期就长。

制动液的抗氧化性通过抗氧化性试验评定。

8.1.2.8.1　基本概念

汽车制动液抵抗氧化衰变的能力称为抗氧化性。制动液的抗氧化性能主要与制动液的化学组成和使用条件有关。

8.1.2.8.2 检测设备及检测方法

制动液的抗氧化性试验按照 GB 12981—2012《机动车辆制动液》中的附录 J "制动液抗氧性检验法"的规定进行。其方法是用过氧化苯甲酰、蒸馏水和制动液配成试验用试样，放入铝片、铸铁片和 1/8 橡胶碗，在 70℃烘箱内保持 168h 后取出，检查试片有无坑蚀、粗糙不平等腐蚀现象，并计算试片的质量变化。

8.1.2.8.3 影响因素及相关措施

制动液的抗氧化性能与制动液的化学组成和使用条件有关。外界条件对制动液抗氧化性能的影响主要包括：①温度影响，温度越高则抗氧化性能越差；②氧浓度影响，氧浓度越高则抗氧化性能越差；③制动液与空气接触面积的影响，接触面积越大则抗氧化性能越差；④接触金属的影响。

改善制动液的抗氧化性能可以采取以下两种措施：①调整制动液的化学组成；②限制外界条件对制动液的影响。

8.1.2.9 制动液行程模拟试验

汽车制动液的性能检验除了要进行各项理化性能指标和使用性能指标检验外，还应进行制动液行程模拟试验。该试验是用来模拟制动液在制动系统中同橡胶碗匹配使用五年时的状态。

与前面所述的制动液理化性能和使用性能试验条件相比，制动液行程模拟试验更接近于制动液在车辆中的实际使用条件。因此，其试验结果更能说明制动液的实际使用性能。

汽车制动液行程模拟试验是使用制动系统模拟装置来评定制动液的润滑性能和材料适应性能的一种实验室试验方法。制动液行程模拟试验按照 GB 12981—2012《机动车辆制动液》附录 L "制动液行程模拟试验"的规定进行。其方法是将试验制动液放入模拟制动系统的试验装置中，在规定的条件下进行 85 000 次行程试验，然后分解模拟试验系统，测量制动缸活塞和缸体直径的变化，橡胶碗根部直径、唇口直径和硬度的变化，制动液中出现的沉淀物量和耗量，金属零部件、橡胶碗和制动液外观变化和工况等，用以评定制动液的润滑性和材料适应性。

对于制动液来说，这项试验是十分重要的，是最能直接反映制动液和制动系统的适应性和有效性的一项实验室测试。

8.1.3 汽车中使用汽车制动液的相关结构

制动系统是汽车上用以使外界（主要是路面）在汽车某些部分（主要是车轮）施加一定的力，从而对其进行一定程度的强制制动的一系列专门装置。制动系统的作用是：使行驶中的汽车按照驾驶员的要求进行强制减速甚至停车；使已停驶的汽车在各种道路条件下（包括在坡道上）稳定驻车；使下坡行驶的汽车速度保持稳定。对汽车起制动作用的只能是作用在汽车上且方向与汽车行驶方向相反的外力，而这些外力的大小都是随机的、不可控制的，因此汽车上必须装设一系列专门装置以实现上述功能。

汽车上常用的制动器都是利用固定元件与旋转元件工作表面的摩擦而产生制动力矩，称为摩擦制动器。它有鼓式制动器和盘式制动器两种结构形式。下面以鼓式制动器为例介绍其组成及工作原理。

8.1.3.1　一般制动系的基本结构

汽车制动系统主要由车轮制动器和液压传动机构组成。车轮制动器主要由旋转部分、固定部分和调整机构组成，旋转部分是制动鼓；固定部分包括制动蹄和制动底板；调整机构由偏心支承销和调整凸轮组成，用于调整蹄鼓间隙。制动传动机构主要由制动踏板、推杆、制动主缸、制动轮缸和管路组成。

8.1.3.2　制动工作原理

制动系统的一般工作原理是，利用与车身（或车架）相连的非旋转元件和与车轮（或传动轴）相连的旋转元件之间的相互摩擦来阻止车轮的转动或转动的趋势。

（1）制动系不工作时：蹄鼓间有间隙，车轮和制动鼓可自由旋转。

（2）制动时：要汽车减速，脚踏下制动器踏板通过推杆和主缸活塞，使主缸油液在一定压力下流入轮缸，并通过两轮缸活塞推力使制动蹄绕支承销转动，上端向两边分开而以其摩擦片压紧在制动鼓的内圆面上。不转的制动蹄对旋转制动鼓产生摩擦力矩，从而产生制动力。

（3）解除制动：当放开制动踏板时回位弹簧即将制动蹄拉回原位，制动力消失。

8.1.3.3　制动主缸的结构及功用

制动主缸的作用是将自外界输入的机械能转换成液压能，并将液压能通过管路再输给制动轮缸。制动主缸分单腔和双腔式两种，分别用于单、双回路液压制动系。

8.1.3.4　制动轮缸的结构及功用

制动轮缸的功用：是将液力转变为机械推力。有单活塞和双活塞两种。

图 8-2 为制动系统结构示意，其主要组成包括制动主缸、储液罐、真空助力器、制动踏板、制动管路、后轮制动器和前轮制动器。

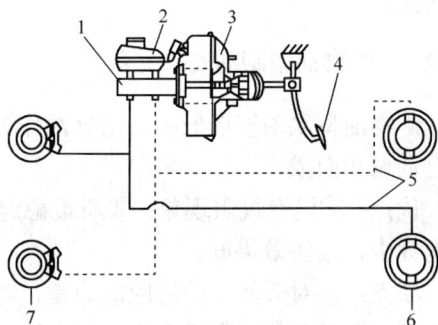

图 8-2　制动系统结构示意

1. 制动主缸　2. 储液罐　3. 真空助力器　4. 制动踏板
5. 制动管路　6. 后轮制动器　7. 前轮制动器

8.2　汽车制动液的分类、标准及技术要求

为了保证汽车的行驶安全，必须对其性能进行规范。虽然不同国家根据各国汽车技

术发展水平对制动液的质量要求有所不同，但均对制动液的各项性能指标进行了全面规定，形成了汽车制动液标准。

8.2.1　汽车制动液的分类

汽车制动液经历了3个品种类型，即醇型、矿物油型、合成型。

8.2.1.1　蓖麻油醇型制动液

蓖麻油醇型制动液是车辆制动系统中最早使用的制动液，由蓖麻油加酒精（1号醇型制动液）、丁醇（3号醇型制动液）或酒精和甘油（蓖麻油甘油醇型制动液）配制而成，基本上不加添加剂。基本组成是蓖麻油45%～55%和醇55%～45%（质量分数）进行调配，该型制动液较好地满足了早期车辆制动系统的使用要求。

优点：①生产原料容易得到；②生产工艺简单；③产品润滑性能较好。

缺点：①沸点低易产生气阻；②低温时性能不稳定，不适应高功率、高速、高负荷及高压液压制动汽车中使用；③平衡回流沸点低，易产生气阻；④与水互溶性差，使用过程中易氧化变质，不能保证安全行车。

1970年以前，我国汽车液压制动系统使用的制动液都是蓖麻油醇型制动液。进入20世纪80年代后，随着我国汽车工业的快速发展，由公安部、交通部联合提出，交通部公路科学研究所起草的国家标准GB 10830 1989《汽车制动液使用技术》于1990年1月起开始实施，醇型制动液被要求强制淘汰，即要求自1990年5月1日起出厂的液压制动汽车不得装用醇型制动液。目前GB10830—1989《汽车制动液使用技术》已废止，取而代之的是GB12981—2012《机动车制动液》。但醇型制动液已被要求强制淘汰。

8.2.1.2　矿物油型制动液

矿物油型制动液以低凝点馏分油作为基础油，并加入增黏剂、抗氧化剂、防锈剂、染色剂调和而成。

优点：①没有气阻现象；②质量稳定，低温流动性好；③防锈性能好，不腐蚀金属；④消耗少，经济效果好。

缺点：①对天然橡胶适应能力差，容易膨胀而发生事故；②与水分不相容，进入少量水后，高温条件下容易汽化，产生气阻而导致刹车故障。因此在一些发达国家已不再使用矿物油型制动液，在我国也未被推广应用。

8.2.1.3　合成型制动液

目前合成型制动液主要有3种类型：醇醚型、醇醚硼酸酯型和硅型。

（1）醇醚型制动液：由润滑剂、稀释剂和添加剂组成，常用的润滑剂有乙二醇、聚丙二醇、环氧乙烷加成物、环氧丙烷的聚合物等，常用的稀释剂有二甘醇醚、三甘醇醚、四甘醇醚等。常用的添加剂有抗氧剂、抗腐蚀剂、防锈剂、抗磨剂、pH值调整剂等。

优点：①较高的平衡回流沸点；②较低的低温黏度；③良好的橡胶适应性能；④对金属零部件的腐蚀性也较低等。

缺点：①醇醚类物质容易吸收空气中的水分，生成低沸点物而导致高温性能下降，使用条件苛刻时容易产生气阻；②吸收水分后，随着水分量的增加，低温黏度会显著增大而使其低温性能下降；③水分的进入还会降低制动液对金属的防护性能，加快制动系统金属零部件的锈蚀、腐蚀和磨损。

（2）醇醚硼酸酯型制动液：其基础液为羧酸酯与硼酸酯，加入量为总量的 20%～50%（质量分数），常用的稀释剂为聚乙二醇的单烷基醚等，常用的添加剂有抗氧化剂、抗腐蚀剂、pH 值调整剂等。

优点：更高的干、湿平衡回流沸点，较低低温黏度和低水敏感性。

缺点：高低温性能较差，吸水性较大等。

（3）硅油型制动液：硅油型制动液分硅酮型和硅脂型制动液，并加有橡胶抗溶胀剂和其他添加剂。这类制动液性能较好，但价格昂贵。

优点：低温黏度小、沸点高、水敏感性低和优良的化学稳定性等物理化学性能。

缺点：①不溶水。这也是硅油型制动液相比于醇醚型和酯型制动液的显著缺点。进入其中的水分因不溶会沉降至底部使系统的金属部件产生腐蚀。②可压缩。导致制动绵软，对于要求精确制动的场合如赛车等是致命的。③价格高。相比于醇醚型和酯型制动液高出 10 倍以上。

现在使用的一般都是合成型的制动液，具体型号在车辆的使用手册上面，在车的制动液加注口附近也会有明显的标注。一定要按标注的型号购买和使用，不得随意提高或降低标准，因为这涉及和活塞橡胶碗的性能匹配问题。

8.2.2 汽车制动液的标准

目前国内外汽车制动液主要有国际标准、国家标准、军用标准、行业标准和企业标准等不同等级和类别。

8.2.2.1 国外汽车制动液的标准

美国是世界上最早制定制动液标准的国家（1938 年已提出有军用标准 ES—377）。现有标准包括：美国汽车工程师协会制定的 SAE J1703、1704 和 1705 系列标准；美国联邦运输部制定的 FMVSS No.116 标准 DOT3、DOT4、DOT5 和 DOT5.1 系列；美国军用标准 MIL–B–46176，其中 SAE 系列制动液标准和 DOT 系列制动液标准是世界上两个影响力很大的标准，这也是世界公认的汽车制动液通用标准；日本汽车制动液标准 JIS K–2233"非石油基机动车辆制动液"（BF–3、BF–4、BF–5）；国际标准，2005 年 2 月 1 日，国际标准化组织发布了第二版 ISO 4925—2005《道路车辆 非石油基制动液规范》。

8.2.2.2 我国汽车制动液的标准

我国现行有效的制动液标准均为合成制动液标准，共有国家标准、行业标准、国家军用标准和企业标准 4 类。

8.2.2.2.1　国家标准

目前的国家标准分为推荐性标准和强制性标准两类。

我国现行的制动液标准 GB 12981—2012《机动车辆制动液》为强制性标准。本标准规定了用于机动车辆液压制动和液压离合系统的非石油基制动液的要求和试验方法、检验规则及标志、包装、运输和贮存。本标准适用于与丁苯橡胶（SBR）或三元乙丙橡胶（EPDM）制作的密封件相接触，以非石油基原料为基础液，并加入多种添加剂制成的机动车辆制动液。本标准不适用于极地环境条件下使用的机动车辆制动液。

8.2.2.2.2　制动液行业标准

在 2000 年，为了促使我国汽车制动液的质量水平更好地与汽车工业发展水平相适应，由国家机械工业局提出，汽车行业有关单位（长春汽车材料研究所、东风汽车公司工艺研究所、南京汽车研究所、上海大众汽车公司）参照美日联邦机动车辆安全标准 FM–VSS No.116《机动车辆制动液》、我国国家标准 GB 12981，以及德国大众公司、意大利依维柯公司等企业内部标准的内容，制定了中华人民共和国汽车行业标准 QC/T 670—2000《汽车合成制动液》。QC/T 670—2000 从我国汽车应用技术和汽车安全出发，提出了我国汽车行业第一个制动液产品的关键性技术要求。该标准适用于我国目前引进车型装车用制动液供货技术条件。2002 年，我国又制定了国家军用标准 GJB 4365—2002《军用汽车通用合成制动液规范》。

我国汽车制动液的发展历程如图 8-3 所示。

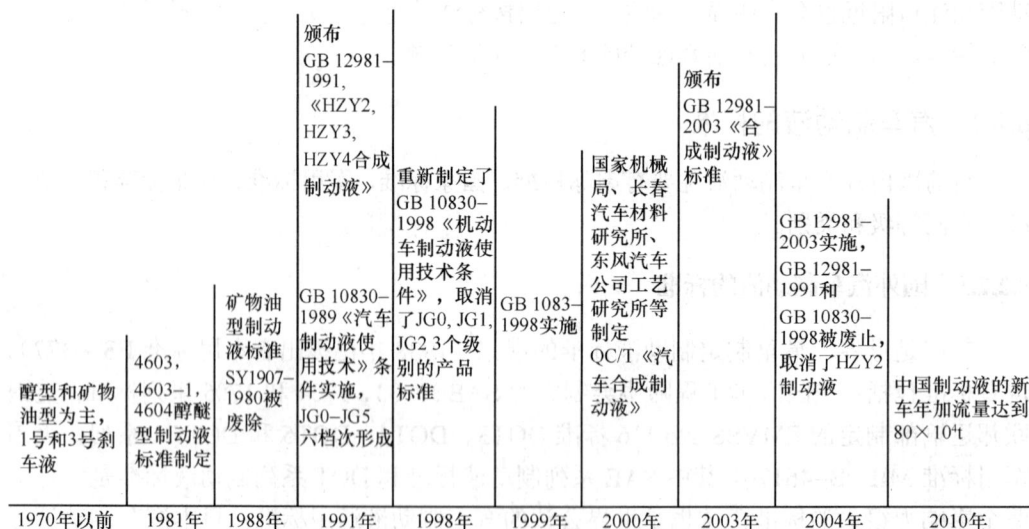

图 8-3　我国汽车制动液的发展历程

8.2.3　汽车制动液的技术要求

我国目前汽车制动液的技术要求遵循制动液标准 GB 12981—2012《机动车辆制动液》，其技术要求见表 8-4。

表 8-4　机动车辆制动液的技术要求（GB 12981—2012）

项目		质量指标				试验方法
		HZY3	HZY4	HZY5	HZY6	
外观		清亮透明，无悬浮物、杂质及沉淀				目测
平衡回流沸点（ERBP）（℃） 不低于		205	230	260	250	SH/T 0430
湿平衡回流沸点（WERBP）（℃）不低于		140	155	180	165	附录 C[a]
运动黏度（mm²/s） -40℃ 不大于 100℃ 不小于		1500 1.5	1800 1.5	900 1.5	750 1.5	GB/T 265
pH 值		7.0～11.5				附录 D
液体稳定性（ERBP）变化（℃） 高温稳定性（185℃±2℃,120min±5min） 化学稳定性[c]		±5 ±5				附录 E
腐蚀性（100℃±2℃，120h±2h） 试验后金属片质量变化（mg/cm²）不大于 镀锡铁皮 钢 铸铁 铝 黄铜 紫铜 锌 试验后金属片外观		±0.2 ±0.2 ±0.2 ±0.1 ±0.4 ±0.4 ±0.4 无肉眼可见坑蚀和表面粗糙不平，允许脱色或色斑				附录 F
试验后试液性能 外观 沉淀物体积分数（%） 不大于 pH 值 试验后橡胶碗状态 外观 硬度降低值 不大于 根径增值（mm） 不大于 体积增加值（%） 不大于		无凝胶，在金属表面无粘附物 0.10 7.0～11.5 表面不发粘，无炭黑析出 15 1.4 16				附录 F
低温流动性和外观 40℃±2℃，144h±4h 外观 气泡上浮至液面的时间（s） 不大于 沉淀物 50℃±2℃，6h±0.2h 外观 气泡上浮至液面的时间（s） 不大于 沉淀		清亮透明均匀 10 无 清亮透明均匀 35 无				附录 G
蒸发性能（100℃±2℃，168h±2h） 蒸发损失/% 不大于 残余物性质 残余物倾点/℃ 不高于		80 用指尖摩擦时，沉淀中不含有颗粒性砂粒和磨蚀物 -5				附录 H[a]
溶水性（22h±2h） -40℃ 外观 气泡上浮至液面的时间/s 不大于 沉淀 60℃ 外观 沉淀量（体积分数）/% 不大于		清亮透明均匀 10 无 清亮透明均匀 0.05				附录 I

（续）

液体相容性（22h±2h） −40℃±2℃ 外观 沉淀 60℃±2℃ 外观 沉淀量（体积分数）/%　　　不大于	 清亮透明均匀 无 清亮透明均匀 0.05	附录 I
抗氧化性（70℃±2℃，168h±2h） 金属片外观 金属片质量变化（mg/cm²） 铝 铸铁	 无可见坑蚀和点蚀，允许痕量胶质沉积，允许试片脱色 ±0.05 ±0.3	附录 J
橡胶适应性（120℃±2℃，70h±2h） 丁苯橡胶（SBR）皮碗 根茎增值/mm 硬度降低值（IRHD） 体积增加值/% 外观 三元乙丙橡胶（EPDM）试件 硬度降低值/IRHD 体积增加值/% 外观	 0.15~1.40 15 1~16 不发粘，无鼓泡、不析出炭黑 15 0~10 不发粘，无鼓泡、不析出炭黑	附录 K

a 测试结果出现争议时，本标准推荐以 A 法的测试结果为准。

行程模拟性能（85000 次行程，120℃±5℃，7.0MPa±0.3MPa）	通过	附录 L[a]
防锈性能	合格	附录 M[a]

a 由供需双方协商确定。

8.3　汽车制动液的选择及使用

目前，市场上车辆型号和制动液产品等级很多，正确选择使用制动液产品是确保汽车制动系统安全、可靠工作的重要环节。

8.3.1　汽车制动液的选择

在不同的气候条件和车速条件下，制动液的正确选择应遵循下列条件：

（1）根据环境条件，主要是气温、湿度和道路交通条件选择。如在炎热的夏季，在山区多坡或高速公路上行驶，车辆制动强度大，制动液温度高，特别是在湿热条件下，一般应选用 HZY4 或 HZY5 等合成制动液，在车速不高的平原地区或非湿热条件则可选用 HZY3 制动液。

（2）根据车辆速度性能选择。高速车辆，特别是高级轿车与一般货车相比，制动液的工作温度更高，应使用级别高的制动液。

不同性能指标和不同类型车辆制动系统所要求使用的制动液产品质量等级不同，这也为用户正确选择使用制动液产品造成了一定困难。但汽车制造厂家在车辆使用说明书中一般都明确规定或推荐了该车辆制动系统应该使用的制动液产品质量等级。有的生产厂家还指明了具体的制动液产品品牌和型号。因此，车辆使用和维修人员首先应该按照车辆使用说明书上的规定选择使用相应的制动液产品。一般应遵循以下原则：

① 选用的制动液产品质量等级应等于或高于车辆制造厂规定的等级；

② 选用的制动液产品类型应与车辆制造厂规定的产品类型相同；

③ 尽量选择正规厂家生产的、性能稳定、质量有保证的制动液产品。

8.3.2 汽车制动液的使用

在汽车制动液的使用过程中应重点注意以下两点：

（1）制动液贮液罐位于制动主缸上方，贮液罐上有最高（MAX）和最低（MIN）标记，制动液在使用过程中液面高度必须位于两个标记之间，才能满足制动系统的工作要求，保证车辆行驶安全。

（2）制动液在使用过程中应适时更换。汽车制动液在使用过程中，由于受到高温、高压等使用环境因素的影响，其质量性能指标会发生衰变。另外，制动液在使用过程中不论初期的平衡回流沸点高低都要吸湿，从而造成制动液产品质量下降，容易在高温或频繁制动等条件下使制动系统产生气阻现象，导致制动故障或制动失灵。

为了防止制动液在使用过程中受到其他污染物的影响或过度吸水，造成车辆制动系统工作不可靠、制动失灵等故障，应该正确使用制动液，并对使用中的制动液按汽车行驶里程或使用时间进行更换。

关于制动液的换液期，国内外有关厂家的做法不完全相同，对换液期的规定也不一致。但总的来说，制动液换液期是由汽车和工程机械生产厂家或制动液生产厂家制定。

在国外，美国汽车生产厂家一般都不明确规定制动液的换液期，但欧洲和亚洲的汽车制造厂家常常会明确制动液的换液期；制动液生产厂家也是有的规定，有的不规定制动液的换液期。如壳牌（Shell）公司规定其制动液的换液期为 3 年或根据车辆制造厂家的规定更换；Mobil（埃克森美孚）制动液产品规定的换液期为 2 年或车辆每行驶 40 000km 应更换制动液。

我国对汽车制动液的换液期一般是参照国外要求规定的。如富康轿车规定的制动液换液期为每 2 年更换一次。

一般来说，制动液在使用时应注意的事项包括：①在加注或更换制动液时使用专业工具。②制动缸橡胶碗不可敞开放置。③汽车制动液多是以有机溶剂制成，易挥发、易燃，因此在使用中要注意防火。④制动液产品一般有一定的毒性，因此在更换时不能用嘴去吸取制动液。⑤当制动液中混有矿物油时，应更换全部制动液。例如，不慎将汽油、柴油或机油等混入采用合成制动液的制动系时，由于油液的不相溶性，很可能降低制动效果。⑥不同类型或不同牌号的制动液不得混合使用。对有特殊要求的制动系统，应加注特定牌号的制动液。由于不同类型或品牌的制动液配方不同，混用或加注的品牌不对，会造成制动液质量指标下降，无法胜任制动要求。即便是互溶性较好、标明能混用或可替代的品牌，使用中可能也不尽如人意，最好也不要长期使用。⑦当制动液中混入或吸收水分，或者是发现制动液有杂质或沉淀物时，切不可一并注入，此时应予以更换或认真过滤，否则会造成制动压力不足，从而影响制动效果。⑧制动液对车身涂层有一定的破坏作用，会产生"咬漆"现象，因此在使用过程中，要防止制动液与车身涂层接触。⑨装有制动液面报警装置的车辆，应随时观察制动系统报警灯是否点亮，报警传感器性能是否良好。当拉起驻车制动器（俗称手刹车）时该灯点亮，松开驻车制动器时该灯熄灭。如果松开驻车制动器后该灯仍然点亮，则表示制动液液面过低，需要添加制动液。当制动液不足时应及时添加，储存的制动液应保持在标定的最低容量刻度线和最高容量刻度线之间。

8.3.3   汽车制动液选择和使用对车辆造成的影响及处理

8.3.3.1   对车辆造成的影响

8.3.3.1.1   制动液使用性能对行车安全性的影响

（1）制动液沸点越高越好，可降低蒸发性。沸点不低于 205℃，当汽车长时间行驶、高速或下坡行驶时，温度会高达数百摄氏度。制动液温度随着制动蹄片温度升高而升高，若制动液沸点不够高，制动液汽化，产生气泡，踩制动踏板发软，不能立即达到制动目的，就不能保证行车安全性。

（2）使用制动液对制动系统各种金属防锈性有利。一般制动液腐蚀性较强，但优质制动液对各类金属防腐性防锈性大大减少，可延长制动液泵寿命，若加入劣质制动液就会很快腐蚀金属，对行车造成危害。

（3）低温流动性好，这对于严寒地区特别明显。使用优质制动液在严寒时制动一样灵敏、可靠。而使用劣质制动液其低温性能差，凝固点高，低于-20℃气温就会有凝固现象发生，大大影响行车安全。

（4）不腐蚀各种橡胶。优质制动液使用后极少发生橡胶碗严重膨胀变形现象。若使用劣质制动液，橡胶碗容易膨胀变形，易导致车辆漏油、制动时翻转，造成事故。标准制动液膨胀率一般在 0.1%～5%。

（5）长期使用制动液不产生沉淀物。制动液长期在高温状态下使用，质量不稳定就会产生热分解，产生沉淀物，同样影响刹车性能。

8.3.3.1.2   不同种类制动液混用的影响

当不同种类制动液混在一起使用时，会造成制动液沸点降低。与劣质制动液混合尤其明显。在低温时刹车明显失效，制动液凝固；并且腐蚀制动液泵及橡胶件，使制动橡胶碗老化变质；回油阀密封不严；制动总泵或水泵活塞与缸壁磨损，造成间隙过大。这破坏了优质制动液的各种优良性能，易产生行车危险。

8.3.3.1.3   制动液中混入过量水分的影响

制动液中混入过量水分，也会对制动液的质量产生影响。同样，水也能直接降低制动液的沸点。当水进入制动液后，制动液的抗气阻能力会大大下降，制动液在-30～-20℃时已凝固不流动了，会造成制动失灵。

8.3.3.1.4 产生气阻的影响

通常司机开车时，会发现在正常行驶过程中，制动系统越来越软，制动液又不缺，制动不彻底的现象时常发生，这就是制动液产生气泡形成气阻现象的后果。造成制动液气阻有很多方面因素，最常见也是最直接的原因就是长期用制动控制车速，使制动液温度变高而引起的。

8.3.3.2 降低影响的措施

（1）尽可能使用优质制动液。因为优质制动液抗气阻性能强，普通制动液沸点低，夏季在山区行驶，长期制动控制车速，制动液温度短时间超过其沸点达 100℃ 以上，这样就易产生气阻，造成局部制动失效，后果不堪设想。建议使用国产合成型制动液，这种制动液性能优良，高温使用不易产生气阻，低温不易凝固，油路通畅，保证了制动系统的灵敏性、可靠性。

（2）避免高速行车频繁使用制动。遇有情况提前缓慢制动即点刹减速，不到不得已时不要采取紧急制动，若感到制动不灵敏，应立即停车检查。

（3）定期检查并更换制动液，汽车制动液在使用前必须检查。若发现有白色沉淀，杂质应过滤后再用。避免混合不同种类制动液。制动液一般两年换一次，由于制动液吸湿性强，最好避开雨季更换。更换时，严禁水和其他油混入，并一定要将制动液系统洗净擦干。

（4）酷热夏季长时间行车时，可在制动总泵上包上湿布冷却，带上水，常向湿布上滴水降温，可达到防气阻的效果。

（5）及时更换制动液。当驾驶员检查发现缺制动液时，应及时补充同类型制动液。每次更换制动液，拆修制动管、制动软管、制动主缸或分缸后，如感觉制动踏板过软且检查无泄漏之处，则管路中已有空气，应及时进行排气，调试制动系统。排气要从远离总泵的分泵开始。方法如下：将制动系储液壶加足制动液至最高液面指示处，将一透明软管的一端与放气螺钉连接，另一端置于一透明容器内的制动液面以下，踩下制动踏板数次，并在踏板处于踩下位置时，将分泵上的放气螺钉旋松，放出混有气泡的制动液后，立即将放气螺钉旋紧。反复进行上述操作，直至从分泵流出的液体不再含有气泡为止。最后拧紧放气螺钉、装上放气螺钉的防尘帽，加制动液进储液壶至规定位置，盖好储液壶盖即可。

8.3.3.3 微型车的制动关系到司机的行车及生命安全

微型车由于价格低、使用方便而在社会中有很大的保有量。但微型车由于车型小和技术相对简单，安全系数显然要低一些，这更要求驾驶员在平时使用中注意安全问题。在这些因素中，对微型汽车制动系统中制动液的选择与合理使用将直接关系到驾驶员的行车及生命安全。一般轿车、微型车都使用双回路液压制动。而对制动液的选取与合理使用对行车安全性影响是很大的。以北京市 1998 年冬季一部五菱 6320 面包车为例，驾驶员在行驶到 $1×10^4$km 时，由于制动系统失效发生交通事故。找到五菱车驻京办事处投诉，维修站及办事处人员仔细查看该车后，发现制动盘片均正常，但制动油泵橡胶碗严重膨胀变形，制动液呈暗黑色，有较多黑色沉淀，黏度变稀。经咨询得知，该车主在发现车辆制动液偏少时，自己随便补充了不同类型的制动液，导致制动液分层、沸点降低，腐蚀制动橡胶碗，直接影响到制动性能，造成了交通事故。

复习思考题

1. 简述平衡回流沸点及湿平衡回流沸点的概念。
2. 汽车制动液使用性能有哪些?各项评定指标是什么?
3. 目前国内车辆制动液的使用标准是什么?
4. 合成制动液有哪 3 种?分别对应国际通用产品的什么型号?
5. 汽车制动液的选择原则有哪些?
6. 国外制动液规格有哪些?并指出其具体内容。
7. 使用制动液时应注意哪些事项?
8. 制动液的高温性能指标有哪些?

补充阅读材料

劣质制动液成交通事故元凶

近年来，我国每年交通事故都超过 30 万起，这其中因为制动失灵造成的事故就占到了三成左右，足见刹车对于汽车安全的重要性。在汽车的制动系统中一个重要的组成部分就是制动液，制动液又称刹车油，它的作用通俗地讲，就是当我们踩刹车时，制动力要通过制动液传递到车轮，才能让车停下来，所以它的质量好坏直接关系到行车安全。北京的吴先生因为自己的车加了劣质的制动液，在高速公路上发生了惊险的一幕。2007 年 12 月的一天，吴先生驾驶的车，在北京八达岭高速公路的一个下坡路段突然制动失灵，眼看着前面的车辆距离自己越来越近，他只能采取极端的处理措施。

吴先生："那天是在八达岭高速公路上，我回北京，车速也比较正常，到一个下坡的时候，我踩刹车，发现刹车没有了，踩下去之后根本没有反应，车速越来越快，我根本就没有办法控制住车了。我前面是辆大货车，本来它的车速就不快，再加上它已经刹车了，眼看着我的车就要钻到它的车底下了。对面车又多，想从左面超车根本就不可能，我只能一把打到右侧，还好车速不是特别快，撞到隔离带上停下来了。"

虽然没有发生更严重的后果，但是吴先生现在回想起那一幕还是心有余悸："幸好当时我处置比较得当，要不然还不知道会发生什么样的事，一回想起来就觉得害怕，我到现在还是不敢开车。"

那么是什么原因造成了制动失灵呢?吴先生将车送到了修理厂，修理厂对这辆车的制动系统进行了检查。检查结果是制动片，制动管路都没问题，就是制动液质量不合格，造成刹车失灵。

记者对北京市的几家大型汽车修理厂进行了调查，结果发现这样的事故并非偶然，在北京汽车修理公司六厂记者见到了一辆正在进行修理的事故车。车的前脸已经被撞得面目全非，维修人员告诉我们，这辆车也是由于制动失灵导致的撞车事故。

北京市汽车修理公司六厂助理工程师孙先生对记者说："客户说当时他踩的时候，就是突然一脚刹车没有了，然后我们又检查一下各个油管、油位，都是正常的，但是通过我们对制动液进行测试，用水分分析仪检查制动液，发现含水量偏高。是由于制动液含水量太高，在连续踩刹车的时候产生高温，制动油瞬间汽化，造成踩刹车的时候制动失灵。"

孙先生还告诉记者，这样的情况在他们修理的车辆中并不少见。经过他们的技术分析，除了司机驾驶处理情况不当，酒后驾车这种极特殊的情况，由于制动液的状态不好或者含水量过高造成的追尾事故的比率相对来说还是比较高的。

记者在调查中发现，有一些小的修理厂和修车铺只能提供一到两种制动液，消费者选择的余地很小，经过了解得知这些修理厂的制动液基本都是从汽配市场上购买的。那么汽配市场上销售的制动液质量究竟怎样呢？带着这个问题记者对全国各地的汽配市场进行了调查。

在对北京几家大型汽车配件市场调查中，发现同样是制动液价钱却参差不齐，有一些原厂配套的制动液价格在 40 多元一瓶，有的甚至更高，还有一些同样规格的制动液价格在 20 元左右。而在有些汽车配件市场，记者发现有一些制动液的价钱只有 10 元左右，还有一些只要几元钱。记者对这部分制动液市场进行了调查。

在上海，记者和质检部门的执法人员在调查中也发现了同样的情况。在上海市吴中路汽配市场一家经销制动液的商店，记者注意到不同品牌的制动液价格同样是从 30 多元到几元不等。

执法人员随机抽取了 3 个样品，利用快速检测车对这 3 个样品进行了检测。

在制动液的诸多指标中，最为关键的一项是平衡回流沸点，这个项目测定的是制动液沸腾的温度，简单地说就是沸点越高的制动液越不容易沸腾，对行车安全就越有保证。根据国家标准的规定，制动液分为 3 个等级，最低等级制动液的平衡回流沸点不得低于 205℃。

检测结果显示，价格在 20 元以上的样品，平衡回流沸点达到了 215℃，符合国家标准，而价格在 10 元以下的两个样品，平衡回流沸点分别只有 85℃ 和 81℃，远远低于国家标准的要求。

在采访中记者还了解到，正是因为制动液在汽车安全中的重要位置，我国自 2003 年开始对制动液产品的生产实行了生产许可证制度。上海市技术监督局稽查总队的执法人员告诉记者，制动液的产品上必须明确标注生产许可证号，否则不允许在市场上销售。然而，在对汽车配件市场调查中，记者发现很多正在销售的制动液的包装上并没有标注生产许可证号码，一些销售人员根本不知道制动液的生产许可证是怎么回事。上海的一家经销商说："能用，绝对能用，没问题，我保证你质量，啥生产许可证，谁说的生产许可证，我都没注意。"

记者各地汽配市场上，对近 20 家销售制动液的商家进行了调查，结果出售没有生产许可证的制动液商家就有 12 家，其中一些商家没有生产许可证的制动液种类竟然多达七八种，而这些没有生产许可证的制动液质量令人担忧。

调查中记者发现，制动液的生产工艺并不复杂，简单讲就是将一些原料油品按一定比例进行调和。影响制动液质量好坏的关键是选择什么样的原料和原料的质量。按照国家标准的要求，制动液分为 3 个等级，业内人士告诉记者，即使是最低标准的 DOT3 制动液产品，要想达到国家标准的要求原料的成本也是比较高的。

某合格制动液企业负责人陈先生告诉记者："按照目前的市场价，如果保证产品质量，按目前原材料的成本价来算，DOT3 的成本一般核算在 12～13 元，低于这个价格的成本，在保证质量的前提下，很难再控制下来。"

据专家介绍，劣质的制动液多数是用甲醇和乙醇等原料生产的，这些原料的价格比合格制动液生产的原料价格便宜得多，每吨价格相差在 1 万元以上，而这些原料的沸点很低，如乙醇的沸点只有 70℃。所以，用这样原料生产的制动液根本达不到国家标准的要求。

专家提醒，在选用合格制动液的基础上，制动液在使用和保养上也是大有学问的。即使选用了合格的制动液，也并非万事大吉，制动液使用到一定程度必须更换，因为制动液有一个特性就是溶于水，而且有很强的吸水性，因此极易吸收空气中的水分，而吸水达到一定量之后，制动液的沸点会降低，导致合格的制动液也会变得与不合格的制动液一样危险。

第 9 章
汽车液力传动油

[本章提要]

本章主要介绍车用液力传动油的特性、使用性能、规格标准及分类，以及汽车液力传动油的选择及使用。重点内容是车用液力传动油的使用性能及正确选择与使用方法。要求学生了解液力传动油的特性，熟悉车用液力传动油的规格标准及分类，掌握车用液力传动油的使用性能及选择与使用方法。

随着汽车技术的发展，改善汽车传动系统的结构，使其操纵自动化是汽车结构的主要发展方向。目前许多轿车配备了自动变速器，在工况变化较大的大型客车、重型货车和工程机械车辆上广泛采用液力变矩器或者液力偶合器。液力偶合器和液力变矩器都是依据流体动力学原理实现动力传递的，统称液力传动装置，其工作介质就是液力传动油，又称汽车自动变速器油，简称 ATF（Automatic Transmission Fluid）。

9.1 汽车液力传动油概述

9.1.1 汽车液力传动油的作用

在自动变速器工作过程中，液力传动油被变矩器中的泵轮带动旋转，并吸收由泵轮传送的机械能而变成液体动能，当油流经过涡轮时又将液体动能转换成机械能，由涡轮输出，实现能量的转换与传递。传送效率与传动油的黏度、抗泡沫性等有关，因此对油的黏度和其他性能有一定的要求。在液力传动系统内工作温度可达 70℃，油的流速可达 20m/s，并不断地与金属、空气接触，所以要求油的抗氧化性能要好。液力传动系统中的轴承、齿轮等摩擦副也要用液力传动油来润滑，故要求油有一定的润滑性。在自动变速器中的执行机构（制动器和离合器）等多用湿式摩擦元件，所以要求液力传动油要有良好的摩擦特性（换挡特性）。

汽车自动变速器结构比较复杂，要想长期行驶自如，保持良好的状态，必须定期换油和保养。为了实现其多种功能和多种用途，就必须使用液力传动油。液力传动油是市场上最复杂的多功能液体之一，性能要求非常全面，在传动过程中要求具有以下作用。

（1）分散热量：由于自动变速器结构紧凑，尺寸小，不易散热，使用液力传动油带走热量是很重要的。

（2）磨损保护：液力传动油中加入了抗磨剂，对整个变速系统起到很好的减磨保护作用。

（3）匹配的动、静摩擦特性：对液力传动油来说，摩擦特性最重要，但很难达到理想的状态。它要求动摩擦因数尽可能高，静与动摩擦因数之比小于 1.0，在全程操作温度范围内，摩擦因数尽量保持不变。

（4）高低温下的保护作用：液力传动油适用的温度范围在-40～170℃，其倾点低，适合全国大部分地区使用。使用时高温黏度高，可以保持油膜厚度，具有很好的润滑性；同时，作为能量传递介质，油品必须黏度低。所以，通常要求其 100℃时的运动黏度为 $7.0\sim8.5\text{mm}^2/\text{s}$。

除以上性能外，液力传动油还必须与所有的传动部件有很好的相容性，可以在高低温极限条件下正常操作，长期保持正常的使用性能，同时应具有优良的抗氧化性能、稳定的摩擦耐磨性能、对铜部件无腐蚀、良好的防锈性和抗泡性，且对橡胶材料有很好的相容性等。

因此，自动变速器油比一般的液力传动油要有更高的性能，在液力传动油的分类中分为 L-HA 自动传动（变速器）油与一般液力耦合器适用的 L-HN 液力传动油两类。

9.1.2　自动变速器使用中对液力传动油的要求

根据液力传动油的作用和所处工作环境的特点，要求其在自动变速器工作时必须满足以下要求。

（1）适度的黏度、起泡程度：由于传递效率与油的黏度、起泡程度有关，所以要求油的黏度、起泡程度要合适。

（2）抗氧化性能要求高：在自动变速器工作时，液力传动油系统内部工作温度可达 70～170℃，油的速度可达 20m/s，并且不断与有色金属、空气相接触，所以油的抗氧化性能要求高。

（3）具有一定的润滑性能：液力传动油在工作时，系统内的轴承、齿轮等摩擦活动也需要液力传动油进行润滑，因此要求液力传动油具有一定的润滑性能。

（4）密度大：随着现代自动变速器技术的进步，其整体尺寸不断缩小，但同时又必须保证其转速和传递功率保持不变，所以液力传动油的密度（体积质量）越大越好。

9.1.3　汽车中使用汽车液力传动油的相关结构

由于科技的进步以及人们对汽车使用性能的要求，越来越多的轿车、城市客车和工程机械车辆开始采用自动变速器。自动变速装置和手动变速器有所不同，其结构大致由以下部分组成。

（1）液力变矩器（图9-1）：液力变矩器的作用是将发动机传来的动力传递到传动机构，在传送过程中根据外界负荷的大小自动调节输出转矩和转速，若外界负荷剧烈变化，则会对发动机起保护作用。

图 9-1　液力变矩器

（2）湿式离合器和制动器：其功能是把液力变矩器传来的动力传到齿轮组上。其结构如图9-2和图9-3所示。

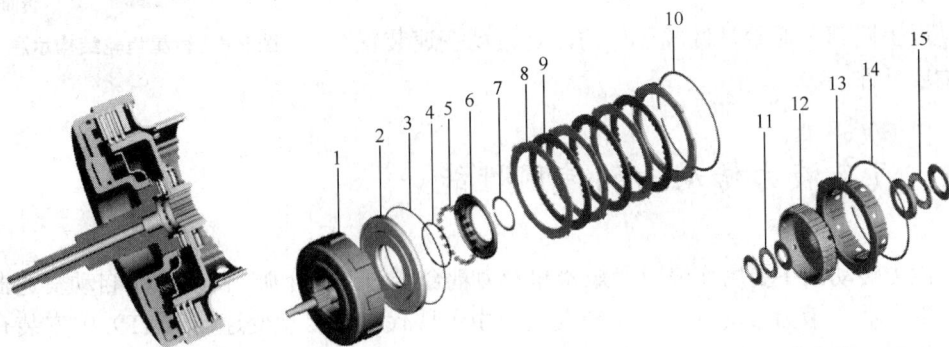

图 9-2　A43D 自动变速器离合器 C_1

1. 前传动轴与离合器 C_1 鼓　2. 活塞　3. 外 O 形密封圈　4. 内 O 形密封圈　5. 弹簧　6. 弹簧座　7. 卡环　8. 钢片
9. 摩擦片　10. 卡环　11. 推力轴承　12. 离合器 C_1 毂　13. 离合器 C_2 毂　14. 卡环　15. 推力轴承

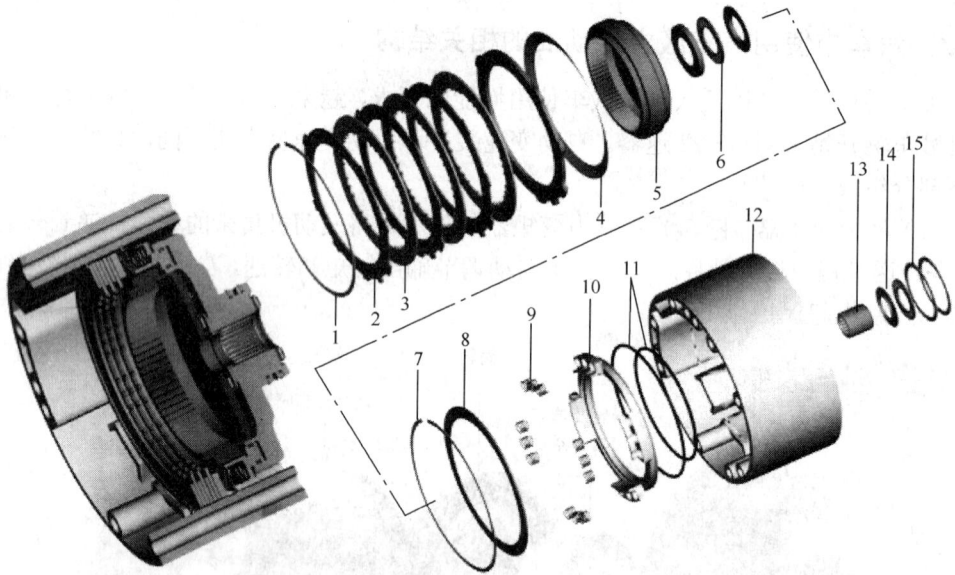

图 9-3　A43D 自动变速器超速制动器

1. 卡环　2. 钢片　3. 摩擦片　4. 弹性压盘　5. 超速行星排齿圈　6. 推力轴承　7. 卡环　8. 弹簧座　9. 弹簧
10. 活塞　11. 内外 O 形密封圈　12. 壳体　13. 滚针轴承　14. 推力轴承　15. 密封环

　　（3）行星齿轮：行星齿轮用来传递转矩、改变速
度及方向，以满足驾驶员的操作要求。具有尺寸小、
质量轻、传动比大、传动效率高、承载能力大和换挡
轻便的特点。其结构示意图如图 9-4 所示。

　　（4）电子液压控制系统：用来控制湿式离合器的
操作进而控制行星齿轮间的配合，以获得进退方向和
不同的速度。

　　以上四部分通常是做成一体的，是自动变速装置
的主要部件。

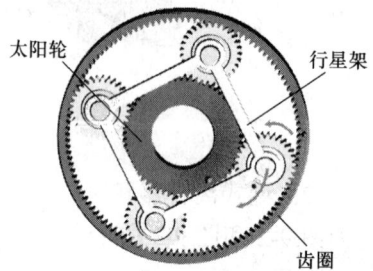

图 9-4　行星齿轮结构示意

9.2　汽车液力传动油的使用性能

　　液力传动油主要用作液力变矩器和液力耦合器的工作介质。随着汽车自动变速器制
造业的发展，液力传动油也在不断发展。由于现代汽车自动变速器（AT）中安装有液
力变矩器、离合器、制动器、齿轮机构、调速器和液压装置等，因此要求液力传动油具
有多方面的性能。

　　除了作为液力变矩器的工作介质以外，还须满足齿轮机构的抗烧结性能及抗磨性
能；作为液压介质则要求油品具有良好的低温流动性；作为离合器传递动力的工作介质
则要求油品能适合离合器介质的摩擦特性、功率损失适当、温度不过高，具有较好的清

净分散性。此外,为延长油品使用寿命,还要求油品具有良好的氧化安定性、抗泡沫性、防锈性以及与橡胶密封件的适应性等。

液力传动油作为一种多功能液体,其性能优劣对液力传动装置的工作和性能有着至关重要的影响,通常用以下性能指标来评价。

9.2.1 低温性和黏温性

液力传动油应具有适宜的黏度和良好的黏温性能,其使用温度范围一般为−40~170℃。自动变速器的功能对液力传动油的黏度十分敏感。而组成自动变速器的各部件对液力传动油的黏度要求不同。从提高液力变矩器的传动效率,控制系统动作的灵敏性角度看,黏度低有利;为满足齿轮和轴承的润滑要求,减少液压控制系统和油泵泄漏,液力传动油的黏度也不能过低。因此,液力传动油必须兼顾多种功能,具有适当的黏度和良好的低温性、黏温性。轿车用液力传动油,其合适的高温(100℃)黏度为 7.0~8.5mm^2/s;重负荷功率转换用油的高温(100℃)黏度可按 SAEJ300 分类,3.8~16.3mm^2/s 分为 5 个等级。

低温黏度是液力传动油的重要性能指标之一,低温黏度在考虑自动变速器低温起动性和泵送性外,还考虑了离合器摩擦片烧伤的危险。一般对液力传动油低温黏度的要求如表 9-1 所列。对液力传动油要求测定 100℃、−23℃和−40℃时的黏度,并要求进行稳定性试验,即测定耐久性试验后 99℃时的黏度。

表 9-1 液力传动油低温黏度的要求

汽车制造商	现在的要求		今后可能提出的要求	
GM 汽车公司	−23.3℃	≤4000cP	−28.9℃	≤5000cP
	−40℃	≤50000cP	−40℃	≤30000cP
Ford 汽车公司	−17.8℃	≤1700cP	相同	
	−40℃	≤50000cP	−40℃	≤20000cP
日本汽车制造商	−30℃	≤3800cP	相同或进一步提高	
	−40℃	≤20000cP		
Chrysler 汽车公司	−28.9℃	≤4500cP	相同或增加−40℃要求	
DaimLer Benz 汽车公司	−23.3℃	≤4000cP	相同或进一步提高	
	−40℃	≤50000cP		

注:黏度单位 cP 是非法定计量单位,1cP＝10^{-3}Pa·s。

9.2.2 热氧化安定性

液力传动油的热氧化安定性是实际使用中一个极为重要的问题。汽车在行驶中,自动变速器中的液力传动油的温度,随汽车行驶的条件而变,其温度一般在 80~88℃之间,但在苛刻运行条件下,最高可达 150~170℃。这样对油品的抗氧化性提出很高的要求。较好的热稳定性和抗氧化安定性,应能适应在 70~140℃(甚至更高)的工作条件下长期循环使用。如果液力传动油的热氧化安定性不好,则会生成油泥、漆膜和沉淀物,少量沉淀物便会使 ATF 液压控制机构的管路和阀门的工作受到影响,油内氧化生成的酸或过氧化物对轴承、橡胶密封材料也有损害。黏度变化过大，会使传动操作变差。油泥会堵塞液压控制系统和排油管路。漆状物形成会导致控制阀、调节杆失灵。氧化产物还会使油引起泡沫，造成气穴等。

因此，液力传动油的抗氧化性能要求仍然十分严格。近年来，汽车制造商要求自动变速器用液力传动油与变速器同寿命，至少应在 16×10^4 km 行驶期内保持性能不变。

各种规格的液力传动油的热氧化安定性多采用"氧化试验"来评定。

9.2.3　极压抗磨性

良好的抗磨性，能保证各种不同材质的液力传动部件在操作条件下不易被磨损。为确保自动变速器的行星齿轮机构、轴承、垫圈和油泵等长期正常工作，要求 ATF 必须润滑良好。变速机构中主要零件的接触面多为钢和钢、钢和青铜等，ATF 应保证对不同材料的摩擦副都应具有良好抗磨性。

液力传动油的抗磨性是通过四球机磨损试验、梯姆肯磨损试验和叶片泵试验来评定的。

9.2.4　对橡胶材料的适应性

液力传动油不应使自动变速机构中所使用的丁腈橡胶、丙烯橡胶和硅橡胶等密封材料过分膨胀、收缩和硬化，否则将会产生漏油和其他危害。

在密封材料适应性方面，基础油和添加剂都有明显的影响，一般石蜡基基础油对橡胶有收缩倾向，环烷基基础油对橡胶有膨胀的倾向。通常用这两种油进行调合，以适应橡胶膨胀的要求。

某些添加剂也能改善油品对橡胶的膨胀性能。此外，由于所用密封材料的不同（丁腈橡胶、丙烯橡胶、硅橡胶等），可能会造成基础油与添加剂之间的矛盾，橡胶膨胀剂与油品其他性能之间的矛盾，因而使配方复杂化。

液力传动油与橡胶密封材料的适应性通过橡胶浸泡试验来评定。

9.2.5　摩擦特性

作为自动变速器换挡执行机构的离合器属于湿式多片摩擦离合器，ATF 作为摩擦介质，要求有与摩擦片相匹配的静、动摩擦因数，否则会影响换挡性能。

液力传动油摩擦特性是一个复合的性能，也是液力传动油全部性能中最重要又最难达到要求的性能。液力传动油要求有适当的油性，即要求有相匹配的静摩擦因数和动摩擦因数，一般动摩擦因数对起动转矩的大小影响较大，如动摩擦因数过小，换挡时间就会延长；如动摩擦因数过大，换挡的最后阶段就会引起转矩急剧增大，发出尖叫声。因此，汽车制造商希望有如下的摩擦特性：

（1）动摩擦因数尽可能高。

（2）静态断裂摩擦因数尽可能比实际使用的要高。

（3）静与动摩擦因数之比要小于 1。

（4）希望在苛刻条件下经过 1000 次离合器接合后，其摩擦性能不变。

（5）希望新的液力传动油在全部操作温度范围内摩擦特性不变。

摩擦特性通过台架试验或实车试验进行评定。

9.2.6 抗泡沫性

液力传动油产生的泡沫对液力传动系统危害极大。泡沫使液力变矩器传递效率下降；泡沫影响自动控制系统的准确性；泡沫的可压缩性导致液压系统压力波动和下降，甚至供油中断。良好的抗泡性，使油品在受机械不断搅拌的工作条件下产生的泡沫易于消失，以免降低变矩器效率，使换挡失灵。

泡沫的形成主要是气体的渗入和吸油过程中把因油泵吸油道密封不好而漏入的空气吸入油中；还有因阀孔节流和液压系统在高速溢流时，周围产生低压涡流区，使空气卷入油中形成气泡。或是油泵吸油管周围的油被吸入油泵后，吸油管外围的油受黏度的影响，油的流速大，使油面不能保持水平状，因此在油面上出现凹穴，当凹穴和油一同流动时，凹穴被油包围起来，形成气泡而进入油路中。机械搅拌也可能产生气泡，如低传动比的变矩器中泵轮与涡轮间的转速差，低挡或倒挡时控制执行元件之间的转速差等，这些转速差都是机械搅拌产生泡沫的原因。

为了提高液力传动油的使用性能，往油中加入清净分散剂、油性剂、极压剂等添加剂，这些添加剂都是表面活性剂，能促使泡沫的产生。为了防止油品起泡沫，广泛采用加入抗泡沫添加剂的方法。抗泡沫性的检测可按照 GB/T 12579—2002《润滑油泡沫特性测定法》的规定进行。液力传动油的抗泡沫性能通过 GM DTD 泡沫试验器、ASTMD892 程序试验来评定。

9.3 汽车液力传动油的规格标准及分类

9.3.1 国外汽车液力传动油的规格及分类

在 ISO6743/A 分类标准中，把液力传动油分为 HA 油（适用于自动传动装置）和 HN 油（适用于功率转换器）。美国材料试验学会（ASTM）和美国石油学会（API）把液力传动油按使用分类，分为 PTF-1、PTF-2 和 PTF-3 3 类（表 9-2）。

表 9-2　国外液力传动油使用范围及分类

分类	适用范围	规格举例	国内常用油名
PTF-1	适用于轿车、轻型载货汽车的自动传动装置	通用汽车公司 GM Dexron；福特汽车公司 Ford M2C33-F/或 G、M2C138-CJ、M2C166-H；克莱斯勒 Chrysler MS-3256 或 4228	8 号液力传动油，自动变速器油（液）
PTF-2	适用于重型载货汽车、履带车、越野车的功率转换器和液力偶合器	通用汽车公司 TRUCK，COACH 阿里森 ALLISIONC-2	6 号液力传动油，功率转换器油
PTF-3	适用于农业和野外建筑机械的液压、齿轮和制动等装置	约翰·狄尔 JOHN DEERE J-20A 或 J-14B 玛塞-费格森 MASSEY FERGUSON M-1135 福特汽车公司 M2C41A	拖拉机液压/齿轮两用油

PTF-1 类油主要用于轿车和轻型载货汽车的液力传动系统。其特点是低温起动性好，对油的低温黏度及黏温性有很高的要求。典型的油品是美国通用汽车公司生产的 GM Dexron 或 GM Dexron II（曾称 A 型油），后者低温黏度要求更严，氧化安定性及耐久性试验条件也较前者苛刻。福特汽车公司的 F 型油，产品编号是 M2C33-F/或 G、F 型油。静摩擦因数较大，不加油性剂。进口轿车推荐使用 A 型油或 F 型油的，要区别选用。

PTF-2 类油主要用于重负荷的液力传动系统。如重型载货汽车、大型客车、越野车和工程机械的自动变速器。其特点是适于在重负荷下工作，对极压抗磨性的要求很高。现在典型的品种是通用公司的阿里森 C-3（GM Allision C-3）。

PTF-3 类油是随着全液压拖拉机的发展而生产的，主要功能是作传动轴、差速器和最后驱动齿轮的润滑，以及液压转向、制动、分动箱和悬挂装置的工作介质。典型的品种有约翰·狄尔 JOHN DEERE J-20A 或 J-14B、福特公司的 M2C41A 和玛塞-费格森 MASSEY FERGUSON M-1135。这类油的特点是适于在中低速下运转的拖拉机及野外作业的工程机械液力传动系统和齿轮箱中使用，其极压抗磨性和负荷承载能力比 PTF-2 类油的要求更严格。

9.3.2　我国汽车液力传动油的规格及分类

我国目前尚未制定液力传动油详细分类的国家标准，现有产品按中国石油化工总公司企业标准有 6 号普通液力传动油和 8 号液力传动油两种，另外还有拖拉机液压传动两用油。

6 号普通液力传动油（Q/SH 003.01.012—1988）是以深度精制的石油馏分，加入抗氧、抗磨、防锈、降凝、抗泡等添加剂调制而成的，适用于内燃机车、载货汽车的液力变矩器，它接近于 PTF-2 级油（表 9-3）。

8 号液力传动油（Q/SH 003.01.012—1988）是以润滑油馏分经脱蜡、深度精制，并加入增黏、降凝、抗氧、抗磨、防锈、抗泡、防腐、油性等多种添加剂精制而成的液力传动油，外观为红色透明体，适用于各种具有自动变速器的汽车。它接近于 PTF-1 类油。

表 9-3　国产液力传动油规格（Q/SH 003.01.012—1988）

项　目	质量指标		试验方法
	6 号	8 号	
运动黏度（100℃）（mm²/s）	6.5～7.0	7.5～9.0	GB/T 265
黏度指数	≥100	≥200	GB/T 2541
凝点（℃）	≤-20	≤-25	GB/T 510
水分（%）	无	无	GB/T 260
闪点（开口）（℃）	≥180	≥150	GB/T 267
机械杂质（质量分数）（%）	无	无	GB/T 511
水溶性酸或碱		无	GB/T 259
铜片腐蚀（100℃，3h）（级）	≥1	≥1	GB/T 5096
泡沫性（93℃）（mL/mL）	报告	报告	GB/T 12579
最大无卡咬负荷（p_B）（N）	报告	报告	GB/T 3142

拖拉机液压、传动两用油（Q/SH 007.1.23—1987）是由深度精制的中性油加入多种添加剂调制而成的，按 40℃运动黏度中心值划分为 68、100 和 100D 3 个牌号，其规格参数见表 9-4，适用于国产及进口拖拉机、工程机械、车辆作为液压系统的工作介质和齿轮传动机构的润滑油。

表 9-4　拖拉机液压、传动两用油（Q/SH 007.1.23—1987）

项　目	质量指标			试验方法
	68	100	100D	
运动黏度（mm²/s） 40℃ 100℃	61.2～74.8	90～110	90～110	GB/T 265
黏度指数	≥130	≥90	≥90	GB/T 1995
闪点（开口）（℃）	≥200	≥200	≥200	GB/T 267
凝点（℃）	≤−33	≤−16	≤−33	GB/T 510
铜片腐蚀试验（100℃，3h）（级）	≥1	≥1	≥1	GB/T 5096
液相锈蚀试验（蒸馏水）	无锈	无锈	无锈	GB/T 11143
水分（%）	痕迹	痕迹	痕迹	GB/T 260
机械杂质（质量分数）（%）	≤0.01	≤0.01	≤0.01	GB/T 511
最大无卡咬负荷（p_B）（N）	≤833.5（85）	≤833.5（85）	≤833.5（85）	GB/T 3142
磨损直径（294N，60min）（mm）	≤0.5	≤0.5	≤0.5	GB/T 3142
泡沫性（泡沫倾向/泡沫稳定性，93℃）（mL/mL）	≤100/10	≤100/10	≤100/10	GB/T 12579
防锈试验	≤10	≤10	≤10	GB/T 11143

注：牌号为 100 的拖拉机液压、传动两用油适用于南方地区，牌号为 68 和 100D 的适用于北方地区。

9.4　汽车液力传动油的选择及使用

9.4.1　汽车液力传动油的选择

选择液力传动油时，应根据所使用的液力传动结构的特点，结合液力传动油类型进行相应的选择。

9.4.1.1　液力传动油的选择原则

自动变速器的工作特点要求液力传动油必须具有较高的品质。自动变速器油的型号很多，各国的油规定也不同，一般应按照汽车使用说明书的规定选用。

我国炼油企业生产的液力传动油，按 100℃运动黏度分为 6 号和 8 号两种规格，其中 6 号液力传动油用于内燃机车或载货汽车的液力变矩器，8 号液力传动油用于各种轿车、轻型客车的液力自动变速器。

9.4.1.2　液力传动油使用注意事项

（1）注意保持油温正常。长时间重载低速行驶，将使油温上升，加速油的氧化变质，生成沉淀物和积炭，阻塞细小的通孔和油液循环的管路，这又使自动变速器进一步过热，导致变速器损坏。

（2）经常检查油面高度。车辆停在平地上，发动机保持运转，油应处在正常工作温度下（如果车辆在长途行驶或拖带挂车后，要在过 0.5h 后检查），此时油面高度在自动变速器油尺上下刻线之间（如果分冷、热刻线，则以热刻线为准），不足时应及时添加。如液面下降过快，可能有漏油，应及时予以排除。

（3）按车辆使用说明书的规定更换液力传动油和滤清器（或清洗滤网），同时拆洗自动变速器油底壳，并更换其密封垫。通常每行驶 1×10^4km 应检查油面，每行驶 3×10^4km 应更换油液。

（4）在检查油面和换油时，注意油液的状况。在手指上涂上少许油液，用手指互相摩擦看是否有渣粒存在，并从油尺上嗅闻油液气味，通过对油液的外观检查，可反映部分问题。

（5）传动油是一种专用油品，加有染色剂，系红色或蓝色透明液体，绝不能与其他油品混用，同牌号不同厂家生产的传动油也不宜混兑使用，以免造成油品变质。

9.4.2　汽车液力传动油的检查与更换

9.4.2.1　液力传动油的检查

9.4.2.1.1　油面高度的检查

自动变速器的生产厂家不同，油面高度的检查条件也不同，油尺的刻度标准也不完全相同。

检查的一般要求为：自动变速器处于热状态（油温为 70～80℃），汽车停在水平路面上并拉紧驻车制动器，发动机怠速运转；踩下制定踏板，将自动变速器的选挡操纵手柄在各挡位轮换停留短时间，使油液充满液力变矩器和所有执行元件，然后将发动机熄火，将选挡操纵手柄拨至停车挡（P）位；抽出油尺，用干净的抹布擦净后重新插入，再拔出检查，油面高度应达到油尺上规定的上限刻度为准。

需要注意的是，油尺上冷态范围（COOL）用于常温下检测，只能作为参考，而热态范围（HOT）才是标准的。如果超出允许范围，则需添加或排出部分油液。

9.4.2.1.2　油质的检查

正常的自动变速器油清澈纯净，呈红色，且无异味。如果使用不当，容易出现油液变质。因此，必须加强对油液品质的检查。

油液品质的检查可用检测仪器进行检查。无检测设备时，可从外观上判断，如用手指捻一捻油液，感觉一下黏度，用鼻子闻一闻有无特殊的气味。液力传动油的污浊度可以直接由颜色的差异观察出来，其颜色变化规律一般为：鲜红→浅褐→深褐→暗红→黑。油液品质越差则颜色越深、越暗。若发现油液变质，应及时更换新油。自动变速器油液品质变化与其故障原因对应关系见表 9-5。

表 9-5　自动变速器油液品质变化与其故障原因对应关系

自动变速器油液品质变化	自动变速器油液品质变化的原因
颜色发白、浑浊	水分已进入油中
黑色、发稠，油尺上有胶质油膏	自动变速器油油温过高
深褐色、棕色	油液使用时间过长；长期高负荷运转，或某些部件打滑、损坏，引起自动变速器过热
油液中出现固体残渣	离合器片、制动带和单向离合器磨损严重
油液中有烧焦味	油温过高，油面过低；油冷却器、滤清器或管路阻塞

9.4.2.1.3　油温和通气管的检查

油温是影响自动变速器油和自动变速器使用寿命的一个重要因素。油温过高将使油液黏度下降，性能变坏，产生油膏沉淀物和积炭，阻塞细小孔道，阻滞控制滑阀，降低润滑、冷却效果，破坏密封件等，最终导致故障。影响油温的主要因素有液力变矩器故障、离合器与制动器打滑或者分离不彻底、单向离合器打滑及油冷却器阻塞等。

驾车时必须按规定正确操纵自动变速器，保证自动变速器技术状况良好。行车途中应注意检查自动变速器壳体的温度是否正常，若发现温度过高，应立即停车检修。因自动变速器过热而引起自动变速器油变质时，应首先检查油面高度是否合适。若油面高度合适仍过热，则应更换自动变速器油；若换油不能奏效，就需要检查管路是否堵塞；若仍然难以奏效，就需要全面检修自动变速器。

此外，还需注意检查自动变速器壳体上的通气管是否畅通，以防被污泥堵塞，不利于变速器内气压平衡。

9.4.2.2　液力传动油的更换

自动变速器油都有一定的使用期限，当达到这个期限时，油品就不能很好起到润滑作用，所以应定期更换。国产汽车正常行驶 $0.8 \times 10^4 \sim 1 \times 10^4$ km，进口汽车正常行驶 $2 \times 10^4 \sim 4 \times 10^4$ km，或者停车超过 1 年时，均应全部更换自动变速器油。

换油时，应先放掉旧油。而在放油前应先运行车辆，使自动变速器油预热到正常工作温度（70～80℃），以便降低油的黏度（确保油内杂质和沉淀物随油一起排出），然后停车熄火，将汽车停放在水平路面上，选挡操作手柄拨至停车挡（P）位，并拉紧驻车制动器。拆下自动变速器油底壳上的放油螺塞，将油底壳内的油液放净，视情况拆下油底壳，彻底清洗油底壳和滤清器滤网，并将自动变速器油冷却器用汽油冲洗干净，然后再将油底壳和放油螺塞装好。

加油时，先从自动变速器加油口注入规定牌号的自动变速器油至规定的油面高度（因加入的是新油，温度较低，油面高度应在油尺刻度线的下限附近）。起动发动机，在发动机怠速运转情况下，移动选挡操纵手柄，经所有挡位后回到停车挡（P）位，此时如油面低，应继续加油至规定油面高度。最后，让汽车运行至发动机和自动变速器达到正常工作温度，再次检查热状态时油面高度是否在油尺刻度线的上限附近，并调整油面高度。如果加油时不慎使油面高于规定的高度，这时不应勉强使用，而应该拧开放油螺塞进行放油；如没有放油螺塞，可从加油口处用吸管或其他器具吸出。

自动变速器油量的多少，对其使用性能和使用寿命均有较大的影响，因此，加入自动变速器的油量必须符合标准。若油面低于标准，油泵会吸入空气，导致空气混入工作液，降低液压系统的工作压力，使各控制滑阀和执行元件动作失准，操作失灵，使离合器、制动器的摩擦材料过早磨损，同时还会加速自动变速器油的氧化变质。当油面过低时，由于运动件得不到充分可靠的润滑，就有可能因过热而引发运动件卡滞及产生噪声；当油面过高时，会由于机械搅拌而产生大量气泡，这些泡沫进入液压系统会引发与油面过低而产生的同样问题。如果控制阀体浸没于自动变速器油中，则液压管路中的离合器、制动器的泄油口会被自动变速器油阻塞，施加于离合器、制动器的油压就不能完全释放或释放速度太慢，使离合器、制动器动作迟缓。在坡路上行驶时，由于过多的油液在油底壳中晃动，可能从加油管往外窜油，容易引起发动机罩下起火。

复习思考题

1. 液力传动油的作用有哪些？
2. 液力传动油的性能指标有哪些？
3. 国外液力传动油是如何分类的？
4. 国内液力传动油是如何分类的？
5. 如何正确选择和使用液力传动油？

补充阅读材料

材料 1   如何检查自动变速箱油位

如果自动变速器油液面过低，低于油尺最低液面标志，问题可能是外部泄漏。液面过低会造成许多问题，这样会将空气吸入自动变速器油泵的入口，含有空气的自动变速器油油压建立缓慢，并且液面的降低会造成自动换挡打滑。

自动变速器油面过高，旋转的行星齿轮和其他部件搅动油液会产生气泡。这种情况的后果和液面过低时的后果非常相似。充气的油液造成油温过高，油液氧化加快（易造成油泥累积），阻碍滑阀、离合器和伺服机构的正常工作。

纯净的自动变速器油是呈略带桃红色或红色，颜色呈深褐色或黑色或带焦煳味说明油温过高，如果出现这种情况，自动变速器油和滤清器必须更换，并对变速器进行检查。颜色呈乳白色，说明油液与发动机冷却液混合，发动机冷却液渗漏到位于散热器水箱里的变速器冷却器中。油尺上有气泡说明空气进入变速器。气泡的出现通常是由于高压泄漏。

用有吸附力的纸巾擦试油尺，查看油渍，其中黑色颗粒是制动带或离合器上的摩擦材料。发现沉积在油尺上的漆状物或胶状物说明需要更换自动变速器油或滤清器了。

材料 2　自动变速箱油升温造成的影响及更换时间

自动变速箱的核心控制装置是液压控制装置，液压控制装置由油泵、阀体、离合器、制动器以及连接所有这些部件的液体通路所组成。阀体是自动变速箱的控制中心，其作用是根据发动机和底盘传动系统的负载状况（节气门开度和输出轴转速），对油泵输出到各执行机构的油压加以控制，以控制液力变矩器，控制各离合器和制动器的结合与分离实现自动换挡。自动变速箱根据汽车速度、发动机转速、动力负荷等因素自动升降挡位，不需由驾驶者操作离合器换挡，使用很方便，特别在交通比较拥挤的城区马路行驶，自动变速箱体现出很好的便利性。普通的驾驶状况下温度会上升 80℃，这个温度是一般 ATF 的正常的工作温度。汽车起动不久后 ATF 温度就会升高。当温度提升后，ATF 便开始氧化，变成褐色并散发着一阵烧焦面包的味道。高温会破坏 ATF 的质量和摩擦特性，同时，油泥亦会在内部产生（如阀体），导致变速箱的工作受干扰。如果温度超过 120℃，橡胶密封材料会开始变硬，最后导致渗漏，液压降低。如果温度更高，变速箱开始打滑，打滑反而使温度升得更高。最后，离合器会烧掉，整个变速箱将停止运行。

在正常的 80℃ 的工作温度下，温度每上升 10℃，ATF 的使用寿命会减半。例如，90℃ 时，ATF 的使用寿命会降低到 75 000km；在 100℃（这个温度很多变速箱都会经常出现）时，使用寿命就只有 35 000km 左右；120℃ 时，则是 15 000km；再升高 10℃ 时，使用寿命就只剩下 7 500km；超过 146℃ 或者 148℃ 时，自动变速箱在 1 500km 或者 2 000km 前就会烧掉。

有很多因素致使 ATF 的温度超出系统可以维持安全的温度范围，如拖挡、爬坡、高温环境、持续的超高速行驶，市区内走走停停，为了摆脱陷入泥地或雪地而前后摆动汽车等。另外，油冷系统出现问题也是出现高温的原因之一，如冷却液不足，冷却风扇、风扇离合器、自动调温器或者水泵等部件有损坏时，同样会削弱 ATF 的散热效果。有时，变速箱过热，甚至导致发动机的冷却系统过热，这时，需安装辅助变速箱散热器。

第 10 章
车用液压油

[本章提要]

　　本章主要介绍车用液压油的使用性能要求、使用性能的评定指标、规格标准及技术要求、选择及使用，以及汽车液压油相关研究最新进展。重点内容是车用液压油的使用性能指标、选择及使用方法。要求学生了解车用液压油的使用性能要求、车用液压油的相关研究进展，熟悉车用液压油的规格和质量标准，掌握车用液压油的使用性能评定方法及选择、使用方法。

　　当前的汽车已应用到国民经济的各个领域，而且专用性越来越明显。液压系统在一些专用汽车上的应用也越来越广泛。而液压系统工作的可靠性和使用寿命，在很大程度上取决于液压油的性能和正确使用。

10.1　车用液压油的使用性能

　　自卸汽车、汽车起重机等各种专用车辆的液压系统，使用液压油作为工作介质。这类液压系统中，油液的流速不大，但工作压力较高，称为静压传动。静压传动装置主要由动力机构、控制机构、执行机构、辅助装置、工作介质等部分组成。动力机构即液压泵，其作用是把输入的机械能转换为液体的压力能；控制机构即各种调节装置和液压阀，用来控制液体的压力、流量和方向等；执行机构主要指液压缸和液压马达，作用是将输入的压力能转换为工作需要的机械能；辅助装置包括油箱、油管、管接头及控制仪表等；工作介质是指传递能量的液压油。

　　为了保证液压系统正常工作，对液压油的使用性能有两个最基本的要求：工作中的不可压缩性和良好的流动性。通常提到的空气释放性、起泡性、黏温性和抗剪切性能等，实际上都是为了保证实现上述两个基本要求。

10.1.1　不可压缩性

　　液体在外力作用下不易改变其体积，所以通常说液体是不可压缩的。但空气混入后会影响其不可压缩性。目前使用的液压油多为矿物油,空气能溶解于矿物油中,其溶解度主要取决于空气压力,其次是环境温度。气压高或温度高时,溶解度大。在常温常压条件下,空气在矿物油中的溶解度约为9%(体积分数)。

当空气在油液中保持溶解状态时,液压系统的工作不会出现问题。而当液压油通过液压缸、液压阀等液压元件时,压力会突然下降,加上温度的影响,空气容易从油液中释放出来并形成许多气泡,破坏了液压油的不可压缩性,从而破坏了它作为工作介质传递能量的作用,并使操纵机构失灵。此外,由于液压泵发生泄漏或油与空气的翻搅都会产生泡沫,油液中混入空气还会使液压泵产生噪声。为了保持液压油的不可压缩性,一方面要尽量防止空气混入液压系统;另一方面在液压油中加入抗泡剂。与液压油不可压缩性相关的指标是空气释放值(它用在50℃时每分钟不大于某值来表示)以及起泡性(泡沫倾向/泡沫稳定性)等。

10.1.2 良好的流动性

油液的流动性直接影响着能量的传递效果,它与油液的倾点、黏度和黏温性等指标有关,特别是倾点和低温黏度,应能适应液压泵预计的最低操作温度。倾点过高,低温黏度过大,冬季将使野外工作的液压泵不能正常吸油,造成磨损,甚至不能运转。低温下使用的液压油应深度脱蜡,并加入倾点降低剂(即降凝剂)或用合成烃油作为基础油。温度变化范围较宽的液压系统,其液压油须有良好的黏温性,否则温度降低时,黏度增加太大,摩擦损失增加,泵送的速度变慢,从而影响能量传递效果。而在温度升高后黏度又变得太小。所以,在宽温度范围环境中使用的液压油里应加入黏度指数改进剂,这种液压油被称作高黏度指数液压油。

10.1.3 良好的剪切稳定性

为了改善液压油的黏温性,加入的黏度指数改进剂多是高分子聚合物,在切应力作用下,若分子断裂,将使黏度下降,黏温性变差。工作时,如泵的转动和阀门间隙中的小孔,都会产生剪切作用。因此液压油应具备良好的剪切稳定性。

10.1.4 良好的抗磨性

液压泵的发展趋势是高压、高速、小流量。这就要求液压油具有一定的极压抗磨性。抗磨型的液压油要通过各种抗磨性试验,如FZG(或CL-100)齿轮机试验(SH/T 0396)、叶片泵试验(SH/T 0397)和长期磨损试验(SH/T 0198)等。

10.1.5 良好的氧化安定性

液压油氧化后生成的胶质和沉积物会影响液压系统的正常工作,特别是系统的稳定性及控制机构的精度和准确性;同时生成的酸性氧化物会使设备受到腐蚀,因此要求液压油具有良好的氧化安定性。解决方法是对液压油的基础油进行深度精制,并加入抗氧剂。

此外,液压油还应有良好的防腐性、防锈性、抗乳化性、与橡胶密封材料的适应性等要求。对某些在有热源条件下工作的液压油,还有难燃性的要求。

10.2　车用液压油使用性能的评定指标

从分子物理学的观点来看：液体是由一个个不断作不规则运动的分子所组成的；分子间存在着间隙，因此它们是不连续的。但从工程技术的观点来看，分子间的间隙极其微小，完全可以把液体看作是由无限多个微小质点所组成的连续介质，把液体的状态参数（密度、速度和压力等）看作是空间坐标内的连续函数。

10.2.1　车用液压油不可压缩性的评定指标

当液体受到压力时，分子间距离缩短，密度增加，体积缩小。这种性质就称为液体的可压缩性。液压油在 35MPa 以下的压力范围，每升高 7MPa，体积仅缩小 0.5%，因此在一般情况下可以忽略不计。但是在研究液压传动的特性，计算液流冲击力、抗振稳定性、工作的过渡过程以及远距离操纵的液压机构时，必须考虑它的压缩性。在这些情况下，液体的压缩性是有害的。例如，在精度要求很高的随动系统中，油液的压缩性会影响它的运动精度，在超高压系统液体加压压缩时吸收了能量，当换向时能量突然释放出来，会产生液压冲击，引起剧烈的振动和噪声等。但是，人们可以利用它有利的一面。例如，液压机中，可以利用油液的压缩性储存压力能，实现停机保压。

液体压缩的大小，一般用体积压缩系数 β 来表示。它相当于每增加 0.1MPa 压力时液体体积的变化量，如下式所示：

$$\beta = \frac{1}{\Delta p} \cdot \frac{\Delta V}{V_0} \qquad (10\text{-}1)$$

式中：β 为体积压缩系数；Δp 为压力变化值；ΔV 为液体被压缩后体积的变化值；V_0 为液体压缩前的体积。

体积压缩系数 β 的倒数称为体积模量。液压油的体积模量为 $1.4 \times 10^9 \sim 2.0 \times 10^9 \text{N/m}^2$，而钢的弹性模量为 $2.06 \times 10^{11} \text{N/m}^2$，可见液压油的压缩性比钢要大 $100 \sim 150$ 倍。液压油的体积模量 K 与压缩过程、温度、压力等因素有关。等温压缩下的 K 值不同于绝热压缩下的 K 值，由于差别较小，工程技术上使用时可忽略其差别。温度升高时，K 值减小，在液压油正常工作的温度范围内，K 值会有 $5\% \sim 25\%$ 的变化。压力加大时，K 值加大，但其变化不呈线性关系，且当 $p \geqslant 30 \times 10^5 \text{Pa}$ 时，K 值基本上不再加大。

10.2.2　车用液压油流动性的评定指标

当油液在外力作用下发生流动时，由于油液分子与固体壁面之间的附着力和分子之间的内聚力的作用，会导致油液分子间产生相对运动，从而在油液中产生内摩擦力。油液在流动时产生内摩擦的特性称为黏性。所以只有在流动时，油液才有黏性，而静止液体则不显示黏性。

黏性的大小可用黏度来衡量。黏度是选用液压油的主要指标，它对油液流动的特性有很大影响。

10.2.2.1　黏度的定义及其物理意义

如图 10-1 所示，设两平行平板之间充满油液，上平板以速度 v 向右运动，而下平板则固定不动，紧贴上平板的油液黏附于平板上，以相同的速度 v 随平板向右移动。紧贴在下平板的油液则黏附于下平板而保持静止。中间流体的速度呈线性分布。

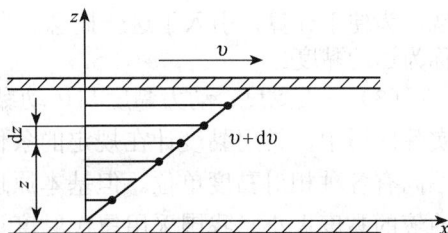

图 10-1　黏性液体速度梯度与角变形

可将这种流动看作是许多薄流体层的运动。由于各层的流动速度不同，流动快的流层会拖动慢的流层，而流动慢的流层又会阻滞流动快的流层。这种流层之间的相互作用力称为内摩擦力。内摩擦力的大小不仅与油液的黏性大小有关，也与流层间的相对运动速度大小有关。若两平板之间距离为 z，平板面积为 A，下平板上所受到的油液的切应力为 τ，牛顿曾假设下列关系式成立：

$$\frac{\tau}{A}=\mu\frac{v}{z} \tag{10-2}$$

式中：μ 为由油液性质决定的系数（常数）。

实验证明，这一假定对水、油、空气等流体是近似成立的。我们将 μ 为常数的流体称为牛顿流体。反之，则称为非牛顿流体。进一步分析牛顿假定的关系式可以看出，等式的左边即为单位面积上所受的切应力 τ，等式右边 $\frac{v}{z}$ 则表示沿垂直于速度方向上单位距离速度的平均变化率。当它很小时就是垂直于速度方向上的速度梯度 $\frac{\mathrm{d}v}{\mathrm{d}z}$，写成一般式为：

$$\tau=\mu\frac{\mathrm{d}v}{\mathrm{d}z} \tag{10-3}$$

式中：μ 为表征油液黏性大小的系数。

10.2.2.2　黏度的分类

(1) 动力黏度 μ：动力黏度又称绝对黏度，简称黏度。它由 $\tau=\mu\dfrac{\mathrm{d}v}{\mathrm{d}z}$ 导出，即 $\mu=\tau/\dfrac{\mathrm{d}v}{\mathrm{d}z}$，它表示当速度梯度为 1 时单位面积上的摩擦力，单位为 Pa·s。

(2) 运动黏度：运动黏度是动力黏度与密度之比，即：

$$\upsilon=\frac{\mu}{\rho} \tag{10-4}$$

式中：υ 的单位为 m²/s。在工程单位制（CGS）和国际单位制（SI）中，υ 的单位是 cm²/s（非法定计量单位是斯托克斯 St，1St=1cm²/s）；1m²/s=10^4St=10^6cSt（厘斯，1cSt=0.01St）。

运动黏度 υ 没有明确的物理意义，只是在理论分析和计算时，黏度常以 $\dfrac{\mu}{\rho}$ 的形式出现，为便于计算，引入了这一概念。在 υ 的量纲中只有运动学要素——时间和长度，故称为运动黏度。

（3）恩氏黏度：动力黏度与运动黏度难以直接测量，一般仅用于理论分析和计算。实际应用中，常用黏度计在规定的条件下直接测量油液的黏度。按照测量仪器条件的不同有各种相对黏度单位。但基本原理是相同的，都是以相对于水的黏度大小来度量油液的黏度大小。我国采用恩氏黏度计来测定油液的黏度。方法是：在某一特定温度（如 20℃、50℃、100℃）时，将 200cm³ 被测油液在自重作用下流过 Φ2.8mm 的小孔所需时间 t_1 与 20℃时同体积蒸馏水流过小孔所需时间 t_2 之比，即为被测油液的恩氏黏度。其公式如下：

$$°E=\frac{t_1}{t_2} \tag{10-5}$$

工业上常用 20℃、50℃、100℃作为恩氏黏度测定的标准温度，分别以 $°E20$、$°E50$、$°E100$ 来表示，单位为 m²/s。$°E$ 与 υ 之间的换算关系式为：

$$\upsilon=(7.31°E-\frac{6.31}{°E})\times10^{-6} \tag{10-6}$$

10.2.2.3　黏度与压力的关系

在一般情况下，压力对黏度的影响较小。对大多数液体，随着压力增加，其分子之间距离缩小，内聚力增大，黏度也随之增大。在实际工程中，压力<5MPa 时，一般均不考虑压力对黏度的影响。在压力较高时，需要考虑压力对黏度的影响，它们之间变化关系为：

$$\upsilon_p=\upsilon_0 e^{bp}\approx\upsilon_0(1+bp) \tag{10-7}$$

式中：υ_0 为一个大气压下的运动黏度；b 为指数，一般为 200～300m²/N；υ_p 为压力在 p 时的运动黏度；p 为油压（Pa）。

10.2.2.4　黏度与温度的关系

温度对油液黏度的影响较大。随着温度升高，油液黏度下降。油液黏度与温度之间的关系称为油液的黏温特性。不同的油液有不同的黏温特性。在 30～150℃范围内，对运动黏度 υ<76cSt（1cSt=0.01cm²/s）的矿物油，其黏度与温度的关系可用下式表示：

$$\upsilon_t=\upsilon_{50}(\frac{50}{t})^n \tag{10-8}$$

式中：υ_t 为温度 t 时油液的运动黏度；υ_{50} 为 50℃时油液的运动黏度；n 为与油液黏度有关的特性指数（表 10-1）。

表 10-1　特性指数 n 的数值

υ_{50}（cm²/s）	2.5	6.5	9.5	12	21	30	38	45	52	60	68	76	113
n	1.39	1.59	1.72	1.79	1.99	2.13	2.24	2.32	2.42	2.49	2.52	2.56	2.75

10.2.3　密度和重度

液体中某点处微小质量Δm与其体积ΔV之比的极限值，称为该点的密度。表达为：

$$\rho = \lim_{\Delta V \to 0} \frac{\Delta m}{\Delta V} = \frac{\mathrm{d}m}{\mathrm{d}V} \tag{10-9}$$

液体中，某点处微小重力ΔF_G与其体积ΔV之比的极限值称为该点液体的重度γ，即：

$$\gamma = \lim_{\Delta V \to 0} \frac{\Delta F_G}{\Delta V} = \frac{\mathrm{d}m}{\mathrm{d}F_G} \tag{10-10}$$

对于均质液体来讲，它的密度ρ和重度γ分别为：

$$\rho = \frac{m}{V} \tag{10-11}$$

$$\gamma = \frac{F_G}{V} \tag{10-12}$$

式中：m为液体的质量；F_G为液体的重力；V为液体的体积。

在国际单位制（SI）中，液体的密度单位为kg/m^3；重度单位为N/m^3。由于$F_G = mg$，所以液体的密度和重度之间有如下关系：

$$\gamma = \rho g \tag{10-13}$$

重力加速度g的值在国际单位制中，常取$9.81m/s^2$。液体的密度和重度随压力和温度而变化，在一般情况下，可视为常数，ρ取$900kg/m^3$。

10.2.4　其他特性

液压油还有其他一些物理化学性质，如抗燃性、抗氧化性、抗凝性、抗泡沫性、抗乳化性、防锈性、润滑性、导热性、稳定性以及相容性（主要指对密封材料、软管等不侵蚀、不溶胀的性质）等，这些性质对液压系统的工作性能有重要影响。对于不同品种的液压油，这些性质的指标是不同的，具体应用时可查油类产品手册。

10.3　车用液压油的分类及质量标准

10.3.1　车用液压油的分类

按国家标准规定，液压油属于L类（润滑剂和有关产品）中H组（液压系统），并采用统一的命名方法，其一般形式为：

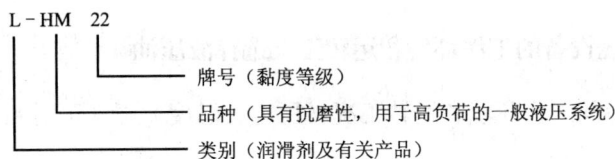

L - HM　22

牌号（黏度等级）
品种（具有抗磨性，用于高负荷的一般液压系统）
类别（润滑剂及有关产品）

GB/T 7631.2—1987 规定润滑剂和有关产品（L 类）的分类——第二部分；H 组（液压系统）见表 10-2。

表 10-2　H 组（液压系统）液压油分类——流体静压系统（摘自 GB/T7 631.2—1987）

组别符号	应用		组成和特性	产品符号	典型应用	备注
	一般	特殊				
H	液压系统	流体静压系统	无抗氧剂的精制矿油	L–HH		
			精制矿油，并改善其防锈和抗氧性	L–HL		
			HL 油，并改善其抗磨性	L–HM	高负荷部件的一般液压系统	
			HL 油，并改善其黏温性	L–HR		
			HM 油，并改善其黏温性	L–HV	机械和船用设备	
			无特定难燃性的合成液	L–HS		特殊性能
			HM 油，并具有黏–滑性	L–HG	液压和滑动轴承导轨润滑系统合用的机床，在低速下使振动或间断滑动（黏–滑）减为最小	

液压油的黏度等级按 GB/T 3141—1994《工业液体润滑剂 ISO 黏度分类》的规定，等效采用国际标准 ISO 的分类，以 40℃运动黏度的中间点黏度划分黏度等级，常用的 10～150 各级的中间点运动黏度及运动黏度范围见表 10-3。

表 10-3　ISO 黏度分类

ISO 黏度等级	中间点运动黏度（40℃）（mm²/s）			ISO 黏度等级	中间点运动黏度（40℃）（mm²/s）		
	取值	最小	最大		取值	最大	最大
10	10	9.0	11.0	46	46	41.2	50.6
15	15	13.5	16.5	68	68	61.2	74.8
22	22	19.8	24.2	100	100	90	110
32	32	28.8	35.2	150	150	135	160

10.3.2　液压油的质量标准

液压油的质量标准参照 GB 11118.1—2011《液压油（L–HL、L–HM、L–HV、L–HS、L–HG）》。

10.4　车用液压油的选择及使用

10.4.1　车用液压油的选择

10.4.1.1　根据液压设备的工作环境和运转工况选择液压油

液压设备在不同工作环境和运转工况（压力、温度）下，可对照表 10-4 选择合适的液压油品种。

表 10-4 按环境和工况选择液压油的品种

运转工况	压力（MPa）	<7	7～14	7～14	>14
	温度（℃）	<50	<50	50～80	>80
工作环境	温度变化不大的环境	HL	HL、HM	HM	HM
	寒区和严寒地区	HR	HV	HV、HS	HV、HS

10.4.1.2 根据液压泵的类型、压力和工作温度选择液压油

液压油的黏度应能保证液压系统在可能遇到的低温环境条件下工作灵敏可靠，并在高温条件下保持较高的效率。齿轮泵长期工作的最低黏度要求为 $20mm^2/s$，叶片泵约为 $10mm^2/s$，柱塞泵约为 $8mm^2/s$。黏度过低，泵磨损加剧，同时泄漏增加，效率降低；但黏度也不能太大，否则将造成起动困难。各种液压泵最大泵油黏度，齿轮泵为 $2000mm^2/s$，柱塞泵为 $1000mm^2/s$，叶片泵为 $500～700mm^2/s$。中、低压液压系统正常运转时的平均工作温度高于环境温度 40～50℃，在此温度下黏度最好为 $13～16mm^2/s$，不宜小于 $10mm^2/s$；在压力大于 40MPa 的超高压系统中，油温比中、低压系统高 10℃左右，黏度最好为 $20～30mm^2/s$。因此，应根据以上黏度要求选用液压油的黏度牌号。如多数汽车制造厂推荐汽车转向助力器使用 HV 或 HS 型低温液压油。最低气温在−10℃以上地区，可全年使用 46 号液压油；最低气温在−20～−10℃以上，可全年使用 32 号液压油；最低气温在−35～−20℃以上，可全年使用 22 号液压油。

汽车自卸机构和起重机液压系统，由于间歇工作，油温不高，选择牌号时着重考虑其低温性能。除冬季最低气温在−35℃以下的严寒地区，都可全年使用 15 号或 22 号油；最低气温高于−10℃的地区，可全年使用 32 号液压油。工程机械液压系统工作持续时间长，特别是一些高性能的进口工程机械，其液压系统具有高压、低速、大转矩和大流量等特点，夏季工作温度可达 80℃以上，需选用黏度牌号较高的抗磨液压油。

10.4.2 车用液压油的使用

汽车运输和维修企业常用的液压油见表 10-5。

表 10-5 常用液压油的应用

产品符号		主要应用场合
L-HH	15 22 32 46 68 100 150	本产品为无（或含有少量）抗氧剂的精制矿物油。适用于对润滑油无特殊要求的一般循环润滑系统，如低压液压系统和有十字头压缩机曲轴箱等循环润滑系统；也可适用于其他轻负荷传动机械、滑动轴承和滚动轴承等油浴式非循环润滑系统。本产品质量水平比 L-AN 油（全损耗系统用油）高。无本产品时可选用 L-HL 油
L-HL	15 22 32 46 68 100 150	本产品为精制矿物油，并具有防锈和抗氧性的润滑油。常用于低压液压系统，也可适用于要求换油期较长的轻负荷机械的油浴式非循环润滑系统。无本产品时，可选用 L-HM 油或其他抗氧防锈型润滑油

（续）

产品符号		主要应用场合
L-HM	15 22 32 46 68 100 150	本产品为在 L-HL 油基础上改善其抗磨性的润滑油。适用于低、中、高压液压系统，也可用于其他中等负荷机械润滑部位。对油有低温性能要求或无本产品时，可选用 L-HV 和 L-HS 油
L-HV	15 22 32 46 68 100 150	本产品为在 L-HM 油基础上改善其黏温性的润滑油。适用于环境温度变化较大和工作条件恶劣的（指野外工程和远洋船舶等）低、中、高压液压系统和其他中等负荷的机械润滑部位。对油有更好的低温性能要求或无本产品时，可选用 L-HS 油
L-HR	15 32 46	本产品为在 L-HL 油基础上改善其黏温性的润滑油。适用于环境温度变化较大和工作条件恶劣的（指野外工程和远洋船舶等）低压液压系统和其他轻负荷的机械润滑部位
L-HS	10 15 22 32 46	本产品为无特定难燃性的合成液，目前暂定为合成烃油。它可以比 L-HV 油的低温黏度更小，其主要应用场合同 L-HV 油，可用于北方寒季，也可全国四季通用
L-HG	32 68	本产品为在 L-HM 油基础上改善其黏滑性的润滑油。适用于液压和导轨润滑系统合用的机床，也可适用于其他要求油有良好黏滑性的机械润滑部位

L-HL 液压油为一种通用工业机床润滑油，适用于机床和其他设备有抗氧防锈要求的低压液压系统和传动装置，在 0℃以上环境下使用。

L-HM 液压油为抗磨型液压油，可用于低、中、高压液压系统，也可用于中等负荷机械设备的润滑部位，适应的环境温度为–5～60℃。

L-HV 液压油曾被称为工程液压油或低温抗磨液压油，广泛应用于野外和恶劣环境下工作的液压设备。自卸车和装载机使用试验表明，L-HV32 液压油在油温–24℃以上起动容易。在环境温度–30℃以上液压举升、转向操作灵活；L-HV22 液压油在油温–31.5℃以上起动容易，在环境温度–43℃以上液压举升、转向操作灵活，它们还具有较长的换油周期，可在寒冷地区的工程机械上使用。

L-HR 液压油为在 L-HL 液压油基础上改善其黏温性的润滑油，也是一种低温液压油，但在抗磨性上不及 L-HV 液压油，可用 L-HV 液压油代替。

L-HS 液压油以合成烃油或与精制矿物油混调的半合成油为基础油，再调入各种抗磨剂和黏度指数改进剂而成，在低温性能上优于 L-HV 液压油，适合在严寒地区（环境温度为–40℃以上）野外作业的工程机械使用。

L-HG 液压油为在 L-HM 油基础上改善其黏滑性能的润滑油，它可用于液压系统和导轨润滑系统合用的机床，使导轨在低速下的振动和间歇滑动减至最小。

10.4.3　车用液压油选择和使用对车辆造成的影响及处理

（1）要特别注意保持液压油的清洁，严防沙尘等固体污染物侵入，否则将显著缩短液压系统的寿命。

（2）应按液压油的换油指标换油。为此，应对液压油定期进行取样化验，正常使用条件下，每两个月取样一次；工作频繁、环境恶劣时，每月取样一次，不具备分析条件时，应按设备使用说明书的规定定期换油。在一般条件下，汽车和工程机械在高级维护时更换液压油。

（3）换油步骤为：首先，更换液压油箱中的液压油，将油箱中的液压油放掉，并拆卸总油管，严格清洗油箱及滤油器。可先用清洁的化学清洗剂清洗，待晾干后，取用新液压油冲洗，在放出冲洗油后再加入新液压油；然后起动发动机，以低速运转，使液压泵开始动作，分别操纵各机构。靠新液压油将系统各回路的旧油逐一排出。排出的旧油不得流入液压油箱，直至总回油管有新油流出后停止液压泵转动。在各回路换油的同时，应注意不断向液压油箱中补充新液压油，以防液压泵吸空；最后将总回油管与油箱连接，将各元件置于工作初始状态，向油箱中补充新液压油至规定液位。

必须注意的是，不同品种、不同牌号的液压油不得混用。新油在加入前和使用后，均应进行取样化验，以确保油液质量。

复习思考题

1．车用液压油的使用性能有哪些？
2．在我国液压油的质量标准中，对车用液压油的质量提出了哪些要求？
3．在我国液压油的质量标准中，是如何对车用液压油进行分类的？
4．使用车用液压油应注意哪些事项？
5．如何选择和使用车用液压油？

补充阅读材料

材料1　车用液压油相关研究最新进展

1．多级液压油

通常使用的单级液压油的分类定义由 ISO 3448 和 ASTM D2422—97 给出，只规定了油品在 40℃ 的黏度级别。多级液压油的分类由 ASTM D6080—97 给出，该分类方法在 ISO VG 标准的基础上，增加了如下内容：低温级别；剪切后的 40℃ 运动黏度；剪切后的液压油黏度指数等。未来多级液压油的发展会随着 OEM 的要求越来越快。使用多级油的优点很多，如节能、降低油温、延长油泵寿命，还能在温差较大的环境下使用而无须换油。

2．高清洁度液压油

由于液压系统的精密度越来越高，OEM 对油品清洁度提出了越来越严格的要求。目前国际上普遍采用的清洁度标准为美国 NAS 1638 标准和 ISO 4406 标准。

3．环境兼容液压油

矿物基的液压油由于生物降解性差，在某些场合的使用已受到限制，发展环境兼容润滑剂已成为 20 世纪 90 年代以来的研究热点。欧洲在这方面的研究走在世界前列。2002 年德国约有 4×10^4 t 润滑剂是可生物降解的，其中 67% 是液压油，其余 33% 是链条油、一冲程油及切削油等。环境兼容液压油在世界范围内的需求量呈逐年上升的趋势，将很有可能在一定范围内取代矿物基液压油。

材料 2　液压油的污染与防护

液压油是否清洁，不仅影响液压系统的工作性能和液压元件的使用寿命，而且直接关系到液压系统能否正常工作。液压系统多数故障与液压油受到污染有关，因此控制液压油的污染是十分重要的。

1．液压油被污染的原因

（1）液压系统的管道及液压元件内的型砂、切屑、磨料、焊渣、锈片、灰尘等污垢在系统使用前冲洗时未被洗干净，在液压系统工作时，这些污垢就进入到液压油里。

（2）外界的灰尘、沙砾等，在液压系统工作过程中通过往复伸缩的活塞杆，流回油箱的漏油等进入液压油里。另外，在检修时，稍不注意也会使灰尘、棉绒等进入液压油里。

（3）液压系统本身也不断地产生污垢而直接进入液压油里，如金属和密封材料的磨损颗粒、过滤材料脱落的颗粒或纤维及油液因油温升高氧化变质而生成的胶状物等。

2．油液污染的危害

液压油污染严重时，会直接影响液压系统的工作性能，使液压系统经常发生故障，导致液压元件寿命缩短。造成这些危害的原因主要是污垢中的颗粒。对于液压元件来说，由于这些固体颗粒进入到元件里，会使元件的滑动部分磨损加剧，并可能堵塞液压元件里的节流孔、阻尼孔，或使阀芯卡死，从而造成液压系统的故障。水分和空气的混入使液压油的润滑能力降低，并使它加速氧化变质，产生气蚀，使液压元件加速腐蚀，使液压系统出现振动现象。

3．防止污染的措施

造成液压油污染的原因多而复杂，液压油自身又在不断地产生脏物，因此要彻底解决液压油的污染问题是很困难的。为了延长液压元件的寿命，保证液压系统可靠地工作，将液压油的污染度控制在某一限度以内是较为切实可行的办法。对液压油的污染控制工作主要从两个方面着手：一是防止污染物侵入液压系统；二是把已经侵入的污染物从系统中清除出去。污染控制要贯穿于整个液压装置的设计、制造、安装、使用、维护和修理等各个阶段。

为防止油液污染，在实际工作中应采取以下措施：

（1）使液压油在使用前保持清洁：液压油在运输和保管过程中都会受到外界污染，新买来的液压油看上去很清洁，其实很"脏"，必须将其静放数天后经过滤加入液压系统中使用。

（2）使液压系统在装配后、运转前保持清洁：液压元件在加工和装配过程中必须清洗干净，液压系统在装配后、运转前应彻底进行清洗，最好用系统工作中使用的油液清洗，清洗时油箱除通气孔（加防尘罩）外必须全部密封，密封件不可有飞边、毛刺。

（3）使液压油在工作中保持清洁：液压油在工作过程中会受到环境污染，因此应尽量防止工作中空气和水分的侵入。为完全消除水、空气和污染物的侵入，采用密封油箱，通气孔上加空气滤清器，防止尘土、磨料和冷却液侵入，经常检查并定期更换密封件和蓄能器中的胶囊。

（4）采用合适的滤油器：这是控制液压油污染的重要手段。应根据设备的要求，在液压系统中选用不同的过滤方式、不同的精度和不同的结构的滤油器，并要定期检查和清洗滤油器和油箱。

（5）定期更换液压油：更换新油前，油箱必须先清洗一次；液压系统较脏时，可用煤油清洗，排尽后注入新油。

（6）控制液压油的工作温度：液压油的工作温度过高对液压装置不利，液压油本身也会加速化变质，产生各种生成物，缩短它的使用期限，一般液压系统的工作温度最好控制在 65℃ 以下，机床液压系统则应控制在 55℃ 以下。

第11章
车用其他工作液

[本章提要]

本章主要介绍车用特种工作液(车用发动机冷却液、车用空调制冷剂与冷冻机油、车用风窗玻璃清洗液、铅酸蓄电池电解液)的组成、使用性能、选择、使用及相关研究最新进展。重点内容是车用特种工作液的选择与使用。要求学生了解特种工作液的组成、相关研究最新进展及发展趋势,熟悉特种工作液的规格标准,掌握车用特种工作液的正确、合理使用方法。

11.1 车用发动机冷却液

汽车发动机在工作过程中,气缸内的工作温度最高可达1 700~2 500℃。为了保证发动机能正常工作,必须对在高温条件下工作的零件进行冷却。目前,汽车发动机广泛采用强制循环水冷系统,而冷却液就是水冷系统中带走高温零件热量的工作介质。

11.1.1 车用发动机冷却液的作用

(1)冷却作用:汽车发动机工作时,气缸内燃料的燃烧以及运动部件的摩擦会放出大量的热,这些热量要通过冷却系统带走,如果冷却系统不能及时将热量散发出去,会导致发动机过热,充量系数降低,功率减小,同时零部件受热膨胀后破坏正常的工作间隙,使零件磨损加剧,另外润滑油黏度也会随着温度上升而下降,甚至结焦。水冷发动机的温度可以用冷却液的出口温度表示,一般发动机正常工作温度范围为85~95℃。

(2)防腐作用:发动机冷却系统的组成部件是铜、铁、铝、钢等不同金属材料,这些金属在高温下与冷却液接触,如果被腐蚀,会使冷却系统组成部件出现故障,造成冷却液循环不畅,引起发动机过热甚至毁坏。

(3)防冻作用:如果汽车长时间停放在低温条件下,若冷却液冰点达不到应有温度,一旦冷却液结冰会使散热器和冷却水套冻结甚至开裂，所以要求冷却液防冻性好。

（4）防垢作用：水垢附着在冷却水套的表面，会使散热效果变差，而且冷却系统内部水垢清除起来也很困难。因此，要求冷却液不但不生水垢还要具有除垢功能。

11.1.2 车用发动机冷却液的使用性能

为了保证汽车发动机能在各种工况下正常工作和延长发动机使用寿命，要求冷却液必须具备下列使用性能：

（1）低温黏度小，流动性好：冷却液的低温黏度越小，其流动性就越好，散热效果好。

（2）冰点低，沸点高：为防止低温条件下发动机的冷却系统被冻裂，应加入一些能够降低冷却液冰点的防冻剂。另外，汽车发动机在高负荷工作时，燃烧温度很高，冷却液要有较高沸点，保证较高温度下不沸腾。

（3）不易产生水垢，抗泡性好：发动机冷却液中的水垢和气泡会使传热性变差，气泡还会引起气蚀，同时使冷却液溢流造成损失，因此，要求冷却液有良好的抗泡性。

（4）防腐蚀性好：为使发动机冷却液具有良好的防腐性能，要求冷却液的 pH 值在 7.5～11.0 之间，呈弱碱状态，以免对金属材料产生不利影响。

11.1.3 车用发动机冷却液的组成

发动机冷却液是由基础液、防腐添加剂、抗泡沫添加剂、染料及软水（不含或含较少可溶性钙、镁化合物的水）等组成。目前基础液主要采用乙二醇和丙二醇。

11.1.3.1 乙二醇型冷却液

乙二醇的分子式为 $C_2H_6O_2$，结构式为 $HOCH_2CH_2OH$。纯乙二醇是无色透明的黏稠液体，微酸性，易吸湿。表 11-1 列出了乙二醇的物理特性。

表 11-1 乙二醇的物理特性

项目	指标	项目	指标
密度（20℃）(mg/L)	1.1155	开口闪点（℃）	115.6
沸点（101325Pa）（℃）	197.2	着火点（℃）	121.0
冰点（℃）	−13	黏度（20℃）(10^{-3}Pa·s)	20.93
比热容[kJ/（kg·℃）]	2.40	热导率［W/（m·k）］	0.2888
蒸汽压（20℃）（Pa）	0.027	自燃温度（℃）	412.8

乙二醇能与水任意比例混合，混合后由于改变了冷却水的蒸汽压，冰点显著降低，其降低的程度在一定范围内随乙二醇的含量增加而下降，但是一旦超过了一定的比例，冰点反而会上升，如 40%的乙二醇和 60%的水混合成的发动机冷却液，冰点为−25℃；乙二醇和水各占 50%时，冰点为−35℃；当乙二醇的含量为 58%时，冰点可降低至−48℃；当乙二醇的含量超过 80%时，冰点反而要上升。乙二醇冷却液浓度与冰点的关系见表 11-2。

表 11-2 乙二醇冷却液浓度与冰点

冰点（℃）	乙二醇（%）	相对密度（20/4℃）	冰点（℃）	乙二醇（%）	相对密度（20/4℃）
−10	28.4	1.0340	−35	50	1.0671
−15	32.8	1.0426	−40	54	1.0713
−20	38.5	1.0506	−45	57	1.0746
−25	45.3	1.0586	−50	59	1.0786
−30	47.8	1.0627	−11.5	100	1.1130

乙二醇发动机冷却液在使用中易生成酸性物质，对金属有腐蚀作用。因此，应加入适量磷酸氢二钠等以防腐蚀。乙二醇有毒，在保管、配制和使用时不能吸入体内，但由于其沸点高，不会产生蒸汽被人吸入体内而引起中毒。

我国汽车发动机冷却液现行标准是 NB/SH/T 0521—2010《乙二醇型和丙二醇型发动机冷却液》，该标准等效采用美国材料与试验协会标准 ASTM D3306—1994《轿车及轻型卡车用乙二醇型发动机冷却液规范》，将产品分为浓缩液和冷却液，其中将冷却液按其冰点分为−25 号、−30 号、−35 号、−40 号、−45 号、−50 号 6 个牌号。

浓缩液是由乙二醇、适量的防腐添加剂、消泡剂和适量的水组成。浓缩液中的水溶解添加剂并保证在−18℃时能从包装容器中倒出。在产品性能满足技术要求的情况下，可含有少量其他的醇类，如丙二醇和二乙二醇，体积分数不超过 15%。具体技术要求见表 11-3。

表 11-3 发动机冷却液及浓缩液的技术要求

项 目		质量标准							试验方法
		浓缩液	冷却液						
			−25 号	−30 号	−35 号	−40 号	−45 号	−50 号	
颜 色		有醒目的颜色							目测
气 味		无异味							嗅觉
密度（20℃）（kg/m³）		1.107～1.142	1.053～1.072	1.059～1.076	1.064～1.085	1.068～1.088	1.073～1.095	1.075～1.097	SH/T 0068
冰点（℃）	不高于		−25.0	−30.0	−35.0	−40.0	−45.0	−50.0	SH/T 0090
50%(体积分数)蒸馏水	不低于	−37.0							
沸点（℃）	不低于	163.0	106.0	106.5	107	107.5	108	108.5	SH/T 0089
50%(体积分数)蒸馏水	不低于	107.8							
对汽车有机涂料的影响		无影响							SH/T 0084
灰分（质量分数）(%)	不大于	5.0	2.0	2.3	2.5	2.8	3.0	3.3	SH/T 0067
pH		7.5～11.0							SH/T 0069
50%(体积分数)蒸馏水		7.5～11.0							
水质量分布(%)	不大于	5.0							SH/T 0086
储备碱度(mL)		报告							SH/T 0091

（续）

氯离子含量 （mg/kg）　　不大于	25	报告	SH/T 0621
玻璃器皿腐蚀 试验失重（mg/片）			
纯铜		±10	
黄铜		±10	
钢		±10	SH/T 0085
铸铁		±10	
焊锡		±30	
铝		±30	
模拟使用 试验失重（mg/片）			
纯铜		±20	
黄铜		±20	
钢		±20	SH/T 0088
铸铁		±20	
焊锡		±60	
铝		±60	
铝泵气穴腐蚀评级　　不小于		8 级	SH/T 0087
铸铝合金传热腐蚀 [mg/(cm²·周)]　　不大于		1.0	SH/T 0620
起泡性			
泡沫体积（mL）　　不大于		150	SH/T 0066
消泡时间（s）　　不大于		5.0	

11.1.3.2　丙二醇型冷却液

丙二醇分子式为 $C_3H_8O_2$，也能与水以任意比例互溶，具有良好的防冻和其他性能，作为冷却液的基础液，可以获得与乙二醇相似的效果。常温下丙二醇为无色透明黏稠液体，对人体无刺激性作用，毒性低，降解性好，对人体和环境危害较小。因此，近些年在冷却液中使用丙二醇作为基础液逐渐增多，有些国家立法要求使用丙二醇型冷却液，但是丙二醇的原料价格较高，加工和使用成本较高，在我国未普及使用。

11.1.4　车用发动机冷却液的选择与使用

11.1.4.1　车用发动机冷却液的选择

在选择发动机冷却液时要注意以下两点：

（1）防冻效果：一般普通型的冷却液冰点都可达到−40℃，而优质的冷却液冰点应能达到−60℃左右，在选择的时候冰点一般要比车辆运行地区的最低气温低 10℃。

（2）冷却液的沸点：水的沸点是 100℃，而冷却液至少应达到 108℃以上，也就是说冰点越低，沸点越高，其中的温差越大，相对来说发动机冷却液的品质就越好。

11.1.4.2　车用发动机冷却液的使用

在使用发动机冷却液的过程中，应要注意以下几点：

（1）必须定期更换，一般为两年或每行驶 $4×10^4$ km 更换一次。更换时应放净旧液，用去离子水或蒸馏水将冷却系统清洗干净后，再换上新液，加注时要预留膨胀空间，一般为冷却系统总容积的 5%。

（2）尽量使用同一品牌的冷却液。不同品牌的发动机冷却液其生产配方会有差异，如果混合使用，多种添加剂之间很可能会发生化学反应，造成添加剂失效。

（3）在使用乙二醇型冷却液时，注意不要用嘴吸出，因为乙二醇有毒。

（4）乙二醇型冷却液对橡胶有腐蚀作用，不能用橡胶容器储存，还要经常检查冷却系统橡胶件的状况。

（5）乙二醇吸水性强，且表面张力小，易渗透，故要求冷却系统密封性好。

（6）使用冷却液时切勿掺入石油产品，以免冷却系统中产生大量气泡。

11.1.5　车用发动机冷却液的加注

通常汽车发动机冷却液的更换周期为两年或每行驶 $4×10^4$ km，若冷却液的量不足，就必须添加。通过观察膨胀水箱中液面的高度是否在最高与最低刻度之间即可判断是否缺少。如果缺少，通过发动机机仓内膨胀水箱的加注口即可添加。加注的时候要在冷车的情况下加注，加注的量以不超过最高刻度为准，如图 11-1 所示。

图 11-1　膨胀水箱的加注口

11.2　车用空调制冷剂与冷冻机油

制冷剂是制冷过程中完成制冷循环的工作物质。空调制冷中主要采用卤代烃制冷剂，其中不含氢原子的称为氯氟烃（CFC），含氢原子的称为氢氯氟烃（HCFC），不含氯原子的称为氢氟烃（HFC）。

11.2.1　车用空调制冷剂

11.2.1.1　车用空调制冷剂的使用性能

根据汽车空调系统的特点,对使用的制冷剂提出以下性能要求:

(1) 蒸发潜热大,易于液化;

(2) 化学安定性好,不易变质;

(3) 工作温度和压力适中;

(4) 对金属物件无腐蚀;

(5) 无毒无污染;

(6) 可与润滑油按任何比例互溶。

11.2.1.2　车用空调制冷剂的使用性能及车用空调制冷剂的组成

汽车空调制冷剂最早广泛使用 CFC12(又称 R12),现在使用环保型产品 HFC134a(又称 R134a)。这两种制冷剂的理化特性见表 11-4。

表 11-4　R12 和 R134a 制冷剂的理化特性

项　目	R12	R134a
学　名	二氯二氟甲烷	1, 1, 1, 2 四氟乙烷
分子式	CF_2Cl_2	CH_2FCF_3
分子量	120.91	102.03
沸点(℃)	−29.79	−26.19
临界温度(℃)	111.80	101.14
临界压力(MPa)	4.125	4.065
临界密度(kg/cm³)	558	511
0℃蒸发潜热(kJ/kg)	151.4	197.5
燃烧性	不燃	不燃
破坏臭氧层潜值(ODP)	0.82	0
全球变暖潜值(GWP)	8500	1300

CFC12 是一种中温中压制冷剂,无色、有轻微芳香味、毒性小,只有在容积浓度达到 80%时才会使人窒息。CFC12 是一种安全的制冷剂,制冷能力强,化学性质稳定,不燃烧、不爆炸,只在 400℃并与明火接触时,会分解出有毒的光气。但是 CFC12 制冷剂属于氟氯烃,对全球环境影响大,泄漏于大气中存在寿命长,氟氯烃上升到地球的平流层大气时,可与高浓度臭氧发生反应,对臭氧的衰减产生链式催化作用,这限制了 CFC12 的长期使用。

空调制冷剂对大气环境的影响主要有两个方面:一是对大气臭氧层的破坏,另一方面是使全球气候变暖的温室效应。在卤代烃中,随着氯原子数的增加,其对大气臭氧层的破坏愈加严重。因此,CFC 对大气臭氧层的破坏最严重;HCFC 对大气臭氧层的破坏程度相对较小，HFC 不破坏臭氧层。制冷剂对臭氧层的破坏程度用破坏臭氧层潜值（Ozone Depletion Potential，ODP）表示。制冷剂的排放会产生全球气候变暖的温室效应，其影响程度用全球变暖潜值（Global Warming Potential，GWP）表示。

由杜邦公司开发的替代制冷剂 HFC134a 被成功地应用到制冷行业里。制冷剂 HFC134a 的主要特点是：不含氯原子，对大气层不起破坏作用，ODP 值为零；物理性能与 CFC12 比较接近，所以制冷系统的改型比较容易；传热性能比 CFC12 好，制冷剂的用量可大大减少；HFC134a 和 CFC12 有相近的蒸发压力，化学稳定性好、不易燃、不爆炸、无毒、无刺激性、无腐蚀性，具有良好的安全性能。但是，HFC134a 合成工艺较为复杂，生产成本较高。

11.2.1.3 车用空调制冷剂的选择与使用

我国在 1992 年制定了《中国逐步淘汰消耗臭氧层物质的国家方案》，该方案规定：于 2000 年新生产的汽车全部停止使用以 CFC12 为工质的汽车空调器，统一改用环保型制冷剂 HFC134a。由于 HFC134a 与 CFC12 汽车空调装置不同，二者的冷冻润滑油也不同，所以添加制冷剂时应先确认汽车空调系统所使用的制冷剂，不能混充，否则将会造成空调制冷装置失效、压缩机咬死、冷凝器及制冷管路爆裂等。

要区别 HFC134a 与 CFC12 汽车空调装置，一般在汽车中都可以找到明确的说明，如使用说明书里，或汽车发动机罩内侧、前后风窗玻璃角上，压缩机、干燥储液器上的铭牌指示，以及连接软管、O 形密封圈上等。在加注制冷剂前，一定要仔细核对，不能混充。

11.2.2 冷冻机油

冷冻机油即汽车空调压缩机所使用的润滑油。对其使用性能有以下要求：

（1）合适的黏度：压缩机中润滑油黏度应适当，黏度过大会使压缩机摩擦损失功增加，起动阻力矩增大；黏度过小会使摩擦表面不能形成稳定的润滑油膜。另外，因为不同的制冷剂与润滑油的互溶性质不同，所以要求使用不同黏度的润滑油。如 R12 与润滑油能互溶，使润滑油变稀，所以应选择黏度较高的润滑油。

（2）氧化安定性、化学稳定性好：压缩机润滑油应有较好的抗氧化性能，在排气门附近的高温部位不应产生积炭；压缩机润滑油与制冷剂、有机材料、金属材料等在高温和低温条件下接触不应发生化学反应。

（3）低温流动性好：为防止润滑油在制冷循环的低温部位结晶甚至凝固，要求其浊点、凝点低，低温流动性好。

（4）水分含量少：水在制冷系统中会发生"冰堵"和"镀铜"的现象，影响制冷效果，甚至缩短制冷装置的使用寿命，因此要严格控制润滑油中的含水量。

以前汽车空调应用的 CFC12 制冷剂能与矿物油互溶，CFC12 制冷系统的冷冻机油属于矿物油，一般采用国产 18 号、25 号冷冻机油或者日本的 SUNISO3GS、SUNISO4GS、SUNISO5GS 冷冻机油。

目前广泛采用的 R134a 制冷剂与矿物油不相溶，所以 HFC134a 制冷系统采用醇类

（PAG）或酯类（POE）润滑油。酯类润滑油低温下黏度明显变大，低温润滑性不好，回油也不太好；而醇类润滑油黏度随温度变化不大，低温润滑性能好。但是，醇类润滑油吸水性强，与 CFC12 制冷系统中矿物油不兼容，系统残留的矿物油中的氯化物能与醇类润滑油起反应，导致其性能下降；酯类润滑油吸水性相对较弱，对 CFC12 制冷系统中的矿物油也不敏感，所以对于已使用过 CFC12 的空调制冷系统改用 HFC134a 制冷剂后，换用酯类润滑油比较合适，而新的 HFC134a 空调制冷系统则采用醇类润滑油为宜。

11.2.3　车用空调制冷剂和冷冻机油的回收和加注

图 11-2 所示为汽车空调制冷剂回收加注设备，该设备可以实现以下功能：①制冷剂回收：依靠本机系统内部的压缩过滤装置把空调管路内的制冷剂回收到工作罐内。②制冷剂再生：可分离空调系统内的冷冻油和水分，达到再利用的标准，保证制冷剂的纯净，从而使制冷剂可循环使用。③空调检漏：检测空调制冷剂管路是否存在泄漏，确保制冷剂管路密封良好。④抽真空：给空调管路及设备管路抽真空作业。⑤制冷剂加注：设定加注制冷剂剂量，向车辆加入相应量的同类型制冷剂。⑥加注冷冻油：设定冷冻油量，向空调系统加入冷冻油。

图 11-2　汽车空调制冷剂回收加注设备

需要注意的是，在排除残余制冷剂后，不允许直接加注制冷剂，要进行抽真空作业，因为在空调系统中残余空气可导致以下后果：

（1）制冷剂加注量不足：因为空气的存在自然要占去一部分空间，不抽空气直接加注，可能在制冷剂加注未完成时系统压力过高，剩余的制冷剂无法再加入空调中。

（2）空调功率减小、制冷效果下降：因为压缩机压缩的一部分是没有制冷效果的空气，这样导致发动机负荷增大。因而在加注制冷剂之前请务必进行抽真空的操作。

空调抽真空操作除了把空调中的空气抽干之外，还要抽干水分。汽车空调中常会混入水分，水分对整个空调系统的危害是巨大的，一滴水都可能造成空调管路的阻塞，即所谓的"冰堵"，所以空调系统中一定要减少水分的存在。在抽真空时除了抽气外，还会利用抽气后达到的负压促成水挥发为水蒸气，再通过真空泵强大的吸力将水分从空调中吸走，从而达到抽取空调中水分的目的。

11.3　车用风窗玻璃清洗液

汽车在行驶时，自身或其他车辆溅起的泥土、废气中含有的未完全燃烧的油气和道路上沥青与雨水的混合物、抛光剂的蜡与雨水的混合物等会附着在汽车的风窗玻璃上，这些物质的存在会妨碍视野。汽车风窗清洗液俗称玻璃水，是用来消除风窗玻璃上的这些物质的。在灰尘较多的环境中，以及在雨天高速行驶时，玻璃水的消耗会非常快。

11.3.1 车用风窗玻璃清洗液的使用性能

除清洗性能外，还要求汽车风窗玻璃清洗液具有以下良好性能：

（1）防冻性能：能很快溶解冰霜；

（2）防雾性能：能防止形成雾滴，保证风窗玻璃清澈透明；

（3）抗静电性能：能消除玻璃表面的电荷；

（4）润滑性能：减少刮水器与玻璃之间的摩擦，防止产生划痕；

（5）防腐蚀性能：对各种接触的材料没有任何腐蚀作用。

11.3.2 车用风窗玻璃清洗液的组成

汽车风窗玻璃清洗液主要由水、防雾剂、阻凝剂、无机助洗剂、有机助洗剂及多种表面活性剂组成，其配方见表 11-5。

表 11-5 汽车风窗玻璃清洗液的组成

组 成	配方 1（%）	配方 2（%）	组 成	配方 1（%）	配方 2（%）
表面活性剂	4.0	5.0	无机助洗剂	6.0	
防雾剂	1.0		有机助洗剂	1.5	22.0
阻凝剂	3.5		水分	余量	余量

根据不同季节的需要，将表 11-5 所列溶液，按 5%～10% 稀释，既可获得不同凝点的汽车风窗玻璃清洗液。该清洗液去污性好，且不损害金属、非金属表面。

11.3.3 车用风窗玻璃清洗液的技术要求

汽车风窗玻璃清洗液的技术要求见表 11-6。

表 11-6 汽车风窗玻璃清洗液的技术要求

项 目		规 定	条 件
凝固温度		−20℃以下或根据用户意见商定	
pH 值		6.5～10.0	
清洁性	洗净性 分散性	透过风窗玻璃应可保证前方视线清晰，可容易地对油污成乳化分散	
金属腐蚀	铝板 不锈钢板 黄铜 铬酸盐镀锌板	应无明显的点状腐蚀和粗糙表面	50℃±2℃ 48h
对橡胶影响	天然橡胶 三元乙丙橡胶 氯丁橡胶	应无表面的粘接、炭黑脱落以及龟裂等异常现象	50℃±2℃ 120h±2h

（续）

项　目		规　定	条　件
对塑料影响	聚乙烯树脂 聚丙烯树脂	无明显变形和变色现象	50℃±2℃ 120h±2h
对涂层影响	丙烯树脂瓷漆 氨基醇酸树脂漆	应无涂层软化和膨胀现象，试验前后的光泽和颜色应无变化	50℃±2℃ 6h
稳定性	加热稳定性	允许有棉毛状沉淀，但不应有结晶粒子	50℃±2℃ 8h 后 20℃±15℃ 8h 后
	低温稳定性		−15℃±2℃ 8h 后 20℃±15℃ 16h

11.3.4　车用风窗玻璃清洗液的选择与使用

在选择和使用汽车风窗玻璃清洗液时，要注意以下几点：

（1）秋冬季节应该选用具备防冻性能的汽车风窗玻璃清洗液，可根据当地的温度进行选择，应该选择凝点低于当地最低温度 10℃以上的产品。另外，由于北方气候的独特性，在驾驶当中驾驶者的视线很容易受到光的折射和雾气、静电的影响，要尽可能选择具备快速融雪融冰和防眩光、防雾气、防静电功效的产品。

（2）风窗玻璃清洗液还应对汽车面漆、风窗玻璃和刮水器机构的材料如不锈钢、铝、锌、橡胶、塑料和油漆等没有腐蚀作用。目前市场上，一些品牌风窗玻璃清洗液通过调配多种表面活性剂及添加剂，具备修复风窗玻璃表面细微划痕的作用，通过形成独特的保护膜，以达到对风窗玻璃的全面呵护。特别添加的多种缓蚀剂，对各种金属都没有腐蚀作用，保护了汽车面漆、刮水器及橡胶的安全。

（3）风窗玻璃清洗液常存放于发动机仓内，要求其在高温和低温交变时没有分离和沉淀，否则造成机构内部堵塞，将影响正常使用。

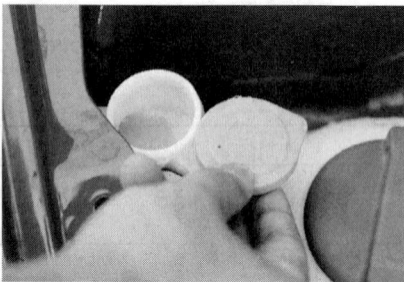

图 11-3　汽车风窗玻璃清洗液的加注口

11.3.5　车用风窗玻璃清洗液的加注

风窗玻璃清洗液的使用相对较频繁，尤其是在多沙尘和多降雨的地区，需要经常添加。加注方法很简单，只需在发动机仓内找到玻璃清洗液的加注口进行加注即可，如图 11-3 所示，对于加注量没有要求，每次可加入 1～2L 或加满，然后扣上盖子。

11.4　铅酸蓄电池电解液

汽车铅酸蓄电池可以把电能转化为化学能存储起来，再把化学能转变成电能作为车用电源。铅酸蓄电池由正负极板、隔板、壳体、电解液和接线桩头等组成，能反复多次进行充电和放电，因此它属于再生电池。

11.4.1　铅酸蓄电池电解液的作用

汽车铅酸蓄电池放电的化学反应是依靠正极板活性物质和负极板活性物质在电解液的作用下进行的。蓄电池电解液就是蓄电池充电、放电过程中的介质。铅蓄电池的正极板活性物质是二氧化铅（PbO_2），负极板活性物质是海绵状金属铅（Pb），电解质溶液为硫酸（H_2SO_4），电化学表达式为：

$$（-）Pb\,|H_2SO_4|\,PbO_2（+）$$

蓄电池放电时，电极反应为：

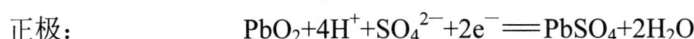

负极：
$$Pb+SO_4^{2-}-2e^-\!=\!\!=\!\!=PbSO_4$$

正极：
$$PbO_2+4H^++SO_4^{2-}+2e^-\!=\!\!=\!\!=PbSO_4+2H_2O$$

蓄电池充电时，电极反应为：

阳极：
$$PbSO_4+2H_2O-2e^-\!=\!\!=\!\!=PbO_2+4H^++SO_4^{2-}$$

阴极：
$$PbSO_4+2e^-\!=\!\!=\!\!=Pb+SO_4^{2-}$$

蓄电池充电和放电的总反应式为：

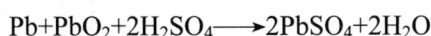

$$Pb+PbO_2+2H_2SO_4\longrightarrow 2PbSO_4+2H_2O$$

11.4.2　铅酸蓄电池电解液的组成

铅酸蓄电池电解液由纯硫酸和蒸馏水按一定比例配制而成，硫酸和蒸馏水要保持高度纯净，如果含有杂质将减少蓄电池的容量，影响蓄电池的寿命。电解液用硫酸和蒸馏水标准见表 11-7 和表 11-8。

表 11-7　电解液用硫酸标准

指标名称	稀硫酸		浓硫酸	
	一　级	二　级	一　级	二　级
硫酸（H_2SO_4）含量（%）	≥60	≥60	≥92	≥92
灼烧残渣含量（%）	≤0.02	≤0.035	≤0.03	≤0.05
锰（Mn）含量（%）	≤0.000035	≤0.000065	≤0.00005	≤0.0001
铁（Fe）含量（%）	≤0.0035	≤0.008	≤0.005	≤0.012
砷（As）含量（%）	≤0.000035	≤0.000065	≤0.00005	≤0.0001
氯（Cl）含量（%）	≤0.00035	≤0.00065	≤0.0005	≤0.001
铵（NH_4）含量（%）	≤0.00065		≤0.001	
二氧化硫（SO_2）含量（%）	≤0.0025	≤0.0045	≤0.004	≤0.007
铜（Cu）含量（%）	≤0.00035	≤0.0035	≤0.0005	≤0.005
还原高锰酸钾（以氧计）物质含量（%）	≤0.00065	≤0.0012	≤0.001	≤0.002
色度（ML）	≤0.65	≤0.65	≤1.0	≤2.0
透明度（mm）	≥350	≥350	≥160	≥50
氮氧化物（以氮计）含量（%）	≤0.000065	≤0.00065	≤0.0001	≤0.001

表 11-8 电解液用水标准

指标名称	指标	
	%	mg/L
外观	无色、透明	
残渣含量	≤0.01	≤100
锰（Mn）含量	≤0.00001	≤0.1
铁（Fe）含量	≤0.0004	≤4
氯（Cl）含量	≤0.0005	≤5
硝酸盐（以 N 计）含量	≤0.0003	≤3
铵（NH₄）含量	≤0.0008	≤8
还原高锰酸钾物质（以 O 计）含量	≤0.0002	≤2
碱土金属氧化物（以 CaO 计）含量	≤0.005	≤50
电阻率（25℃）（Ω·cm）	≥10×10⁴	

11.4.3 铅酸蓄电池电解液的配制

铅酸蓄电池电解液是用纯硫酸和蒸馏水按质量比或体积比配制而成。具体数量比根据所需密度确定（表 11-9）。

表 11-9 铅酸蓄电池电解液中蒸馏水与硫酸的比例

电解液密度（15℃）（g/cm³）	电解液中含硫酸		水、酸的质量比	水、酸的体积比
	质量分数（%）	体积分数（%）		
1.100	14.3	8.5	5.5175:1	10.1276:1
1.110	15.7	9.5	4.9363:1	9.0581:1
1.120	17.0	10.3	4.8424:1	8.2251:1
1.130	18.3	11.2	4.0929:1	7.5105:1
1.140	19.6	12.1	3.7551:1	6.8906:1
1.150	20.9	13.0	3.4593:1	6.3479:1
1.160	22.1	13.9	3.2172:1	5.9036:1
1.170	23.4	14.9	2.9829:1	5.4736:1
1.180	24.7	15.8	2.8672:1	5.2613:1
1.190	25.9	16.7	2.5985:1	4.7682:1
1.200	27.2	17.7	2.4265:1	4.4526:1
1.210	28.4	18.7	2.2817:1	4.1870:1
1.220	29.6	19.6	2.1486:1	3.9428:1
1.230	30.8	20.6	2.0260:1	3.7177:1
1.240	32.0	21.6	1.9125:1	3.5094:1
1.250	33.2	22.6	1.8072:1	3.3163:1

（续）

电解液密度（15℃）（g/cm³）	电解液中含硫酸		水、酸的质量比	水、酸的体积比
	质量分数（%）	体积分数（%）		
1.260	34.4	23.6	1.7093:1	3.1366:1
1.270	35.6	24.6	1.6180:1	2.9690:1
1.280	36.8	25.6	1.5326:1	2.8123:1
1.290	38.0	26.6	1.4526:1	2.6656:1
1.300	39.1	27.6	1.3836:1	2.5390:1
1.310	40.3	28.7	1.3127:1	2.4087:1
1.320	41.4	29.7	1.2512:1	2.2960:1
1.330	42.5	30.7	1.1929:1	2.1890:1
1.340	43.6	31.8	1.1376:1	2.0875:1
1.400	50.0	38.0	0.8640:1	1.5854:1

硫酸是强氧化剂，它与水有亲和作用，溶于水时放出大量的热量，因此操作人员要做好防护措施，并且可先准备好 5%氢氧化铵或碳酸钠溶液，以及一些清水，当溅上酸液时，可迅速用上述溶液擦洗，再用清水冲洗。配制时，把水先倒入清洁的容器内，然后将浓硫酸缓缓倒入水中，并不断搅拌溶液。刚配制的溶液温度很高，不可马上注入蓄电池内，要等温度降到 40℃以下，再测量溶液浓度并进行调整到标准值，再加入蓄电池内。

11.4.4 铅酸蓄电池电解液的选择和使用

电池在充放电过程中，电解液密度应该在 1.070～1.290g/cm³ 之间变化，相对密度为 1.23g/cm³ 时，电池容量最大。充电时电解液密度升高，放电时电解液密度降低。电解液密度太低，放电容量受到影响。电解液密度太高，由于黏度增加，不仅会降低蓄电池容量，容易造成极板硫酸盐化和加速板栅腐蚀，使用寿命缩短。

选择电解液浓度时，还要考虑蓄电池的工作环境温度。工作在炎热的气温下，电解液浓度可低一点。在寒冷温度下，电解液浓度应高一点，以减小结冰的危险。不同地区和气候条件的电解液密度的选择可参考表 11-10。

表 11-10　不同地区电解液密度（15℃）

气候条件（冬季）（℃）	电解液密度（g/cm³）	
	冬　季	夏　季
低于-40	1.31	1.25
高于-40	1.29	1.25
高于-30	1.28	1.25
高于-20	1.27	1.24
高于 0	1.24	1.24

复习思考题

1. 发动机冷却液有哪些作用？
2. 发动机冷却液由哪些主要成分组成？
3. 在选择和使用发动机冷却液时应注意什么？
4. 对汽车空调制冷剂有哪些性能要求？
5. 对冷冻机油有哪些性能要求？
6. 汽车风窗玻璃清洗液由哪些主要成分组成？
7. 铅酸蓄电池电解液是如何配制的？

补充阅读材料

材料 1   车用工作液的相关研究进展

1. 车用发动机冷却液的研究新进展及发展趋势

发动机冷却液基础液的研究经历了不同的阶段：由水发展到小分子醇、多元醇；由乙二醇发展到丙二醇，再逐渐减小乙二醇在冷却液中的比例，直至完全不使用醇类化合物作冰点调节剂。发动机冷却液腐蚀抑制剂的研究也经历了不同的阶段：由使用无机盐作为主腐蚀抑制剂发展到使用有机酸及其盐分作为主腐蚀抑制剂，再到二者的复合型产品。

当前，汽车发动机制造不断向着高效率和低环境危害方向发展，为此要求尽量提高发动机的动力输出、载荷，并减小发动机的体积和重量，因此发动机的热负荷越来越高，对发动机冷却液的高温热安定性提出了更高的要求。因此，具有低乙二醇含量并能提高高、低温安定性的有机型冷却液，因其抗腐蚀性能好、使用寿命长、环境友好，成为近年来高性能发动机冷却液研究的重点。

有机酸配方是近些年发动机冷却液使用较多的一种新型缓蚀剂配方，我国主要应用在高档车上，近几年也开始应用到矿用车上。有机酸型冷却液有以下优点：①化学稳定性好，使用寿命长，可达 5 年以上；②优异的有色金属（铜、铝）保护效果；③防止缸套穴蚀性能突出；④有更好的传热性能；⑤可与无机缓蚀剂混合使用；⑥消耗少，对人类和环境无污染。其不足之处在于价格较高，且对某些橡胶密封材料要求高。

将部分无机盐和有机酸及其盐分混合，发展为复合型发动机冷却液。这样既可以降低成本，同时也降低了有机酸的含量，避免了橡胶相容性问题；但复合型发动机冷却液的使用寿命只能维持两年，与无机型发动机冷却液相似。

无水丙二醇冷却液：当冷却液中丙二醇体积比为 100%时，稳定冰点可达到−60℃，沸点亦相应提高，对于重负荷发动机，使用无水丙二醇冷却液后，腐蚀、锈蚀、穴蚀、结垢等现象几乎可以完全消失。

纳米技术：实验表明，如果在水中加入 5%的纳米氧化铜，传热性能可比水提高 60%，所以可以使散热器体积更小，如果能把纳米技术与无水丙二醇冷却液相结合，将是冷却液技术的深刻变革。

总之，高档发动机冷却液的开发将向着提高高温、低温热安定性，提高对各种金属的腐蚀抑制性、硬水耐受性、环境友好性，降低乙二醇比例直至不使用乙二醇的方向发展。

2. 车用空调制冷剂的研究新进展

根据欧盟已通过的含氟温室气体控制法规的要求，在 2011 年 1 月 1 日至 2017 年 1 月 1 日的 6 年间，在用汽车空调将按比例逐步淘汰 GWP 值大于 150 的制冷剂；自 2017 年 1 月 1 日起，欧盟将禁止新生产的汽车空调使用 GWP 值大于 150 的制冷剂，由于现在使用的 HFC134a 的 GWP 值为 1300，故将被禁用。因而，汽车空调使用低 GWP 值的制冷剂将成为趋势和必然，HFC152a、碳氢化合物、CO_2 以及一些可作为汽车空调制冷剂的混合物成为研究热点。

（1）合成工质的制冷剂：美国霍尼韦尔（Honeywell）公司自 2002 年起开始研发 HFC134a 的混合物替代品，开发出了由四氟丙烯（HF0–1234yf）和三氟碘甲烷（CF_3I）组成的二元混合物（以四氟丙烯为主），并命名为"Fluid H"。该混合物的 GWP 值小于 10，具有不可燃、滑移温度小、与原 HFC134a 系统兼容性能好等特性。美国德尔福（Delphi）、通用汽车（General Motors）等公司正在研发以 HFC152a 为制冷剂的汽车空调系统。据其研究和试验结果可知，汽车空调系统使用 HFC152a 作制冷剂基本无需更改现有以 HFC134a 为制冷剂的汽车空调系统的管路部件及生产线，与目前的 HFC134a 系统相比，可提供相当甚至更优的制冷效果，且性能系数更高。

（2）天然工质的制冷剂：天然工质在车用空调里面的使用主要是 CO_2（R744）制冷剂。CO_2 是自然界天然存在的物质，ODP＝0，GWP＝1，它来源广泛、成本低廉，且安全无毒，不可燃，适应于各种润滑油及常用机械零部件材料，即便在高温下也不分解产生有害气体。CO_2 的蒸发潜热较大，单位容积制冷量相当高，故压缩机及部件尺寸较小，有很大的发展潜力。而它的稳定性却受到质疑，在 CO_2 系统中不允许 CO_2 泄漏到车内影响到乘客。CO_2 系统能耗比较高，配件价格也很高，不适合用在经济型轿车中。该类系统的噪声和振动也是亟待解决的技术难题，而且不易于维护。

综上所述，在当前环保和节能双重压力下，发展绿色制冷剂是大势所趋。由于当前国际上已商品化批量生产的（替代）制冷剂还不够理想，国内外科研工作者还在进行不懈的探索，并在某些领域取得了一定的成果和突破，但对新产品不断研究和开发的工作仍需继续下去。

3．铅酸蓄电池电解液的研究新进展

据调查，目前我国每年报废的铅酸蓄电池超过 3 600 万只，在损坏报废的电池中，主要是由于电解液硫酸盐化所致，即在极板上生成一种白色粗大的硫酸铅晶体，该晶体难溶解，转化体积大，易堵塞极板微孔，导电性极差，阻碍电解液的对流和扩散，使内阻增加，坚硬致密的硫酸铅晶体在充电时不易恢复为原来的 PbO_2 和 Pb，破坏了正常的电化学过程，甚至完全失去可逆性，因而导致容量下降，寿命缩短。为抑制硫酸盐化现象，防止活性物质脱落，减少自放电，延长电池寿命，采用在电解质溶液中加入添加剂的方法是切实可行的，近年来对电解液添加剂的研究日益广泛、深入，主要涉及以下几个方面：

（1）金属硫酸盐添加剂：在电解质溶液中添加单独或者两种以上混合的碱土金属硫酸盐，可以显著提高铅蓄电池的容量恢复能力、延长蓄电池寿命、消除铅蓄电池极板硫化。例如，C_dSO_4、$CoSO_4$、$CaSO_4$、Li_2SO_4、$MgSO_4$ 等。

（2）金属硫酸盐和氨基酸的混合物：在电解质溶液中添加适量金属硫酸盐（$MgSO_4$ 和 $KHSO_4$）和至少一种氨基酸（α-氨基酸、谷氨酸、天冬氨酸）或盐的混合物，可以提高电池的起动性能。

（3）磷酸：在电解质溶液中加入磷酸，可以减少正极的脱落现象、抑制硫酸盐盐化和提高正极的寿命。

（4）络合剂：向电解液中加入金属离子络合物，可能降低放电时铅负极活性表面所形成的铅离子（Pb^{2+}）浓度，同时也降低了电解液中其他离子的浓度，从而减少或防止致密硫酸盐层的形成，使电池具有较高的输出电压、较长的放电稳定性和较好的自放电性能，提高电池容量，延长电池的寿命。

第 12 章
汽车轮胎

[本章提要]

本章主要介绍汽车轮胎的作用与构造、分类、规格与表示方法、系列、选择及使用，以及汽车轮胎相关研究最新进展。重点内容是汽车轮胎的规格、系列，汽车轮胎的选择及使用。要求学生了解汽车轮胎的作用与构造，熟悉汽车轮胎的规格、系列及选用方法，掌握汽车轮胎的选择及使用。

12.1　汽车轮胎的作用与构造

轮胎是汽车行驶系的主要组成部分之一，对轮胎的合理使用关系到汽车安全行驶、节约能源和汽车运输成本的降低。轮胎费用占汽车成本的 10%以上，轮胎的技术状况可使油耗在 10%~15%范围内变化。1990 年 3 月，我国交通部发布的第 13 号部令《汽车运输业车辆技术管理规定》，明确提出要求加强汽车轮胎管理，提高轮胎使用维修技术水平。2010 年《汽车运输业车辆技术管理规定》中又要求制定科学合理的轮胎行驶里程定额等。

轮胎是汽车的重要部件之一，它直接与路面接触，与汽车悬架共同来缓和汽车行驶时所受到的冲击，保证汽车有良好的乘座舒适性和行驶平顺性；保证车轮和路面有良好的附着性，提高汽车的牵引性、制动性和通过性；承受着汽车的重量，轮胎在汽车上所起的重要作用越来越受到人们的重视。

12.1.1　轮胎的作用

轮胎在汽车行驶当中主要起到以下 4 种作用：

（1）支持整车，承受载荷：一部汽车不论是它的自重，还是乘人或载物，其重量都要通过车体传到轮胎，最后由轮胎肩负起全部的重担，所以，轮胎在承载方面起着十分重要的作用。

（2）缓冲地面的冲击、吸振：未经铺设的路面，大多是凹凸不平的石子路，路面上会有很多碎石或坑、包，即使是铺设的路面，也经常有一些障碍物，影响汽车的正常行驶。在这种情况下，轮胎和汽车悬架共同缓和汽车行驶时所受到的冲击，并衰减由此而产生的振动，以保证汽车有良好的乘坐舒适性和行驶平顺性。这是因为轮胎本身就是由具有弹性的 50% 左右的橡胶制成，加之轮胎内所含空气的吸振功能，才能使汽车在恶劣的路面也能轻松自如地前行。

（3）改变汽车行驶方向：汽车不论是转向还是掉头都需要由汽车的轮胎来完成，它经常要按照驾驶员的意愿来改变汽车行驶的方向。同时，当转向或转向轮偶遇外力发生偏转时，轮胎与地面相互作用产生侧向抗力平衡离心力和自动回正力矩，能在外力消失后立即自动回到原来直线行驶的位置。

（4）提高车辆的通过性：车辆的通过性是指汽车以足够高的平均车速通过各种坏路、无路地带和各种障碍的能力。通过能力强的车子，可以轻松翻越坡度较大的坡道，可以放心地驶入一定深度的河流，也可以高速地行驶在崎岖不平的山路上。轮胎的气压、附着力能保证车轮和路面有良好的附着性，以提高汽车的动力性、制动性和通过性。

正因为轮胎具有上述四大作用，汽车才能在凸凹不平的路面上安全、自由、迅速、舒适地行驶；也正因它具有上述四大作用，轮胎在整个汽车的零部件中才显得十分重要。

12.1.2　轮胎的构造

轮胎必须有适宜的弹性和承受载荷的能力。同时，在与路面直接接触的胎面部分，具有用以增强附着作用的花纹。轮胎的种类不同，其构造也略有差别。

现代汽车绝大多数采用充气轮胎。充气轮胎根据组成不同又分为有内胎和无内胎两种。现以有内胎的充气轮胎为例，介绍轮胎的构造（图 12-1）。

（1）外胎（Cover）：外胎是充气轮胎的环状外壳体，其作用是承受车辆负荷，防止内胎充气后鼓胀，限定轮胎外缘尺寸，保护内胎免受机械损伤。一般由胎面、

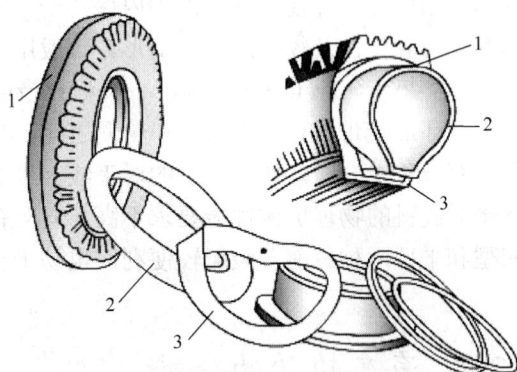

图 12-1　充气轮胎的组成

1. 外胎　2. 内胎　3. 垫带

缓冲层（子午胎为带束层）、胎体帘布层、胎侧和胎圈等部件组成，如图 12-2 所示。

① 胎面（Tread，直接和路面接触的部分）：厚橡胶层为胎面与路面间提供了界面。耐磨橡胶可以保护胎体和减少带束层断裂，延长行驶寿命。

② 胎肩（Tyre Shoulder，轮胎肩状突出部位）：胎肩位于胎面与胎侧之间，肩部橡胶最厚，因此，设计必须使轮胎在行驶过程中产生的热量易于扩散。

③ 胎侧（Sidewall，轮胎的侧面）：这部分位于肩部和胎圈之间，具有良好弹性的胎侧保护着胎体，并提升驾驶舒适性。轮胎的型号、尺寸、结构、模型、生产公司、产

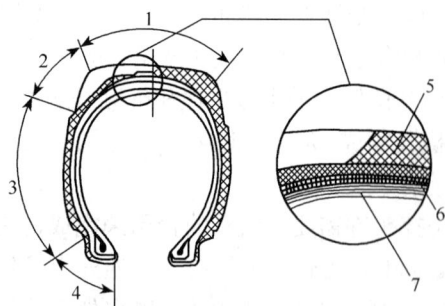

图 12-2　外胎的结构

1. 胎冠　2. 胎肩　3. 胎侧　4. 胎圈　5. 胎面
6. 缓冲层　7. 帘布层

品名及各种特征都将在此进行说明。

④ 胎圈（Bead，直接和轮辋接触的部分）：胎圈把轮胎附在轮辋上，在接口处包覆帘布。胎圈由胎圈钢丝、胎圈、胎圈包布和其他零件组成。胎圈的设计一般是让胎圈能够紧凑地绕着轮辋，并保证如果气压突然膨胀，轮胎也不会脱离轮辋。

⑤ 胎体（Carcass）：是轮胎最重要的结构，整个内层帘布称为胎体。胎体的主要作用是维持气压、垂直负荷同时吸收振动。

⑥ 缓冲层（Breaker Ply）：是位于胎面与胎体之间的一个帘布层，用以保护斜交轮胎的胎体。缓冲层可减轻振动，防止断裂或直接来自于胎体对胎面的伤害，同时也能防止橡胶层与胎体之间的断裂。

⑦ 带束层（Belt Ply）：是子午线轮胎或带束斜交轮胎的胎面与胎体之间的一个强化层。它的功能与缓冲层相似，通过紧紧包裹胎体增加胎面的刚性。

⑧ 内部衬里（Internal Lining）：由一层橡胶组成，它可以防止气体扩散并代替轮胎内部的内胎。内部衬里一般由一种被称为丁基橡胶的合成橡胶或聚异戊二烯的各种橡胶组成，内部衬里可保持轮胎内部的气体。

（2）内胎（Inner Tube）：是指用于保持轮胎内压、带有轮胎气门嘴的圆环形弹性管。气门嘴用以充气并使空气在内胎内保持一定压力。内胎应具有良好的气密性、耐热性、弹性、耐老化性及较小的永久变形。一般用丁基橡胶制造。

（3）垫带（Protecting Band）：又称衬带或压条，是指用于保护内胎着合面不受轮辋磨损的环形胶带。它装于内胎和轮辋之间，其中部较厚，两边缘由内向外渐薄。垫带外表面有一条中心线，作安装时的对正线。中心线上还有一个孔洞，供内胎气门嘴穿出。垫带对胶料的物理机械性能要求不高，但应有良好的耐老化性能。垫带根据断面，可分凹型和平型两种。前者装配较便利，也易于正确安放。

12.2　汽车轮胎的分类

根据不同的依据，轮胎有不同的分类方法，可以按照轮胎充气压力、胎面花纹、组成结构、胎体帘线排列方向、胎体帘线材料等多种方法进行分类。

12.2.1　按轮胎充气压力分类

汽车轮胎按充气压力不同，可分为高压、低压、超低压、调压轮胎 4 种。分别详述如下：

（1）高压轮胎（High Pressure Tyre）：指充气压力为 0.5～0.7MPa 的轮胎，由于骨架材料和轮胎设计的发展，轮胎负荷逐渐加大，气压相应随之提高。虽然高压轮胎的滚动阻力较小，油耗低，但是缓冲性能与同规格低压轮胎相近，与路面的附着能力较差，因此现在在汽车上已经很少使用了。

（2）低压轮胎（Low Pressure Tyre）：充气压力为 0.1471～0.490MPa 的充气轮胎称低压轮胎。低压轮胎具有弹性好、断面宽、与地面接触面积大、壁薄散热好等优点，所以被广泛采用。

目前，轿车、载货汽车多采用低压胎。低压胎可提高汽车行驶平顺性和操纵稳定性。此外，还可以延长轮胎和道路的使用寿命。随着轮胎用骨架材料的发展，轮胎负荷显著提高，相应气压也增大，压力值已属于高压轮胎的范围，但是胎缓冲性能大致与原规格轮胎相同，因此通常仍把这类轮胎归于低压轮胎类。

（3）超低压轮胎（Super Low Pressure Tyre）：充气压力在 0.15MPa 以下的充气轮胎为超低压轮胎。这种轮胎与地面的接触面积相对较大，因此适宜在沼泽地、疏松雪地等松软地面上使用，多用于在恶劣道路条件下行驶的越野汽车，能提高汽车的通过性。

（4）调压轮胎（Tyre with Adjustable Inflation Pressure）：调压轮胎可以根据使用条件大幅度调节轮胎内的气压。轮胎气压由驾驶室直接控制。与一般轮胎相比，这类轮胎胎体刚性小，内压较低，断面较宽，能根据路面条件适时的调节轮胎气压。因此，这类轮胎能有效地扩大汽车的使用范围。

调压轮胎包括自动调压轮胎。自动调压轮胎的基本原理是：这种轮胎设有双层密封轮辋和轮胎腔，双层轮辋间形成环形轮辋腔，环形轮辋腔与轮胎腔之间设有气体单向阀。环形轮辋腔内可存储压缩空气。气体单向阀沟通两个腔体。当轮胎腔内气体压力过小，环形轮辋腔和轮胎腔之间的气压差额达到额定数值时，差压单向阀会自动打开，向轮胎腔内充气。

12.2.2　按轮胎胎面花纹分类

汽车轮胎按胎面花纹不同，可分为普通花纹、越野花纹、混合花纹、拱形胎花纹、低压特种花纹 5 种，前三种为常用花纹，如图 12-3 所示。轮胎的花纹对轮胎的性能影响很大。

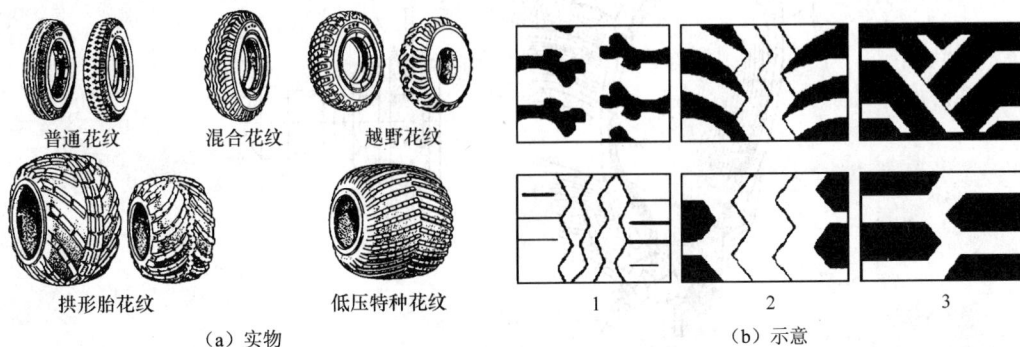

图 12-3　轮胎花纹

1. 普通花纹　2. 混合花纹　3. 越野花纹

（1）普通花纹：普通花纹细而浅，接地面积大，耐磨性和附着性较好，适合于较好的硬路面。普通花纹又分为横向花纹和纵向花纹两种。纵向花纹轮胎的滚动阻力小，防侧滑和散热性好，噪声低，高速性能好，轿车、货车均可用纵向花纹。横向花纹轮胎的耐磨性能好，仅用于载货汽车。

（2）越野花纹：越野花纹凹部深而宽，在软路面上与地面的附着性好，越野能力强。当安装人字形越野花纹轮胎时，轮胎花纹的尖端与旋转方向一致，以免花纹间被泥土填塞。越野花纹轮胎不宜在较好的硬路面上使用，否则行驶阻力加大，加速花纹磨损。

（3）混合花纹：混合花纹的特点介于普通花纹和越野花纹之间，中部为菱形、纵向为锯齿形或烟斗形花纹，适合城乡间的路面上行驶。现代货车驱动轮胎多采用这种花纹。

（4）拱形胎花纹、低压特种花纹：拱形胎花纹和低压特种花纹有更宽的断面、更低的接地比压，附着性好，主要为软地面行驶的特种车辆采用。

12.2.3　按轮胎组成结构分类

汽车轮胎按组成结构不同，可分为充气轮胎和免充气轮胎，其中充气轮胎又可分为有内胎的充气轮胎和无内胎的充气轮胎两种，免充气轮胎有橡胶实心轮胎、聚氨酯轮胎、免充气蜂巢轮胎和免充气空心轮胎 4 种。

12.2.3.1　充气轮胎（Pneumatic Tyre）

（1）有内胎的充气轮胎：由外胎、内胎和垫带组成，如图 12-1 所示。外胎是用耐磨橡胶制成强度较高又有弹性的外壳，直接与地面接触，保护着内胎使其不受损伤。内胎是一个环形橡胶管，内充满压缩空气，垫带放在内胎下面，防止内胎与轮辋硬性接触受损伤。

（2）无内胎的充气轮胎（Tubeless Tyre）：俗称原子胎或真空胎，这种轮胎是利用轮胎内壁和胎圈的气密层保证轮胎与轮辋间良好的气密性，外胎兼起内胎的作用。轮胎内未配装内胎，但此种轮胎本身具有类似内胎的构造，空气即充填在胎中，取代了内胎。其结构如图 12-4 所示。

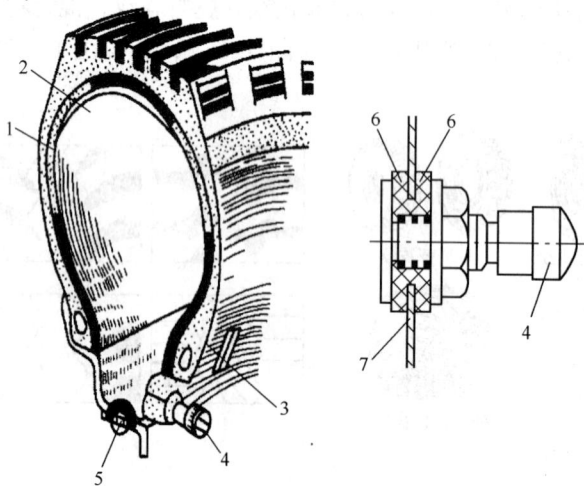

图 12-4　无内胎的轮胎

1. 橡胶密封层　2. 自粘层　3. 环形槽纹　4. 气门嘴　5. 铆钉　6. 橡胶密封垫　7. 轮辋

无内胎，气密性较好，能保证长期不漏气，轮胎工作温度较低，使用寿命长，结构简单，质量轻，有利于汽车的高速行驶；由于轮胎气密层是将一层内膜紧黏在轮胎内壁上，使轮胎在高速行驶中不易聚热，当轮胎穿孔时，压力不会急剧下降，能安全的继续行驶一段距离；不存在因内、外胎之间摩擦和卡住而引起的损坏。但是无内胎轮胎的缺点是途中修理困难。此外，自粘层只有在穿孔尺寸在小范围时能自行黏合穿孔，尺寸稍大些便难以黏合；当外界气温过高时，自粘层可能会软化而出现流动，从而破坏轮胎的平衡。

无内胎轮胎的使用注意事项：

① 必须保持规定的气压：无内胎轮胎用优质橡胶制造，弹性好，柔性强，对气压适应范围大，即使胎压很高也没有普通车胎那种发硬的感觉，故对气压的检查要用气压表。车胎除被扎外，无内胎轮胎一般不会自行放气，因此充气时要用气压表进行检查并保持规定的压力，切不可像对普通轮胎一样凭手感来决定是否补气。

② 保持车胎清洁：无内胎轮胎在使用中也要避免被尖硬物品刺伤、扎破，避免与酸、碱接触，被油类沾污也会加速橡胶的分解。应保持车胎的清洁，以防橡胶老化，延长使用寿命。

③ 不宜在郊外土路行驶：无内胎轮胎对柏油、水泥路面的适应性较好，即使路面有水也能保持较强的附着力，具有较好的稳定性。但对土质路面，特别是泥泞路面附着力小、稳定性差。

④ 无内胎轮胎的冷补：轮胎扎破后可用专用的修补工具进行修补，如果摩托车修理部不具备修理条件，可自己动手用冷补胶进行冷补。方法是：首先卸下车轮，扒下轮胎。扒胎时最好用竹板撬起一边后，车胎两边尽量向中间压即可轻轻扒下，注意不要把车胎两边缘弄破。然后，清理破口处的异物，在胎内用砂纸将破口周围打毛涂上冷补胶水（可多涂些，但只涂一次），待5~7min后用大片的冷补胶片贴在胎内即可。如果车速较高，可冷补成双层以提高修补强度，并在胎内对称位置粘上同样大小的两层冷补胶片，以保持车轮平衡。最后，装上车胎，如是人工打气，开始要猛，力争迅速将胎的两边充起并密封后，装上气门针打至规定气压，再将气门针旋紧。最后检查，如不漏气即可安装使用。

12.2.3.2 免充气轮胎（The Inflate-free Tyre or The Airless Tyre）

免充气轮胎是指不用充气，不借助空气压力而实现减振缓冲性能的轮胎。免充气轮胎仅利用轮胎自身材料和结构实现支撑、缓冲性能。包括4种类型：

（1）橡胶实心轮胎：主要特征是胎体质量大、弹性差、滚动阻力大、承载大，适用于运动速度慢载重要求比较大的车辆。

（2）聚氨酯轮胎：采用聚氨酯材料制作成泡沫状的实心轮胎，优点是外观美观、质量轻，缺点是易老化、脱胎、不耐磨、滚动阻力大。聚氨酯是有塑料特性的一种材料。环境温度对它的影响很大，低温时会变硬、变脆，高温时会变软甚至会成为液体。聚氨酯轮胎由于是实心结构，在运行时轮胎内产生大量的热量无法排出，轮胎会变软，滚动阻力增大；胎体发热变软会使轮胎失去支撑作用，进而容易脱胎，严重时会爆胎。

（3）免充气蜂巢轮胎：免充气蜂巢轮胎是美国某公司耗资数千万美元发明的，它将原来的充气部分用蜂巢结构来代替，这样就可以起到与传统轮胎类似的减振作用了。准确地说，这是一种蜂巢车轮装上橡胶实心的轮胎，是橡胶实心轮胎的改良，并没有实质上的进步。

（4）免充气空心轮胎：免充气空心轮胎系列产品是我国经 20 多年的潜心研究发明的，获国内外专利 50 多项。该种轮胎采用高性能弹性材料、专有工艺制造，内外胎一体，空腔结构，具有不怕扎、弹性好、耐磨、滚动阻力小等优点，使用寿命是充气胎的 3 倍以上。轮胎内侧设有热交换器，使胎体内外的热冷空气自动交换，可以有效地降低胎体的温度，大大延缓轮胎的老化。表 12-1 列出了几种类型轮胎性能的比较。

表 12-1   几种类型轮胎性能比较

性能特点	充气轮胎	橡胶实心轮胎	聚氨酯实心轮胎	免充气空心轮胎
主要制成材料	用合成橡胶、再生胶、钢丝、布帘制成外胎，用橡胶、金属气嘴、气门芯制成内胎，制造非常复杂	用再生胶等低价值材料混炼后填充模具，硫化制成	用聚氨酯加热成液体浇注整体发泡	用高性能弹性材料、运独特的制造工艺和专利技术制作而成，不需要钢丝布帘，节约大量原材料
制造工艺	工艺难度大	工艺简单	工艺简单	工艺简单
结构	内外胎结构，利用密闭的压缩空气产生弹力	实心胎	实心胎，用泡沫的弹性产生弹力，承载力差，散热能力差，天气热的时候变软，滚动阻力大，容易脱胎，造成事故；冷的时候变硬而脆，失去弹性，易老化	空心胎，空腔结构，滚动阻力小，弹性性能好，质量轻，有专门的排气孔，将轮胎滚动时产生的热量散发出去，达到耐老化的目的。性能和价格与充气轮胎相近，但不需要充气，有替代充气胎实心胎和聚氨酯泡沫胎的强劲趋势，前景广阔
适用车辆	各项性能优异，适用于各种车辆，但是容易漏气，在车辆高速行驶的时候会出现爆胎，在小轮车胎上因工艺复杂、价格高不占优势	适用于一些低速小轮车和载重车	质量轻，适用于儿童车	适用于各种中低速车辆，如电动自行车、高尔夫球车、自行车、滑板车和儿童车轮胎等，暂时还不能用在汽车轮胎上
弹性性能	利用压缩空气产生弹力，弹性性能优异	差	一般	优异的材料和特殊的结构再加上专利技术从而具有良好的性能，反弹速率高，反弹性能好
滚动阻力	滚动阻力表现优异，可以在中速和高速车辆上使用	较大，只能用于低速车辆	滚动阻力较大，只能用于低速车辆	滚动阻力较小，可以在中速和低速车辆上使用
耐老化性	长期使用轮胎表面容易产生龟裂	较差	差，长期使用轮胎板结变硬直至失去弹力，容易被锐物刺破	由于使用的材质较好，轮胎长期使用不老化、不龟裂，耐老化性能好
耐候性	高温时容易爆胎，低温时，气压容易不足	在低温情况下轮胎变得更硬，无弹性	高温时，轮胎变软，支撑力和弹性下降并且容易脱胎；低温时轮胎变硬	−30℃～60℃能正常使用
耐磨性	较好	较差	较差	好，连续运行 3000km 一般无明显磨损
价格	中	低	高	中

12.2.4   按轮胎胎体帘线排列方向分类

汽车轮胎按胎体帘线排列方向不同，可分为普通斜交轮胎、子午线轮胎两种。

12.2.4.1 普通斜交轮胎

普通斜交轮胎的特点是胎体帘布层和缓冲层相邻层帘线交叉，且与胎面中心线呈小于 90° 角排列。图 12-5 所示为有内胎的普通斜交轮胎的构造，外胎由胎冠、帘布层、缓冲层及胎圈组成。

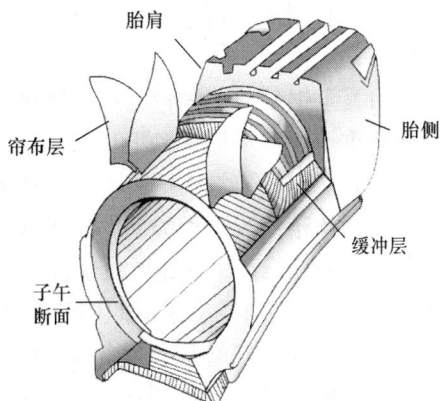

图 12-5 普通斜交轮胎

帘布层是外胎的骨架，用以保持外胎的形状和尺寸，通常由成双数的多层挂胶布（帘布）用橡胶贴合而成。帘布的帘线与轮胎子午断面的交角（胎冠角）一般为 48°～55°，相邻层帘线相交排列。帘布层数越多，强度越大，但弹性会降低。在外胎表面上注有帘布层数（或层级）。

帘布由纵向强韧的经线和放在各经线之间的少数纬线织成。帘线可以是棉线、人造丝线、尼龙线和钢丝。采用人造丝可以使同样尺寸的轮胎增加其载荷容量，采用人造丝、尼龙丝或钢丝帘线时，在轮胎的承载能力相同的情况下，帘布层数可以减少，轮胎质量减小。

缓冲层位于胎面与帘布层之间，是用胶片和两层或数层挂胶的稀帘布制成，故弹性较大，能缓和汽车在行驶时所受到的不平路面的冲击，并防止汽车在紧急制动时胎面与帘布层脱离。

胎面是外胎最外的一层，可分为胎冠、胎侧和胎肩三部分，胎冠用耐磨的橡胶制成，它直接承受摩擦和全部载荷，能减轻帘布层所受冲击，并保护帘布层和内胎免受机械损伤。为使轮胎与地面有良好的附着性能，防止纵、横向滑移等，在胎面上有着各种形状的凹凸花纹。

胎肩是较厚的胎冠与较薄的胎侧间的过渡部分，一般也制有花纹，以利散热。

胎侧橡胶层较薄，用以保护帘布层侧壁免受潮湿和机械损伤。

胎圈使外胎牢固地装在轮辋上，有很大的刚度和强度，由钢丝圈、帘布层包边和胎圈包布组成。

普通斜交轮胎的优点是纵向刚性好，适于在普通路面中速行驶，外胎面柔软，噪声小，制造容易，价格低；缺点是受侧向力时接地面积变小，胎冠滑移大，抗侧向力能力差，高速行驶的稳定性差，轮胎易磨损，承载能力较子午线轮胎小。

12.2.4.2 子午线轮胎（Radial Tyre）

子午线轮胎由帘布层、带束层、胎冠、胎肩和胎圈组成，如图 12-6 所示。

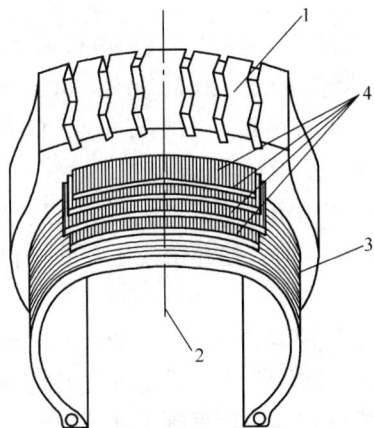

图 12-6 子午线轮胎

1. 胎面 2. 轮胎断面中心线 3. 帘布层 4. 带束层

　　根据材料不同可以分为全钢丝子午线轮胎、半钢丝子午线轮胎和全纤维子午线轮胎3 种类型。

　　（1）全钢丝子午线轮胎：全钢丝子午线轮胎的胎体及带束层均采用钢丝帘线，一般用于载重及工程机械车辆上。

　　（2）半钢丝子午线轮胎：半钢丝子午线轮胎的胎体采用人造丝或者其他纤维，带束层则用钢丝帘线，这种类型的子午线轮胎一般用于轿车或轻型卡车上，如公共汽车等。

　　（3）全纤维子午线轮胎：全纤维子午线轮胎的胎体及带束层全采用人造丝或其他纤维帘线，带束层帘线应采用低伸长帘线，这种子午线轮胎一般用于低速轿车或拖拉机上。

　　子午线轮胎与普通斜交轮胎相比，有以下特点：①帘布层帘线与轮胎子午线断面一致，其强度被充分利用；所以，它的帘布层数比普通斜交轮胎可减少近一半，使得胎体较为柔软。②由于帘线在圆周方向上只靠橡胶来联系，无法承受太大的切向力，故使用子午断面呈大角度的带束层以承受行驶时产生的切向力。带束层常采用强度高、伸缩率小的帘线材料制成，故带束层像一条刚性环带箍在胎体上，极大地提高了胎面的刚度和强度。

　　子午线轮胎的优点有：接地面积大，附着性能好，磨损少，寿命长；胎冠较厚，不易刺穿，行驶时变形小，可降低油耗；帘布层少，胎侧薄，散热性好；径向弹性大，缓冲性好，负荷能力大；承受侧向力时，接地面积基本不变，行驶稳定性好。缺点有：胎侧薄且软，胎冠厚，在二者的过渡区容易产生裂纹；吸振能力差，胎面噪声大；制造技术要求高，成本高。

12.2.5　按轮胎胎体帘线材料分类

　　汽车轮胎按胎体帘线材料不同，可分为棉帘线轮胎、人造丝轮胎、尼龙轮胎和钢丝轮胎等。

　　棉帘线轮胎价格最便宜，但是棉帘线强度低，受热时强度降低显著，在温度为 120℃时，其强度约降低 30%～50%。为了提高强度，一般是增加帘布层数，但是这又将导致轮胎质量和滚动阻力系数增大。

　　人造丝帘线具有较高的物理学性能，相同强度下，其帘布层厚度可较棉帘布减少 25%，且受热时强度降低也比棉帘布小，在 120℃时，其强度降低 10%～20%。另外，人造丝帘布能抵抗轮胎工作时所产生的复杂多变的载荷，其耐久性比棉帘布高 60%～70%。但人造丝受潮时强度下降较棉帘线大，由于残余变形不能与橡胶很好地结合。

　　尼龙帘线在目前用得较多。尼龙的强度比人造丝和棉帘线都好，在其帘布层厚度较棉帘线减少 40%条件下，其强度为棉帘布的两倍以上。另外，尼龙帘线还有受热和受潮时强度降低都比较小等特点。

　　钢丝帘线的强度很高，如果多股直径为 0.15mm 的钢丝捻成粗为 0.86～0.88mm 的帘线，其扯断力高达 800N，是棉帘线的 10 倍。所以，钢丝帘线的采用可大大减少轮胎帘布层的层数，从而使橡胶材料的消耗减少，轮胎质量减轻。除强度大外，钢丝帘线还具有导热性好、强度降低受热和潮湿影响比较小等特点。但钢丝帘线与橡胶帘线的结合性能较差，尚需进一步改进。

12.2.6　其他类

汽车轮胎还有其他分类方法，如按用途分类，汽车轮胎可分为载货汽车轮胎、轿车轮胎、工程载货汽车轮胎等，而载货汽车轮胎又根据适用车型不同，分为重型载货汽车轮胎、中型载货汽车轮胎、轻型载货汽车轮胎等。

12.3　汽车轮胎的规格与表示方法

12.3.1　轮胎基本术语

12.3.1.1　轮胎的主要尺寸

轮胎的主要尺寸包括轮胎外直径 D、轮辋名义直径 d，轮胎断面高度 H、轮胎断面宽度 B、负荷下静半径、轮胎滚动半径等，如图 12-7 所示。

轮胎外径 D：是指轮胎按规定压力充足气后，在无任何负荷状态下胎面最外表的直径。

轮辋名义直径 d：是指轮胎按规定压力充足气后，在无任何负荷状态下轮胎内圈的直径。

轮胎断面高度 H：是指轮胎按规定压力充足气后，轮胎外径与轮辋名义直径之差的一半。

轮胎断面宽度 B：是指轮胎按规定压力充足气后，轮胎外侧面间的距离。

负荷下静半径：是指轮胎在静止状态下只承受法向负荷作用时，由轮轴中心到支承平面的垂直距离。

轮胎滚动半径：是指车轮旋转与滑移运动的折算半径。滚动半径 r 按下式计算：

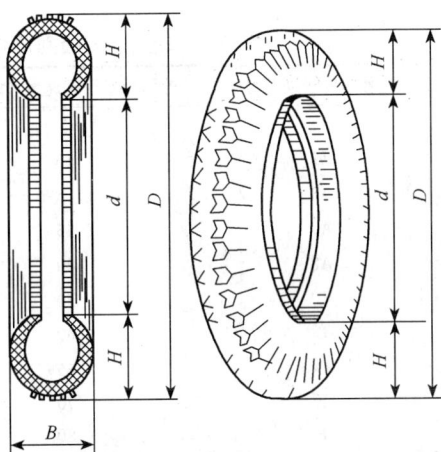

图 12-7　轮胎的主要尺寸

$$r=\frac{S}{2\pi n_{\mathrm{w}}} \tag{12-1}$$

式中：S 为车轮移动的距离；n_{w} 为车轮转过的圈数。

12.3.1.2　高宽比

轮胎的高宽比是指轮胎断面高度 H 与轮胎断面宽度 B 的比值，以百分数形式表示，即高宽比＝$H/B\times100\%$。轮胎的高宽比又称扁平率。

轮胎的断面高度 H 可简单地用轮辋名义直径 d 和轮胎外径 D 算出。D 和 B 的值一般是从安装在测量轮辋上的新轮胎上测出。测量后计算得到的 H/B 值经圆整化后用百分数表示，称为系列。轮胎系列就是用轮胎的高宽比的名义值大小（不带%）表示的。目前汽车轮胎常见扁平率为80%、75%、70%、65%、60%、55%、50%、45%等，相对应的轮胎系类分别为80系列、75系列、70系列、65系列、60系列、55系列、50系列、45系列等。

轮胎发展的方向是扁平率越来越小，即扁平化。扁平化轮胎在性能方面有很多优点，除了能提高操纵稳定性、高速耐久性和耐磨耗性外，还能保证有较强的制动能力。这是因为在轮胎外径保持一定的情况下，由于采用扁平轮胎，轮辋的直径增大，这样就可容纳下更强的制动装置。

12.3.1.3 轮胎最高速度

轮胎的最高速度是指在规定条件（路面级别、轮辋名义直径等）下，在规定持续行驶时间（持续行驶最长时间1h）内，所允许使用的最高速度。将轮胎最高速度（km/h）分为若干级，用字母表示，称为速度级别符号，又称速度级别。每条轮胎胎侧都刻有此轮胎的速度符号，对应速度符号就可知道此轮胎的最高速度。表12-2列出了轮胎速度级别符号与最高行驶速度的关系。

表12-2   轮胎速度级别符号与最高行驶速度（GB/T 6326—2005）

轮胎速度级别符号	轮胎最高行驶速度（km/h）	轮胎速度级别符号	轮胎最高行驶速度（km/h）
A1	5	A4	20
A2	10	A5	25
A3	15	A6	30
A7	35	N	140
A8	40	P	150
B	50	Q	160
C	60	R	170
D	65	S	180
E	70	T	190
F	80	U	200
G	90	H	210
J	100	V	240
K	110	W	270
L	120	Y	300
M	130		

12.3.1.4 层级

轮胎的层级是描述轮胎负荷能力的相对指数，用PR（Ply Rating）表示，主要用于区别尺寸相同但结构和承载能力不同的轮胎。轮胎的层级数与轮胎帘布层的实际层数没有直接关系，即轮胎的层级数并不代表轮胎帘布层的实际层数，而是表示载质量与棉帘线相当的棉帘线层数。

12.3.1.5 负荷指数

轮胎的负荷指数是描述轮胎在规定使用条件下（最高速度、最大充气气压等）负荷能力的参数，以数字表示。轮胎负荷指数用 LI 表示，轮胎负荷能力用 TLCC 表示。轮胎负荷指数目前有 0~279 共 280 个。在轮胎系列中规定的不同气压下对应的负荷，称为轮胎的额定负荷。

　　GB/T 6326—2005 规定了轿车轮胎的负荷能力。GB/T 2978—2008 列出了轿车轮胎的部分规格、负荷指数及其对应的负荷能力和充气压力、使用尺寸、静负荷半径、滚动半径、允许使用轮辋等参数。GB/T 2977—2008 规定了载重汽车轮胎的规格、层级、负荷指数、测量轮辋、新胎充气后的断面宽度和外直径、轮胎最大使用尺寸、静负荷半径、负荷能力、充气压力、最小双胎间距、允许使用轮辋、气门嘴型号等参数。

12.3.2　我国轮胎规格表示方法

12.3.2.1　轿车轮胎规格表示方法

　　GB/T 2978—2008《轿车轮胎规格、尺寸、气压与负荷》规定了轿车轮胎规格代号表示方法。

　　示例 1：

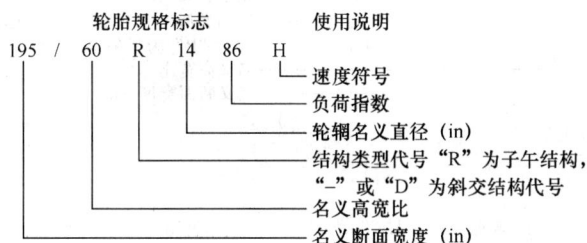

　　示例 2：

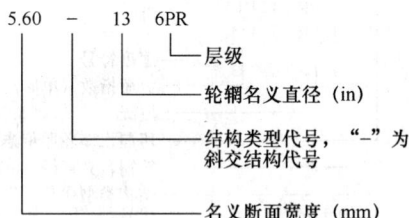

12.3.2.2　载重汽车轮胎表示方法

　　GB/T 2977—2008《载重汽车轮胎规格、尺寸、气压与负荷》按照载货汽车类型规定了载货汽车轮胎规格代号的表示方法。

　　（1）微型、轻型载重汽车轮胎

　　示例 1：

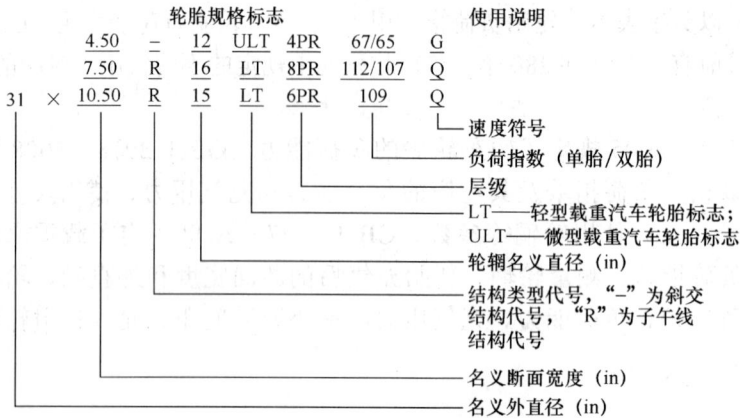

示例 2：

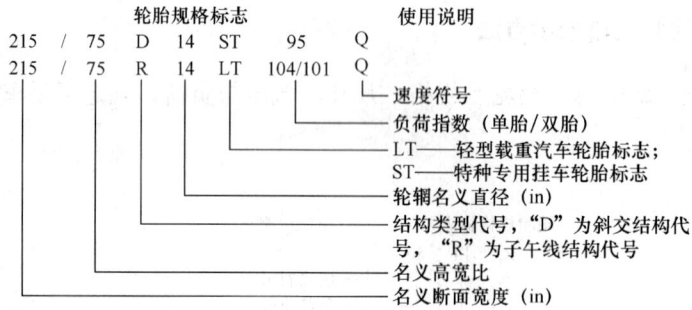

（2）载重汽车轮胎

示例 1：

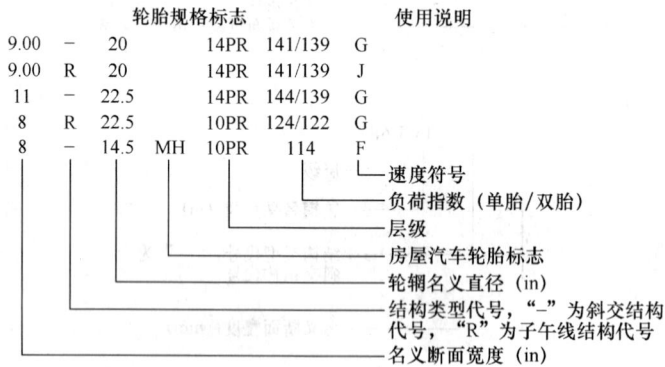

示例 2：

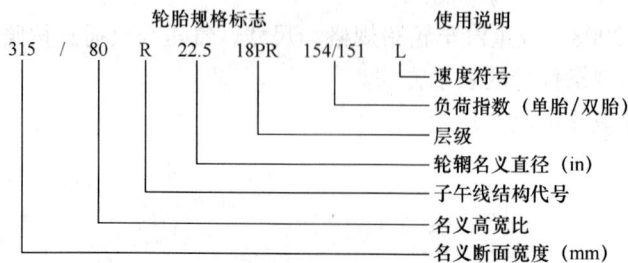

12.3.3 国外轮胎规格表示方法

12.3.3.1 ISO 标记

ISO 标记是国际标准组织的缩写，包括 ISO 9000、ISO 9001、ISO 9002 等，如东洋轮胎执行的标准是 ISO 9002，横滨轮胎执行的标准是 ISO 9001。

按 ISO 标记，轮胎的规格必须用下列示例方法表示：

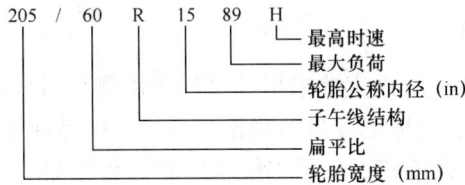

12.3.3.2 P 米制

P 米制为美国标准。示例：

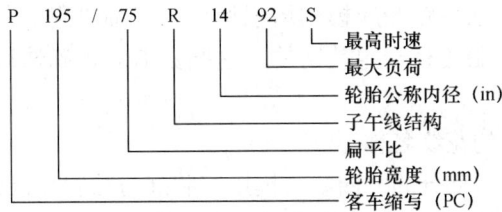

12.3.3.3 欧洲标记

欧洲标记是指欧洲的英国、法国、德国、意大利、西班牙、葡萄牙、瑞士、丹麦、比利时、荷兰、爱尔兰、捷克、波兰、罗马尼亚 14 个国家在国内及各国之间进行贸易时的一种标准。这个标准用字母"E"来表示，也就是说在欧洲各个国家间的所有产品（轮胎也不例外，所以在质量认证时有欧共体的"ECE"），如果没有"E"标记，其产品是不允许出售的。

示例 1：

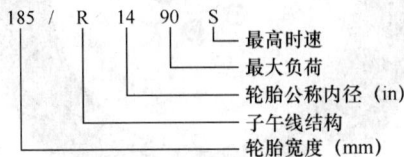

示例 2：

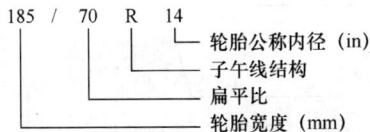

从示例 1 和示例 2 中可看到，轮胎规格标记中没有扁平比，实际上这种轮胎规格标记中的扁平比是 82，但在欧洲标记中是省略不写的。我们现在道路上有很多车辆如拉达轿车，使用的轮胎是 165/80R13，但扁平比 80 系列的轮胎目前在市场上不如 82 系列的货源充足，价格也较 82 系列略贵，所以，如果原车上用的是 165/80R13，则可以换成 165R13，如原车使用的是 185/80R14 的轮胎，就可以换装成 185R14 的轮胎，这样会带来很大的方便。除去 82 系列以外，一般在轮胎宽度和扁平比之间都用 "-" 来表示，而不是用 "/" 来表示。

12.3.4 轮胎胎侧标志

一般胎侧有轮胎的标志，规定要求用凸字标于胎侧醒目位置，如图 12-8 所示。GB 9743—2007 规定，轮胎胎侧标记应包括规格、商标、厂名或地名、负荷指数（负荷能力）或层级、充气压力、速度符号、子午线轮胎胎冠和胎侧用骨架材料名称及其层数、斜交轮胎用骨架材料名称、胎面磨耗标志位置的标记、生产编号、出厂检查标记。子午线轮胎应模刻 "RADIAL"（或 "子午线" 标志），无内胎轮胎应模刻 "TUBELESS"（或 "无内胎" 标志）；胎面花纹有行驶方向的轮胎应模刻行驶方向标志；雪泥轮胎应模刻雪泥花纹标志；增强型轮胎应模刻增强型标志；临时用的备用轮胎应模刻临时使用标志。每个厂家的轮胎还有一定差别的。这些数值对正确选用和使用轮胎有很重要的作用。

花纹代号代表轮胎的花纹名称。

装胎指示线位于子口部分的一圈线，模压在胎圈与胎侧交接处的单环或多环胶棱，主要用以指示轮胎正确装配在轮辋上的标线；在安装轮胎时此圆应与轮辋边缘所形成的圆是同心的。

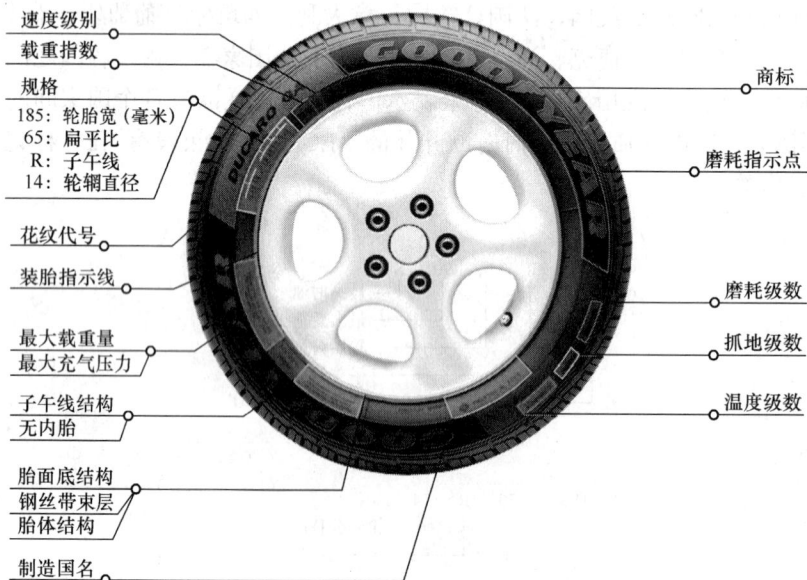

图 12-8 胎侧标记

最大充气压力代表这条轮胎所能承受的最大气压，单位是千帕（kPa）和磅/平方英寸（PSI）；无内胎说明这条轮胎在使用时不需要安装内胎；胎体结构说明了轮胎胎面和胎侧的构成；钢丝带束层是胎面结构当中的一种材料，用来稳固胎体和增强载重；磨耗指示点是指在三角形所指向的胎面沟槽里面有小的突起，如果轮胎磨损到这个高度就不能够再使用了，一般乘用车轮胎的磨耗极限是 1.6mm；地级数代表这条轮胎的抓地能力的等级，共分为 AA、A、B、C 4 个级别，AA＞A＞B＞C；温度级数代表这条轮胎的散热能力的等级，共分为 A、B、C 3 个级别，A 级别最高；TREADWEAR 为耐磨指数，每 20 为一个单位，数值越大越耐磨；TEMPERATURE 为高速性等级，分A、B、C 3 级，A＞B＞C。

12.4 汽车轮胎系列

12.4.1 轿车轮胎系列

我国轿车轮胎系列的国家标准于 1982 年 3 月首次发布，1989 年 3 月进行了第一次修订，1997 年 9 月在等效采用欧洲轮胎轮辋标准化组织（ETRTO）年鉴：1994 的基础上，对 GB/T 2978—1989《轿车轮胎系列》再次进行修订，即 GB/T 2978—1997《轿车轮胎系列》。2008 年又进行了修订，即 GB/T 2978—2008《轿车轮胎规格、尺寸、气压与负荷》。

与之前版本相比，主要修订之处包括：

（1）将 GB/T 2978—1997 中的"速度级别"均改为"速度符号"；

（2）"标准轮辋"改为"测量轮辋"；

（3）增加了轿车子午线轮胎 40、35、30、25 系列和 T 型临时使用的备用轿车轮胎；

（4）增加了增强型轿车子午线轮胎负荷气压表；

（5）调整了各系列增强型轮胎的基本气压；

（6）增加了轿车子午线轮胎增强型及"ZR"识别标识的规定；

（7）增加了轿车子午线轮胎的最高使用气压的要求；

（8）增加了对轿车子午线轮胎气门嘴使用的推荐性要求；

（9）增加了行驶速度超过 160km/h 的轮胎，在最大负荷下不同速度与基本气压对应关系的规定；

（10）增加了行驶速度超过 210km/h 的轮胎负荷变化的规定；

（11）调整了轿车轮胎的断面宽度和外直径偏差要求。

根据 GB/T 2978—2008《轿车轮胎规格、尺寸、气压与负荷》规定，目前轿车轮胎系列分别为 80 系列、75 系列、70 系列、65 系列、60 系列、55 系列、50 系列、45 系列、40 系列、35 系列、30 系列、25 系列轿车子午线轮胎，相对应的轮胎扁平率为 80、75、70、65、60、55、50、45、40、35、30、25。这是以扁平率为基础测定的。

以轮胎规格为 165/75 R13 的轿车轮胎和规格为 195/75 R14 的轿车轮胎为例，轿车轮胎系列包括的项目见表 12-3。

表 12-3   轿车轮胎系列规定的参数和尺寸举例

轮胎规格	负荷指数		测量轮辋	新胎尺寸（mm）		轮胎最大使用尺寸（mm）	
	标准	增强		断面宽度	外直径	总宽度	外直径
165/75 R13	81	—	4.50B	165	578	172	588
195/75 R14	92	95	5½J	196	648	204	660

轮胎规格	静负荷半径（mm）	滚动半径（mm）	负荷能力（kg）		充气压力（kPa）		允许使用轮辋
			标准	增强	标准	增强	
165/75 R13	262	281	462	—	250	—	4.00B，5.00B
195/75 R14	292	315	630	690	250	290	5J，6J

12.4.2   载货汽车轮胎系列

我国载货汽车轮胎系列国家标准的首次发布和 3 次修订时间与轿车轮胎系列相同。目前，我国载货汽车轮胎系列执行 GB/T 2977—2008《载重汽车轮胎规格、尺寸、气压与负荷》。

与之前版本相比，主要修订之处包括：

（1）增加了负荷指数；

（2）部分轮胎规格在 GB/T 2977—1997 基础上增加了一个层级；

（3）增加了部分轮胎规格；

（4）删除了米制斜交轮胎规格，增加了轻型载重汽车高通过性子午线轮胎规格、公路型挂车特种专用 ST 米制轮胎规格、载重汽车宽基斜交轮胎规格和房屋汽车轮胎规格；

（5）取消了气压与负荷对应表；

（6）"测量轮辋"代替了"标准轮辋"；

（7）调整了轮胎新胎充气后断面宽度和外直径的公差；

（8）调整了轮胎在不同速度下的负荷变化率值。

载货汽车轮胎系列包括 5°轮辋和 15°轮辋两种，其中 5°轮辋又包括微型载重汽车普通断面斜交轮胎、轻型载重汽车轮胎、公路型挂车特种专用轮胎、载重汽车普通断面斜交轮胎、普通断面子午线轮胎。轻型载重汽车轮胎包括轻型普通断面斜交轮胎、普通断面子午线轮胎、米制子午线轮胎（85 系列、75 系列、70 系列、65 系列、60 系列）、高通过性子午线轮胎。15°轮辋包括载房屋汽车轮胎和重汽车普通断面斜交轮胎、宽基斜交轮胎、普通断面子午线轮胎、米制子午线轮胎（80 系列、75 系列、70 系列、65 系列）。

以轮胎规格为 4.50–12ULT 的微型载重汽车轮胎和规格为 5.00–12ULT 的微型载重汽车轮胎为例，载货轮胎系列包括的项目见表 12-4。

表 12-4 载货汽车轮胎系列规定的参数和尺寸举例

轮胎规格	层级	负荷指数		测量轮辋	新胎设计尺寸（mm）		轮胎最大使用尺寸（mm）	
		单胎	双胎		断面宽度	外直径	总宽度	外直径（公路型）
4.50–12ULT	4	67	65	3.00B	127	545	137	558
5.00–12ULT	10	88	86	3.50B	143	568	154	582

轮胎规格	静负荷半径（mm）	负荷能力（kg）		充气压力（kPa）	最小双胎间距（mm）	允许使用轮辋	气门嘴型号[①]
		单胎	双胎				
4.50–12ULT	254[②]	307	290	240	146	3.00D，3.50B	CF01
5.00–12ULT	265[②]	560	530	500	164	3.00D，3.00B 4.00B	CF01

注：① 静负荷半径和轮胎最大使用尺寸为使用参考数据。表 12-4 中的静负荷半径为轮胎单胎负荷半径，双胎负荷下的静负荷半径为表中数值+1mm。

② 若要求采用其他型号气门嘴，使用方应与制造方协商解决。

新胎最大断面宽度＝新胎设计断面宽度×1.07；新胎最小断面宽度＝新胎设计断面宽度×0.96；新胎最大外直径＝2×新胎设计断面宽度×1.07＋轮辋名义直径；新胎最小外直径＝2×新胎设计断面宽度×0.97＋轮辋名义直径。

12.5 汽车轮胎的选择及使用

在汽车运输成本中，轮胎费用约占 5%～10%。由于轮胎的使用水平不同，轮胎的使用寿命相差很大，轮胎的状况还直接影响汽车的安全性和燃料经济性。为加强汽车轮胎的合理使用，国家和交通部发布了有关的技术标准或文件。交通部于 1987 年发布的《汽车运输行业轮胎技术管理制度》和 2008 年的修订稿、2008 年发布的 GB/T 9768—2008《轮胎使用与保养规程》和 JT/T 303—1996《汽车轮胎使用与维修要求》，规定了轮胎管理、使用和维修的基本原则和具体技术要求。

车轮滚动时，轮胎在所承受的重力和由于道路不平而产生的冲击载荷作用下受到压缩所消耗的功，在载荷去除后并不能完全回收，有一部分消耗于橡胶的内摩擦，结果使得轮胎发热。温度过高将严重地影响橡胶的性能和轮胎的组织，从而大大增加轮胎的磨损而缩短轮胎的使用寿命。轮胎发热的程度随轮胎的结构、内部压力、载荷、行驶速度和所传递转矩大小而改变。这些因素在轮胎设计、制造和使用时，必须充分考虑，以不断提高轮胎使用性能和使用寿命。

12.5.1 汽车轮胎的选择

轮胎是汽车行驶机构中最重要的组成元件之一，直接关系到车辆的安全性和运行经济性。轮胎的选择和使用要根据车辆的载荷、速度、道路条件、气候环境综合考虑，如果不能正确地选择和使用轮胎，不但会降低汽车的各项性能指标，而且还会影响汽车的行驶安全性，甚至会造成不必要的人员伤亡和财产损失。

12.5.1.1 选择的基本原则

首先，根据轴荷计算轮胎的负荷能力和速度等级来确定轮胎的规格，这涉及车辆的性能指标和行驶安全性。

其次，根据车辆的结构特点（如牵引车、自卸车、搅拌车等）、行驶道路条件、气候等确定轮胎的结构（子午线胎或普通胎）及轮胎花纹等来满足车辆的通过性、行驶平顺性、转向特性等和轮胎的互换性及维护的方便性等要求，并估算经济性。

最后，考虑轮胎的其他辅助要求，如轮胎货源的稳定性及车辆管理方面的问题等。

12.5.1.2 影响因素

（1）轮胎类别及尺寸规格：轮胎的尺寸规格可以用外胎直径 D、轮辋名义直径 d、断面宽度 B、断面高 H 的名义尺寸代号表示。轮胎的类别主要有乘用轮胎、商用轮胎、非公路用轮胎、特种轮胎等。确定需要使用的轮胎的类别及尺寸规格是首要任务。

（2）轮胎的花纹：轮胎的花纹可以增加胎面与路面之间的附着能力、抓地力和排水性，最大限度地传递汽车的驱动力和制动力。常用的花纹有直沟花纹、横沟花纹、越野花纹、混合花纹等。直沟花纹既适用于轿车轮胎，也适用于货车轮胎；横沟花纹仅适用于货车轮胎。一般来说轿车都安装直沟花纹轮胎；越野花纹凹部深而粗，附着性好，越野能力强，适用于矿山、建筑工地以及一些松软路面。越野花纹不适用于较好的硬路面或者高速公路，会造成行驶阻力加大，磨损严重；混合花纹介于越野花纹和直沟、横沟花纹之间，兼顾了它们的特点，适用于经常在城市和乡村之间行驶的车辆。轮胎花纹主要根据道路条件、行车速度、道路远近来选择，同一辆车上，轮胎花纹要尽量一致。高速车辆不宜采用加深花纹和横沟花纹，否则会因为过热损坏；低速车辆可采用加深花纹或超深花纹，可提高轮胎使用寿命。

（3）胎体结构：轿车和高速车辆应该尽量选用无内胎的子午线轮胎。无内胎的充气轮胎外观上与普通轮胎相似，但胎圈外侧上有若干道同心环形槽纹，在轮胎内空气压力作用下，槽纹能使胎圈紧贴在轮辋边缘上，使之与轮辋保证良好气密性。

（4）额定负荷：选择轮胎时首先必须保证轮胎不能超载。如果轮胎超载，不但轮胎会因为产生非正常磨损而引起寿命急剧缩短，而且有时还会因为轮胎超载而引发轮胎刚度不够和附着性能变坏，严重影响车辆行驶稳定性，甚至车辆在行驶过程中会发生突发爆胎，导致车毁人亡。对于同一规格的轮胎可能有不同的负荷能力，选用时须注意以下事项：

① 同一规格的轮胎有不同的结构层数，因此负荷能力也不同，要仔细选择。

② 同一规格的轮胎在单胎使用和双胎并装时的允许负荷也不一样。双胎并装时，由于路面有拱度和车轴加载后有下弯变形，里外轮胎的负荷并不一样，此时两个轮胎承载能力的总和是单胎状态的 1.72 倍左右，并非 2 倍关系。

③ 在用车辆，轮胎二次选择的原则是轮胎的负荷能力就高不就低，前后车桥须兼顾。

（5）速度等级：同一规格的轮胎不但有不同的负荷能力，还会有不同的速度等级，有时车辆的轮胎负荷不超载，但有可能速度超载，也会引起轮胎过度发热、过度磨损和爆胎等问题，轮胎速度超载可能引发下列现象：

① 轮胎过热会导致过度磨损甚至爆胎。

② 车辆在行驶过程中，如果轮胎速度超载达到一定程度时，轮胎在外力作用下引起的振动频率和轮胎的固有振动频率相等时，轮胎自身就会发生共振，生成"驻波"。一旦出现"驻波"现象，车辆会出现剧烈抖动，轮胎会因急剧升温而爆破，这种情况最危险。

③ 车辆在有积水的道路上行驶时，如果达到一定的速度，轮胎和地面之间会出现像滑动轴承一样的"润滑油膜"，行驶中的车辆就如同气垫船漂浮在水面上一样，这种现象称为"水垫效应"。发生这种现象时，轮胎与地面之间的附着力急剧下降，一旦受到外力，车辆马上偏离正常行驶轨迹，轻则发生甩尾，重则翻车。

④ 车辆达到一定速度时，如果轮胎的动平衡精度不够，会引起转向盘麻手和轮胎过度磨损。低速轮胎动平衡精度较低，高速行驶时往往会出现这种现象。不同速度等级的轮胎，其动平衡精度是不同的。

对于普通轮胎，速度等级一般在最高车速 90km/h（重型载重汽车轮胎允许最高车速在 70km/h 以下）以下。最高车速是指车辆持续行驶速度，不是平均车速，持续行驶最长时间为 1h。配备普通轮胎的重型车辆就不适宜在高速公路上长时间高速行驶，应该选用子午线轮胎。但是同一型号的子午线轮胎也有不同的速度等级规格，所以必须根据车辆的速度选择相适应的子午线轮胎。

（6）轮胎的力学性能：轮胎的力学性能也是轮胎的重要性能指标，主要指轮胎的通过性能、刚度和缓冲性能。

① 通过性能。轮胎的通过性能主要指两个方面：一方面是轮胎的直径越小，车辆的越障能力越小，所以应对不同的车辆选用不同直径的轮胎，保证车辆的越障性能；另一方面，当车辆在泥泞和冰雪的道路上行驶时，轮胎和地面之间的附着力降低，不能提供足够的驱动力以保证车辆正常通过和有效制动，因此，轮胎必须有合理的结构如轮胎直径、宽度和花纹等。

② 刚度。车辆在转弯时如果轮胎的刚度不够（即"胎软"），轮胎的附着性能马上变坏，车辆会出现转向不足，偏离正常的行驶轨道，这种情况在高速行驶时最危险。一般来说，宽胎刚度较大，标准胎刚度较小。

③ 缓冲性能。轮胎必须具有良好的缓冲性能，与悬架一起吸收和缓冲车辆的振动，如果轮胎缓冲性能不好，将影响车辆的乘坐舒适性，还会影响车辆其他零件的寿命。

12.5.1.3 注意事项

（1）同一轴上双胎并装时，不能新旧轮胎混装。新轮胎直径大，旧轮胎直径小，结果会导致新轮胎严重超载，旧轮胎欠载，新旧轮胎磨损不均匀。

（2）同一轴上双胎并装时，不能装不同规格的轮胎，不同规格的轮胎直径不同，直径大的过载，直径小的欠载，也会使轮胎磨损不均。

（3）同一轴上必须装相同花纹的轮胎，否则会出现同一轴上两侧轮胎的附着力不同，两侧轮胎的制动力偏差过大，容易出现制动跑偏。

（4）转向轴上不得装用翻新轮胎（挂花胎），由于翻新层和旧胎体之间黏结力较差，车辆转弯时容易搓掉翻新层，失去转向功能而发生意外。另外，旧轮胎的帘布层往往有硬伤，容易发生爆胎，因此不能装到转向轴上。

12.5.2　汽车轮胎的使用

能否正确使用轮胎不但对汽车运行状态有影响，对汽车的安全更有重要影响。正确运用轮胎首先要认识轮胎，也就是要看懂轮胎上的标志。轮胎合理使用的目的是降低轮胎的磨损速度、防止不正常的磨损和损坏，从而延长轮胎的使用寿命。

轮胎使用的基本要求有：

（1）保持气压正常：轮胎充气压力是决定轮胎使用寿命和工作好坏的主要因素。一般轿车的行驶速度是很快的，轮胎的形状处于一种高频交变状态，如果气压不足，滚动阻力增大，燃料消耗增加。并且气压不足会使胎体变形增大，造成内应力增加，过度升热升温，轮胎变形加大，胎面接触面积增大，胎面两边的胎纹会过度磨损，特别是胎肩的磨损加剧，胎体因无法抵御地面的压力而扭曲变形，产生高温而加速轮胎的磨损，最终导致爆胎。双胎中一胎气压过低还会使另一胎超载损坏。如果气压过大也会使轮胎过硬失去应有的弹性及吸振能力，不但抓地力变差，还使胎冠部分磨损加剧，中央胎纹过度磨损会产生胎纹深度不均的现象，轮胎在高速运转下动载荷增大，也有可能因无法承受过度的膨胀压力而发生爆胎。所以轮胎气压过高或过低都有爆胎危险，不可小视气压问题。应当按照厂家要求保持轮胎的标准气压，包括备胎气压。胎压的测量可自行用胎压计测量，不过必须在轮胎常温状态下测量，因为在热胎状态下测量的结果不准确。

适宜气压与轮胎的使用条件有关，应根据轮胎所受的负荷、轮胎的安装位置和轮胎的类型选择和保持适宜气压。

QC/T 14—2009《汽车用轮胎气压表》、GB/T 2978—2008《轿车轮胎规格、尺寸、气压与负荷》、GB/T 2977—2008《载重汽车轮胎规格、尺寸、气压与负荷》对汽车各种型号轮胎的气压进行了规定，在使用中应严格按照规定的轮胎气压充气。在使用中一周内轮胎气压下降 10～30kPa，如气门嘴有故障，轮胎气压降低更多，因此，必须经常检查。表 12-5 列举了部分车型的轮胎气压。

表 12-5　部分汽车使用的轮胎规格和轮胎气压

汽车型号	轮胎规格	轮胎气压（kPa）		
解放 CA1092	9.00–20，12 层级		前轮	392
			后轮和备胎	480
东风 EQ1092	9.00–20，12 层级或 9.00R20，12 层级	普通轮胎	前轮	390
			后轮和备胎	490
		子午线轮胎	前轮	490
			后轮和备胎	620
切诺基 BJ213	P205/75R15		冷态满载	207
上海桑塔纳 LX	185/70R13 86T	满载	前轮	190
			后轮	230
			备胎	250
夏利 TJ7100	165/70SR13			186

（续）

汽车型号	轮胎规格	轮胎气压（kPa）		
富　康	165/70R14 81T		前后轮	220
			备　胎	240
奥迪100	185/70SR14	满　载	前后轮	200
			备　胎	260
捷达 CL	175/70R 13T	满　载	前轮	200
			后轮	260
			备　胎	240
红旗 CA7180、7200、7200E、7220E	185SR14	满　载	前轮	220
			后轮	200
			备　胎	260

（2）防止轮胎超载：轮胎负荷对寿命有重大影响。超载行驶时，轮胎变形增大，帘布和帘线应力增大，容易造成帘线折断、松散和帘布脱层，同时因为接地面积增大，增加胎肩的磨损，尤其在遇到障碍物时，由于受到冲击，会引起爆胎。应注意货物装载平衡，防止车辆行驶时发生货物移动及倾斜。

（3）掌握车速，控制胎温：坚持中速行驶，胎体温度不得超过 100℃。夏季行驶应增加停歇次数，如轮胎发热或内压增高，应停车休息散热。严禁放气降低轮胎气压，也不要泼冷水。

（4）合理搭配轮胎：轮胎必须装在规定规格的轮辋上；同一车轴应装配相同规格、花纹和层级的轮胎；普通斜交轮胎与子午线轮胎在同车上不能混用；轮胎花纹应根据道路条件选择，装配有向花纹轮胎时，花纹"人"字尖端的指向要与汽车前进时轮胎旋转方向一致；换装轮胎时，应尽量做到整车同轴同换；为确保行车安全，翻新轮胎不能装在转向轮上；汽车所使用的轮胎应与最大设计车速相适应。

同一辆车不能混装两种不同规格的轮胎。子午线轮胎和斜交轮胎的侧向力不同，如果将两种不同的轮胎同时装在同一轴上，就会造成转向过度或不足，或容易造成侧滑，轻者影响汽车的操纵灵活性，重者会发生车祸。因此，同一轮轴上不能混装不同规格的轮胎。

（5）精心驾驶车辆：节胎的驾驶操作要领是：起步平稳、加速均匀、中速行驶、选择路面、减速转向，少用制动。在轿车运行之中，应当尽量避免急加速、急制动和急转向，这不但对汽车本身的机械性能有好处，对轮胎的寿命也有好处。如果反复进行急加速、急制动、急转向等不正常的行驶，会引起轮胎的急剧变形，胎冠不均衡磨损，纵向沟纹撕裂，轮胎内部温度上升，帘布疲劳，使轮胎处于容易爆裂的危险状态。

（6）做好日常维护：日常维护包括出车前、行车中和收车后的检视。主要是检视轮胎气压是否符合规定，检查轮胎螺母有无松动，清理轮胎夹石和有无不正常的磨损和损伤，并及时消除造成不正常磨损和损伤的因素。

（7）保持汽车技术状况良好：从延长轮胎使用寿命的角度出发，汽车维护中要特别注意下列作业：①前轮前束和外倾角应符合标准；②行车制动器调整良好，不拖滞；③轮毂轴承的间隙调整适当；④轮胎螺母紧固，车轮应平衡；⑤钢板弹簧的挠度应尽量一致，前后轴平行；⑥轮毂油封和液压制动轮缸无漏油现象；⑦车轮总成的横向摆动量和径向跳动量应符合 GB 7258—1997《机动车运行安全技术条件》的要求，对车轮总成的横向摆动量和径向跳动量是：总质量小于或等于 4.5t 的汽车不得大于 5mm，其他车辆不得大于 8mm。

（8）强制维护，及时翻修：对轮胎的维护应与整车维护一样，贯彻预防为主、强制维护的原则。轮胎维护分日常维护、一级维护和二级维护，维护周期按汽车规定的维护周期执行。

（9）定期做动平衡检查：轮胎平衡分为动态平衡和静态平衡两种。动态不平衡会使车轮摇摆，令轮胎产生波浪形磨损；静态不平衡会产生颠簸和跳动现象，往往使轮胎产生平斑现象。因此，定期检测平衡不但能延长轮胎寿命，还能提高汽车行驶时的稳定性，避免在高速行驶时因轮胎摆动、跳动，失去控制而造成的交通事故。

因为一般汽车的发动机放置在前面，受到负荷和道路的影响，前桥与后桥的分配负荷是不一样的，汽车各轮胎磨损部位和磨损程度也不同；轿车在制动过程中由于惯性作用，前轮的负荷通常占汽车全部负荷的 70%～80%，4 个轮胎上的载荷既然不均等，就必然造成前轮轮胎磨损较大。为使全车轮胎磨损均匀，最好的方法就是轮胎换位（图 12-9）。

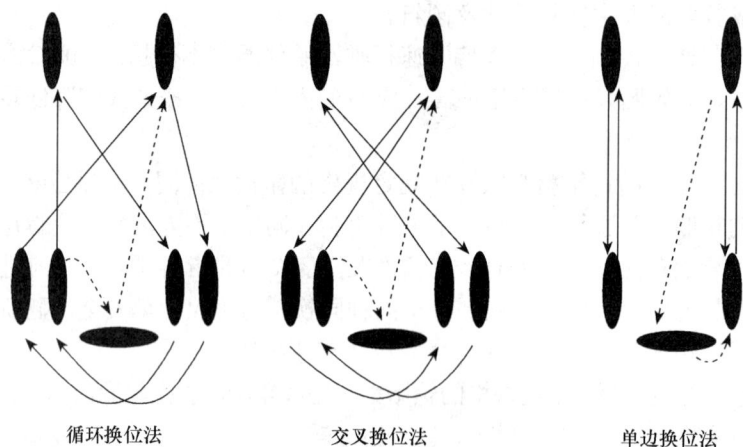

循环换位法　　　　　　交叉换位法　　　　　　单边换位法

图 12-9　轮胎换位

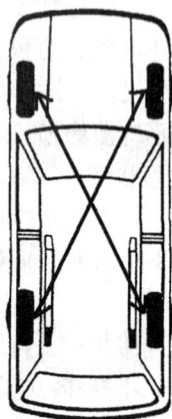

图 12-10　前轮磨损较重时的轮胎调整顺序

调换轮胎的原则是：①应使所有的轮胎磨损均匀一致；②如前轮磨损比后轮大，应按图 12-10 所示相互调换；③基于安全原因，轮胎应成对调换，不可单个调换，花纹深的轮胎应装在前轮；④汽车同一轴应使用同种规格、同种花纹的轮胎。

进行轮胎换位应注意：①轮胎换位方法选定后，不再变动；②对有方向性花纹的轮胎，换位后不能改变旋转方向；③轮胎换位后，应规定重新调整轮胎气压。

同一轮轴上不能混装不同规格的轮胎。更换轮胎应到有专用机械设备的专业店去更换，避免使用大锤和撬棍的老办法，以免伤胎、伤毂。

至于轮胎的淘汰，要看轮胎的磨损程度，当磨损标志显露时就要更换了。一般而言，建议轮胎的使用寿命是 4×10^4km 左右，如果行驶里程较少，当使用时间超过两年同样建议更换，因为橡胶材质受到环境影响，时间过长会有变质老化现象，容易产生龟裂，使用时不无发生意外之忧。

12.5.2.1 轮胎的常见损坏形式

轮胎的使用性能是以利用压缩空气的性质和内外胎的弹性为基础的。汽车轮胎承受和传递着汽车与路面的全部作用力，在各种外力作用下，产生复杂的变形。因变形发生摩擦，产生大量热，使轮胎温度升高，强度降低。轮胎的损坏，基本上就是力和热作用的结果。因此，研究轮胎工作情况，掌握轮胎变形规律，对延长轮胎使用寿命有重要意义。

轮胎损坏的主要形式有两种，其原因多种多样。

12.5.2.1.1 轮胎胎面磨损

轮胎胎面磨损包括正常磨损和非正常磨损。

轮胎正常磨损是指其在整个使用期内沿轮胎整个胎面的均匀磨损，磨损均匀和磨损速度缓慢是轮胎正常磨损的主要特征。

胎面磨损的原因是轮胎与路面间的相对滑移和摩擦。汽车行驶时，胎面除了承受来自地面的垂直反力外，还承受轮胎变形及车辆行驶时产生的切向力和横向反作用力，使得轮胎与地面的接触面间存在不同程度的整体或局部的相对滑移。接触面间摩擦力越大、胎面相对于路面的滑移量越大，胎面磨损就越大。

车辆起步、转弯以及制动等情况下轮胎的磨损有很大的差别，转弯速度过快、起步过猛以及紧急制动都会加速轮胎的磨损；轮胎的磨损还与车辆的行驶速度有关，行驶速度越快，轮胎磨损越严重；轮胎磨损跟路面质量有直接的关系，路面较差时，轮胎与地面滑动加剧，轮胎的磨损加快。以上这些情况产生的轮胎磨损，基本上是均匀的，属正常磨损。

轮胎非正常磨损是指其磨损极不均匀且磨损增长很快的一种不正常现象。如果轮胎使用不当或轮胎定位不准，就会产生故障性磨损。常见的非正常磨损如图 12-11 所示。

胎面中部或胎冠早期磨损　两侧胎肩磨损　胎面多个部位出现斑状磨损　胎冠的内侧或外侧单侧磨损　胎面个别部位出现斑状磨损

图 12-11　常见非正常磨损

（1）胎面中部或胎冠早期磨损：主要原因是轮胎经常处于高气压状态下工作，或车辆经常高速行驶。轮胎气压过高不仅降低了轮胎的使用寿命，同时也可能造成车辆在不平的路面行驶或遇到障碍物时发生爆胎事故。

（2）两侧胎肩磨损：主要原因是轮胎经常处于低气压状态下工作，或车辆经常大负荷行驶。

（3）胎面多个部位出现斑状磨损：主要原因是车轮运转不平稳。

（4）胎冠的内侧或外侧单侧磨损：主要原因是轮胎外倾角有偏差。

（5）胎面个别部位出现斑状磨损：主要原因是车辆底盘的技术状况差或驾驶者驾驶技术差。胎面斑状磨损多发生在车况较差或疏于保养的车辆上，如轮胎动平衡偏差较大、轮辋变形或轮毂轴承松旷等都会导致这种磨损的发生。另外，驾驶技术差、不良的驾驶习惯以及经常使用紧急制动的车辆，也都容易使胎面出现斑状磨损。

（6）个别轮胎磨损量大：主要原因是个别车轮的底盘悬架失常，轮胎支承部件弯曲或车轮不平衡都会造成轮胎早期磨损。

轮胎的非正常磨损既与其使用有关，又与车辆底盘的技术状况有关。由于轮胎胎面与路面之间既存在滚动摩擦，又存在滑动摩擦，运行过程中环境越复杂，使用变速、转向、制动等措施越频繁，路面条件越差，轮胎磨损速度也就越快。

当车辆速度过高或负荷过大时，轮胎所受载荷也急剧增大，致使胎内帘布层之间、帘布层与橡胶之间、内胎与外胎之间的磨损加剧，热量增多，温度升高（可达 100℃ 以上）。而橡胶在高温下的抗拉强度、耐磨性和黏结力均显著降低，最终易造成轮胎的结构性损坏。

当车辆制动频繁且过猛时，由于制动时"抱死"的瞬间轮胎胎面与路面之间存在着很大滑移，轮胎胎面的局部将产生很大磨损。

当轮胎长期在气压不足的条件下使用时，轮胎接地部分加宽，从而造成胎冠两肩着地而磨损。当气压严重不足时，外胎会在轮辋上窜动，使内胎气门嘴受剪。

当轮胎长期在气压过高的条件下使用时，导致轮胎接地部分减少，接地压强增大，从而造成胎冠中部磨损加剧。

车轮轴承松动、转向节主销衬套松旷、前轴弯曲变形而使转向轮外倾角变化时，将导致转向轮胎冠外侧或内侧过度磨损：转向轮外倾角过大时，转向轮外倾，其胎冠外侧受载加大而磨损加剧；转向轮外倾角过小时，转向轮内倾，其胎冠内侧受载加大而磨损加剧。

当转向轮前束过大时，由于转向轮在外倾的同时向内偏斜滑移，结果使轮胎胎冠产生由外侧向里侧的锯齿状磨损；当转向轮前束过小时，由于转向轮运行中在外倾的同时向外偏斜滑移，结果使轮胎胎冠产生由里侧向外侧的锯齿状磨损。

轮胎运行里程过长又没有及时进行换位保养，轮胎经常处于单方向与路面摩擦，极易造成轮胎的不均匀磨损。

当车轮平衡不良、车轮轴承松旷、轮辋变形及经常使用紧急制动时，轮胎胎冠将发生波浪状或碟边状磨损。

12.5.2.1.2　轮胎结构性损坏

轮胎结构性损坏包括因轮胎使用不当造成的结构性损坏和因车辆底盘技术状况不良造成的结构性损坏。前者表现为轮胎胎体断线穿洞破裂、帘线松散脱胶、线层与面胶脱离等失效形式；后者表现为极度异常磨损、机械擦伤或划伤等失效形式。

轮胎结构性损坏的原因有：

（1）轮胎外胎面触及尖锐硬物，造成轮胎擦伤、划伤。

（2）双胎气压不足，轮侧互相接触等原因易引起胎侧表面损坏。

（3）气压过低或荷载过大，使轮胎帘线松散脱胶，线面层剥落。

（4）有脱层未及时修复，造成线层断裂爆破，在不良路面行驶时，容易使胎面或胎侧切口。

（5）安装轮胎时未撒滑石粉，长时间高速行驶或大负荷行驶，轮胎生热，易使内胎与外胎粘住而撕裂。

（6）严寒季节停放时因轮胎与地面之间冻结而撕裂。

（7）前轮定位失准、轮辋变形或轮辋规格型号不对等原因皆可造成轮胎的结构性损害。

（8）轮胎反复变形，材料内部因摩擦生热，同时内外胎间、轮胎与轮辋间以及轮胎与路面间也因摩擦生热，使轮胎聚热升温，高温将使轮胎材料的力学性能下降，加速胎面磨损，易造成帘线松散、折断和帘布脱层，甚至引起胎体爆破等。

12.5.2.2　轮胎的合理使用

（1）保持轮胎适宜的气压：车辆在运行过程中，应保持轮胎气压正常。适宜的轮胎气压既能保证车辆的通过性能，又能保证轮胎不受到非正常磨损。

（2）防止超载：车辆应按标定吨位装载，不得超载。要注意装载物的平衡，防止车辆在行驶中发生货物移位及倾斜等情况。

车辆行驶过程中，轮胎受静负荷和动负荷的作用。静负荷随车辆装载质量的增加而增加，车辆变速频繁、行驶速度高、路况差等因素都将使轮胎所受的动负荷增大，缩短使用寿命。

（3）避免受油腐蚀：橡胶与油料接触后，其理化性能将发生变化，容易引起封气层和胎口掉块以及胎体钢丝与橡胶脱离等现象，使承载能力大大降低，寿命严重缩短。所以，在车辆停放时，一定要注意避免轮胎与油料接触，以防被其腐蚀。

（4）高温季节注意事项：高温季节运行时，要避免超载、长时间高速行驶。如轮胎发热和内压增高，应停车休息散热，同时要注意检查制动间隙，避免因制动间隙过小导致的轮辋受热，使胎口烧蚀及爆胎。

（5）合理搭配轮胎：同一车轴上应装配同一规格、结构、层级和花纹的轮胎。轮胎花纹应按道路条件选择，同一车辆上的轮胎花纹应尽量一致。成色不同的旧胎混合装用时，应选择胎面磨耗程度相近的轮胎进行配装。后轮双胎并装时，直径较大的轮胎应装在外挡。翻新胎不得装在车辆的转向轮上。在车辆使用过程中，应结合其维护周期进行轮胎换位。

（6）轮胎更换时应注意：轮胎更换时，应优先遵循"整车换胎"、"成双换胎"、"先主后挂"等换胎原则。车辆使用过程中，应注意胎面的磨损程度和胎体的技术状况。符合翻新条件时，应及时送厂翻新，不得勉强使用。

12.5.2.3　轮胎的修补及翻新

根据 GB/T 6326—2005《轮胎术语及其定义》规定，轮胎修补是指消除轮胎使用损伤或制造过程中的外观缺陷的工艺；轮胎翻新是指对使用后的轮胎进行修补、重新更换新胎面、新胎侧橡胶或二者同时更换的过程，是延长轮胎胎体使用寿命的一种方法。

一条轮胎的花纹磨耗到极限尺寸时，其消耗费用仅占整条轮胎经济价值的 30%。在轮胎完好的情况下，进行轮胎翻修所消耗的原材料和费用，一般仅占新胎的 15%～30%。这样，在恢复了旧胎使用性能的情况下，又充分利用了旧胎的价值。所以，轮胎翻新是节约橡胶原料和降低汽车使用成本的重要措施。

轮胎在使用过程中，要注意保护胎体，同时要掌握翻新时机，当花纹磨损到极限尺寸时，切不可继续使用，而要及时送厂翻新。

GB 14646—2007《轿车翻新轮胎》、GB 7037—2007《载重汽车翻新轮胎》、GB/T 21286—2007《充气轮胎修补》分别对轿车和载重汽车的翻新及修补的要求、试验方法、标志等作了规定。

12.5.3　汽车轮胎选择和使用失误对车辆造成的危害及处理

轮胎是汽车安全行驶的一个很重要的部件，由于轮胎的原因而造成的事故其后果是很严重的。轮胎的选择及使用失误通常出现在以下几个方面：

（1）选择不当：当今轮胎的发展方向是扁平化。扁平化轮胎能提高操纵稳定性、高速耐久性、耐磨耗性和制动能力。因此造成有些车主盲目的更换扁平率更低的轮胎。但是轮胎的选择应当因车而异，扁平率过小会使路感变差，车辆转弯侧向抵抗力差。因此，在选择轮胎时要充分考虑轮胎的适用性，选择种类和型号合适的轮胎。

（2）胎压过高：胎压过高会导致车内噪声很大，制动不灵敏，振动严重。或者是提速慢，左右晃动明显，耗油量明显增加。胎压过高，使轮胎与地面的接触面积减少，单位面积所承受的压力、磨损剧增，容易造成刹车失控，遇地面突起物或凹陷发生爆胎，损害车的悬挂系统，乘坐不舒适等危害。这种情况下，应当到正规轮胎充气店，用专用的胎压表减低胎压至规定值。

（3）胎压过低：胎压过低会轮胎与地面接触面积增加，行驶时胎内温度不正常增加。同时，由于胎侧变形严重，内部的钢丝、帘布层老化加剧，从而为爆胎埋下隐患，并且使耗油量增加，轮胎寿命降低。轮胎缺气行驶，会促使轮胎内部加速老化，即使发现后补足气，在高速行驶时，车胎温度升高，胎内气压随之升高，轮胎的强度大幅降低，轮胎内部受过损伤的地方容易发生爆裂，造成严重的事故。

驾驶车辆使用充气不足的轮胎将造成轮胎严重扭曲和过热。这可能对轮胎的构成材料造成永久的伤害，从而引发内部断层和爆胎。爆胎时，最严重的情况是车辆失控。

一般情况下，前轮充气不足将使车辆产生转向不足，而后轮充气不足将使车辆产生转向过度。同时，气压不足还有可能影响车辆安全系统的正常工作，如 ABS 或行车稳定控制系统，这些功能只有在轮胎胎压正常的情况下才能有效运作。

如果出现了胎压过低的情况，应当立即充气，增加胎压，避免进一步磨损。

（4）新胎安装在前轮：由于国内目前的车辆大多是前轮驱动，前轮比后轮磨损快，所以应当是前车轮比后车轮抓地力弱。如果新胎被安装在前轮，前轮的动力就会增强，后轮的抓地力则较弱，这时容易造成司机判断失误，尤其在湿地行驶时，引发车辆打横等事故。因此，发生这种情况时，应当尽快调换前后轮，同时还应注意调换轮胎的原则，避免再次失误。

复习思考题

1. 汽车轮胎及各组成部分的作用是什么？
2. 汽车轮胎有哪些分类方法？
3. 我国汽车轮胎的规格应该怎样表示？
4. 在选择轮胎时有哪些注意事项？

补充阅读材料

材料 1　汽车轮胎相关研究最新进展

1. 汽车轮胎改良的途径

合格的汽车轮胎在耐久性与耐磨耗特性、高速性、牵引附着性、滚动阻力、噪声、均匀性和平衡度、力与力矩、气压保持等方面都有定量的标准，因此在轮胎设计和制造时就应当进行试验来模拟和检测轮胎是否达标，以期得到性能更加优良的轮胎产品。但是在室外进行轮胎试验总有干扰，在很多情况下试验结果随温度、道路表面和驾驶员而变化，故不得不取其平均值。但若将试验移至室内，则这些变数就可以得到控制，但目前在室内操作尚存在一些障碍。例如，影响轮胎性能的因素太多，如道路表面、轮胎气压、周围温度等。尤其是轮胎胎面磨损的试验，是目前来说最难的。因此，随着计算机辅助技术的进一步发展，也将出现一场轮胎试验的革命。

现代轮胎设计提出了一些新理论来进行轮胎的改良，主要有几种：

（1）滚动轮廓优化理论：此理论主要针对客车轮胎，引入了"超平衡轮廓"概念。该"超平衡轮廓"能有效地控制充气状态下的轮胎内张力分布。

（2）张力控制优化理论：该理论实际上是滚动轮廓优化理论的发展，针对载重车子午胎提出，主要目的是提高胎圈及带束的耐久性以及能量损耗特性。它通过控制轮胎中的张力分布和充气压力来削弱在薄弱部位如带束的边缘和胎体反包处的应力集中，从而达到提高轮胎性能的目的。

（3）应力-应变周期优化理论：该理论认为应力应变循环的形状对轮胎的性能影响最大。轮胎的平衡形式应主要是帘线增强橡胶复合材料在应力应变循环下的疲劳破坏。通过对轮胎中的应力应变循环的分析以及对轮胎材料疲劳破坏的分析，优化了轮胎材料应力应变循环的幅值和形状。在幅值和形状的影响因素方面，还考虑轮胎的内部结构和材料，故提高了轮胎的耐久性和滚动损失特性。

除了上述轮胎设计理论外，还有另外一些新的轮胎设计理论，如"轮胎行驶时的接地面理论"和"先进的 PSF-F 轮形理论"等。

2. 汽车轮胎的研究进展

当前计算机辅助技术发展迅速，现在已经能够运用计算机辅助进行设计、分析、试验，选择得到更合理的轮胎的结构和尺寸参数，不但有利于轮胎制造商较快地进入设计阶段，并且还可以得到更好的轮胎特性与车辆特性匹配效果，提高轮胎的使用性能。

随着行驶速度的提高，运输业对轮胎提出了更高的要求，轮胎制造商在制造轮胎的原材料方面也进行了改进。例如，轮胎工业必不可少的添加剂氧化锌，经过热力学理论分析及试验，发现使用了纳米技术的氧化锌不但可以提高胶料耐油、耐酸、耐碱、耐热、耐寒、耐压、耐磨等优良性能，而且用量仅仅是普通氧化锌的 30%～50%，符合当今环保发展的趋势。

此外，在轮胎的高耐久性技术、高速高性能技术和轮胎系统安全技术等方面也取得了较大的发展，使轮胎的综合性能有大幅度的提高。

3．汽车轮胎发展的方向

轮胎从诞生至今已有一百多年的历史，它随着汽车的发展而发展。种种迹象表明：当今汽车轮胎正在经历一场新的技术革命，在设计思想上孕育着一些新的理念，在技术开发上出现了一些重大突破。

现代汽车轮胎技术在轮胎计算机辅助设计与开发技术、高耐久性技术、高速高性能技术和轮胎系统安全技术等方面已经取得了较大的发展。在全天候、全地面轮胎，绿色轮胎，仿生轮胎和智能轮胎等新型轮胎技术等方面也在不断提高，尤其是智能轮胎技术，将来有十分广阔的发展空间。

绿色轮胎技术可以是对废旧轮胎进行回收处理，考虑把回收轮胎用作燃料燃烧，或者碾碎后用作沥青的添加剂，或者用作垫底材料等。

目前仿生技术在松软地面轮胎中获得初步应用，但在硬路面行驶轮胎中的应用仍存在较大困难，所以，对人脚与硬路面相互作用机理进行分析，对普通轮胎面仿生设计问题进行探讨，无疑是很有意义的。

轮胎本身的智能化称作 Smart time，它能在探测出结冰的路面后变软，使牵引力更好，或者探测出路面的潮湿后改变胎面的花纹，以防止打滑。当然，要做到能自动改变胎面花纹可能是几十年后的事，但人们相信智能轮胎将使汽车工业发生巨大变化。智能材料是智能轮胎技术的关键，目前轮胎用智能材料的开发还只是一个开端。未来的智能材料开发也将为仿生轮胎的研制开辟广阔的前景。

材料2 "爆胎第一案"引发汽车爆胎安全关注

背景回放：2008年7月31日凌晨1点左右，浙江金华籍司机李某驾驶一辆小型机动车，以60～70km的时速，在路经金华市武义区东升东路桥段时，下桥时轮胎碰到减速带突然爆胎，致使车辆失去控制。几次翻滚后，不仅车辆损伤严重，自己也差点丧命。结果，根据相关规定，保险公司只赔偿了6万元损失，而实际损失与保险公司理赔之间的巨大差额，则由李某个人承担。李某认为，事故是因轮胎爆胎而起，因此车辆提供厂家应为车辆爆胎负责，于是决定起诉厂家，并索赔30万元，由此引发全国"爆胎第一案"。

无独有偶。在李某因爆胎状告汽车厂家前，浙江还发生过一起因轮胎爆胎而司机获刑的案例。2008年1月，嘉兴籍司机徐某驾驶的面包车因突然爆胎酿成事故，致使乘客一死五伤。后虽核实徐某并无酒后驾驶、超速、超载任何违章，但法院还是以交通肇事罪，判处徐某有期徒刑1年，缓期1年，并吊销驾驶执照。依据是：徐某在爆胎后踩了刹车，属处置不当，存在过错和过失。

此案引发的争议至今未平。市民认为，这场因爆胎引发的"惨祸"，是交通意外而非交通事故，"交通肇事罪"量刑不当。相关律师认为，交通肇事罪量刑，必须主观上有过错或过失才构成犯罪，但爆胎是不可预测的，也是不可控制的，因此把责任完全归咎于驾驶员的操作水平是不公平的。

可怕的爆胎交通事故

爆胎与疲劳驾驶、超速并列为道路交通的三大杀手，但由于爆胎的不可预见和难以控制，因此又被称为"头号杀手"和"隐形杀手"。近年来，由于我国汽车保有量与高速公路的增加，由爆胎而引发的交通事故一直居高不下，据权威统计，目前我国高速公路发生的交通事故 46%都是由轮胎发生故障引起，而爆胎一项更是占到轮胎事故总量的 70%以上。正因为如此，对于爆胎究竟该由谁来负责的问题，日渐成为一个社会关注的焦点。

可怕的爆胎交通事故

从李某状告厂家案到徐某获刑都有一个共同之处，便是其在驾车过程中既没违规也没违章，造成事故的唯一原因就是爆胎，而且经交警部门认定又都属于交通意外，可是由此产生的责任却都由司机个人承担。这也是全国"爆胎第一案"为什么广受关注和车主叫好的原因。类似的事件在全国几乎每天都在上演，但无一例外，最后司机都是事故的责任追溯方，而对汽车生产厂家的责任追溯却几乎为零。

究其原因，是我国现行的法律法规并没有把爆胎控制列入整车的安全标准，因此当事故发生后，判定事故责任就往往集中在司机的驾驶行为上，如果驾驶员在爆胎的瞬间有踩刹车的行为，就会被判定"操作不当"，从而承担事故责任。

但问题是，爆胎事故本身，并不是以司机的个人意志来决定的，由司机因为本能反应来承担事故责任，显然有失公平；加上保险公司在理赔爆胎事故时，遵循的又是意外伤害保险条例，并不承担实际损失与理赔金额之间的差额，因此更让事故司机雪上加霜。

李某说，他之所以想到告厂家，是因为觉得身为汽车的制造和销售企业，有责任、有义务为客户提供安全、可靠的产品。"在产品因为质量问题或者其他因素出现事故时，厂家必须承担相应的责任。"在某网络举行的"谁该为汽车爆胎买单"大型互动调查中，超过半数的被调查对象也表示，汽车厂家应该为汽车爆胎买单。

而众多法律界人士也认为，法律不可能对每一项具体的事物作出规定，类似于爆胎这样的情况，国家有关部门出台专门法规的可能性几乎不存在，所以最有效的办法还是从源头扼杀爆胎的危害。浙江省司法厅浙联律师事务所主任戴律师说："最切实可行的办法，就是有一种新的安全技术，当汽车出现爆胎的时候，依然能让汽车处于受控状态。而这样的新技术一旦成熟，即可用法律法规的方式强制使用，就像当年安全带的出现和强制使用一样。"

但又由谁来作为主体，推动爆胎安全技术的强制使用呢？"当然是汽车的生产厂家！"戴律师说。

眼下，全国"爆胎第一案"虽未开庭，但其带来的深远影响我们已经能够感受到。也许，这正是"爆胎第一案"的最大意义。

参 考 文 献

[1] 戴汝泉，郝晨声. 2012. 汽车运行材料[M]. 北京：机械工业出版社.

[2] 扶爱民. 2005. 汽车运用基础[M]. 北京：电子工业出版社.

[3] 高延龄. 2004. 汽车运用工程[M]. 北京：人民交通出版社.

[4] 嵇伟，孙庆华. 2007. 汽车运行材料[M]. 北京：人民交通出版社.

[5] 姜立标，张黎骅. 2008. 汽车运用工程基础[M]. 北京：北京大学出版社.

[6] 郎全栋. 2009. 汽车运行材料[M]. 北京：人民交通出版社.

[7] 凌永成，李美华. 2008. 汽车运行材料[M]. 北京：北京大学出版社.

[8] 刘大维. 2004. 汽车工程概论[M]. 北京：机械工业出版社.

[9] 孙凤英. 2007. 汽车运行材料[M]. 北京：人民交通出版社.

[10] 王德丰，陈玉润. 1992. 汽车运用学[M]. 北京：中国林业出版社.

[11] 王树凤. 2009. 汽车构造[M]. 北京：国防工业出版社.

[12] 王毓民. 1994. 汽车燃料、润滑油及其应用[M]. 北京：人民交通出版社.

[13] 庄继德. 1996. 汽车轮胎学[M]. 北京：北京理工大学出版社.

[14] 庄继德. 2001. 现代汽车轮胎技术[M]. 北京：北京理工大学出版社.